MINERVA
社会福祉叢書
㊵

介護者の健康と医療機関

― 健康格差論の射程 ―

三富 紀敬 著

ミネルヴァ書房

まえがき

　要介護者に対するサービスが，自治体の査定を経て給付されるように，介護者への支援は，自治体社会サービス部に担われると評しても，異論はないであろう。教育機関に籍を置く年少の介護者の支援は，介護者支援センターと共に学校に担われる。要介護者とその家族会が，互助組織として実に意味の深い活動を手掛けるように，介護者支援センターなどの民間非営利団体は，調査を踏まえた政策提言はもとより，介護者の日々の暮らしに欠かすことの出来ない存在であることに照らして，支援の主体である。企業や政府あるいは自治体も，労働者や職員による介護休暇の取得などを考えるならば，使用者責任に照らして欠かすわけにいかない支援の一角を形成する。

　医療機関はいかがであろうか。介護者は，日常生活上の援助を手掛けるが故に，心と体の健康を損なうことが少なくない。これは，国を超えて広く認められるように週20時間を超え，あるいは，要介護者と同居する介護者に顕著である。健康診断はもとより，これと併せて行われる相談サービスの意義は大きい。また，入院中の要介護状態にある人々の退院に際して，要介護者はもとより介護者のニーズを考慮に入れながら退院計画が練り上げられ，これに沿って退院が行われ，自宅での介護サービスも間を置くことなく給付されるならば，介護者の無用の負担を回避することも可能であることから，これは，要介護者はもとより介護者にも益する所多い。さらに，介護者は，要介護者に付き添い，あるいは，自ら抱える健康問題の故に医療機関に通うことが少なくない。通院が，日常生活上の援助を手掛ける人々を，介護者として確認する機会としても位置づけられるならば，介護者の発見は格段に進み，これを契機に介護者の諸権利を含む関係情報を提供し，社会サービス部や介護者支援センターへの紹介を通して，支援の窓口を開くことになる。これらの理由から医療機関は，介護者支援の得難い主体の一つに位置づけられる。

本書はこうした問題関心に沿いながら，イギリスを主な対象に，医療機関の介護者支援に検討を加えたものである。

　介護者の健康を扱うことから，1980年のブラック・レポート（Black report）をはじめ，その後にも旺盛な調査研究を踏まえて提出された健康格差に関する幾つかの報告書を，当然のこととはいえ視野に収めている。また，1935年に始まる介護者運動はもとより，戦後の1946年や47年の高齢者介護に関する討論会，あるいは政府への調査委員会報告書，家族政策に関する古典的な名著として1941年に公刊されたスウェーデンの著書などを，いずれも忘れるわけにいかない文献として利用している。歴史的な展開を視野に収めた90年の拙稿以来，心がけてきた手法である。

　これらの文献から学び取ることは，今日も大きい。第1に介護者の健康は，未婚女性たちの運動に後押しされながら，早ければ1939年に調査の対象になり，翌40年からの女性の年金支給開始年齢の繰り上げは，調査結果に沿う措置である。介護者の健康は，47年の調査委員会報告にも取り上げられ提言にいかされる。その後介護者は，健康格差論に位置づけられる。健康格差に関する政府の調査委員会に提出された資料集（1999年）にも明記され，統計局『健康調査』は，介護者の健康を含めて，イングランドとウェールズ及びスコットランドでそれぞれ定期的に実施される。第2に，W. ベヴァリジ（William Beveridge）は，イギリスの福祉国家の構想に際して介護者を除外したとの指摘が，イギリスの研究者によってなされるとはいえ，W. ベヴァリジが，要介護者を看取った未婚女性を対象に，その再就業に向けた訓練手当を提言することに照らすならば，先の指摘は，その根拠を持たない。W. ベヴァリジが，20世紀初頭に公刊した失業に関する著書を思い起こすとき，訓練手当の提起は，産業構造の変化を見据えた労働力供給政策の一環でもある。第3に，ケアリング（caring），すなわち，介護を意味する英語表現は1970年代末葉，同じくケアラー（informal carer），すなわち，介護者を示す英語表現は，80年代初頭に初めて用いられるとの指摘も，イギリスの複数の研究者によってなされるとは言え，1940年代からの文献を丹念に調べ上げるならば明らかであるように，ケアリングの表現は少

まえがき

なくとも1947年，ケアラーのそれは1976年に遡り，両者は，既に70年代中葉や末葉以前に広く用いられる。

　1935年にまで遡って少なくない名著に目を通すならば，日本の研究者による議論にも疑問を投げかけることになる。

　内外における介護の歴史は，70年代後半もしくは80年代に始まるとの議論が，早ければ2000年に説かれるものの，1941年，あるいは47年にスウェーデンやイギリスで公刊された著書や報告書は，既に高齢者介護を不可欠の政策課題に位置づける。参考までに付言すれば，アメリカの23人の研究者の執筆になる『社会老年学入門――高齢化の社会的諸側面』（シカゴ大学出版，1960年，1～770頁＋i-xix頁）は，イギリスの成果も視野に収めながら高齢者介護に言及する。社会老年学の調査研究動向に関する包括的な解説を施したアメリカで最初の共著である。また，フランスの社会保障論に必ず登場するラロック報告（rapport Laroque, 1962年）は，高齢化問題調査委員会（CEPV）の名称にも示されるように高齢者を主題にし，介護について言えば高齢者の地域における暮らしを念頭に高齢者政策を提起する。家族政策の古典的な名著として繰り返し版を重ねる著書は，少子化と併せて高齢化を視野に収め，保育と介護の双方を家族政策の領域に属する政策課題として論じ，政策の立案に強い影響を与える。女性の継続就業に関わっては，専ら保育が問題にされるわけではなく，介護も既に視野に収められる。この考えは，その後，家族政策に関するヨーロッパ連合（EU）の定義にも継承される。また，イギリスを含む広く諸外国のフェミニストは，介護者の健康問題を著しく軽視したとの驚くほどの指摘がなされるものの，早ければ1939年の調査で問題になる介護者や介護を終えた人々の健康に関する分析は，その後の調査研究でさらに広がりを見せることとも相俟って，フェミニストにも継承される。フェミニストによる新しい提起に関心を奪われるあまり，調査研究の得難い成果を継承している側面を見落とすわけにいくまい。これも，フェミニストの忘れがたい見識の一つである。

　医療機関による介護者支援は，民間非営利団体はもとより自治体などによる支援に較べるならば，比較的新しい動きである。しかし，ひとりイギリスに固

有な政策動向ではない。このことを自ら正確に理解し主題に迫るためにも，本書は，オーストラリア，アメリカ，フランス等の国々や国際機関にも頁を割いている。これは，1983年の拙稿を画期に試みてきた手法の一つである。興味深いばかりか，何とも心強いことは，各国の医師会や看護協会，看護助産協会，ソーシャルワーカー協会，あるいは心理学会などが，介護者支援を自らの課題として積極的に受け止め，専門的な職能集団としてどのように支援を進めるかについて優れて実際的な文書にまとめ上げ，広く利用に供しながら日々の職務に精励していることである。介護者支援は，世界保健機構（WHO）も推奨するように，医師や看護師，あるいは保健師の養成課程はもとより継続教育の体系にも位置づけ始められる。介護者の心と体の健康を念頭に置くことは，言うまでもない。専門的な職能集団ならではの見識あふれる対応であり，医療サービスが，対人サービスの一環であることを考えるならば，その意味は至って大きい。

　本書をまとめるに際しては，イギリス政府はもとよりウェールズ行政庁とスコットランド行政庁，各地の国民保健サービス地域基金と自治体や民間非営利団体，オーストラリアやニュージーランド，あるいはアイルランドの各国政府等に大変ご配慮ある対応を戴いた。資料の送付を度々お願いしたにもかかわらず，快く送って下さり，資料の内容などに関する質問にも親切に対応して戴いた。これらの機関や団体によるご好意溢れる対応なしには，本書が，日の目を見ることもなかったに違いない。

　主題に照らして，著者の専攻分野である社会政策の他にも医学，精神医学，看護学，老年学，心理学，社会学及び社会福祉学関係の外国雑誌に掲載の論文も，非力を顧みず手に取っている。いずれも，大学図書館の複写サービスを通して可能になった作業である。内外の数々の古典的な名著も，大学や国立国会図書館の相互貸借を通して手にすることが出来た。名著に目を落としながら，これらを大学図書館などの蔵書として揃えて下さった先達とその深い見識に，改めて尊敬の念を抱くと共に，相互貸借の労を厭わなかった各地の図書館職員の皆様への感謝の気持ちを，新たにしたところである。

まえがき

　本書の刊行が叶うのも，ミネルヴァ書房のお蔭である。1986年の最初の刊行以来，四半世紀を超えてお世話になっていることに，深い感謝の念が湧きあがる。編集部の戸田隆之氏には，今回も多面に亘るご助言を戴いた。
　仕事はもとより著者自身の健康を含めて，今日まで導いて下さった方々のご恩を改めて心に秘めながら，前に進みたいと思う。

　2013年2月6日

　　　　　　　　　　　　　　　　　　　　　　　　　　三富　紀敬

介護者の健康と医療機関

――健康格差論の射程――

目　次

まえがき

序　章　介護者支援政策と介護者の健康……………………………………………1
　1　ミュルダール夫妻の議論と家族政策の領域……………………………………1
　　　（1）予防的な家族政策と介護……1
　　　（2）家族政策と世代間の連帯……4
　　　（3）日本における家族政策研究の混乱……8
　　　（4）日本の社会政策研究における家族政策の位置……15
　2　中間ケアと介護者に関する日本の研究…………………………………23
　　　（1）医療機関と介護者への支援……23
　　　（2）退院計画と介護者への支援……27
　3　介護者研究の国際的展開と介護者の健康……………………………29
　　　（1）介護者に関する研究動向の把握……29
　　　（2）政府の最初の介護者調査……34
　　　（3）「国内外のケアリング研究」に関する理解……38
　　　（4）英米両国フェミニストによる介護者研究の主な論点……43
　　　（5）欧米11か国フェミニストや政府機関による介護者研究の主な論点……49
　　　（6）介護者の健康と性別格差……57

第1章　介護者支援政策の形成と介護者像の転換………………………………65
　1　W. ベヴァリジの福祉国家構想と介護者………………………………65
　　　（1）W. ベヴァリジの構想と介護者の位置……65
　　　（2）介護者を示すイギリス英語の誕生と広がり……67
　　　（3）介護者の定義と要件……73
　　　（4）定義の一本化を巡る課題……76
　2　スピンスターズの運動と年金給付開始年齢の繰り上げ…………………79
　　　（1）未婚女性による介護の窮状……79
　　　（2）高齢者調査の膨大な蓄積と主題……83

（３）高齢者介護の歴史を巡る議論……86
　３　伝統的な介護者像の転換……………………………………………89
　　　（１）伝統的な介護者の存在を巡る議論……89
　　　（２）介護者の多様な存在……92
　　　（３）日常生活上の援助の程度や影響を尺度にする介護者の表現……96
　　　（４）年齢階層を尺度にする介護者の表現……100
　　　（５）支援の拡充を念頭に置く介護者の表現……103
　　　（６）介護者の供給源と多様なニーズ……107

第２章　介護者の社会職業格差……………………………………115
　１　介護者の規模と介護者化の可能性……………………………115
　　　（１）介護者に関する調査研究の歴史……115
　　　（２）介護者の規模と比率……119
　　　（３）介護者化の可能性と広がり……122
　２　介護者の構成………………………………………………………124
　　　（１）介護者の諸構成……124
　　　（２）介護者の所得源泉と所得水準……129
　３　介護者の社会職業階層……………………………………………131
　　　（１）社会職業階層分析の開始と定着……131
　　　（２）介護者の職業資格と所得水準……133
　　　（３）スコットランド多元的剥奪指標と介護者比率……136
　４　介護者の社会職業階層の国際動向………………………………140
　　　（１）欧米７か国等の介護者の規模と比率……140
　　　（２）介護者の職業資格と所得階層……144

第３章　介護者の健康…………………………………………………153
　１　経済問題からの出発とニーズの包括的把握……………………153
　　　（１）未婚女性介護者の経済的な窮状……153

　　　　（2）介護者調査と健康問題の位置……156
　　　　（3）介護者の健康を含むニーズの体系的な把握……160
　　2　健康格差と介護者の健康……………………………………164
　　　　（1）健康格差論の形成と広がり……164
　　　　（2）健康格差論と介護者の位置……167
　　　　（3）介護者の健康格差……173
　　　　（4）介護者の健康問題の多面的な影響……175
　　3　年少の介護者と健康………………………………………178
　　　　（1）年少の介護者の発見と定義……178
　　　　（2）年少の介護者の規模と構成……182
　　　　（3）学校からの排除と健康問題……185

第4章　介護者支援の方法と視界 …………………………193
　　1　介護者支援の領域と方法……………………………………193
　　　　（1）半世紀を超えて続く議論……193
　　　　（2）介護者支援の領域と方法の広がり……198
　　　　（3）介護者の休息と休暇に関する英米豪3か国の経験……202
　　　　（4）介護者の休息と休暇に関する日本の調査研究……208
　　　　（5）介護者手当の受給要件と水準……212
　　　　（6）介護者のアセスメント請求権の法的な拠り所……215
　　2　障碍者を含む要介護者の人権と介護者支援の視界……………218
　　　　（1）障碍者研究からの批判とその影響……218
　　　　（2）障碍者と介護者双方のニーズの充足……221
　　　　（3）介護保険を巡る議論と介護者ニーズの忘却……226

第5章　医療機関による介護者支援の形成 ……………………233
　　1　新しい支援主体としての遅い出発……………………………233
　　　　（1）医療機関の独自の位置と支援の試み……233

（2）政策文書における位置づけの変遷……236
　　　（3）介護者のニーズと医療機関の対応……241
　　　（4）医療機関による介護者支援の法的位置づけ……244
　2　ハクニー自治区等の一般開業医・介護者事業……246
　　　（1）1990年法に沿う取組み……246
　　　（2）ハクニー自治区の事業展開……250
　　　（3）ニュアム自治区の事業展開……254
　　　（4）継続的な取組みに向けた提言……256
　3　ルーイシャム一般開業医・一次医療・介護者事業……259
　　　（1）ルーイシャム自治区の事業展開……259
　　　（2）ルーイシャム介護者の提言と継続的な取組み……263
　4　民間非営利団体の提言と医療機関の位置……264
　　　（1）介護者の健康と英国介護者協会の調査……264
　　　（2）国民保健サービスと英国介護者協会の調査……267
　　　（3）国民保健サービスとプリンセス・ロイヤルトラストの調査……274
　　　（4）国民保健サービスの介護者支援に関する提言……276

第6章　医療機関の介護者支援……283
　1　介護者憲章と支援の領域……283
　　　（1）国民保健サービスによる憲章の制定と特徴……283
　　　（2）国民保健サービスによる介護者支援の領域……286
　2　啓発訓練と支援環境の整備……290
　　　（1）診療所の独自の地位と介護者の確認……290
　　　（2）啓発訓練と介護者登録制度……292
　3　介護者の健康診断……296
　　　（1）無料の健康診断……296
　　　（2）健康状態の包括的な把握と介護者による評価……300
　4　退院計画への参画を含む支援……304

    （1）退院計画と介護者の参画……*304*

    （2）スコットランドの国民保健サービスによる独自の支援計画……*306*

終　章　介護者の健康問題の国際的広がりと医療機関……………*315*

  1　豪米仏3か国における動向………………………………………*315*

    （1）オーストラリアの介護者と健康問題……*315*

    （2）介護者のニーズと医療機関……*317*

    （3）アメリカの家族社会学と介護者の負担……*322*

    （4）アメリカ看護協会と介護者アセスメント……*326*

    （5）医療福祉諸団体によるガイドラインの策定……*328*

    （6）フランスにおける介護者調査の遅い出発と健康問題……*330*

    （7）家族政策の再構成と医学看護学教育……*333*

  2　イギリスの介護者支援政策と医療機関……………………………*337*

    （1）世界保健機構と介護者政策の提示……*337*

    （2）イギリスにおける介護者政策の国際的位置……*338*

    （3）介護者のサービス受給格差とイギリスの課題……*341*

略語一覧　*353*

図表一覧　*356*

日本語文献一覧　*359*

外国語文献一覧　*361*

索　引　*380*

序　章
介護者支援政策と介護者の健康

1　ミュルダール夫妻の議論と家族政策の領域

（1）　予防的な家族政策と介護

　介護者の健康は，近年家族政策の領域でも論じ始められている。家族政策の領域を探るに当たっては，早くから家族政策を公式に採用してきたスウェーデンとフランスに的を当てることが必要である。それは，家族政策の国際比較研究を手掛ける欧米の研究者の手法にも合致する。
　G. ミュルダール（Gunnar Myrdal）と A. ミュルダール（Alva Myrdal）は，スウェーデンにおける家族政策の構想とこれに沿う制度化の双方に多大な貢献をしたことで国際的に良く知られる。
　G. ミュルダールは，著書『人口──民主主義の問題』（1940年）の「まえがき」の中で以下のように指摘する。すなわち，妻の A. ミュルダールは，「本書で扱った諸問題の全体について非常に包括的な分析を準備している最中である。拙著は，社会家族政策（social family policy）の一般原則の幾つかについて述べるに止まるのに対して，妻は，近々公刊される予定の著書の中で社会家族政策の多様な諸手段について包括的で詳細な分析を施している」として，自らの著書に続いて公刊され，1940年代から60年代にも幾度となく版を重ねる妻の著書『国家と家族──民主的な家族・人口政策に関するスウェーデンの経験』（1941年，45年，47年，68年他）に目を通すことを勧める。A. ミュルダールの著書は，夫の G. ミュルダールが指摘するように「包括的で詳細な分析を施している」だけに，頁数も400頁を優に超す（1～441頁＋i-xiv 頁）。これに対して

G．ミュルダールの著書は，200頁を超すに止まる（1～237頁＋i-xiii頁）。前者は，後者の1.8倍を超す頁数を記録する。
　二つの著書の相違は，もとより頁数に止まらない。頁数の大きな相違は，社会家族政策の「一般原則」を示すに止まるのか，それとも「包括的で詳細な分析」に進んでいるかの相違である。二つの著書は，共に予防的な社会政策（preventative social policy）あるいは家族政策（family policy）の表現を用いながら，そこに盛り込まれる政策手段はやや異なる。A．ミュルダールは，G．ミュルダールの予告の通り実に包括的な提起を行う。それは，16項目から構成される。[1]
　①性教育はもとより家族問題に関する教育。妊娠調整と家族計画に関する教育が，不可欠である。
　②広く女性，とりわけ既婚女性の就業権の保護に向けた改革が必要である。働く女性が結婚し子どもをもうける権利は，家事の夫婦による分担，家事手伝いの共同雇用などによる家事の社会化，保育園と幼稚園の整備による保育の社会化を避けて通ることなしに確保されない。
　③子どもの存在に伴う追加の出費を念頭に置くならば，児童手当の制度化とこれによる所得の再分配が必要である。
　④全ての母親を対象にする産前産後費用の無料化と看護師による家庭訪問も重要である。
　⑤家族の人員規模に応じた家賃と他の住宅費用の補助が行われ，3人以上の子どもを持つ家族のための公営住宅も必要である。
　⑥全ての児童に対する学校給食の無料化が求められる。
　⑦教科書の無償化と無料の交通手段などによる教育の無料化が，図られてしかるべきである。
　⑧幼稚園教育の無償化と衣服の価格の割引が必要である。
　⑨休暇村の利用料金の引き下げや夏の休暇キャンプの無料化などを通して家族休暇の費用を安くすると共に，関係施設の改善を図らなければならない。
　⑩父親と母親双方を対象にする雇用保障を拡充しなければならない。

⑪子どもの居る家族を対象にした所得税制度の再構成が必要である。

⑫妊娠と妊娠中絶に関する法律の弾力化を通して，計画的で自発的な保護者化（planned parenthood）が求められる。

⑬母子家庭における子どもの養育に必要な場合には，家政婦の雇い入れを認めなければならない。

⑭貧困層を対象にする救済は，施設ケアと在宅サービスを含めて拡充されなければならない。

⑮高齢者世代の扶養と介護の責任（support and care of the older generations）は，徐々に家族から社会によって担われなければならない。息子たちは，高齢者の扶養と介護から自由であるのに対して，娘たちは，広く重い責任を負っている。年金と併せて高齢者の施設ケアと在宅サービスが，拡充されなければならない。

⑯障碍者の施設介護は近年かなり拡充されており，今後共この方向が期待される。

　A. ミュルダールは，母親の継続就業と家事の夫婦による分担を政策手段の基調に据えることによって，性別分業の表現こそ直接には用いていないとは言え，その解消を事実上主張すると言ってよい。女性の年齢階層別労働力率のM字型から台形型への転換をこの提言から読み取ることは，容易である。他の欧米諸国が戦後の1970年代に至って漸く政策課題として強く意識する内容をA. ミュルダールは，1940年代初頭に既に提起したと評してもよい。家事や保育の社会化に止まらず，施設ケアと在宅サービスの拡充も見られるように主張する。忘れるわけにいかないことは，要介護者の範囲を高齢者に限定することなく，障碍者を含めながら構想していることである。これが，予防的な社会政策あるいは家族政策の表現を用いながら示される政策手段である。この国の家族政策の展開に強い影響力を発揮したミュルダール夫妻の議論は，繰り返すことになるが，介護の問題を1940年代初頭までに早くも忘れることなく正当に位置づける。

（2） 家族政策と世代間の連帯

　フランスの家族政策は，その形成過程を辿るならばただちに理解されるように，介護の問題をその内に包み込んできたわけではない。しかし，事情は，フランス政府の後に紹介する公式見解に示されるように比較的最近になって大きく転換する。最近20年程の期間になされた幾つかの提起を振り返りながら検討しよう。

　フランスの人口家族高等会議（HCPF，2009年6月以降に家族高等会議に名称を変更，HCF）の報告書『ヨーロッパの人口と家族政策』（1989年）は，ヨーロッパにおける人口の高齢化に関する分析を踏まえた上で，女性が育児のために離職をせざるを得ない状況を考えるならば，日常生活上の援助を要する高齢者の増加は，女性の職業生活に新しい障壁をもたらすことになりかねないとして，施設介護と併せて在宅サービスを通した多様な支援について提言する。それは，世代間の連帯（la solidarité entre les générations）に他ならないと指摘する。同じく経済社会評議会（CES）も，家族の連帯は児童を対象にするに止まるわけにいかないのであって，平均寿命の延長と高齢者の日常生活上の援助の必要性を考慮に入れなければならないと指摘する。最後に，委員会の責任者を務めたP. ショプラン（Pierre Schopflin）の名を冠してショプラン報告として知られる報告書『要介護と連帯――高齢者へのより良い援助』（1991年）は，「家族への支援，より広くは日常生活上の援助を要する高齢者の世話に当たる全ての介護者に対する支援は，要介護高齢者の地域における暮らしを支え，これを拡げようとするならば，拡充しなければならない」として，介護者の負担の言及に止まらず，すすんで介護者に対する支援（aider les aidants）を明確に打ち出す。フランスの1986年以降における調査研究の成果を正当に踏まえた提起である。

　フランス政府は，これらの提起を継承しながら大統領府で開かれる2006年の家族会議を「世代間の連帯」と題して開催し，介護者の大きな役割を公式に認知した上で介護者を直接の対象にする6種類の支援について提起する。この家族会議は，家族政策に関する検討と提言を目的に開催されることから，2006年の提起は，前年までのそれと同じようにその後順次法制度化される。さらに，

序　章　介護者支援政策と介護者の健康

政府は，介護者に対する支援を家族政策の新しく優先度の高い主題の一つとしてホームページ上でも位置づけると共に，家族政策の形成と展開について解り易く紹介する年表においても介護者の支援について明記する。同じフランス政府の作成になるとはいえ，家族政策の2003年までの形成と展開について跡づけた年表には，全く示されなった内容である。研究を通して新たに開発された包括的な家族政策の表現を用いて言えば，フランス政府は，この年表を通して包括的な家族政策への転換を公式に表明したことになる。

　人口の高齢化を視野に収めて介護者への支援を正当に位置づける家族政策の再構成に政府が明解な立場を表明したこともあって，家族政策に関するフランスの一般書はもとより大学で用いられる教科書も，介護者への支援に少なくない頁を充てることになる。

　フランス政府と同様の対応は，国際機関や国際団体の比較的最近の公式文書からも確かめることができる。

　ヨーロッパ連合（EU）委員会の文書『世代間の連帯の促進』（2007年）が，その一例である。この文書は，「加盟国における家族政策の採用に向けた動向」と題する節の冒頭において「家族生活の支援に関する多様な政策」と題して3つの柱を紹介する。まず，子どもあるいは他の扶養家族に関する費用の手当もしくは税による補てん，さらに，保育サービスや高齢社会における要介護者へのサービス，最後に，休暇制度を含む労働諸条件，これらである。見られるように要介護者を対象にするサービスが，保育サービスなどと並んで明示される。家族政策が，専ら子どもの出生や養育に関する政策に止まるわけではなく，高齢者介護をその内に含むと解すればこその指摘である。また，最後に示される労働諸条件は，男女の雇用平等を念頭におく。雇用平等は，女性が伝統的に担い続けてきた保育を問題にするだけでは実現不可能であり，保育と同じように女性が性別構成はもとより生活時間構成に照らしても傾斜的に担う介護を同時に政策課題として位置づけることで，言うところの休暇制度には，育児休暇と共に介護休暇も含まれる。

　ヨーロッパ連合委員会による指摘に目を落とすとき，思い出されるのは，

5

W. デュモン（W. Dumon）他の共同労作として先の委員会に提出された報告書『ヨーロッパ経済共同体加盟国の家族政策』（1990年）である。W. デュモンは、この中で介護者の表現を直接に用いながら、多くの場合に女性に担われる日常生活上の援助の現状に政策的な対応が求められる、と指摘する(11)。報告書の性格に照らすならば、この指摘は、実に重要な提起であるとはいえ、報告書を執筆した研究者たちのあくまで個人的な見解であって、委員会のそれではない。これに較べるならば、ヨーロッパ連合委員会が17年後に公刊した文書は、公的なそれである。家族政策は、保育に止まらず介護をそのうちに含み、そこに介護者に対する支援の政策を位置づけるとの提起である。フランスの家族会議の報告書が公刊された翌年に出された見解であり、ヨーロッパ連合におけるフランスの位置と家族政策の歴史を考えるならば、フランスによる定義の変更がヨーロッパ連合のレベルにおいても公式に受け入れられたと理解しても不思議ではない。W. デュモンの提起は、こうした経緯を経て公式に採用されたことになる。

　ヨーロッパ女性院外団（European women's lobby）の文書『世代間の連帯に向けて――アクティブエイジングと世代間の連帯を目指すヨーロッパ2012年のための民間非営利団体からの提言』（2008年）も、家族政策と題する章を設けた上で、その冒頭において子どもや孫の保育、障碍者や高齢の要介護者への介護について指摘する。さらに、「家族政策は、……時として幼い子どもを持つ両親を支援する政策に限定されるけれども、……要介護高齢者を抱える家族のニーズの充足にも対応しなければならない。要介護者に対する日常生活上の援助をあげて家族介護者に委ねるならば、介護者の社会的包摂や健康あるいは両性間の平等を危うくする。結果は、介護者の貧困化であり、身体的あるいは精神的な疲弊である。介護者の多くは、女性によって構成されることを忘れるわけにいかない(12)」と指摘する。このようにヨーロッパ女性院外団も、両性の平等を念頭に置きながら家族政策に関する狭い定義に別れを告げて広い定義を採用する。保育サービスなど専ら子どもを持つ両親を念頭に置くばかりで、保育と同様に家族生活の一部をなす介護を視野の外に置き去りにするのでは、家族政策の伝

統的な目的，すなわち，所得の再分配を通した所得格差の縮小は，1970年代以降における女性の労働力化に促されながら新しく掲げられた雇用平等の達成と併せて，子どもを持つ両親に関する限り相応の政策効果を持ちえたとしても，保育と併せて介護の責任を負う，あるいは，いつ果てるともしれない日常生活上の援助に限られるとは言え，週20時間以上もしくは要介護者と同居しながら日常生活上の援助を手掛ける家族に関する限り不可能であり，貧困化とその広がりを招き寄せると理解するからである。介護者の健康が，社会的包摂や両性の平等と共に重視されていることは，忘れるわけにいかない。

　フランスの家族団体が，この国の家族政策の形成と展開に多大な影響を及ぼしたように，ヨーロッパのレベルにおける家族団体の役割も大きい。ヨーロッパ連合家族団体同盟（COFACE）が，ヨーロッパ家族介護者憲章を制定したように，この団体も家族政策に広い定義を与えながら数々の提言を行う。

　国際レベルの機関や団体の見地は，研究者にも確かめることができる。一例を挙げよう。ヨーロッパの9つの大学と3つの家族団体で構成される組織（ファミリープラットフォーム，Family Platform）は，ヨーロッパ連合の資金を得て開催した討論会「ヨーロッパの家族と家族政策に関する調査研究の批判的検討」（2010年5月の3日間，於ポルトガルのリスボン大学）は，家族政策と題する分科会において妊娠と出産及び乳幼児に関するサービスについて論ずると共に，世代間の連帯を支える政策やライフコースの変化に対応する家族政策の形成について検討を加える。また，高齢化と家族及び社会政策と題する分科会では，高齢者介護に費やされる総介護時間のおよそ80％は，多くの国で家族からなる無償の介護者に担われるとの論点が示され，この論点は，主要な論点であるとの位置づけが与えられる。フランスで生まれた表現としての世代間の連帯が，ヨーロッパレベルで広く用いられると共に，介護者を直接の対象にする支援への関心の広がりを踏まえた家族政策の再構成を国際レベルの討論会から読み取ることは，至って容易である。

　研究者たちのこうした議論は，ミュルダール夫妻の議論に示されるように何も新しいことではない。また，ミュルダール夫妻を唯一の論者としてきたわけ

でもない。アメリカの家族政策研究者として良く知られるＳ B. カマーマン (Sheila B. Kamerman) 他『家族政策――14か国の政策と家族』(1978年) は，介護者の表現を直接に用いた上で，女性の介護責任に関わる助言やカウンセリング，介護技術訓練あるいは情報の提供などが必要であると指摘する。介護者を対象にする援助を家族政策の国際比較の中で論じるのである。家族政策を保育サービスなどに止めることなく，介護者に対する支援を含めて理解するＳ B. カマーマンの基本的な見地が，国際比較の作業を通して見事に示される。

(3) 日本における家族政策研究の混乱

　家族政策に関する日本の研究は，残念なことにこうした動向を正確に把握していない場合が少なくない。しかも，家族政策について自ら与えた定義と目的，あるいは政策手段の間に論理的な矛盾さえ抱えたままに公表される論稿も少なくない。

　栃本一三郎「家族政策を考える(1)～(5)――ソーシャルポリシーとしての家族政策」(1990～91年) は，最初に「ソーシャルポリシーとしての家族政策は，one-generationだけの問題ではなく，異世代間two-generationの……政策である」と述べた上で，「従来の家族政策に関する議論では，結局のところone-generationポリシーの域を出ないし，内外を問わず，そもそもそのような発想が見当たらない」と，従来の日本はもとより諸外国の家族政策研究に厳しい批判を加える。氏の主張は，「高齢者の介護サービスの問題もやはり家庭という媒介項を抜きに政策を論ずることは出来ないのである」との認識を起点にし，家庭あるいは家族の機能をそのように理解するならば，氏の指摘は正当である。しかし，家族政策研究が，国境を超えて出産や保育を問題にこそすれ高齢者介護を視野の外に放り出してきたかといえば，それは，諸外国の研究者の名誉はもとより日本の社会科学研究の見識にかけて，事実と明らかに異なると指摘しなければならず，短くはない研究史を正確に把握した産物ではない。ミュルダール夫妻が1940年と翌41年に相次いで世に問い，幾度となく版を重ねながら国境を超えて読み込まれた両氏の単著は，家族政策に関する古典的な名

著と呼ばれており，S B. カマーマン他『家族政策――14か国の政府と家族』も，栃本氏の論稿より10年以上も前に公刊された国際的にも評価の高い作品である。これらの成果が，氏の言う「異世代間」の政策を扱い，これを踏まえて家族政策に広い定義を与えていることは，国際的なレベルでは周知の事実であり，既に紹介もしてきたところである。

国内の業績について言えば，高齢者を含めて「家族政策の体系的樹立化」を主張する望月嵩他編『現代家族の危機――新しいライフスタイルの設計』（有斐閣，1980年）はもとより，「高齢化社会政策としての家族政策」についても論ずる飯田哲也他編著『家族政策と地域政策』（多賀出版，1990年）などの成果に目を通すだけでも，栃本氏による研究史の把握は，その根拠を完全に失う。

阿藤誠編『先進諸国の人口問題――少子化と家族政策』（東京大学出版会，1996年）は，編著の副題にも示されるように「出生率に直接・間接に影響を及ぼす施策の全体を家族政策（family policies）と総称し……」[17]ながら，スウェーデンをはじめとする4か国（イギリス，フランス，ドイツ）の家族政策について検討する。家族政策は，自ずと「出生率」や「出生動向」に関する施策に限定される。このために家族政策は，「家族（児童家庭）政策」とも言い換えられる。

この見地は，阿藤氏を主任研究者として取り組まれた厚生労働科学研究の成果，すなわち，「家族政策および労働政策が出生率および人口に及ぼす影響に関する研究」（1997～98年度）はもとより，「先進国の少子化の動向と少子化対策に関する比較研究（総括研究報告書）」（2000年度）にもそのまま踏襲される。

家族政策について専ら出生率との関係を拠り所に定義を加えることから，依拠する外国文献から読み取る内容にも当然のこととして偏りを伴い，家族政策に関する外国人研究者の定義を事実上誤って伝えることにもなる。

阿藤氏は，ヨーロッパ共同体加盟国の家族政策について調べ上げた報告書（1990年）を参考文献の一つとして示す。正当な目配りである。しかし，この文献には，1960年代以降における施設介護から在宅介護への移行を背景に少なくない家族団体が，在宅介護と介護者への支援を家族政策の新しい方法として正当に位置づけるように主張していることなどについて正確な紹介が施されてい

るにもかかわらず，しかも，介護者を意味する比較的新しい表現としてのケアテイカーズやケアラーズの表現を用いながら論じている箇所が確かめられるにもかかわらず，これには一切言及することなく，専ら出生率に関わる家族政策の紹介に終始する。この報告書が出生や育児に関する制度に止まらず，なぜ介護に言及するかといえば，家族政策は，阿藤氏の下す定義とは異なって家族のために採用される施策であると広い定義を加えているからである。しかも，この定義は，調査研究における一般的な慣習に習って報告書の冒頭に示され，その後の具体的な分析の拠り所とされる。しかし，この定義は，阿藤氏によって完全に無視される。報告書の根幹に関わる内容が完全に無視された上で，報告書の定義とは全く異なる議論を展開する中での引用を前にするとき，報告書の執筆者たちは，これをどのように受け止めるのであろうか。阿藤氏が主題を少子化に絞ることが許されないわけではない。しかし，依拠する文献の基本的な見地に関して明らかな誤解を与えるが如き手法で自らの作業に利用するようでは，文献の引用に関する基本的な作法に抵触するのではあるまいか。

　阿藤氏は，ヨーロッパ家族政策監察機構（European Observatory on National Family Policies）の報告書も参考文献の一つとして利用する。これも誠に確かな目配りである。しかし，機構の取りまとめた報告書にも，高齢者はもとより障碍者の日常生活上の援助に携わる介護者と関係施策が，紹介される。氏は，これらの施策についても一切言及しない。これも容易に想像されるように氏が，自ら依拠すると選び抜いたヨーロッパ家族政策監察機構の文献と異なって，家族政策を狭く捉える理解の産物である。

　『大原社会問題研究所雑誌』に掲載された都村敦子氏の論稿「家族政策・男女平等と社会保障」（2002年）は，1960年から2000年における家族の変容について出生率をはじめとする29の諸指標に即して把握した上で，家族政策の動向と課題について男女平等の視点を織り込みながら分析した成果である。家族政策が，A. ミュルダールによる最も初期の提起はもとより，労働力の女性化に促されて戦後，とりわけ1970年代に再構成され政策手段もこれに従いながら多岐化したことを想い起こすならば，男女平等の視点の挿入は正当である。

氏は，「家庭内の助け合い」は，「家族の構成員，特に幼児や児童の成長と発達にとって，また高齢者や障害者や病人等のケアにとって，不可欠な要素であり続ける」とした上で，「家族政策とは，家族および家庭内の個人を基礎的ニーズに対応して，家族をサポートする国の政策である」と広い定義を与える。言うところの「基礎的ニーズ」に「高齢者や障害者や病人等へのケア」が含まれると理解した上での定義である。氏は，これに続けて家族政策が3つのカテゴリーに区分されるとして，第1に，婚姻をはじめ親子，離婚，未成年者の保護，児童扶養等，家族に関する法制，第2に，児童手当，税制の扶養控除，育児休業給付など，家計所得をサポートするための政策，第3に，保育サービスや要保護児童へのサービス，母子や父子家庭支援サービスなど直接的なサービスの提供，これらを挙げる。さらに，家族政策の目的は，子どもの養育についての平等な機会をはじめ自立に困難を抱える家族への援助，家族的責任と職業生活の両立の確保，全ての成人の経済的自立，多様なライフパターンを許容しうるような条件の整備，男女平等の促進，これらであると述べる。

　家族政策は，氏によれば上に紹介したように「家族をサポートする国の政策である」と広く定義される。これは，「家庭内の助け合い」を「幼児や児童の成長と発達」はもとより「高齢者や障害者や病人等のケア」を含めて広く把握する見地と，完全に一致する。にもかかわらず，家族政策の3つのカテゴリーとして示される内容は，家族の形成と子どもの扶養に関連することに狭く限定され，そこに「高齢者や障害者や病人等のケア」に関するカテゴリーを見ることはできない。同じように家族政策の目的として明示される6つの内容は，子どもの養育に関わる事柄に限定されることから，結果として「高齢者や障害者や病人等のケア」に関する具体的な記述は，一つとして認められない。言うところの「家庭内の助け合い」や家族もしくは個人の「基礎的ニーズ」には，「高齢者や障害者や病人等のケア」が含まれると自ら述べたではないか。しかし，家族政策のカテゴリーや目的として示される内容には，これを確かめることができない。

　かくして家族政策に与えられる定義は，家族政策のカテゴリーや目的との明

らかな矛盾を示す。だが，その後の分析において子どもの養育や教育に伴う経済的負担の軽減をはじめ仕事と育児の両立に向けた雇用環境の整備，保育サービスと子育て相談体制の拡充，これら3つを日本における家族政策の課題として定め，立ち入った分析を施していることに照らすならば，論稿の冒頭に示された家族政策に関する幅広い定義は，家族政策のカテゴリーや目的について論じた際と全く同じように事実上放棄される。一例を挙げよう。仕事と育児の両立を問題にこそすれ，仕事と介護の「両立に向けた雇用環境の整備」は，完全に忘れ去られる。言うところの「全ての成人の経済的な自立」は，子どもの誕生や成長と共に新しい阻止要因を抱えるだけではなく，介護離職の表現に象徴されるようにいつ果てるとも知れない介護負担を通しても危うくなるのではあるまいか。

　氏は，国際労働機関（ILO）の家族的責任を有する男女労働者の機会及び待遇の均等に関する条約（156号条約，1981年採択）に言う「家族的責任とは子どもに対する責任だけではなく，保護または援助が必要な子以外の家族に対する責任である」として，「看護・介護休業」[22]をその一例に挙げる。国際労働機関の「家庭的責任を持つ女性の雇用に関する勧告」（123号，1965年）と156号条約との見落とすわけにいかない2つの相違の一つを正確に言い当てる。しかし，氏が家族政策のカテゴリーとして示す内容には，育児休業が明示されるに止まり，「看護・介護休業」は完全に姿を消す。156号条約に対する理解は，「看護・介護休業」を忘れることなく指摘することに照らして，家族政策に氏の与えた広い定義と完全に一致するとはいえ，続けて示される家族政策のカテゴリーと目的に「看護・介護休業」は包括されない。

　氏は，家族政策の動向と課題を扱う第2章において，まず家族法制について論じ，次いで出産・育児に関する公的な経済的支援について述べる。このうち後者に関わっては，子育てに対する公的な経済的支援が前世紀に始まったとして，G.ミュルダールの著書に言及する。しかし，著書への目配りは至って不充分である。G.ミュルダールは，政策の原則について明示する。第1に，望まない出産の防止であり，このために産児制限の公的な承認を進めなければな

らない。第2に，子どもの居ない家族や個人から子どもの居る家族への所得移転を進めなければならない。第3に，児童福祉の拡充のためにも，所得再分配を進めなければならない。最後に，高齢者をその子どもが養うという考えは最早過去の時代の産物であり，社会による高齢者の扶養への転換を図る時代である。このうち最初の3つは，内容に即して容易に理解されるように子どもの出生と養育に関わり，最後の一つは，高齢者に関する施策である。A. ミュルダールが示す既に紹介の16項目のうち最初の14項目は，G. ミュルダールの言う4原則のうち最初の3つを拠り所に一段と具体化されたものであり，末尾の2項目は，同じく4つ目の原則を基調にする。

都村氏は，G. ミュルダールが示した4つの原則を漏れなく理解していたならば，家族政策のカテゴリーや目的を子どもの出生や養育に狭く限定することもなく，高齢者に関する政策を含めて包括的に紹介することになったに違いない。また，そうしてこそ家族政策に関して氏の与えた包括的な定義とも首尾一貫する。G. ミュルダールの著書に正確な理解を加え紹介することにも繋がる。しかし，残念なことにそのような道は選び取られていない。出生率に関心を絞り込みながら家族政策のカテゴリーや目的を論じることは，もとより許され，自らの課題設定に沿う堀りの深い分析が期待されるとしても，だからと言って依拠した著書の家族政策に関する基本的な見地に関する誤解を招き寄せるような引用が許されるとは，到底考えられない。

清水泰幸「フランスにおける家族政策」（2007年）は，フランス会計院が「家族に対する公的な支援を一応の家族政策と位置づけて……いる」[23]として，この国の出産休暇と育児休業制度及びこれらを支える所得保障について検討したものである。

氏は，「家族政策について一応の範囲を画する」として，既に紹介したように「家族に対する公的支援を一応家族政策と位置づけて……いる」。しかし，家族政策の範囲を広く定めながら，実際に問題にされるのは，何の断りもなしに先の都村氏と全く同じように出生率に関係する制度の限りである。すなわち，所得保障の体系に限っても，出生率を念頭に置くことから家族給付のうち一般

扶養手当と乳幼児養育給付などに限定され，多子家庭ほど低い税率が適用される所得税の優遇措置に止まる。他の「家族に対する公的支援」は，既に広く存在するにもかかわらず完全に無視される。「家族に対する公的支援」と評しながら，言うところの「家族」は，一切の断りもなしに専ら子どもの出産や養育を担う家族に狭く限定されるからである。具体的な制度に関する叙述に照らすならば，家族政策について自ら読者に約束した広い定義は，その根拠を失う。

　氏は，『家族政策』(2002年) と題してパリで刊行された新書版の著書を参考文献の一つとして利用する。この著書を紐解くなら理解することができるように，著者たちは，家族の負担として「子どもの養育，家事，高齢者や障碍者の介護[24]」を挙げる。「子ども」は，見られるように「高齢者や障碍者」と同列に扱う。併せて「世代間の諸関係」と題する項目を設けた上で，新しく制度化された個別自立手当（APA）と要介護特別手当（PSD）にも言及する[25]。著者たちは，容易に見て取ることができるように介護を子どもの保育と同列に扱うことから，直接には要介護者に給付されて，無償の介護者にも日常生活上の援助を条件に報酬として手渡すことの認められた諸手当も視野に収める。しかし，清水氏は，こうした内容の著書を参考文献の一つとして巻末に明示し脚注にも引用しながら，介護に関する叙述については完全に葬り去る。しかも，「家族に対する公的支援」を「家族政策……の範囲」に属すると広い定義を加えているにもかかわらず，自ら選び取った参考文献の介護に関する叙述を何の断りもないままに無視する。広い定義を採用する根拠は，フランス語文献の読み取り方に照らしても失われる。

　家族政策はもとより社会的排除を主題として設定しながら，英語文献を引き合いに出すばかりでフランス語文献に目をくれようとさえしない研究者が，日本には実に多いだけに，家族政策や社会的排除の形成史を辿るならば，氏によるフランス語文献の利用は重要であり，強い共感を覚える程に望ましい行為である。フランスは家族政策の母国であり，社会的排除研究が最初に行われ，社会に衝撃を以って迎えられたからに他ならない。しかし，氏のような文献の読み取りを含む扱いは，どの国でも許されるわけではない。

氏の理解は，氏が研究分担者として参加した科学研究費補助金による共同作業にも見て取ることができる。この研究は，「フランスにおける少子化対策法制の総合的研究」と題して江口隆裕氏を代表者に取り組まれる。成果報告書によれば「フランスの家族政策は，人口減少に対する国家としての強い危機意識に裏付けられた出産奨励策に始まり，子どもと家族の絆を支援する総合対策としての一般施策への変貌を遂げている」として，「わが国の少子化対策」[26]もフランスの経験に学ぶところ少なくないと結んでいる。

しかし，ここに示される特徴づけの内容は，フランスの動向に注意深く目を落とすならば自ずと明らかであるように，この国の家族政策の重要であるとは言えごく一部であるに過ぎない。フランス政府が，1980年代末葉からの数々の提言はもとよりヨーロッパ連合加盟国における動向にも率直な反省を交えながら視野に収め，家族政策の範囲を大幅に変更し，これを家族政策の定義変更と併せて公式に表明した事実は，清水氏を含む共同研究では完全に見失われる。言いかえれば，フランスの家族政策について「変貌を遂げている」と評しながら，少なくとも21世紀における「変貌」に関する限り完全に視野の外にある。小さくはない「変貌」である限り，詳しい分析を施すか否かは，調査研究の主題との関わりにおいてやや異なるとは言え，簡単にでも紹介を加えなければなるまい。しかし，そうした紹介はない。「変貌」と言いながら，不正確な紹介に止まる。

（4） 日本の社会政策研究における家族政策の位置

家族政策は，国際的な常識に従うならば社会政策の一環である。社会政策に関するフランスやスウェーデンを含む諸外国の用語集や教科書などに示される家族政策の扱いに見る通りである。[27]外国の文献を引き合いに出すまでもない。少子・高齢化に関する国際研究委員会編『スウェーデンの家族政策と出生動向』（エイジング総合研究センター．1997年）が，スウェーデンの家族政策は，1967年以降に社会政策の一環として位置づけられていくことになったと指摘するように，フランスと共に家族政策の母国と称賛されるスウェーデンの調査を

通して日本にも広く紹介され，阿藤氏や栃本氏などによっても同様に記述されてきたところである。また，家族政策は，「家族を対象とし家族福祉を目的とする社会政策」であると，早くも1973年の編著の中に示した家族社会学者の指摘にも見ることができる。これは，本沢巳代子／ベルト・フォン・マイデル編『家族のための総合社会政策 II──市民社会における家族政策』（信山社，2009年）などに示される法学研究者の理解とも，完全に一致する。

　こうした内外の動向を念頭に置くならば，日本の社会政策研究者による家族政策の検討は，他の分野に籍を置く研究者に較べて一段と活発に行われているに違いないと期待を込めながら想定することも，あながち誤りとは言い難く，むしろ至って自然な思考の帰結である。しかし，日本における社会政策研究を振り返る限り家族政策への関心は低く，日本の家族政策研究における影は残念ながら薄い。

　社会政策学会は，既に120回を超す大会を開いてきたにもかかわらず，家族政策が共通論題の一つに掲げられ議論の対象になったことはない。家族政策を数ある分科会の主題に掲げることも，僅かに二度を記録するに過ぎない（120回大会，2010年6月，126回大会，2013年5月）。日本における社会政策は，長らく労働力政策あるいは労働政策として位置づけられてきたことから，子どもの出生と養育に関わる家族生活に殆ど関心を払ってこなかった。僅かに言及したとすれば，労働者状態の分析，すなわち，夜勤明けの労働者が自宅に帰って睡眠を取ることに伴う家族，とりわけ子どもの居場所への影響の限りである。労働者状態論の一部としての検討であることから，そこに政策問題，とりわけ家族政策に関わる問題への言及は一切存在しない。代表的な社会政策教科書，例えば西村豁道・荒又重雄編『新社会政策を学ぶ［第2版］』（有斐閣，1999年）や成瀬龍夫『総説現代社会政策』（桜井書店，2002年，増補改訂版，2011年），あるいは石畑良太郎・牧野富夫編著『社会政策』（ミネルヴァ書房，1995年，2002年，新版，2003年）及び同『よくわかる社会政策』（ミネルヴァ書房，2009年）に家族政策の表現を確かめることはできない。

　家族政策の表現を「家族的責任と社会政策」と共に社会政策教科書で初めて

用いるのは，漸く玉井金五・大森真紀編『社会政策』（世界思想社，1997年，新版，2000年，三訂，2007年）である。しかし，家族政策の政策手段は，「出産・育児手当」や「児童手当」あるいは「保育」に限定され，言うところの「家族的責任」や家族政策に介護の表現さえ含まれない。まして，介護者やその健康が論じられることもない。さらに，坂脇昭吉・阿部誠編著『現代日本の社会政策』（ミネルヴァ書房，2007年）は，家族政策と題する項を設けた上で日本における家族政策の歴史的な展開と課題について指摘する。数ある社会政策教科書の中では全く最初の試みである。しかし，家族政策に関する定義に当たって阿藤氏のそれを引用することに端的に示されるように，政策の範囲は「子どもを持つ家族の福祉向上」に絞り込まれる。「家族政策・少子化政策」と題して論ずる久本憲夫『日本の社会政策』（ナカニシヤ出版，2010年），あるいは，「少子化対策としての家族政策」を論ずる玉井金五・久本憲夫編『少子高齢化と社会政策』（法律文化社，2008年）も，見られるように「少子化対策」と「家族政策」とを同義と理解することから，阿藤氏等と同じ問題を含む。

　社会政策研究者として家族政策について精力的に作業を重ねるのは，所道彦氏である。氏は，「家族政策の国際比較研究では，『家族』とは『未成年の子どものいる家族』を指し，高齢者を含めることは稀である」、あるいは「西ヨーロッパの『家族政策』は，子どもとその家族に焦点が当てられており，高齢者について議論することは稀である」と述べて，家族政策に狭い定義を与えた上で国際比較の作業を手掛ける。しかし，氏の作業には幾つかの疑問を呈さなければならない。

　まず，「西ヨーロッパの『家族政策』は，……高齢者について議論することは稀である」との指摘は，先の引用に当たって出典を示したように1999年から2001年にかけてはもとより2009年の論稿でも繰り返される。しかし，これは，百歩譲って少なくとも2009年の論稿に即して言えば事実の裏づけを持たない。それと言うのもフランスの2006年に開かれた家族会議は，既に紹介したように世代間の連帯を主題に開かれ，障碍者や高齢者はもとより日常生活上の援助に当たる介護者とその支援について議論を重ねる。会議に提出された報告書とこ

れを踏まえた議論が，その後の介護者支援の法制化の拠り所となり，家族政策の定義に関する政府見解の大幅な変更に連なったことは，改めて言うまでもない。ヨーロッパ連合における同種の動向も既に紹介したところである。スウェーデンと共に家族政策の母国と認知されてきたフランスの事象とヨーロッパ連合の動きを念頭に置くならば，所氏の指摘は事実の裏づけを欠く。

　さらに，氏は，「家族政策の国際比較研究では，高齢者を含めることは稀である」と評するに際して，Ｓ B. カマーマン他の共著『イギリスとカナダ，ニュージーランド及びアメリカにおける家族の変容と家族政策』(1997年)を引き合いに出し，Ｓ B. カマーマン他は，「子どもを持つ家族に関する政策に言及するのであって高齢者に関する政策は別の範疇として分析の対象から除外する(31)」と述べていると紹介する。この理解は，確かに家族政策に関する所氏のそれに合致する。しかし，これでは，Ｓ B. カマーマン他の見地を二重の意味において至って不正確に紹介することになる。

　第1に，Ｓ B. カマーマン他の97年の文献に関する紹介は，著者たちが明確に述べる理論的な立場を考えるならば明らかに正確さを欠く。Ｓ B. カマーマン他は，97年の著書の冒頭において以下のように述べる。「家族政策の用語は，家族役割を担う個人のために，あるいは集団としての家族のために一定の目的を達成するべく明確に定められた法律や規則，諸手当と諸計画を含む。我々は，ここでは家族政策の用語を子どもの居る家族に絞って用いており，高齢者に関する政策は別の領域に属するものとして扱われる(32)」。著者たちは，容易に読み取ることができるように家族政策に広い定義を与えた上で，「ここでは」，すなわち，本書では「子どもを持つ家族」を対象に家族政策について論ずると述べている。あくまで当該の著書で扱う問題領域について研究の作法に従いながら述べるのであって，この著書の叙述を以ってＳ B. カマーマン他による家族政策の定義であると理解するわけにいかない。

　第2に，Ｓ B. カマーマン他は，97年の著書に先立つ共著『家族政策——14か国の政府と家族』(1978年)では，「家族政策は，家族を対象に家族の利益のために政府が手掛ける全ての諸施策である(33)」と広い定義を与えた上で，高齢者

序　章　介護者支援政策と介護者の健康

と障碍者を対象にする社会サービスも家族政策の一環に位置づけ分析に進む。このために著者たちの用いるケアテイカーズ（caretakers）の表現は，共著の公刊された当時の事情を反映して単一ではなく二重の意味，すなわち，保育の担い手に止まらず家族などから構成される介護者の意味でも用いられる。保育とは別に対人社会サービスが家族政策の政策手段として明示されるのも，政策対象として子どもに止まらず障碍者や高齢者あるいはこれらの要介護者を看る介護者を広く視野に収めるからである。S.B. カマーマン他は，こうした理解とこれに沿う国際比較の業績を70年代末葉に残すからこそ，97年の共著では「ここでは家族政策の用語を子どもの居る家族に絞って用い……」と断りを入れたのである。これを通して分析の一貫性が保障される。

　ちなみに78年に公刊された著書は，所氏が引き合いに出す97年の著書にも参考文献の一つとして明示される。家族政策に関する97年の定義は，既に78年の著書に見ることのできることに照らしても，あるいは，2冊の著書が共に家族政策の国際比較を主題にすることからも，もっともな示し方である。しかし，所氏は，少なくとも氏の論稿に目を落とす限り97年の著書を見る限りであって，その19年前に同じ著者たちの成果として世に問われた著書を視野に収めていない。にもかかわらず，78年の著書が参考文献の一つとしてなぜ示されているのか，その理由は不明である。78年の著書における家族政策の定義を知り得ていたならば，97年の著書に示される定義の正確な理解も，あるいは可能であったのではないかと考えると，何とも残念な文献の扱いである。

　S.B. カマーマン他が78年の著書に示す見解は，『ソーシャルワーク百科事典』（1995年）に寄稿した氏個人の論稿にも示される。すなわち，S.B. カマーマンは，「……最近では，介護の必要な要介護者としての高齢者の問題は，家族政策の一部としてしばしば包括される」と指摘する。早くから高齢者や障碍者はもとより介護者を含めて家族政策を論じてきたS.B. カマーマンが，研究の国際動向を確りと見据えながら氏の立場に共鳴する理解の広がりを示唆する文章である。所氏の99年の論稿よりも4年早くに公表された成果における指摘である。所氏は，もとよりこの論稿もご存じないようである。S.B. カマーマ

19

ン他のごく一部の業績に目を配るだけで，しかも，視野に収めた著書でさえ冒頭に示される家族政策の定義に関して正確に読み込むことのないままに，自説の裏づけとして採用することは，果たして許される作法の一つであろうか。

　所氏は，日本における家族政策の課題と展望と題して3つの問題領域を取り上げる。「少子化と家族政策」をはじめ「『多様化する家族』『不安定化する雇用』への対応」及び「介護保険制度の改革と家族」，これらである。このうち最後の介護保険制度に関わっては，施設へのアクセスの制限や介護サービスの利用者負担の引き上げが行われるならば，家族の役割が絶対的に増加することから，「家族介護を前提にしたシステムへの回帰という流れになっていく……」[38]のではないかと危惧の念を示す。

　しかし，介護保険制度は，要介護度5もしくは4と認定されてサービスを受ける要介護者の援助に当たる介護者の終日介護に如実に示されるように，当初から家族介護を前提にしたシステムではあるまいか。介護保険の制度化を巡る議論に際して，「介護の社会化」なる日本に固有の表現が頻繁に用いられたが，無償の介護を前提にする制度であることを考えるならば，正確さに欠ける。アメリカをはじめとする6か国（イギリス，オランダ，スウェーデン，フランス，イタリア）の在宅サービスに関する国際比較研究が，早くも90年代初頭に明らかにしたように「要介護者に提供されるサービスの70～80％は，家族に担われる。……家族は，要介護者のための介護サービスの主要な供給者である」[39]。こうした評価を肯定する見解は，その後も広く確かめられるとは言え，否定することはもとより僅かに疑問視する見解さえ欧米諸国に一つとして存在しない。

　外国文献を引き合いに出すまでもない。日本の研究者による翻訳の作業もある。すなわち，杉本貴代栄氏の監訳になる著書『ジェンダーと福祉国家――欧米におけるケア・労働・福祉』（2009年）に語られるように「すべての国において，圧倒的多数のケアは私的なものであり……，無報酬である。高齢者のケアに関してあるレポートは，EUの15加盟国とノルウェーの私的なケアが，公的なケアの5倍も普及していることを示している」[40]のである。日本が，スウェーデンやノルウェー等の北欧諸国よりも遥かに普遍的な制度を採用するならば，

序　章　介護者支援政策と介護者の健康

「介護の社会化」と評するに相応しく無償の介護労働を前提にしないと評しても，あるいは誤りとは言い得ないかもしれない。しかし，家族政策類型化論や福祉国家類型化論を通して国際的にも良く知られるように，日本は，そうした制度を採用する国ではない。それゆえ，所氏の危惧する事態は，言うところの「回帰」ではなく「家族介護を前提にしたシステム」の強化に他ならない。

　さらに見過ごすわけにいかない論点がある。氏は，既に紹介した分析，とりわけ高齢者介護に関する分析を家族政策についての定義，すなわち，「西ヨーロッパの『家族政策』は，子どもとその家族に焦点が当てられており，高齢者について議論することは稀である」と述べた上で行うのである。しかも，高齢者介護とその担い手としての介護者を家族政策に包括するべきであるとは一言も指摘しないままに，介護保険制度の分析へと進む。家族政策に狭い定義を加えた上で，これに明らかに抵触する高齢者介護に関する制度の検討を手掛けるのである。分析の一貫性は，自ら選び取った論述のゆえに完全に消え失せる。

　氏は，「比較のなかの家族政策──家族の多様化と福祉国家」（2003年）でも「子育て」に加えて「介護への支援」や「家族内介護を支援するような理由付け」を「家族を支援・強化する施策」，すなわち，家族政策の領域に属するとして付け加える。家族政策が，世界で初めて歴史的に形成され実に旺盛な研究成果を記録する「西ヨーロッパの家族政策」について，「高齢者について議論することは稀である」との理解を別の論稿において表明しながら，「介護の支援」を家族政策の一つに加える態度は，果たして読者の理解を得ることが出来るであろうか。明らかに矛盾する内容が同一の研究者によって主張される理由は，氏の論稿を繰り返し手にしても非力のゆえであろうか定かではない。

　氏は，最近の著書『福祉国家と家族政策』（法律文化社，2012年）の中で拙稿「家族政策に関する日本の研究動向と介護者の位置」（静岡大学『経済研究』16巻2号，2011年10月）及び拙著『欧米の介護保障と介護者支援──家族政策と社会的包摂，福祉国家類型論』（ミネルヴァ書房，2010年）を参考文献に加え，本文でも著者の見解を好意的に引用しながら家族政策に関する従来の混乱した議論に別れを告げているようである。しかし，S.B.カマーマン他の業績について

示した誤った理解などに関しては，全く言及していない。

　日本における研究史を振り返るならば，忘れることなく指摘しておかなければならない今一つのこともある。例えば大塩まゆみ『家族手当の研究——児童手当から家族政策を展望する』(1996年)は，家族政策を表題の一部に掲げる著書としては社会政策研究者の中でも最も初期の成果であり，今日もなお数少ない貴重な業績である。氏は，国際社会保障協会の1982年の定義，すなわち，「家族政策は，家族の福祉向上と家族機能の強化を目的とする。つまり，家族の抱える問題を軽減し家族のニーズに応じて家族の福祉を向上させることを目的とする」(42)と広い定義を採用する。その上で，家族政策は，家族手当などの所得再分配政策をはじめ家族計画に示される人口政策，児童はもとより障碍者，老人などの要扶養家族とケアする家族を支援するための保健福祉サービス，子どもと女性の福祉に関する政策，これらから構成されると述べ，このうち広義の家族手当は，児童手当や出産手当はもとより老人介護手当も含まれる，と広い定義に沿って政策手段を包括的に列挙する。(43)日本の家族政策研究にしばしば見られる定義と政策目的あるいは政策手段との不一致は，大塩氏に関する限り全く無縁である。

　氏と同様の貢献は，高島昌二『スウェーデンの家族・福祉・国家』(ミネルヴァ書房，1997年)にも同様に確かめることができる。高島氏は，同書の13章「スウェーデンの家族政策と高齢者福祉」の中で，「家族政策は，家族生活の安定と福祉を目的とする家族に関する諸政策の総体を意味する」(44)と広い定義を加えた上で，養育費立替金制度や児童手当金，育児有給休暇，保育サービスなどに加えて近親者介護有給休暇制度と障碍児介護手当金を家族政策の一部として紹介する。分析の対象として選び取った国は，大塩氏と異なるとはいえ，家族政策の定義と政策手段との整合性を保つことでは完全に同じ立場であり，家族政策を主題にする少なくない研究者とは全く異なる正当な理解である。高齢者問題を家族政策に含めて論ずる杉本貴代栄『社会福祉とフェミニズム』(勁草書房，1993年)と同様の見解である。

　家族政策に関する古典的な名著を含む内外の代表的な文献を正確に読み解き，

スウェーデンと共に家族政策の母国と称賛され続けてきたフランスの政府見解の大きな変更を含む最近の動向を視野に収めるならば，家族政策の領域は，介護や介護者を含むと理解することができよう。家族政策研究が，やや期待を込めて言えば日本でも日常生活上の援助を手掛ける人々の健康問題にも関心を開くことになろう。

2 中間ケアと介護者に関する日本の研究

(1) 医療機関と介護者への支援

　介護者の健康と医療機関を本書の主題に取り上げる以上，これに直接関係する成果を取り上げなければならない。

　太田貞司編著『地域ケアと退院計画——地域生活を支える支援のあり方を探る』(萌文社，2000年) の第5章は，医療機関と介護者が描く退院には「ズレ」のある場合が多いことから，これを埋め合わせる作業，謂わば両者を調整する作業が医療ソーシャル・ワーカー (MSW) に求められるとの見地から，「家族介護者 (夫) を交えてカンファレンス」を行い，「家族 (夫) は本人を家に連れて帰ってやりたいが，在宅介護に自信が無い」状態をつぶさに踏まえながら介護の継続性の確保を念頭に「ヘルパー利用」を「家族介護者 (夫)」に勧める。第6章も，介護者を視野に収めながら退院計画の策定と執行について論ずる。すなわち，「高齢期の精神障害者の生活を左右するのは家族であり……」との基本的な認識を基調に据えながら「主介護者と協力的な関係を作られるかどうか……」が退院計画を左右するのであって，このために「家族が患者を理解できるよう，家族を支えていくことが求められる」と述べる。2つの章とも，「家族介護者 (夫)」と「主介護者」に示されるように表現こそやや異なるものの，介護者を視野に収め支援の対象とすることにおいて完全に一致する。退院をして地域に暮らす高齢者の日々の生活にとっても欠かすわけにいかない支援であるとの理解は，後に述べるようにイギリスなどの経験とも見事に重なり合う。

しかし，この編著における介護者への言及は，どうしたわけであろうか2つの章に限られる。例えば続く第7章は，「患者の家族の権利擁護を明確にしたシステムづくり」と言いながら，退院計画に関わる「家族の役割」への具体的な言及は，一度としてない。また，第8章は，「患者・家族の退院計画への参加と自己決定の尊重」と題して第5章及び第6章に類似の指摘をするとはいえ，「患者・家族の権利保障の視点……」と称して説明されるのは，専ら「要介護者及び要支援者」に止まる。そこに「家族」の姿はなく「家族の権利保障」に関する具体的な説明はない。そもそも介護者の表現さえ第5〜6章と違って使用されない。
　編者の担当する第1章からも，第7章と第8章の孕む問題を残念なことに確かめなければならない。第1章では，手島隆久他『退院計画』（中央法規出版，1996年）の文章，すなわち「先進国の中で，日本ほど退院する患者，家族が孤立無援の状況におかれ，放置されている国はないのではないだろうか」との評価を肯定的に引用しながら，「退院援助」と題する次の節で問題にされるのは，「要介護高齢者」や「寝たきり老人」に止まり，そこに介護者はもとより家族の姿はない。手島氏が「退院する患者」と同列に扱い支援の独自の対象に位置づける「家族」は，太田氏によって完全に忘れ去られる。自ら肯定的に引用したはずの手島氏の見解は，正確には理解されていないようである。手島氏は，これをどのように受け止めるのであろうか。加えて，第5章と第6章における「家族介護者（夫）」あるいは「主介護者」への言及が，編著の冒頭を飾り編者自身の担当する第1章において完全に忘れ去られたことは，一貫した主張を旨とするはずの一冊の著書としての基本的な要件にそもそも抵触するのではあるまいか。医療ソーシャルワーカーが伝える日本の退院計画と介護者の参画に関する現状が，イギリスなどの経験と重なり合うことを考えても，編者による何とも残念な扱いである。
　では，外国研究の成果は，どのような理解を示すのであろうか。渡辺満『イギリス医療と社会サービス制度の研究』（渓水社，2005年）は，著書の表題に示されるように国民保健サービス（NHS）の所管する医療と自治体の社会サービ

スとを同時に取り上げた作品である。両者を同時に取り上げる意味を氏の叙述に即して考えるならば、「患者の『不必要な入院長期化』」の防止と「高齢者の独立した生活」[50]の保障は、国民保健サービス傘下の地域看護サービスはもとより自治体の所轄する家事援助を含む在宅サービスが、退院計画に沿ってどのように給付されるかに左右される。また、要介護者が地域看護サービスや在宅サービスを受給した場合であっても、日常生活上の援助の大半は介護者に担われる。退院計画は、このために患者はもとより介護者の参加を得て策定される。国民保健サービスと社会サービスとの間には長らく「ベルリンの壁」が存在していたと評されてきたものの、この壁を取り払うことなしには、「患者の『不必要な入院長期化』」の防止と地域に暮らす「高齢者の独立した生活」は期待し得ない。このように考えるならば、渡辺氏が「医療と社会サービス制度」の双方を分析の対象に据えたことは、イギリスの実情に関する確かな理解に裏打ちされると評してよい。「医療」と「社会サービス制度」とを別々に扱う流れが研究者の中に息づいているだけに、氏の試みは大きな意味を持つ。しかし、肯定的な評価はこの限りである。

著書の冒頭には、「イギリス医療と社会サービス制度に関する年表」（1987〜2004年）が示される。年表の表題に即して考えるならば、国民保健サービスと社会サービスとの共同財源について定めた保健に関する1999年法（the health act 1999）が忘れ去られ、入院の遅延期間の縮減に成功した北欧諸国の制度を参考に、患者の退院を巡る国民保健サービスと自治体社会サービスとの連携について定めたコミュニティケア（退院の遅延）に関する2003年法（the community care〔delayed discharges〕act 2003）が、見落とされていること、あるいは、後に述べるように介護者憲章の採択が抜け落ちていることを除くならば、概ね了解される年表である。氏は、年表の中で「NHSプラン」と述べて国民保健サービス『国民保健サービス計画——投資のための計画、改革のための計画』（2000年）を付け加える。しかし、「NHSプラン」の主要な内容の一つを構成する介護者に関する提言、すなわち、介護者の医療施設を利用した休息や休暇の機会の拡充をはじめ医師を含む職員を対象にする介護者問題啓発訓練の強

化，かつての介護者や不就業中の介護者の職員としての採用の促進，高齢者アセスメントと介護者アセスメントの国民保健サービス並びに社会サービスの共同実施及び両アセスメント過程への介護者の参画，これら4つの提言について一つとして取り上げることはない。

　氏は，先の年表に国民保健サービスが策定し医療サービスの基調に据える患者憲章を忘れることなく記載する。しかし，国民保健サービスが患者憲章に続いて制定する介護者憲章は，示されない。介護者憲章は，その形成史を振り返るならば最初に介護者団体やキングス・ファンド（Kings Fund），あるいはイギリス労働組合会議（TUC）などによって制定された後，各地の自治体が等しく策定し介護者支援の拠り所の一つにしてきたものである。国民保健サービスによる制定は，これらの後塵を拝し最も新しい動きであるとは言え，介護者を患者と同様に位置づけるからに他ならない。渡辺氏の表現を借りて言えば「患者の『不必要な入院長期化』」を防ぎ，「高齢者の独立した生活」を地域で保障するためには，日常生活上の援助の最大の担い手としての介護者を支援することなしに不可能であり，「患者」や「高齢者」と日々接するがゆえに彼女や彼の状態を充分に知っている介護者の知見を医療や看護サービスに活用してしかるべきである，と判断するからである。

　氏は，コミュニティケア改革に関するグリフィス報告など3つの報告書の主な提案を4つにまとめ，その第3項目にコミュニティケアが「コミュニティ，家族のインフォーマルケアに依拠する」と正しく紹介しながら，「インフォーマルケア」の担い手としての介護者について論ずることはない。氏は，保健とソーシャルワークに関する2001年法（the health and social care act 2001）及び国民保健サービス改善計画も年表の一部に列挙する。この法律と計画も国民保健サービスと社会サービスとの連携による介護者支援を重点事項の一つに位置づける。しかし，氏がこれに言及することはない。これでは「イギリス医療と社会サービス制度」について，自ら設定した1987年から2004年の期間における重要な動きに目を閉ざすことになる。

（2） 退院計画と介護者への支援

　児島美都子氏は，保健省や国民保健サービスの文書はもとより，テムズ川の南に位置するロンドン・ルーイシャム自治区（LB of Lewisham）で手掛けた独自の調査を拠り所にしながら，中間ケアについて検討を加える。介護者に関する氏の関心は至って高い。索引には，介護者の休息ケアなど３つの表現が列記され頁数が記載される。本文を丁寧に読み込むならば了解されるように，介護者の表現だけを取っても14頁に亘って19回用いられる。氏はアンオフィシャル・ケアラーズ（unofficial carers）に非公式介護者との訳語を与え，介護者の表現とは別個に用いている。正確には介護者あるいは無償の介護者と訳出するべき表現である。介護者の表現は，これを加えるならば15頁，20回を記録する。さらに，介護者支援やその諸形態と判断される介護者のサポート，介護者の休息，介護者の短期休養，介護者のためのレスパイトケアの表現も９頁，10回に亘って用いられる。かくして介護者とこれを含む関連の表現は，記載頁の重複を除いても21頁，29回に亘って確かめることができる。氏が，イギリスの中間ケアを論ずるに当たって介護者を正当に位置づけている一例である。渡辺氏の先の著書とは明らかに異なる。しかし，「病院の退院アレンジメント[54]」への利用者あるいは患者の参加については，保健省などの資料はもとより独自の調査も踏まえて学び取ることの少なくない検証を加えるとはいえ，介護者についてのそれは，残念なことに確かめることができない。幾つかの例を示そう。

　第１に，「介護者のサポートと急性期病院ケアとリンクした，サービスの継ぎ目のない継続……[55]」の担保こそ中間ケア政策の核心をなす，と N. ホーナー（Nigel Horner）の業績を引用しながら述べるとは言え，言うところの「介護者のサポート」とはいかなるものか，あるいは，「介護者のサポート」が，なぜ中間ケア政策の不可欠な構成要素をなすかの説明は与えられない。

　第２に，利用者の個別ケアプランの作成に当たっては，「患者・利用者や介護者との密度の濃い参加を確保することが不可欠である[56]」との理解を示した上で，「患者・利用者」の参加について検証するとはいえ，介護者の「密度の濃い参加」に関する同様の作業はない。

第3に，全国職業基準は，ソーシャルワーカーの主要な任務について「介護者，介護者グループに労力を提供し，リスクをマネージする[57]」と定めていると正確な紹介を行いながら，言うところの介護者の抱える「リスク」とは何かはもとより「リスクをマネージする」具体的な方法や効果は，論じていない。このために介護者に関する分析に頁が充てられることはない。

　第4に，「高齢者に退院後，適切なサポートとリハビリテーションが提供されるならば，家に戻ることができること……[58]」と中間ケアの効果について保健省などの資料を拠り所に指摘しながら，高齢者の地域における暮らしの最大の拠り所となる介護者へのサービスに関する分析はない。

　最後に，氏は，中間ケア政策を調査研究の主題として取り上げるに当たって，医療ソーシャルワーカーによるサービスの提供に関心を注ぐ。結果として国民保健サービス傘下の病院に配属される介護者専門看護師（carers specialist nurse），あるいは，一般開業医（GP）の雇い入れる介護者支援担当職員（carers support worker）は，氏の著書に登場しない。これらの職員が中間ケアに関与することは言うまでもない。

　ところで，介護者の健康と医療機関を主題にするならば，中間ケアを正確に捉えることは言うまでもないことながら，同時に，これに止まるわけにいかない。何となれば医療機関は，介護者の存在を確かめ必要な情報を彼女や彼に伝えながら介護者支援センター，あるいは，自治体の関係部局に紹介する上で最も重要な接点を成すからである。日常生活上の援助を手掛けながら，家族や親族として至極当たり前の役割を担うと了解する限りで自らの社会的地位が介護者に属すると自覚してはいない人々が，自治体はもとより介護者支援センターにすすんで姿を見せることはない。他方，要介護者に寄り添うために，あるいは，自らの健康上の問題のために医療機関に通う介護者は，ありふれた光景の一つである。この機会が，介護者の発見の機会として活用され，介護者支援の最初の契機として位置づけられることの意味は，大きい。日常生活上の援助を手掛ける人々の抱える健康問題は，広く認められるように介護責任に由来することが多い。介護者の健康状態の回復のためにも，医療機関による介護責任の

把握は，医療サービスの効果的な供給の観点からも望ましいことである。国民保健サービスが，大きな目標に掲げる健康の不平等の縮減に効果を発揮することも確かである。それが，介護の持続可能性の確保を通して要介護者の再入院の防止につながる効果も認められる。このように考えるならば，本書の主題に迫るためには，中間ケアの検討に止まるわけにいかない。介護者の健康に関する医療機関の対応を幅広く視野に収めなければならない。

3　介護者研究の国際的展開と介護者の健康

（1）　介護者に関する研究動向の把握

　笹谷春美「ケアをする人々の健康問題と社会的支援策」は，「健康のための社会政策」を主題にする社会政策学会第123回大会（2011年10月8～9日，於京都大学）の共通論題の一つとして報告され，社会政策学会誌『社会政策』（第4巻第2号，2012年10月）に掲載された論稿である。氏は，学会報告の事前案内はもとより，当日の配布資料にも「介護者の健康状態とその影響」と主題を明示したにもかかわらず，健康や健康問題との表現を一言として発することはなかった。その理由も明らかにしないままの報告である。学会誌に掲載された論稿は，一年前の口頭報告とは打って変わって健康問題にしばしば言及する。この限りにおいて論稿の表題と内容に相違はない。しかし，後に紹介するように「フェミニストに影響を受けた国内外のケアリング研究」を問題にしながら，過去の日本における調査結果を拠り所に指摘されるのは，介護者の「平均よりも高い健康悪化や不安」の限りであって，介護者の健康を巡るジェンダー格差（gender differences in the physical and mental health）には一言も言及せず，分析の外に完全に放り出される。介護者の健康を巡るジェンダー格差については，性差の社会的枠組み分析や労働市場の分断構造（segmentation）分析を拠り所にする作業など，30年程前からの膨大な調査研究，しかも，介護者研究の中心概念として早ければ1940年代後半に遡って確かめることも可能であり，60年代中葉以降にすっかりと定着した負担（burden, burdensome）研究の一角を占める業績

が蓄積されてきたにもかかわらず，これらは完全に黙殺される。これでは，「フェミニストに影響を受けた国内外のケアリング研究」を語る資格はあるまい。これについて，ここではこれ以上言及しない。

　論稿には，俄かには信じがたい程の別の問題，すなわち，僅か1頁の，それも31行の530字程に記載される文章に限ってさえ2桁を数える事実の誤認が存在する。介護者の健康を主題に定める以上，避けて通るわけにいかないことはもとより，内外の介護者研究の短くはない蓄積の歴史と，それらが政策の形成や展開にも大きな影響を与えた経緯を振り返るとき，見過ごすわけにいくまい。まずは，1頁31行の文章を紹介しよう。以下のような内容である。

　「このように発見された『ケアする人々』をイギリスのフェミニストおよび当事者団体は，『ケアラー（carer）』と名づけた。当初は，ケアラーとは，……ほとんどが配偶者や老親をケアする中高年の女性たちであった。……彼女たちの用いたケアラーという呼称は，ポリティカル・ワードとなり，政府の政策文書に，あるいは辞書にも採用されるようになった（Ungerson, 1990：三富，2008）。イギリスでは，80年代後半から90年代にかけて高齢親族のケアを対象とする膨大なケアリング研究が蓄積され，政府の全国調査も行われる。その結果，ケアラーとは中高年の女性のみではなく，男性介護者やヤングケアラーの存在も発見され，その政策対象は拡大されたのである。……イギリスにおけるケアラー運動の具体的要求がレスパイトケアや介護休業であったことからしても，ケアラーの介護負担が問題視されていたと思われる。また，三富による国内外の政府機関による介護者調査の分析によると，健康状態についての項目は全て入っている（三富，2010, 313）。……しかし，フェミニストに影響を受けた国内外のケアリング研究においては，ケアする人とされる人の関係のジェンダー規定の解明ほど，介護者の健康問題への関心は向けられてこなかった，という傾向は指摘できるであろう」[59]。

　「フェミニスト」たちは，「ケアする人々」を遥か以前に「『ケアラー』（carer）と名づけた」と指摘するにもかかわらず，氏は，論稿の表題から「ケアラー」を一貫して斥け「ケアをする人々」を据える。「名づけた」経緯や「辞

序　章　介護者支援政策と介護者の健康

書にも採用されるようになった」こと等に示されるその後のすっかりと定着した使用を何故に拒絶するのか，その理由は不明である。自ら信奉すると推測される「フェミニスト」の業績にさえ背く叙述ではないかと思われるものの，これは，氏の価値判断に属することから，ここでは，敢えて問わない。

　「ケアする人々」を「『ケアラー (carer)』と名づけた」のは，氏の理解に従うならば「フェミニストおよび当事者団体」のようである。しかし，「ケアラー」と「名づけた」のは，次の章に述べるように M. ブラクスター (Mildred Blaxter) である。M. ブラクスターは，「フェミニスト」とは自称もしていなかったし，社会的にもそのように見做されてはいない。「フェミニトおよび当事者団体」は，表現の使用例を丹念に辿るならば明らかであるように，M. ブラクスターの提起に共鳴しこれを受け入れたものである。「フェミニスト」がケアラーの表現を用いるのは，早くても1978年から79年にかけてであり，M. ブラクスターによる76年の使用から2年から3年後のことである。また，介護者団体が「ケアラー」の表現を初めて用いるのは，公式に認めるようにこれよりもやや遅くM. ブラクスターの提起から4年後の1980年暮れである。これが，「当事者団体」の公式見解であり，「当事者団体」の一次資料を辿っても，そのように確かめることが出来る。

　フェミニストによる「ケアラー」の表現の使用が，介護者団体によるそれよりも1〜2年早いことに着目をするならば，「フェミニストおよび当事者団体」と両者を並列して表記してはなるまい。歴史的な事実に関する正確な理解を促すに相応しい表現，例えばフェミニストがM. ブラクスターの発議に共感を覚えて用い，これに介護者団体も程なく続いて「ケアラー」の用語を使用したのである，等の文章こそ望ましい。しかし，氏は，イギリスの介護者団体に関する良く知られた諸文献にさえ目を通さず，結果として歴史的な事実を知り得ないことから，こうした文章を採用していない。歴史について語りながら果たして許される行為であろうか。

　「当初は，ケアラーとは，……中高年の女性であった」との評も事実と異なる。イギリスの人口統計調査局 (OPCS) が，初めて手掛けた介護者調査の報

31

告書で「未婚女性，すなわち介護者の伝統的な存在」[60]と述べるように，介護者は，家族形成期を日常生活上の援助の故に逸した未婚女性，あるいは独身女性から構成されるとする考え方が長らく支配したのであって，彼女たちは，年齢階層に照らすならば「中高年の女性」に限定されない。介護者は中年女性から構成されるとの議論が，いかにも固定化された見解であるとイギリスのフェミニストから批判を浴びた事実も，「フェミニスト」の議論を扱うと自称するにもかかわらず，ご存じないままに議論を進めているようである。人口調査統計局の介護者調査について以前に公表の論稿の本文で数行に亘って言及しているにもかかわらず，書かれた内容に明らかに抵触さえする理解である。氏の事実認識は，1930年代中葉に始まる介護者運動の歴史はもとより，戦後の1963年以降における介護者運動の担い手に関する誤った理解さえも招き寄せることになる。

　氏は，先に引用したように「……ケアラーという呼称はポリティカル・ワードとなり，政府の政策文書に，あるいは辞書にも採用されるようになった」として，C. アンガーソン（Clare Ungerson）が1990年に世に問うた著書を典拠の一つとして示す。加えて，「引用・参考文献」では，C. アンガーソンの著書の8～11頁が該当する箇所であると明記する。しかし，C. アンガーソンの著書の8～11頁を読む限り，そこに述べられている内容は，ケアあるいはケアリングに関するイギリスに独自の意味についてであって，「ケアラーという呼称」の広がりについては一言も触れていない。これは，氏が1997年に公表した論稿，すなわち，「イギリスにおけるケアリング研究――フェミニズム視点から」（『女性労働研究』31号）で「……イギリスにおけるケアラーということばの特殊な使い方である。……限定した語法は，特殊イギリスフェミニズムの使用法である（C. アンガーソン，1990）」と述べていたことからも容易に推測される事項である。参考までに言えば，氏は，この97年の論稿でC. アンガーソンを引き合いに出すに当たって，末尾の「引用文献」の中でC. アンガーソンの著書の頁数を2012年の論稿のそれと全く同じように8～11頁と記している。C. アンガーソンの著書の8～11頁に書かれている内容は，著書を紐解くならば明らか

表序-1 経済協力開発機構加盟諸国における国別要介護者と介護者の関係[1]

(単位:％)

	配偶者	親	親族	友人
デンマーク	26.3	41.0	9.7	8.8
スウェーデン	39.7	41.3	15.9	20.9
オランダ	27.4	46.9	17.2	24.7
フランス	31.8	40.5	19.6	13.7
オーストラリア	26.3	41.0	9.7	8.8
イギリス	34.1	32.2	5.4	27.4
ベルギー	33.7	40.4	16.6	23.4
チェコ	27.5	11.2	33.0	16.2
イタリア	23.1	36.2	22.6	24.1
ポーランド	33.8	10.6	27.9	8.0
スペイン	28.0	39.9	20.6	10.9
OECD加盟16か国平均	31.6	36.1	17.6	16.2

注:1) 表中の11か国の他にオーストリア,ドイツ,ギリシャ,アイルランド,スイスを含む。オーストラリアは2005～07年,イギリスは1991～2007年,他のヨーロッパ諸国は2004～05年の計数である。

出典:Francesca Colombo, Ana Llene-Nozal, Jérôme Mercier and Frits Tjadens, *Help wanted? providing and paying for long-term care*, OECD, 2011, p. 90より作成。

であるように,笹谷氏の97年の論稿に述べられている通りである。「ケアラーという呼称」の広がりを示す典拠としてC.アンガーソンの著書の8～11頁を引き合いに出すことは誤りであり,笹谷氏が,自ら97年に世に問うた文献の読み込みの内容に照らしても全く説明のつかない事柄である。

「イギリスでは,80年代後半から90年代にかけて……膨大なケアリング研究が蓄積され……る」との評も,「ケアリング研究」の開始時期に関して言えば事実の裏付けを持たない。氏は,介護者に関する3冊の拙著にしばしば言及し,「いち早く介護者に焦点を当て海外の介護者支援政策の研究を蓄積した……業績は特記に値する(三富,2000;2008;2010)」と,好意的な評価を寄せる。しかし,イギリスの1947年から98年にかけて刊行された介護者関係主要文献一覧を拙著に示しながら検討を加えたように,「高齢親族のケアを対象にする膨大なケアリング研究」に限っても,その成果は,早くも1947年や1957年から公刊される。また,「蓄積され」たのは,「高齢親族のケアを対象とする……ケアリング研究……」に止まるわけではない。障碍者の日常生活上の援助を手掛ける

介護者を対象にする調査研究も，先の主要文献一覧に明示したように，1950年代後半からの調査を踏まえて61年以降に相次いで公刊される。その一部は，自ら障碍児を抱えながらジェンダー視点からの検討を加えた業績も含まれる。フェミニスト達は，障碍児や障碍者を看る介護者に関する調査研究の成果に言及するばかりでなく，自らも障碍児や障碍者を看る介護者を主題にした論文や著書を世に問うのである。また，要介護高齢者と介護者との関係を振り返るならば介護者による「ケア」を専ら「親族」に絞り込むのは，イギリスはもとより広く諸外国の実情を殆ど知らないと評しても過言とは言い難い。経済協力開発機構（OECD）が，介護者に関する調査研究の作法に従って要介護者と介護者との関係を分析している。加盟各国の統計調査を踏まえたその成果を忘れることはできない（表序 – 1）。

（2） 政府の最初の介護者調査

「政府の全国調査」は，氏の理解に従うならば「80年代後半から90年代にかけて……」実施され始めたようである。この評価は，いかなる事実を拠り所にするのであろうか。信じ難い程の認識である。氏の指摘に反して，これも事実と異なる。イギリスの人口調査統計局が，他の国々の中央統計局に先駆けて介護者調査を実施するのは1985年であり，決して「80年代後半から90年代にかけて……」ではない。これも拙著で既に明示してきた内容の一つである。実は氏は，「解説：スウェーデンの家族介護者政策」（笹谷他編著『介護予防──日本と北欧の戦略』光生館，2009年）の中で「各国政府も家族介護者に関する全国サーベイを行い……」と指摘し，これを「90年代における……うごき」[62]の一つであると評する。しかし，既に述べたようにイギリスの人口統計調査局による調査は，「90年代」ではない。80年代中葉である。しかも，氏は，上の評価を加えるに際して拙著『イギリスのコミュニティケアと介護者──介護者支援の国際的展開』（ミネルヴァ書房，2008年）を拠り所にしているようである。しかし，拙著では，アイルランド政府の中央統計局（CSO）とオーストラリア統計局（ABS），カナダ統計局（Statistics Canada）及びヨーロッパ統計局（European Statistics）による90年代から2000年代にかけての介護者調査について述べているのであって，「各国政府」が「90年代」に調査を手掛けたとは，評していない。「各国政府」が「家族介護者に関する全国サーベイ」を「90年代に」手掛けたというならば，これを確実に裏づける「引用文献」を示さなければなるまいし，何よりも介護者調査の実施時期に関する評価を論稿ごとにくるくると変えてはなるまい。

「政府の全国調査」は，氏によれば「高齢親族のケアを対象とする……ケアリング研究……」の域を出ず，障碍児や障碍者などを看る介護者を対象とはしていないようである。しかし，これも事実を踏まえない指摘である。人口統計調査局の報告書の末尾に添えられた調査票に目を通すが良い。氏がこの報告書に目を通したかどうか定かではないとは言え，少なくとも97年に公表の論稿においてこの「全国調査」に言及し，本文の中で数行に亘って紹介をしているではあるまいか。介護者は，報告書に従えばイギリスの広く認められた議論に従いながら「高齢親族のケア」を手掛ける人々に限定されない。「疾病を患い，障碍を抱え，あるいは老齢のゆえに日常生活上の援助を要する人々を看る」[63]彼女や彼を，介護者と定めている。

氏は，先の引用文に示されるように「高齢親族のケアを対象にする……ケアリング研究が蓄積され……」と評する。これに従えば介護者は全て要介護者の家族を含む親族だけを以って構成されることになる。これも事実と異なる。氏は，「政府の全国調査」を問題にし，あるいは以前に公表した論稿では全国調査の内容の一部を本文で紹介しながら，人口調査統計局の報告書にさえそもそも目を通していないようである。介護者には，要介護者の友人や隣人も認められる。調査票には，介護者と要介護者との関係を問う項目も用意され，そこには，配偶者，子ども，親，他の親族等と並んで友人あるいは隣人の項目も示される。報告書には，要介護者と介護者の関係を示す表が独自に作成され掲載される[64]。こうした内容の介護者調査は，ひとりイギリス政府に止まらず広く各国政府によっても手掛けられていることは，言うまでもない。その一端は，先に紹介した表のように経済開発協力機構の報告書に記載される。

氏は,「膨大なケアリング研究」や「政府の全国調査」の「結果」として「男性介護者……の存在も発見された……」ことから,介護者支援の「……政策対象は拡大された……」と評する。しかし,これは,自らが作業の主題として短くはない期間に亘って選び取ったイギリスにおける「ケアリング研究」の,至って常識的な理解に抵触する評価である。介護者が同じ程度の日常生活上の援助を手掛けるといえども,支援は,長らく男性に傾斜し女性には向けられてこなかったという傾向が,イギリスでも偶然ではなく確たる理由に沿いながら続いてきた。女性には全く支援を行わない自治体の存在も,冷厳な事実の一つとして認められる。日常生活上の援助は,家事や育児と全く同じように女性にとっては容易な生業であり,他方,男性には,ベヴァリジ報告に示されるようにそもそも稼得者としての重い役割があり,加えて,日常生活上の援助なぞ至って不向きな業務であると考えられてきた。これは,家族はもとより広く社会の安定に不可欠の要件として位置づけられる。「フェミニスト」が,この動向を調査研究の主題の一つに位置づけて広く批判的に論じてきたことは,例えば介護者手当の受給対象から主婦を当初から除外してきた制度に対する批判に象徴されるように,周知の事実である。氏が,「フェミニストに影響を受けた国内外のケアリング研究」を視野に収め,アメリカのごく最近の邦訳文献も利用しているようであることから,敢えて付け加えるならばサービス受給の性別格差は,アメリカでも長らく存在し,この国の「フェミニストに影響を受けた」研究者による批判の対象にもなったところである。

　「政府の全国調査」などの「結果」として現れたのは,氏の言うように「政策対象」の「男性介護者」への「拡大」ではなく,サービス給付における均等処遇であり,性別格差の是正である。「イギリスのフェミニスト」による「膨大なケアリング研究」の成果が,こうした政策の大幅な変化を促したことは明白である。例えばヨーロッパ司法裁判所の判決を経て主婦も漸く給付対象となった介護者手当の給付は,裁判所に提訴を行った女性の見識の高さもさることながら,雇用機会均等委員会や研究者の見識ある丹念な息の長い調査研究に後押しされたことも,忘れるわけにいかない。氏の認識は,歴史的にも明白な,

しかも，自ら信奉すると思われる「イギリスのフェミニスト」が，調査研究の成果を拠り所に丹念に性別格差の是正を主張してきた足跡とその成果さえも，正面から否定することになる。

　実は，氏が1999年に公表した論稿の中では「……被介護者の要介護度レベルが同じであっても，女性ケアラーより男性ケアラーのほうが家事援助サービスの受給割合が高く，その結果，女性ケアラーの方が……二重のストレスに直面している……(65)」と，イギリスの研究者の著書から読み取りながら指摘をしていたことがある。正確な読み取りであり，的確な指摘に他ならない。しかし，13年後に公表された2012年の論稿における分析は，自らの以前の指摘に完全に抵触し，何一つとして根拠を持たない。13年前に自ら描いた正確な指摘を完全に忘れ去り，これに正面から相反する情景を，しかも，社会政策学会誌上の共通論題報告論文で描いたと言うに他ない。

　「ヤング・ケアラー」の「発見」は，「80年代後半」以降に属し，「政府の全国調査」もこの「発見」に寄与したようである。しかし，この指摘は，二重の意味において事実と異なる。年少の介護者の「発見」は，氏が好意的に紹介する拙著で既に明記してきたように1982年に遡る(66)。また，「政府の全国調査」は，「ヤング・ケアラー」の「発見」に寄与してはいない。氏は，何を拠り所にこのような評価を下すのであろうか。氏が2012年の論稿でも好意的に評価する拙著の中で既に指摘しているではないか。事実は，氏の評価とは全く異なる。人口統計調査局の報告書はもとより，全国統計局（ONS）の報告書には，介護者の性別年齢階層別構成が示されているものの，そこに「ヤング・ケアラー」の表現は一度として登場しない(67)。「ヤング・ケアラー」の「発見」は，母親から英国介護者協会の事務所に寄せられた一本の電話を契機にする。これに実に真摯に対応した協会職員の姿が，思い起こされる。根拠のない評価は，「ヤング・ケアラー」の「発見」に多大な貢献をした自治体や研究者の地を這うような実に丹念な調査研究，あるいは，これを忘れるわけにいかない社会問題の一つとして広く丁寧に伝えた新聞社の信頼に足る報道姿勢に対して，失礼とも判断せざるを得ない内容である。

全国統計局は，『年少の介護者とその家族——保健省のための全国統計局社会調査部の調査』を公刊したことがある。しかし，これは1996年のことである。年少の介護者の「発見」から14年後のことである。このことからも容易に推察されるように，自治体や研究者による早くからの調査研究の成果に後押しされながらの調査である。誤解を避けるために敢えて言えば，このように評するからといって全国統計局調査の独自の意義を否定するわけではもとよりない。

（3）「国内外のケアリング研究」に関する理解

　「イギリスにおけるケアラー運動の具体的要求がレスパイトケアや介護休業であった……」との指摘も，事実の裏づけを持たない。これも氏が好意的に引き合いに出す拙著の中で，1967年から2008年の時期における介護者支援の法制度などに関する略年表を示した上で，「介護者に対する経済的な支援に向けた運動が展開される。年金保険料の支払い猶予と所得税控除および介護者手当の制度化は，運動の展開があればこその成果に他ならない」[68]と結論づけている。少なくとも介護者団体が「レスパイトケアや介護休業……」を求めるのは，後のことである。これは，氏が生業にする「フェミニズム視点」からのイギリスにおける「ケアリング研究」の主題とその時系列変化を確かめるならば，自ずと明らかになる内容の一つでもある。しかし，そうした至極当然の作業はどうしたわけかなされていない。氏の評価に従う限り，イギリスの介護者団体とその運動の歴史について重大な誤解を招くばかりである。

　氏によれば，既に引用したように「フェミニストに影響を受けた国内外のケアリング研究においては……ジェンダー関係の解明ほど，介護者の健康問題への関心は向けられてこなかった，という傾向は指摘できるであろう」とのことである。確かに氏が97年以降に公表した何本かの論稿を手にする限り，ストレスの言葉を2頁に3回用いる2009年の編著における言及を唯一の例外として介護者の健康問題への僅かな言及さえ，他の少なくない論稿に全く存在しない。この限りにおいて氏が介護者の健康問題の完璧なまでの無視を含めて著しく軽んじてきたとの指摘は，容易に了解される。しかし，そうだからと言って

「フェミニストに影響を受けた国内外のケアリング研究」が，「介護者の健康問題」を無視，あるいは著しく軽視してきたと評するわけにいかない。氏の作業を除いて80年代後半以降の少なくない業績を振り返るならば，「フェミニストに影響を受けた国内外のケアリング研究」が「介護者の健康問題」を軽視してきたとは，到底言えない。氏は，自らの評価を裏づける事実を一つでも二つでも示してほしいものである。しかし，学会当日の口頭報告や配布資料はもとより学会誌に掲載の論稿においても，そうした評価の拠り所となる事実の紹介は，一切存在しない。

　以上は，事実認識の誤りのごく一部に関する批判的な検討である。同時に，氏は，介護者の健康問題を主題に掲げるに際して，「国内外のケアリング研究」を視野に収めていると自らの視野の広さを示唆するにもかかわらず，介護者の健康に直接関わる支援策として示されるのは，「休息の保障」をはじめ「カウンセリング，情報提供，介護者のたまり場など」[69]の4つに限られる。しかし，「国内外のケアリング研究」の成果に従うならば，これ以外にも医療機関による介護者の確認と自治体社会サービス部や介護者支援センターへの紹介をはじめ，介護者の一般開業医を含む医療機関への登録，介護者の健康診断，介護技術訓練，患者の退院計画策定過程への参画あるいは労働災害補償などを挙げることが出来る。介護者の健康に直接関わって「国内外のケアリング研究」で広く認められ実際にも行われている支援の諸方法の中で氏によって言及されるのは，あわせて11のうち過半を下まわる4つに止まる。これでは，健康に直接関わる領域に限定する場合でさえ，氏の言う「総合的対策」や「総合的な社会的支援策」，あるいは「地域包摂システムの構築」の考え方とも相反するのではなかろうか。

　しかも，氏は，内外の「介護負担感研究」を振り返りながら，「介護負担の軽減」に向けた「……対策は，客観的なサービスの増加等による支援よりも介護者本人の介護に対する気持ちを変えるほうが効果的，という主観的介護負担論の立場に立つものが多いことである」と総括を加えた上で，日本の「……健康格差を明らかにした近藤グループの介護者研究においても，主観的介護負担

感がテーマであり，客観的状況（介護サービス，レスパイトケア，介護指導など）への支援より，認知や主観への直接介入の方が政策として有効である可能性を示唆している」と，批判的な評価を与える。

　しかし，介護負担とその程度を健康の規定要因として独自に位置づけ，健康格差を論ずるに当たって介護者を視野に収める内外の30年以上前から記録される調査研究はもとより，こうした「介護負担感研究」の成果を拠り所に拡充される諸外国の介護者支援の実際に照らすならば，氏の指摘はその根拠を失う。「主観的介護負担論の立場に立つものが多い」という事実は，存在しない。イギリスなどの医療機関が，介護者支援の伝統的な担い手としての介護者団体や家族団体，介護者支援センター，学校，地方自治体あるいは企業などに加えて比較的新しい担い手として登場し，介護者からの高い評価を背に受けながら確たる地歩を固めつつある現状は，氏の議論に与する限り理解できまい。こうした動きは，後に扱うようにひとりイギリスに止まるわけではない。

　氏は，前述したように「イギリスにおけるケアリング研究——フェミニズムの視点から」を97年に公表する。この成果は，先の論稿の「引用・参考文献」の欄にも紹介される。この論稿には，正しい事実認識を幾つか確かめることができる。イギリスのフェミニストが「ケアラー・ケアリング問題」を「主要なテーマにすえ……てきた」のは，氏によれば「70年代後半から80年代初頭」あるいは「70年代末以降」である。また，介護の担い手を「家族や隣人」あるいは「親族関係や友人関係，近隣……」であると指摘する。さらに，要介護者は「高齢者や障碍者」から構成されるとも述べる。しかも，「イギリス政府は，1985年に初めてケアラーに関する全国調査を行った」とも指摘する。これらの指摘は，既に詳しく検討した2012年の論稿における事実認識とは明らかに異なる。すなわち，氏は，イギリスにおける「ケアリング研究」の「蓄積」は，「80年代後半から90年代にかけて…」であると述べている。15年前の論稿における「70年代末以降」等との認識と較べるならば明らかであるように，少なくとも10年程の開きが存在する。また，介護の担い手を最近の論稿では「高齢親族」に限定することから，97年に述べた要介護者の日常生活上の援助を手掛け

る「隣人」や「友人関係」は，最近の論稿からは完全に姿を消している。さらに，「高齢親族のケア」が最近の論稿で取り上げられているとは言え，15年前に視野に収めた「障碍者」に対する日常生活上の援助は，「膨大なケアリング研究」の一環ではなかったようである。あるいは，「政府の全国調査」は，最近の論稿に従えば「80年代後半から90年代にかけて」であって，「1985年」ではなかったようである。15年前の論稿における幾つかの正しい事実認識を前にするとき，氏による最近の研究成果における認識の危うさを改めて感じ取らざるを得ない。

　97年の論稿における指摘のうちイギリスのフェミニストが「ケアラー・ケアリング問題」を「主要なテーマにすえ……てきた」時期に関わっては，氏が98年や99年あるいは2008年に公表した報告書や論稿では，イギリスの80年もしくは83年に公刊された著書を引用しながら，「1980年代」であると述べている。[74]97年の論稿にほぼ重なり合う指摘である。同様に，既に紹介した2009年の論稿では，「フェミニスト」による議論を「90年代における……動き」とも指摘している。氏は，このような評価を与えるに際してJ.フィンチ（Janet Finch）の名前を挙げた上で97年の自らの論稿を示す。そこで，氏の論稿の「引用文献」に挙げられたJ.フィンチの業績の刊行年次に目をやると，1980年に始まり83年及び84年である。いずれも「90年代における……」論文や著書ではなく，2本の論文と1冊の著書共に80年代前半に属する。2009年の論稿の本文に示される評価の根拠は，完全に失われる。氏が自ら97年の論稿の末尾に示す「引用文献」の表示に従って理解を加えるならば，2009年の論稿に示す「90年代における」との評価は，事実の裏づけを一切持たない。さらに，2012年の論稿における指摘の危うさも，以前に公表された論稿に照らして一段と明白である。自ら引き合いに出し利用したと自称する文献の記述さえもすっかりと忘れ去るからでろうか，フェミニストの「ケアリング研究」の開始時期に関する氏の理解は，このように論稿によって異なる（表序-2）。

　97年と2012年の論稿には，見落とすわけにいかない相違に加えて共通する特徴もある。それは，自ら「引用文献」や「引用・参考文献」に列挙し，あるい

表序-2　イギリスのフェミニストによる介護者研究開始時期に関する笹谷見解の変遷（1997〜2012年）

	フェミニスト「ケアリング研究」開始時期
『女性労働研究』誌掲載論文（1997年）	1970年代末，70年代後半
科学研究費研究成果報告書（1998年）	1980年代
科学研究費研究成果報告書（2000年）	1980年代
『家族社会学研究』誌掲載論文（2005年）	1970年代後半
上野千鶴子他編著分担論文（2008年）	1980年代
笹谷春美他編著分担論文（2009年）	1990年代
『社会政策』誌掲載論文（2012年）	1980年代後半

出典：笹谷春美「イギリスにおけるケアリング研究——フェミニズム視点から」『女性労働研究』31号，1997年，52〜53頁，同『家族ケアリングの構造分析——家族変動論の視点から』1997年度科学研究費補助金研究実績報告書，https://kaken.nii.ac.jp/d/p/096/0/62/1997/3/ja.ja.html（2012年11月15日閲覧），同『家族ケアリングの構造分析——家族変動論の視点から』（1997〜98年度科学研究費補助金研究成果報告書），2000年，13頁，同「高齢者介護をめぐる家族の位置」『家族社会学研究』16巻2号，2005年，38頁，上野千鶴子他編『家族のケア　家族へのケア』岩波書店，2008年，55頁，笹谷他編著『介護予防——日本と北欧の戦略』光生館，2009年，61頁，笹谷「ケアをする人々の健康問題と社会的支援策」『社会政策』4巻2号，2012年，54頁より作成。

は，これらの「文献」には挙げていないとは言え，本文で数行に亘って「引用」したと明記する「文献」の記述内容とは，明らかに矛盾した叙述を行っていることである。

　まず，97年の論稿から検討しよう。氏は，イギリスにおける「フェミニスト」あるいは「初期フェミニスト」の事例として「J. フィンチとD. グローブス」，「ダリー」及び「雇用機会均等委員会（EOC）」（現在の平等・人権委員会，EHRC）を取り上げながら，「初期フェミニストたちが提案したのは，……より改善された施設ケアであった[75]」と指摘する。この種の「提案」が「フェミニスト」の一部によってなされたことは確かである。しかし，雇用機会均等委員会は，こうした提案とは一切無縁である。それは，氏が本文で紹介した雇用機会均等委員会の調査報告書に目を通しただけでもただちに明らかである。雇用機会均等委員会が調査報告書の「介護者への援助」と題する第4章で述べるのは，介護者による日常生活上の援助を念頭に置いた多様な在宅サービスの拡充である[76]。雇用機会均等委員会のこの見地は，2年後の82年に公刊される2つの報告書にも継承される[77]。そこに「施設ケア」への言及は，一切存在しない。また，

序　章　介護者支援政策と介護者の健康

氏が「引用文献」の一つに挙げたイギリスのフェミニストたちの著書は,「私たちの調査に従えば介護者は, 日常生活上の援助に携わることを希望する。しかし, 彼女たちは, 介護責任を担うことができるよう相応の支援を必要としている」と締めくくりながら, 地域における介護者支援について述べる。ここにも, 笹谷氏が言うところの「施設ケア」に関する記述は一切存在しない。引用文から窺うことができるように, 要介護者の地域における暮らしを念頭に介護者支援を構想するのである。

(4)　英米両国フェミニストによる介護者研究の主な論点

　氏は, 先に紹介したように「フェミニストに影響を受けた国内外のケアリング研究においては, ……ジェンダー規定の解明ほど, 介護者の健康問題への関心は向けられてこなかった」と指摘する。しかし, この理解は, 氏が97年に世に問うた論稿の本文において紹介する雇用機会均等委員会の報告書を実際に手に取って読み込むならば, ただちに明らかであるように報告書の内容に抵触する。この報告書は,「介護者の生活への影響」と題する第3章に7つの節を設け, 前置き, 仕事, お金, 家族, 社会生活, 休日, 健康について順を追って検討する。介護責任を傾斜的に担う女性の負担を多面的に分析するのである。健康が「介護者の生活」の忘れるわけにいかない一領域として位置づけられていることは, 第3章の構成に照らして明白である。健康に関する節が, 7つの節の最後に位置するからと言って, それは軽視を意味しない。健康と題して加えられる検討は, 他の6つの項目に充てられるそれよりも遥かに長い。健康問題を重要視すればこその結果である。この見地は, 念のために言えば雇用機会均等委員会がその後にも世に問う調査報告にも貫かれる。「介護者の健康問題への関心は向けられてこなかった」との評価は, 自ら視野に収め本文の中で数行に亘って引用したはずの文献の叙述とさえも, 明らかに対立するのではあるまいか。

　また, 氏は, 先に引用したように「フェミニストに影響を受けた」日本の「ケアリング研究」においても介護者の健康問題は, 軽んじられてきたと評す

る。確かに笹谷氏が「引用・参考文献」に示す自身の97年に始まる数本の論稿を見る限り，介護者の健康問題への関心はそもそも全く存在しない。この限りにおいて氏の指摘は，寛容な評価態度を保つならば正しいのかもしれない。しかし，言うところの日本の「ケアリング研究」を手掛け，あるいは視野に収め自らの作業の中で言及した研究者は，早ければ80年代後半以降に他に少なくないのであって，これらの人々の業績を改めて振り返るとき，後に詳しく見るように介護者の健康問題が無視あるいは軽視された事実は全くない。

　氏は，J. フィンチ他が83年に世に問うた共著を「引用文献」の一つに挙げる。この共著では，イギリスの60年代初頭における介護者運動が取り上げられ，介護責任を負う「女性の経済的なニーズ」とその充足が運動の主題に掲げられたと述べられる。笹谷氏は，この叙述に直接には言及していないとはいえ，J. フィンチ他の著書に示される確かな分析の一つである。しかし，この揺るぎない事実は，笹谷氏の最近の論稿において完全に忘れ去られ「イギリスにおけるケアラー運動の具体的な要求がレスパイトケアや介護休業であった……」など，J. フィンチ他の分析内容に完全に抵触する評価が与えられる。自ら「引用文献」の一つとして示し，本文でもその共著を至って積極的に評価しながら，歴史的な事実について正確に描いた内容を完全に忘れ去ったままに与えられる「ケアラー運動」の評価とは，一体いかなるものであろうか。J. フィンチの指摘は全く正しい。他方，笹谷氏は，歴史的な事実を完全に知らないままに歴史を語るのである。イギリスを代表し，諸外国の研究者の業績にも繰り返し引用される「フェミニスト」の貴重な業績に対する誤解さえ，招くのではないであろうか。

　氏は，J. フィンチ他が80年に公表した論稿も「引用文献」の一つに示す。J. フィンチ他は，この中でケアラーの表現をしばしば用いる。この表現がイギリスで誕生してから4年後の論稿においてである。しかし，J. フィンチ他が高い評価を与え本文の中で言及するフェミニストのH. ランド（Hilary Land）の論稿（1978年）に目を通す限り，「病人や高齢者の介護」あるいは「病弱な夫の日常生活上の援助」等の叙述は繰り返し確かめることができるとは言え，ケア

ラーの表現は一つとして存在しない。ケアラーの表現が誕生して２年が経過した年に公表された論稿である。笹谷氏は，自ら「引用文献」の一つとして示しながら高い評価を寄せる論稿を注意深く読み込み調べ上げたならば，「『ケアする人』をイギリスのフェミニスト……は『ケアラー（carer）』と名づけた」といかにも稚拙な判断を下すことも，なかったに違いない。しかし，氏は，そうした注意深い読み込みと周到な検討を加えないままに，歴史的な事実に抵触する評価を加えるのである。

　氏は，「イギリスでは……ケアラーという言葉……が，政策文書に登場するのは80年代後半である」と評する。97年の論稿における指摘である。氏は，この評価を加えるに当たって拠り所となる「政策文書」を脚注はもとより「引用文献」にも一切示していない。政策文書を検討の主題に取り上げながら，これらの一次資料に目を通さないままに下された評価である。これでは，研究の基本的な作法に抵触するのではあるまいか。この指摘は，丹念に「政策文書」に目を通すならば明らかであるように誤りである。イギリスの保健社会サービス省（DHSS）が，介護者の表現を「政策文書」において初めて使用するのは，1981年であり，２年後の83年の文書にも用いられる。見られるようにいずれも「80年代後半」に属する年次ではない。

　氏が，97年と2012年の論稿で「引用文献」などに明記し，あるいは，「引用文献」の欄にそれとして示されないとはいえ，本文の中に紹介する外国文献は，重複を除いて合計19点である。このうち14点について調べてみよう。加えて，氏が97年の論稿の中で「引用文献」に列記し本文でも好意的な評価を与える日本の２人の研究者の論稿や，フェミニストによる「ケアリング研究」を視野に収めながら議論を展開する著者を含む他の３人の日本人研究者の業績にも目を配ってみよう。すると，2012年の論稿を見る限り，氏が「引用文献」や「引用・参考文献」の記述内容を正確に読み取った上で主題に迫っているとは，到底考えることは出来ない。

　イギリスはもとよりアメリカの代表的なフェミニストの著書や論文，とは言えアメリカについては２点のごく最近の邦訳著書に限って「引用文献」などに

明示しながら，フェミニストによる介護者研究の開始時期はもとより，要介護者化の要因，介護者と要介護者との関係，介護の伝統的な担い手及び介護者の健康問題の扱い等に関する氏の理解は，「引用文献」などを読み込むならば明らかであるように，イギリスやアメリカのフェミニストのそれと異なることが少なくない（表序‐3）。相違についての説明も一切加えられていない。しかも，介護の伝統的な担い手について表に示すように97年の論稿の中で一方では「未婚の女性」としながら，他方では「中年の既婚女性」であると述べる。僅か3頁の枠内に示される氏の異なる見解である。あるいは，97年の論稿では，「フェミニストが批判を開始したのは，70年代後半から80年代初頭」「70年代末葉以降」と評し，これを一部裏づけるように「引用文献」には，80年から84年にイギリスで公刊された代表的な雑誌論文や著書併せて4点を示しながら，どうしたことか2012年になると「フェミニスト」による「ケアリング研究」が「蓄積された」のは，「80年代後半から90年代にかけて……」であると何の根拠も告げないままに大幅に変更される。

　97年の論稿においては，「引用文献」の一つにJ. ツウィグ（Julia Twigg）等が1994年に世に問うた共著を示しながら，その中で彼女等が介護者の健康に立ち入った分析を加えた上で，ヘルスケアと題する章を独自に設けて介護者への一般開業医や地域看護師の対応について検討を加えていること[85]について，完全に見落としたのであろうか全く知らないままである。J. ツウィグは，「イギリスのフェミニスト」の一人として介護者研究に至って造詣の深い良く知られた研究者であり，彼女の業績は，日本以外の研究者によってもしばしば引用される。こうした意味でJ. ツウィグの業績を「引用文献」に示すことは，氏の言う「フェミニスト視点」に照らして誠に正当である。イギリスの研究者が，『介護者による保健サービスの利用──障壁と対応』（2003年）と題する実に膨大な文献レビューの中で「介護者は，少なくない調査研究の成果に従うならば日常生活上の援助が，自らの心と体の健康に有害な結果を招き寄せていると感じ取っている。たとえば要介護者のリフティングに伴う身体の損傷や高い水準のストレス，不安や意気消沈などである」[86]と述べた上で，笹谷氏が「引用文

序　章　介護者支援政策と介護者の健康

表序-3　英米国フェミニストの介護者研究の論点比較と日本人研究者の解釈

	研究者・機関名（論稿の刊行年次）
フェミニストの介護者研究開始時期	
1977年	J. フィンチ他（83年），C. アンガーソン（90年）
1978年	J. フィンチ他（80年），J. フィンチ（83年），C. アンガーソン（87年），S. アーバー他（89年），H. コレッシ他（89年），J. ツウィグ他（94年）
1979年	J. ルーイス他（88年）
1970年代末	H. グラハム（91年）
1980年	三富紀敬（97年，2000年），田端光美（2003年）
1982年	渋谷敦司（93年）
1983年	城戸喜子（87年），伊藤周平（95年）
1980年代	J. ツウィグ（92年），雇用機会均等委員会（80年）
1980年代後半	笹谷春美（2012年）
明示なし	E. F. キティ（99年，邦訳2010年），M. A. ファインマン（2004年，邦訳2009年）
要介護者化の要因	
高齢・障碍・疾病	J. フィンチ他（80年，83年），雇用機会均等委員会（80年），J. フィンチ（83年），J. ルーイス他（88年），H. コレッシ他（89年），J. ツウィグ他（94年），E. F. キティ（99年，邦訳2010年），M. A. ファインマン（2004年，邦訳2009年），城戸喜子（87年），渋谷敦司（93年），伊藤周平（95年），三富紀敬（97年，2000年），田端光美（2003年）
高齢・障碍	C. アンガーソン（87年，90年），H. グラハム（91年）
高　齢	J. ツウィグ（92年），S. アーバー他（89年），笹谷春美（2012年）
介護者と要介護者との関係	
家族・親族・友人・隣人	J. フィンチ他（80年，83年），J. フィンチ（83年），J. ルーイス他（88年），H. コレッシ他（89年），C. アンガーソン（90年），H. グラハム（91年），J. ツウィグ（92年），J. ツウィグ他（94年），城戸喜子（87年），渋谷敦司（93年），三富紀敬（97年，2000年），田端光美（2003年）
家族・親族	雇用機会均等委員会（80年），C. アンガーソン（87年），S. アーバー他（89年），E. F. キティ（99年，邦訳2010年），M. A. ファインマン（2004年，邦訳2009年），笹谷春美（2012年）
明示なし	伊藤周平（95年），
介護の伝統的な担い手	
未婚女性（未婚の娘）	J. フィンチ他（80年，83年），J. ルーイス他（88年），三富紀敬（97年，2000年）
娘	S. アーバー（89年），H. コレッシ他（89年），C. アンガーソン（90年），J. ツウィグ他（94年），渋谷敦司（93年）
中年の娘	雇用機会均等委員会（80年）
女　性	J. フィンチ（83年），C. アンガーソン（87年），J. ツウィグ

中高年女性	(92年), H. グラハム (91年), E. F. キティ (99年, 邦訳2010年), M. A. ファインマン (2004年, 邦訳2009年), 城戸喜子 (87年), 伊藤周平 (95年), 田端光美 (2003年) 笹谷春美 (2012年)
介護者の健康問題の扱い 他の問題と同等・類似の分析	雇用機会均等委員会 (80年), J. フィンチ他 (80年, 83年), J. フィンチ (83年), C. アンガーソン (87年), J. ルーイス他 (88年), S. アーバー他 (89年), H. コレッシ他 (89年), J. ツウィグ (92年), H. グラハム (91年), E. F. キティ (99年, 邦訳2010年), M. A. ファインマン (2004年, 邦訳2009年), 城戸喜子 (87年), 渋谷敦司 (93年), 伊藤周平 (95年), 三富紀敬 (97年, 2000年), 田端光美 (2003年)
無視・軽視	笹谷春美 (2012年)
直接分析せず	C. アンガーソン (90年)

出典：Janet Finch, Community care: developing non-sexist alternatives, *Critical Social Policy*, Vol. 9, 1983, p. 7, p. 9 and pp. 13-17, Clare Ungerson, *Policy is personal: sex, gender and informal care*, Tavistock Publications, 1987, p. 2, pp. 4-5, pp. 8-9, pp. 37-38, p. 43, p. 61, p. 63, pp. 77-79, p. 82, p. 84 and pp. 156-157, Janet Finch and Dulcie Groves, Community care and the family: a care for equal opportunities?, *Journal of Social Policy*, Vol. 9, part. 4, 1980, pp. 487-488, pp. 498-499, p. 500, p. 504, p. 506 and p. 508, Janet Finch and al, *A Labour of love*, Routledge, 1983, p. 3, pp. 14-17, pp. 20-26, p. 30, pp. 72-73, p. 83, p. 89, p. 98, pp. 116-117, p. 126, p. 128, p. 135, p. 149, p. 173, p. 176 and p. 177, Claire Ungerson, *Gender and caring, work and welfare in Britain and Scandinavia*, Harvester Wheatsheaf, 1990, p. 38, p. 55, pp. 59-60, pp. 62-64, p. 78, pp. 115-116 and p. 126, Sara Arber and Nigel Gilbert, Men: the forgotton carers, *Sociology, the journal of the British Sociological Association*, Vol. 23, No. 1, 1989, pp. 111-113 and p. 116, Hazel Qureshi and Alan Walker, *The Caring relationship, elderly people and their families*, Macmillan, 1989, p. 1, pp. 6-7, pp. 9-10, p. 13, p. 15, p. 18, p. 43, p. 58, p. 71, p. 88, p. 92, p. 122, p. 201, pp. 244-247 and p. 250, Julia Twigg and Karl Atkin, *Carers perceived, policy and practice in informal care*, Open University Press, 1994, pp. 3-6, pp. 8-9, pp. 12-13, p. 15, pp. 31-41 and p. 70, Jane Lewis and Barbara Meredith, *Daughters who care, daughters caring for mothers at home*, Routledge, 1988, pp. 1-2, pp. 4-5, pp. 7-8, p. 11, p. 13, p. 15, pp. 23-24, p. 26, pp. 40-43, pp. 46-48, p. 79, p. 83, pp. 89-93, p. 110, p. 122, pp. 136-138, p. 142 and p. 154, Hilary Graham, *Feminist perspectives on caring*, in Joanna Bornat and als, *Community care: a reader*, second edition, The Open University Press, 1997, pp. 124-126, pp. 128-129 and p. 131, Julia Twigg, *Carers, research and practice*, HMSO, 1992, pp. 1-3, pp. 18-20, pp. 22-25 and p. 28, EOC, *The Experience of caring for elderly and handicapped dependants*, EOC, 1980, reprinted, 1982, p. 1, p. 3, p. 5, pp. 7-9 and pp. 20-22, エヴァ・フエダー・キティ／岡野八代・牟田和恵監訳『愛の労働あるいは依存とケアの正義論』白澤社, 2010年, 7～8頁, 10頁, 15頁, 30頁, 87～88頁, 246頁, 263頁, 286～287頁, 298～299頁, マーサ・A・ファインマン／穐田信子・速水葉子訳『ケアの絆——自律神話を超えて』岩波書店, 2009年, 28頁, 31頁, 40頁, 42頁, 79頁, 193頁, 279頁, 298頁, 城戸喜子「福祉供給におけるインフォーマル部門の役割」, 隅谷三喜男・丸尾直美編著『福祉サービスと財政』中央法規出版, 1987年, 174頁, 176～177頁, 179頁, 184～185頁, 190頁, 192頁, 194頁, 198頁, 渋谷敦司「フェミニズムの視点からみたコミュニティ・ケア政策の問題点」『茨城大学地域総合研究所年報』, 1993年, 5～6頁, 8～10頁, 13～15頁, 17～18頁, 20～21頁, 同「女性政策としての地域政策の展開」, 飯田哲也・遠藤晃編著『家族政策と地域政策』多賀出版, 1990年, 63頁, 伊藤周平「福祉国家とフェミニズム——女性, 家族, 福祉」『大原社会問題研究所雑誌』440号, 1995年, 27頁, 29頁, 35～36頁, 三富紀敬「イギリスにおける在宅介護者の発見」『経済研究』1巻3・4号, 1997

序　章　介護者支援政策と介護者の健康

年，63～66頁，68～69頁，78～79頁，82頁，84頁，87頁，同『イギリスの在宅介護者』ミネルヴァ書房，2000年，38頁，54～56頁，60～65頁，72頁，74～75頁，80～82頁，田端光美『イギリスの地域福祉の形成と展開』有斐閣，2003年，87～88頁，90～92頁，206頁，208頁，笹谷春美『ケアをする人々の健康問題と社会的支援策』『社会政策』第4巻第2号，2012年，53～54頁より作成。

献」に示したJ. ツウィグ等の94年の共著を含む7冊の著書を示す。笹谷氏が全く知らないであろうこの指摘を引き合いに出すまでもなく，J. ツウィグ等の業績を視野に収めることは，全く正しい。しかし，自ら示した「引用文献」の内容さえも全く読み取っていないことから，誤った理解の一つ，すなわち「……ケアリング研究においては，……ジェンダー関係の解明ほど，介護者の健康問題への関心は向けられてこなかった，という傾向……」などという指摘も，残念なことに生まれるのである。

また，表に示すようにイギリスの研究成果に関する日本の5人の研究者の理解は至って正確であり，笹谷氏が2012年の論稿に示した評価は，その根拠を持たない。介護者の健康問題は，イギリスやアメリカの研究者はもとより笹谷氏一人を除く日本の5人の研究者によっても軽んじられてはいなかったのである。

（5）　欧米11か国フェミニストや政府機関による介護者研究の主な論点

氏は，「フェミニストに影響を受けた国内外のケアリング研究」と言いながら，本文で紹介する海外の「ケアリング研究」の成果は，専らイギリス一国についてである。なぜイギリス一国に絞り込んだのか，その理由は説明されていない。イギリスとアメリカの2か国の文献のうち，前者はともかく後者に関する限り2冊のごく最近の翻訳に止まる事実に照らすとき，推測も容易であろうが，控えよう。

イギリスの「フェミニスト」による「ケアリング研究」が，著者の知る限りにおいてもアイルランドやフランス，ドイツ，ノルウェーはもとよりヨーロッパのレベル，アメリカやカナダあるいはオーストラリアやニュージーランドにおける「フェミニスト」，さらには，政府機関や国際機関の「ケアリング研究」に少なくない影響を与えたことを想い起こすならば，イギリスの成果を引き合

いに出すことは至って正当である。しかし，海外の「ケアリング研究」と言いながら，イギリスの議論だけに限定することは，果たして信頼に値する作業と言えるであろうか。決してそうではあるまい。日本における社会政策研究は実に早くから国際比較の作業を手掛け，近年における家族政策類型論や福祉国家類型論の影響は，日本においても見て取ることができる。例えば類型論の表現に示されるように，複数の国々を取り上げる。見解の相違を超えて広く採用される。これが，至って基本的な作法である。こうした作法を無視しながら，事実上イギリス1か国だけを取り上げて海外の動向などと称するのでは，その見識さえ疑われよう。数か国あるいは国際レベルの機関や団体の「フェミニストに影響を受けた……ケアリング研究」の成果を幅広く視野に収めなければなるまい。

　そこで，イギリスをはじめとする11か国（アイルランド，フランス，ドイツ，オランダ，スウェーデン，ノルウェー，イタリア，アメリカ，カナダ，オーストラリア）と国際連合（UN）女性の地位委員会などの成果について検討してみよう。このうちイギリスとアメリカの成果は，至って重要であると広く評価されているにもかかわらず，笹谷氏が，ご存じないのであろうか2012年はもとより，97年等を含むこれまでの全ての論稿でも「引用文献」や「引用・参考文献」に全く取り上げていない文献である。

　氏による事実認識の危うさは，この作業に照らしても至って明白である（表序-4）。「フェミニスト」による介護者研究の開始時期は，早ければ1978年との正しい指摘も複数に亘って認められる。「80年代後半から90年代にかけて」との指摘の危うさは，表に照らして明白である。要介護者も「高齢親族」に狭く限定されない。要介護者と介護者との関係も「高齢親族」に限られるわけではない。あるいは，介護の伝統的な担い手も氏の言うように「中高年の女性たち」ではない。イギリスにおける介護者の歴史を全く知らないままに下された指摘である。介護を専ら高齢者介護に絞り込む日本の悪しき観念に引きずられながらイギリス研究を手掛けたのであろうか，例えば障碍児を抱える母親たちによる日常生活上の援助についての少なくない調査研究の成果を，全く知らな

序　章　介護者支援政策と介護者の健康

表序 - 4　欧米等11か国フェミニストや政府機関と国際機関の介護者研究論点比較

	研究者及び国際機関名等（論稿の刊行年次）
フェミニストの介護者研究開始時期[1)]	
1978年	A. ウオルカー（82年），K. E. ヴェルネス（84年），F. D. ライツ（86年），G. パーカー（90年），G. ダリー（96年）
1979年	D. ウィルキン（79年），C. グレンディニング（83年）
1980年	S. ヴォールドウイン（85年），G. パスカル（86年），C. ヒックス（88年），C. T. ベインシュ他（91年），J. ツウィグ他（93年），N. R. フォーイマン他（95年），J. カヴァイニ（2006年）
1981年	G. パーカー他（94年），R. M. モロニー他（98年），J. オルム（2001年）
1982年	C. グレンディニング（86年），T. ソマーズ他（87年），J. ツウィグ他（90年），F. ルスマン他（92年）
1983年	米連邦議会下院（88年），A. リチャードソン他（89年），E. K. アベル（91年），H. ショフィールド他（98年），E. A. ワトソン他（99年），F. M. カンチャーン（2000年），C. サラセノ（2008年）
1984年	L. アンダーソン（99年）
1980年代	H. J. ルブリ（93年）
明示なし	国連女性の地位委員会（97年），R. ウエブ他（99年），仏国立行政学院（2002年），アイルランド均等局（2005年），A. ストラウス（2006年），H. ドフォナー他（2008年），C. グレンディニング他（2009年）
要介護者化の要因[2)]	
高齢・障碍・疾病	A. ウオルカー（82年），K. E. ヴェルネス（84年），S. ヴォールドウイン（85年），G. パスカル（86年），F. D.ライツ（86年），T. ソマーズ他（87年），A. リチャードソン他（89年），G. パーカー（90年），C. T. ベインシュ他（91年），F. ルスマン他（92年），J. ツウィグ他（93年），G. パーカー他（94年），N. R. フォーイマン他（95年），G. ダリー（96年），H. ショフィールド他（98年），R. M. モロニー他（98年），E. A. ワトソン他（99年），R. ウエブ他（99年），F. M. カンチャーン（2000年），J. オルム（2001年），仏国立行政学院（2002年），アイルランド均等局（2005年），A. ストラウス（2006年），J. カヴァイニ（2006年），C. グレンディニング（2009年）
高齢・障碍	C. グレンディニング（86年），米連邦議会下院（88年），C. ヒックス（88年），J. ツウィグ他（90年），C. サラセノ他（2008年）
高齢・疾病	L. アンダーソン（99年）
高　齢	E. K. アベル（91年），H. J. ルブリ（93年），国連女性の地位委員会（97年），H. ドフォナー（2008年）
障　碍	D. ウィルキン（79年），C. グレンディニング（83年）

51

介護者と要介護者との関係	
家族・親族・友人・隣人	D. ウィルキン（79年），A. ウオルカー（82年），C. グレンディニング（83年，86年，2009年），G. パスカル（86年），F. D. ライツ（86年），B. ヒックス（88年），A. リチャードソン他（89年），J. ツウィグ他（90年），C. T. ベインシュ他（91年），F. ルスマン他（92年），N. R. フォーイマン他（95年），H. ショフィールド他（98年），G. パーカー他（99年），R. ウエブ他（99年），J. オルム（2001年），J. カヴァイニ（2006年），H. ドフォナー他（2008年），
家族・親族	C. グレンディニング（83年），S. ヴォールドウィン（85年），N. R. フォーイマン（95年），L. アンダーソン（99年），F. M. カンチャーン（2000年）
家族・親族・友人	米連邦議会下院（88年），G. パーカー（90年），国連女性の地位委員会（97年），E. A. ワトソン他（99年），アイルランド均等局（2005年）
家族・友人・隣人	K. E. ヴェルネス（84年），J. ツウィグ他（93年），G. ダリー（96年），H. ショフィールド他（98年），R. M. モロニー他（98年），A. ストラウス（2006年），C. サラセノ他（2008年）
家族・友人	T. ソマーズ他（87年）
家族・隣人	H. J. ルブリ（93年），仏国立行政学院（2002年）
介護の伝統的な担い手	
未婚女性	F. D. ライツ（86年），T. ソマーズ他（87年），C. ヒックス（88年），G. パーカー（90年），J. ツウィグ他（93年）
娘	R. E. モロニー他（98年），E. K. アベル（91年）
女　性	A. ウオルカー（82年），K. E. ヴェルネス（84年），S. ヴォールドウイン（85年），G. パスカル（86年），米連邦議会下院（88年），A. リチャードソン他（89年），J. ツウィグ他（90年），C. T. ベインシュ他（91年），F. ルスマン他（92年），H. J. ルブリ（93年），G. パーカー他（94年），H. R. フォーイマン（95年），G. ダリー（96年），国連女性の地位委員会（97年），H.ショフィールド他（98年），E. A. ワトソン他（99年），L. アンダーソン（99年），R. ウエブ他（99年），F. M. カンチャーン（2000年），J. オルム（2001年），仏国立行政学院（2002年），アイルランド均等局（2005年），A. ストラウス（2006年），J.カヴァイニ（2006年），H.ドフォナー他（2008年），C. サラセノ他（2008年）C. グレンディニング（2009年）
母　親	B. ウィルキン（79年），C. グレンディニング（83年，86年）
介護者の健康問題の扱い	
他の問題と類似・同等の分析	B. ウィルキン（79年），A. ウオルカー（82年），C. グレンディニング（83年，86年，2009年），S. ヴォールドウ

序　章　介護者支援政策と介護者の健康

	イン（85年），G. パスカル（86年），F. D. ライツ（86年），T. ソマーズ他（87年），米連邦議会下院（88年），C. ヒックス（88年），A. リチャードソン他（89年），G. パーカー（90年），J. ツウィグ他（90年，93年），E. K. アベル（91年），C. T. ペインシュ他（91年），H. J. ルブリ（93年），E. カーナ他（94年），G. パーカー他（94年），N. R. フォーイマン他（95年），国連女性の地位委員会（97年），H. ショフィールド他（98年），R. M. モロニー他（98年），E. A. ワトソン他（99年），L. アンダーソン（99年），R. ウエブ他（99年），F. M. カンチャーン（2000年），J. オルム（2001年），仏国立行政学院（2002年），アイルランド均等委員局（2005年），A. ストラウス（2006年），J. カヴァイニ（2006年），H. ドフォナー（2008年），C. サラセノ他（2008年）
直接分析せず	K. E. ヴェルネス（84年），G. ダリー（96年）

注：1) 引用文献などに示される著書や論文の年次をもとに時期を確定する場合もあることから，同一の研究者が複数の年次の欄に示される場合もある。
　　2) 同一の研究者が，出版年次の異なる共著を含む著書の主題に沿って異なる介護者化の要因を示すこともある。

出典：Alan Walker, *Community care, the family, the state and social policy*, Basil Blackwell Publisher, 1982, p. 3, p. 5, p. 7, p. 15, pp. 24-26, p. 28, p. 35, pp. 97-102, pp. 106-107 and p. 111, Kari Woerness, *Caring as women's work in the welfare state*, in Harriet Holter, *Patriarchy in a welfare society*, Universitetsforlaget, 1984, pp. 68-71, pp. 85-86 and p. 229, Fay D. Wright, *Left to care alone*, Gower, 1986, p. v, p. 1, pp. 7-9, pp. 14-16, p. 20, pp. 24-26, pp. 59-64, pp. 109-115 and pp. 162-165, Gillian Parker, *With due care and attention, a review of research on informal care*, Family Policy Studies Centre, 1985, new edition, 1990, pp. 15-21, p. 23, p. 26, p. 34, pp. 36-54, pp. 78-89 and pp. 131-134, Gillian Dally, *Ideologies of caring, rethinking community and collectivism*, Macmillan Press, first edition, 1988, second edition, 1996, p. xii, p. xiv, p. 2, pp. 11-12, pp. 17-18, p. 24, p. 26, p. 66, p. 99 and p. 171, David Wilkin, *Caring for the mentally handicapped child*, Croom Helm, 1979, p. 14, p. 28, p. 30, pp. 34-37, pp. 48-49, pp. 63-67, p. 73, pp. 93-96, p. 105, pp. 139-144, p. 169, p. 190 and p. 195, Caroline Glendinning, *Unshared care: parents and their disabled children*, Routledge & Kegan Paul, 1983, pp. 1-2, p. 23, p. 25, p. 29, pp. 37-38, pp. 48-49, pp. 50-52, p. 75, p. 245 and pp. 247-248, Sally Baldwin, *Families with disabled children*, Routledge & Kegan Paul, 1985, p. 1, p. 4, p. 6, pp. 41-44, p. 48 and p. 194, Gillian Pascall, *Social policy, a feminist analysis*, Tavistock Publications, 1986, pp. 29-30, p. 38, pp. 70-73, p. 85, pp. 87-89, p. 91 and pp. 93-94, Cherrill Hicks, *Who cares, looking after at home*, Virago Press, 1988, p. 1, p. 3, p. 6, p. 13, p. 21, p. 32, p. 39, p. 48, p. 55, pp. 102-103, pp. 128-129, p. 138, p. 145, p. 159, p. 167, pp. 169-170, p. 179 and p. 264, Carol T. Baines, Patricia M. Evans and Sheila M. Neysmith, *Women's caring, feminist perspectives on social welfare*, McCelland & Stewart Inc, 1991, p. 113, pp. 121-122, p. 130, p. 138, p. 140, p. 145, p. 150, p. 159, p. 166, pp. 210-213, p. 221, p. 275 and p. 278, Julia Twigg, *Informal care in Europe, proceedings of a conference held in York*, The University of York, 1993, p. 1, pp. 5-9, pp. 23-24, p. 31, pp. 35-36, pp. 41-42, p. 44, pp. 55-56, pp. 58-62, pp. 64-65, p. 93, pp. 153-155, p. 183, p. 193 and p. 289, Nancy R. Hooyman and Judith Gonyea, *Feminist perspectives on family care, policies for gender justice*, Sage, 1995, p. 1, p. 3, p. 15, pp. 18-19, p. 25, pp. 75-86, p. 120, p. 130, p. 133, pp. 138-139, pp. 142-143, p. 190, p. 200, p. 265 and p. 269, Joyce Cavaye, *Hidden carers*, Dundin Academic Press, 2006, p. ix, p. 2, pp. 6-12, p. 16

and pp. 42-46, Caroline Glendinning, *Unshared care, parents and their disabled children, op. cit.*, p. 1, p. 32, p. 42, pp. 48-50, pp. 78-86, pp. 99-106, p. 245 and p. 247, Gillian Parker and Dot Lawton, *Different types of care, different types of carers:evidence from the general household survey*, HMSO, 1994, p. 1, p. 3, pp. 5-6, p. 16, p. 18, pp. 43-46 and p. 60, Robert M. Moroney and als, *Caring & competent caregivers*, The University of Georgia Press, 1998, pp. 3-4, p. 7, pp. 9-10, pp. 26-28, p. 35, pp. 50-53, pp. 64-67, p. 103, p. 110, p. 112, p. 114, p. 116, pp. 121-124 and p. 135, Joan Orme, *Gender and community care, social work and social care perspective*, Pargrave, 2001, p. 1, p. 5, p. 11, p. 30, p. 34, p. 37, pp. 44-45, pp. 49-51, p. 59, p. 92, p. 102, pp. 124-126 and pp. 210-212, Caroline Glendinning, *A Single door:social work with the families of disabled children*, Allen & Unwin, 1986, p. 1, pp. 3-4, p. 33, p. 56, pp. 106-107, p. 172, p. 176, p. 184, p. 205 and p. 212, Tisch Sommers and Laurie Shields, *Women take care, the consequences of caregiving in today's society*, Triad Publishing, 1987, pp. 15-17, p. 19, pp. 21-22, p. 41, p. 46, pp. 54-58, p. 67, p. 80, p. 85, p. 131, p. 133, pp. 136-137 and p. 216, Julia Twigg, Karl Atkin and Christina Perring, *Carers and services: a review of research*, HMSO, 1990, p. 2, pp. 4-7, p. 12, pp. 17-18, p. 32, pp. 39-42 and p. 86, Frederic Lesemann and Claude Martin, *Les Personnes âgées, dépendence soins et solidarités familiales, comparaisons internationals*, La Documentation française, 1992, pp. 18-19, p. 25, p. 37, p. 41, pp. 46-47, pp. 55-56, pp. 61-62, p. 79, p. 91, p. 95, p. 117, pp. 165-166 and p. 180, Select Committee on Ageing, House of Representatives, *Exploding the myths: caregiving in America*, U. S. Government Printing Office, 1988, p. 4, pp. 6-7, p. 10, pp. 18-21 , pp. 25-31, p. 34, p. 40, p. 48 and p. 70, Ann Richardson, Judith Unell and Beverly Aston, *A New deal for carers*, King's Fund, 1989, pp. 3-6, pp. 31-32, p. 39, p. 43, pp. 47-48, pp. 50-51 and p. 61, Emily K. Abel, *Who cares for the elderly? public policy and the experiences of adult daughters*, Temple University Press, 1991, pp. 3-6, p. 38, p. 62, p. 70, p. 95, pp. 173-176 and p. 206, Hilary Schofield and als, *Family caregivers, disability, illness and ageing*, Allen & Unwin, 1998, pp. xvii-xviii, p. 4, p. 12, p. 14, pp. 16-18, pp. 24-28, pp. 34-38, pp. 51-81, pp. 97-98, pp. 108-119, p. 123, pp. 224-228 and p. 331, Elizabeth A. Watson and Jane Mears, *Women, work and care of the elderly*, Ashgate, 1999, p. 1, p. 3, p. 5, p. 25, p. 27, pp. 30-31, p. 54, pp. 63-83 and p. 203, Francesca M. Cancian and Stacey J. Oliker, *Caring and gender*, Pine Forge Press, 2000, p. xiii, pp. 2-4, p. 9, p. 22, pp. 35-39, p. 43, pp. 65-66, p. 131, p. 161 and p. 169, Chiara Saraceno, *Families, ageing and social policy, intergenerational solidarity in European welfare states*, Edward Elgar, 2008, pp. 148-149, p. 157, p. 166, p. 233 and pp. 434-464, Lars Andersson, *Sweden and the futile struggle to avoid institutions*, in Viola M. Lechner and Margaret B. Heal, *Work and caring for the elderly international perspectives*, Brunner/Mazel, 1999, pp. 101-104 and p. 118, Hannelore Jani-Le Bris, *Family care of dependent older people in the European community*, European Foundation for the Improvement of Living and Working Conditions, 1993, p. 51, p. 53, pp. 55-56, p. 59, p. 62, p. 77, pp. 88-95, p. 98, p. 100, p. 102, p. 107, p. 124, p. 132, pp. 137-138 and p. 142, Nancy R. Hooyman and Judith Gonyea, *Feminist perspectives on family care, policies for gender justice, op. cit.*, p. xi, pp. 1-5, p. 15, p. 19, pp. 77-78, p. 108, p. 114, pp. 149-158, p. 313 and p. 367, United Nations, Division for the Advancement of Women, *Caregiving and older persons-gender dimensions, expert group meeting, Malta, 30 November-2 December 1997*, pp. 4-7 and pp. 9-10, UN, Commission on the Status of Women, *Older women and support systems:new challenges*, UN, 1998, p. 3 and pp. 5-10, Richard Webb and David Tossell, *Social issues for carers, towards positive practice*, second edition, Edward Arnold, 1999, p. 2, p. 5, pp. 115-118 and p. 259, Ecole Nationale d'Administration, *Les Politiques sociales et l'entourage des personnes âgées dépendantés*, ENA, 2002, pp. 3-5, p. 7, pp. 22, annexe, p. 4 et p. 7, The Equality Authority, *Implementing equality for carers*, The Equality Authority, 2005, p. iii, p. xii, p. xv, p. 2, p. 4, pp. 7-8, p. 64, pp. 66-68, p. 77, p. 81, p. 84 and p. 93, Alies Struijs, *Informal care, the contribution of family carers and volunteers to long-term care*, Council for Public Health and Health Care, 2006, pp. 13-14, p. 19, p. 25, p. 30, p. 33, pp. 35-37 and p.

68, Hanneli Döhner and als, *Family care for older people in Germany, results from the european project Eurofamcare*, LIT, 2008, pp. 26-27, pp. 31-32, pp. 63-64, p. 73, p. 77 and p. 122, Caroline Glendinning and als, *Care provision within families and its socio-economic impact on care providers*, Social Policy Research Unit, The University of York, 2009, pp. 6-10, pp. 13-14, pp. 17-18, p. 26, pp. 29-35, p. 41, pp. 48-49, pp. 55-58, pp. 74-75, p. 81, p. 94, pp. 120-124 and p. 131より作成。

いままに自説を展開する帰結でもある。介護者の健康について，表に示すように2人の「フェミニスト」の論稿を除いて全て分析を加える。しかも，氏が言う介護者と要介護者の「……関係のジェンダー分析ほど，介護者の健康問題への関心は向けられてこなかった，という傾向……」は，少しも認めることができない。念のために幾つかの良く知られ影響力も小さくはない成果を以って例証しておこう。

国際連合女性の地位委員会『介護と高齢者——ジェンダー視点から』(1997年）は，副題にも示されるように介護のジェンダー分析を試みた上で政策的な提言を盛り込んだ文書である。提言は8つの項目から構成され，その一つは介護者の健康である[87]。あるいは，アメリカの連邦議会高齢化委員会の報告書『神話の再検討——アメリカの介護』(1988年）は，第3章を介護者の分析に充てた上で介護者の諸特徴を明らかにする。分析の項目は，ジェンダーに始まり年齢構成，婚姻状態，就業，経済状態，健康状態，生活への影響などである[88]。また，キングス・ファンドの研究チームは，一般開業医による介護者の定期健康診断をはじめカウンセリング，電話による医療保健サービス情報の提供などに関する政策提言を行う。日常生活上の援助に伴う介護者の健康状態の悪化を実証的に確かめた上での提言である[89]。後に立ち入って検討を加えるように，1980年代には健康の不平等を巡る議論が政府の報告書を直接の契機に活発化し，介護者の健康状態もこの議論との関わりで一段の検討が加えられるようになる[90]。キングス・ファンドの提言もこうした流れを正当に継承しながら，独自の検討を重ねた成果の一つである。

これらに示されるように介護者の健康状態に関する分析は，少しも軽視されてきたわけではない。拙著でも既に繰り返し明らかにしてきたように他の分析項目と同等に位置づけられてきたと評して良い。各国政府機関の介護者調査が，

日常生活上の援助を手掛ける彼女や彼の心と体の健康問題を調査項目の一部に例外なく加えるのも，研究者や介護者団体による短くはない調査研究の歴史に後押しされたものである。氏の論稿では，「……介護者……の健康問題に焦点を当て，先行の調査研究から，問題のありかを考察した」ようである。しかし，「先行の調査研究」に関する氏の理解は，ここでもその根拠を完全に失う。「問題のありか」の「考察」が信頼に値するかと問われるならば，「先行の調査研究」に関する不正確な理解のゆえにいかにも疑わしいと評さざるを得ない。

　介護者の健康問題は，イギリスに即して振り返るならば，戦後程なく，しかも，政府に提出された委員会報告書（1947年）に掲載された調査結果に，既に確かめることができる。母親の介護に携わる娘は言う。「私は，ロンドン旧市内の中心部にあるシティで働いた後，夕方に母親の日常生活上の援助（take over the care）に当たります。私の健康は，自由と余暇の欠如から蝕まれています。私には，このような暮らしを続けることができません」。委員会が，高齢化と要介護高齢者の増加を踏まえた政策提言を練り上げるに際して，拠り所になった調査結果の一つである。これと同様に，精神障碍者を看る家族を対象に1954〜57年にかけて行われた調査も，介護に伴う影響を家計収支に始まり健康，並びに家族生活の3つの領域に沿って調べ上げる。いずれも独自の章として設定された上での分析である。見られるように健康が，他の2つと共に視野に収められ同等の扱いを受ける。

　介護者の健康問題は，こうして戦後の程ない時期から正当に視野に収められ，これは，その後の調査研究にも受け継がれる。「フェミニストに影響を受けた……ケアリング研究」が，健康問題を無視はもとより，軽視することさえなく，検討に値する重要な問題の一つとして正当に位置づけた理由も，イギリスの調査研究史を簡単にでも振り返るならば，容易に理解することが出来るであろう。「フェミニスト」たちが従来にはない新しい論点を世に問うたことは確かであり，だからこそ，介護者研究を振り返る作業においては，国を超えて「フェミニスト」の作業に言及する。同時に，調査研究の伝統的とも言える手法や蓄積を無視することなく，むしろ正当に視野に収めながらよき成果を継承するので

ある。「フェミニスト」の忘れがたい見識の一つである。

　氏の事実認識は，こうして見ると自ら「引用文献」や「引用・参考文献」に掲げた外国文献はもとより，「国内外のケアリング研究」と称しながら視野に収めることのなかったイギリスを含む11か国や国際機関の文献に照らしても，その根拠を完全に失うと評して良いであろう。僅か1頁の，それも31行530字程に盛り込まれた事実認識の誤りである。

（6）　介護者の健康と性別格差

　事実の誤認は，残念なことに他の頁にも複数に亘って確かめることが出来る。しかし，ここでは具体的な指摘は控えておこう。これに代えて忘れることなく指摘しなければならないことがある。それは，氏が「イギリスのフェミニスト」の貢献とこの国における「膨大なケアリング研究」の「蓄積」を称賛し，しかも，近藤克則氏の国際的にも知られる業績などを取り上げて「……介護負担研究では，……ケアリング関係が規定される社会的要因への目配りは弱い……[93]」と論じていることである。「介護負担研究」は，振り返るならば1960年代中葉に始まり80年代以降には介護研究の中心的な概念としての位置を確立する。負担の諸指標に見るように介護者の心と体の健康はもとより家族生活や広く社会生活，あるいは経済生活への影響を視野に収める。「生活の質」を視野に収めると評しても良い。諸指標の確定などを巡って幅広い議論が国を超えてなされてきたことは，確かである[94]。しかし，笹谷氏の寄せたが如き批判は，著者の非力のゆえであろうか少なくない文献に繰り返し目を落としても一つとして確認されない。己の見識の独自性を誇るかのように，他者への批判を性急なまでに急ぐことはない。先行の議論を正確に踏まえた短くはない国を超えての議論を振り返るにつけ，自戒を込めて言えば自らの立ち位置を確かめたいものである。

　そもそも笹谷氏自身は，「ケアリング関係が期待される社会的要因への目配り……」を忘れることなく手掛けているのであろうか。そうとは考えられない。そもそも介護者の健康を主題にし「フェミニストに影響を受けた国内外のケア

リング研究」を振り返ると自称しながら，介護者における健康の性別格差を完全に忘れ去って，学会当日の報告はもとより2012年の論稿でも一言として取り上げていない。介護者の社会職業格差とこれに伴う健康格差についても，同様である。

　イギリスの介護者研究では，改めて振り返るならば70年代末葉に社会的性差の視点から研究が蓄積されると共に，90年代初頭には，社会職業階層や人種あるいは民族との関わりでも調査研究が開始され，その知見は，フェミニストを含めて広く共有される。率直な反省を踏まえての新しい試みであり，そうした作業に当たっては，「介護負担研究」の手法も著者の知る限りフランスを含めて用いられる。それは，社会職業階層や人種が社会的性差と同じように介護責任の可能性はもとより，サービス利用の如何や介護負担の程度にも影響を与えるとの反省から出発した。(95)この反省は，その後の成果に照らすとき実に的確であったと評するに相応しく，例えば介護者化の可能性は，専門的管理的職業で低く，他方，不熟練ブルーカラー職業において高い（表序-5）。言い換えれば介護者比率は，所得水準の高い社会職業階層で低く，他方，所得の低いことから底辺階層と称されることもある社会職業階層で高い。両者の格差は表に示すように小さくはない。介護者に関する最初の「政府の全国調査」を拠り所にする90年代初頭の知見である。これらの成果は，短くはない調査研究の歴史に即して評するならば，B.S.ロウントリーを座長にする委員会の報告書が，早くも1947年に用いた日常生活上の援助に伴う重荷，あるいは負担（burdensome）の表現を事実上継承し，学術的に意味の大きな数々の発見として結晶させた証しでもある。

　氏が，学会報告の当日には完全に忘れ去り，一言の説明さえも与えなかった「ケアする人々の健康問題」を漸く2012年に主題に即して論じ，しかも，「イギリスのフェミニストおよび当事者団体」はもとより「国内外のケアリング研究」を広く視野に収めると誇らしく自称するにもかかわらず，介護者の性別はもとより社会職業階層別の健康格差を全く問題にしていないことに照らすならば，イギリスに限ってさえこの国の「膨大なケアリング研究」の成果に正確な

表序-5 要介護者と同居の介護者の社会職業階層別年齢階層別及び性別比率（1985年）

（単位：％）

	専門的管理的職業	中間的ホワイトカラー職業	熟練ブルーカラー職業	半熟練ブルーカラー職業	不熟練ブルーカラー職業
16歳以上44歳以下					
男性（A）	1.2	2.1	2.4	3.4	6.1
女性（B）	1.6	2.8	2.4	3.4	3.8
45歳以上64歳以下					
（A）	3.3	6.7	5.8	7.0	7.6
（B）	5.2	7.8	6.5	6.9	7.7
65歳以上					
（A）	6.6	3.2	6.2	5.4	11.7
（B）	6.1	4.6	7.0	2.8	3.4
計					
（A）	2.8	3.4	4.1	4.9	7.6
（B）	3.4	4.4	4.5	4.2	4.9

出典：Sara Arber and Jay Ginn, Class and caring: a forgotten dimension, *Sociology*, Vol. 26, No. 4, Novembre 1992, p. 626より作成。

　理解を加えた上で論じているとは，到底考えることは出来ない。そもそも「介護負担研究」の手法が，信奉すると思われる「フェミニスト」による「ケアリング関係」の分析にも援用されていることさえ，ご存じないようである。

　介護者の健康格差が，イギリスはもとより日本でも社会的性差や社会職業階層の視角を正確に踏まえながら明らかにされ，介護者のそれを含む健康不平等の縮小に向けた政策の形成と展開を調査研究の側面から促し支えてきているだけに，先達の半世紀を優に超す丹念で科学的と言うに相応しい作業に改めて尊敬の念を抱き，緊張感さえも覚えながら忘れることなく言及しておかなければならない。

注

(1) Alva Myrdal, *Nation and family, the Swedish experiment in democratic family and population policy*, Kegan Paul, Trench Trubner & Co., Ltd, 1945, p. 183, p. 205, p. 232, p. 247, p. 302, pp. 331-332, p. 343, pp. 350-352 and p. 362.

(2) Leon Taboh and Christinne Mauge, *Démographie et politique familiale en Europe*, La Documentation française, 1989, pp. 61-68.

(3) Conseil Economique et Social, *La Politique familiale française*, Journal Officiel, 1991, p. 159.
(4) Patrice Legrand, *Dépendance et solidaritiés, mieux aider les personnes âgées, rapport de la commission présidée par M. Pierre Schopflin*, La Documentation françasie, 1991, pp. 153-158.
(5) Claude Martin, Le Genre des politiques de prise en chargé des personnes âgées dépendants, *Travail, genre et sociétiés*, No. 6, 2001, p. 88.
(6) Ministère de la Santé et des Solidarités, *Les Solidarité entre générations, rapports remis au minister en charge de la famille*, La Documentation française, 2006, pp. 107-114.
(7) France, *Les Nouveaux thème et priorités de la politique familiale*, p. 4. http://www.vie.publique.fr/politiques-publiques/famille/priorites/, France, *Politique publiques la politique de la famille (1990-2007), chronologie*, p. 13. http://www.vie-publique.fr/politiques/famille/chronologie. 2009年4月9日閲覧, 2011年3月3日閲覧。
(8) France, *La Politique de la famille, chronologie générale*, http://www.vie-publique.fr/dossier-public/famille/chronoros/chrono-générale/ 2007年12月12日閲覧。
(9) Marc de Montalembert et als, *La Protection sociale en France*, La Documentation française, 2008, pp. 153-157.
(10) Commission of the EU, *Promoting solidarity between the generations*, COM (2007) 244 final, 2007, p. 4.
(11) W. Dumon and als, *Family policy in EEC countries*, Commission of the European Communities, 1990, pp. 113-115.
(12) European Women's Lobby, *Intergenerational solidarity, the way forward, proposals from the NGO Coalition for a 2012 European year for active ageing and intergenerational solidarity*, European Women's Lobby, 2008, p. 8.
(13) Kann Wall and als, *Critical review on research on families and family policies in Europe, conference report*, Family Platform, 2010, pp. 49-50 and p. 133.
  本文に紹介したと同じ理解は、家族と家族政策について1941年から2010年に公刊された代表的な論稿を集めた論文集の序論にも示される。Chiara Saraceno and als, *Families and family policies*, Edward Elgar Publishing, 2012, p. xv and pp. xxvi-xxvii.
(14) Sheila B. Kamerman and Alfred J. Kahn, *Family policy, government and families in fourteen countries*, Columbia University Press, 1978, pp. 486-487.
(15) 栃本一三郎「家族政策を考える(5)――ソーシャル・ポリシーとしての家族政策」『児童手当』21(3), 1991年, 2頁。
(16) 栃本一三郎「家族政策を考える(2)――ソーシャル・ポリシーとしての家族政策」『児童手当』20 (10), 1990年, 9頁。
(17) 阿藤誠編『先進諸国の人口問題――少子化と家族政策』東京大学出版会, 1996年, 36頁。
(18) W. Dumon and als, *op. cit.*, pp. 15-16 and pp. 113-114.
(19) *Ibid.*, p. 1.
(20) W. Dumon and T. Nuelant, *Trends and development in 1992, technical annex,*

EONFC, 1994, pp. 55-62.
⑵ 都村敦子「家族政策・男女平等と社会保障」『大原社会問題研究所雑誌』526・527合併号，2002年9・10月号，23頁。
⑵ 同上，25頁。
⑶ 清水泰幸「フランスにおける家族政策」『海外社会保障研究』161号，2007年，50頁。
⑷ Jacques Commaille et als, *La Politique de la famille*, La Découverté, 2002, p. 57.
⑸ *Ibid.*, p. 46.
⑹ 江口隆裕他『フランスにおける少子化対策法制の総合的研究——科学研究費補助金報告書（平成21年5月30日現在）』2009年，5頁。
⑺ Leon Taboh et Christine Mauge, *op. cit.*, pp. 61-68.
⑻ 山手茂「家族政策」望月嵩他『家族関係と家族福祉』高文堂出版社，1973年所収，277頁。
⑼ 所道彦「家族政策の国際比較——現状・課題・方法に関する一考察」『海外社会保障研究』127号，1999年，53頁，同「家族政策の国際比較」『社会政策学会誌』第3号，御茶の水書房，2000年，139頁。Michihiko Tokoro, *A Comparative perspective on family policy developments: Britain and Japan*, 『社会政策学会誌』第5号，御茶の水書房，2001年，258頁。
⑽ 所道彦「日本の家族政策の特徴——国際比較の視点から」『社会福祉学習双書』編集委員会『社会福祉概論I』全国社会福祉協議会，2009年，217頁。
⑶ Michihiko Tokoro, *op. cit.*, p. 258.
⑿ Sheila B. Kamerman and Alfred J. Kahn, *Family change and family policies in Great Britain, Canada, New Zealand, and the United States*, Clarendon Press, 1997, p. 3.
⒀ Sheila B. Kamerman and Alfred Kahn, *Family policy, government and families in fourteen countries, op. cit.*, p. 3.
⒁ *Ibid.*, p. 486.
⒂ *Ibid.*, p. 5
⒃ Sheila B. Kamerman and Alfred J. Kahn, *Family change and family policies in Great Britain, Canada, New Zealand, and the United States, op. cit.*, p. 453.
⒄ Richard L. Edward and als, *Encyclopedia social work*, 19th edition, National Association of Social Workers, 1995, p. 929.
⒅ 所道彦「日本の家族政策の特徴——国際比較の視点から」前掲，223頁。
⒆ Fréderic Lesemann and Claude Martin, *Home-based care, the elderly, the family and welfare state: an international comparaison*, University of Ottawa Press, 1993, p. 14 and pp. 259-260.
⒇ メリー・ディリー・キャサリン・レイク／杉本貴代栄監訳『ジェンダーと福祉国家——欧米におけるケア・労働・福祉』ミネルヴァ書房，2009年，55頁。
(41) 所道彦「比較のなかの家族政策——家族の多様化と福祉国家」埋橋孝文編著『比較のなかの福祉国家』ミネルヴァ書房，2003年，268頁，270頁。
(42) 大塩まゆみ『家族手当の研究——児童手当から家族政策を展望する』法律文化社，1996年，23頁。

⑷³ 同上，103頁。
⑷⁴ 高島昌二『スウェーデンの家族・福祉・国家』ミネルヴァ書房，1997年，73頁。
⑷⁵ 太田貞司編著『地域ケアと退院計画――地域生活を支える支援のあり方を探る』萌文社，2000年，153頁。
⑷⁶ 同上書，178～179頁，184頁。
⑷⁷ 同上書，199頁。
⑷⁸ 同上書，220頁，229頁。
⑷⁹ 同上書，26～33頁。
⑸⁰ 渡辺満『イギリス医療と社会サービスの研究』渓水社，2005年，232頁。
⑸¹ NHS, *The NHS plan: a plan for investment, a plan for reform*, CM4818-1, TSO, 2000, pp. 8-10.
⑸² 渡辺満，前掲，50頁。
⑸³ 児島美都子『イギリスにおける中間ケア政策――病院から地域へ』学術出版会，2007年，31頁，33～34頁，43頁，67頁，80頁，95頁，109頁，110～111頁，127～129頁，132頁，138頁，143頁，154頁，181頁，188頁，198頁，240頁。
⑸⁴ 同上，35頁。
⑸⁵ 同上，127頁。
⑸⁶ 同上，111頁。
⑸⁷ 同上，129頁。
⑸⁸ 同上，130頁。
⑸⁹ 笹谷春美「ケアをする人々の健康問題と社会的支援策」社会政策学会誌『社会政策』第4巻第2号，2012年10月，54頁。
⑹⁰ OPCS, *Informal carers, a study carried out on behalf of the DHSS as part of the 1985 General Household Survey*, HMSO, 1988, p. 4.
⑹¹ 拙著『イギリスの在宅介護者』ミネルヴァ書房，2000年，56頁。
⑹² 笹谷春美他編著『介護予防――日本と北欧の戦略』光生館，2009年，62頁。
⑹³ OPCS, *op. cit.*, p. 36.
⑹⁴ *Ibid.*, p. 8 and p. 36.
⑹⁵ 笹谷春美「家族ケアリングをめぐるジェンダー関係――夫婦間ケアリングを中心として」鎌田とし子他編『ジェンダー』東京大学出版会，1999年，246頁。
⑹⁶ 拙著『イギリスのコミュニティケアと介護者――介護者支援の国際的展開』ミネルヴァ書房，2008年，279～280頁。
⑹⁷ OPCS, *op. cit.*, p. 8, Olwen Rowlands and Gillian Parker, *Informal carers, an independent study carried out by the ONS on behalf of the DH as part of the 1995 GHS*, TSO, 1998, p. 13, Joanne Maher and Hazel Green, *Carers 2000*, TSO, 2002, p. 4.
⑹⁸ 拙著『イギリスのコミュニティケアと介護者――介護者支援の国際的展開』前掲，241頁。
　田端光美氏も「当事者運動が始まったのは65年であったが，当時は経済的支援の制度化にその重点がおかれ……」と指摘している。田端光美『イギリスの地域福祉の形成と展開』有斐閣，2003年，206頁。

(69) 笹谷春美，前掲，65頁。
(70) 同上，60頁。
(71) 笹谷春美「イギリスにおけるケアリング関係――フェミニズム視点から」『女性労働研究』31号，1997年，52～53頁。
(72) 同上，52～53頁。
(73) 同上，52頁，58頁。
(74) 笹谷春美「家族ケアリングの構造分析――家族変動論の視点から」（1997年度科学研究実績報告書）http://kaken. nii. ac. jp/d/p/09610/62/1997/3/ja. ja. html.　同「家族ケアリングを巡るジェンダー関係――夫婦間ケアリングを中心として」鎌田とし子他編所収，前掲，220頁，246頁，248頁，同「女が家族介護を引き受けるとき――ジェンダーとライフコースのポリティックス」上野千鶴子他編『家族のケア　家族へのケア』岩波書店，2008年，55～56頁，74頁。
(75) 笹谷春美「イギリスにおけるケアリング関係――フェミニズム視点から」前掲，53頁。
(76) EOC, *The Experience of caring for elderly and handicapped dependants*, EOC, 1980, pp. 23-30.
(77) EOC, *Caring for elderly and handicapped: community care policies and women's lives*, EOC, 1982, EOC, *Who cares for the carers? opportunities for those caring for the elderly and handicapped, recommendations*, EOC, 1982.
(78) Jane Lewis and Barbara Meredith, *Daughters who care, daughters caring for mothers at home*, Routledge, 1988, p. 158.
(79) EOC, *The Experience of caring for elderly and handicapped dependants, op. cit.*, pp. 14-23.
(80) Janet Finch and Dulcie Groves, *A Labour of love: women, work and caring*, Routledge & Kegan Paul, 1983, p. 150.
(81) Janet Finch and Dulcie Groves, Community care and the family: a case for equal opportunities? *Journal of Social Policy*, Vol. 9, part. 4, October 1980, p. 488, p. 493, pp. 498-500, p. 503, p. 505 and pp. 507-510.
(82) Hilary Land, Who care for the family? *Journal of Social Policy*, Vol. 7, part 3, 1978, pp. 257-284.
(83) 笹谷春美「イギリスにおけるケアリング研究――フェミニズム視点から」前掲，58頁。
(84) DHSS, Social work service development group, *Supporting the informal carers: information* (*initiatives, literature and contacts*), DHSS, 1983, pp. 87-88.
(85) Julia Twigg and Karl Atkin, *Carers perceived, policy and practice in informal care*, Open University Press, 1994, pp. 4-5, pp. 31-41 and pp. 65-74.
(86) Hilary Arksey and als, *Access to health care for carers: barriers and interventions*, Social Policy Research Unit, University of York, 2003, p. 16.
(87) United Nations, Division for the Advancement of Women, *Caring and older persons-gender dimensions, op. cit.*, pp. 9-10.
次の文書も同様の提言を盛り込んでいる．UN, Commission on the Status of Women, *Older women and support systems: new challenges, op. cit.*, p. 10.

(88) US House of Representatives, Select Committee on Ageing, *Exploding the myths: caregiving in America, Comm. Pub. No. 100-665*, U. S. Government Printing Office, 1988, pp. 17-49.
(89) Ann Richardson, Judith Unell and Bevery Aston, *A New deal for carers, op. cit.*, p. 39, p. 43, p. 47, pp. 50-51 and p. 61.
(90) Alan Walker, *Community care: the family, the state and social policy, op. cit.*, p. 33, Muriel Nissel and Lucy Bonnerjea , *Family care of the handicapped elderly: who pay?*, Policy Study Institute, 1982, pp. 43-46.
(91) B. Seebohm Rowntree, *Old people, report of a survey committee on the problems of ageing and the care of old people under the chairmanship of B. Seebohm Rowntree*, The Nuffield Foundation, 1947, p. 191.
(92) J. Tizard and Jacqueline C. Grad, *The Mentally handicapped and their families, a social survey*, Oxford University Press, 1961, pp. 48-84.
(93) 笹谷春美「ケアをする人々の健康問題と社会的支援策」前掲, 64頁。
(94) Valerie Braithwaite, Caregiving burden, making the concept scientifically useful and policy relevant, *Research on Aging*, Vol. 14, No. 1, March 1992, pp. 3-27, Helene Bocquet and Sandrine Andrieu, Le Burden, un indicateur spécifique pour les aidants familiaux, *Gérontologie et Société*, No. 89, Juin 1999, pp. 155-166.
(95) Hilary Graham, The Concept of caring in feminist research: the case of domestic service, *Sociology*, Vol. 25, No. 1, February 1991, p. 61.

第1章
介護者支援政策の形成と介護者像の転換

1 W. ベヴァリジの福祉国家構想と介護者

(1) W. ベヴァリジの構想と介護者の位置

　20世紀初頭からの社会保険制度はもとより広く福祉国家の形成について語るとき，W. ベヴァリジ（William Beveridge）の業績に立ち返ることは，有意なことであり早くから広く認められる作法の一つである。

　M. エヴァンドルー（Maria Evandrou）他もこれに倣いながら，以下のように指摘する。すなわち，「ベヴァリジは，イギリスの福祉国家の構想に当たって介護者を除外する。介護者の位置はイギリス福祉国家の構想に際して考慮に入れられない。……男性と女性の経済的及び社会的な役割の判然とした分離は，ベヴァリジの描く福祉国家政策とこれに沿うサービス並びに諸手当に関する規定の土台をなす。……国民保険制度は，介護者のニーズを視野に収めていない。それは，家族関係に関するある想定を拠り所にする」[1]。

　しかし，この評価は，国際的にも良く知られる『ベヴァリジ報告　社会保険および関連サービス』（1942年，69年，邦訳1969年，1975年）に注意深く目を通す限り誤った解釈である。

　ベヴァリジは，後に介護者の定義に際して広く用いられる日常生活上の援助（looking after）の表現を2回用いながら介護者に言及し，労働力人口に属する介護者の労働力化を促す職業訓練給付（training benefit）について提言する。すなわち，「……有給の職業と，主婦以外の無給のサービスとに交互に従事している大勢の人──両親の面倒をみている娘とか，兄弟の世話をしている姉妹

……」を取り上げ，こうした未婚女性への身内による扶養の継続性も危ういことを引き合いに出しながら，「……労働年齢期間中は他に生計の資を得るための経済的な手段として，訓練給付を受けることができる」と述べる。

　同じ女性といえども主婦の地位にある女性に対しては，全く構想されなかった制度に関する提案である。女性が，両親や兄弟に対する軽くはない日常生活上の援助のゆえに家族形成の機会を本人の意に反してやむなく失い，非労働力化の期間も介護の故に短くなかったことから，その労働力化には，労働力需要に対応する職業訓練を避けて通るわけにいかない。主婦の労働力化に対しては，至って拒否的な態度に終始するのに対して，未婚女性の労働力化は当然の事柄として理解され，短くはない非労働力化の期間のゆえに直面するであろう困難とその是正を念頭に置く提案である。ベヴァリジによる職業訓練給付の提案からこのような背景を読み取ることは，容易である。ベヴァリジは，全ての介護者を対象にする訓練給付について提案をするわけではもとよりない。それは，賃金所得を手にする夫と家事や育児などに専念する妻及び子どもから構成される家族を，望ましい社会の理想的な家族像として20世紀初頭から描き続けたベヴァリジの議論を改めて思い起こすならば，容易に想像できる。しかし，全ての女性を主婦として位置づけながら福祉国家を構想するわけではない。多くの女性が家族形成期を経て主婦としての地位を確保すると想定しながら，尚，全ての女性が，こうした地位に置かれると考えるわけではないのである。これもまた確かな事実である。未婚女性の労働力化を念頭に置くがゆえの訓練給付の提案が，その一例である。これは，M.エヴァンドルーの表現を用いて言えば「ベヴァリジの描く」「男性と女性の経済的及び社会的な役割の判然とした分離」の一環である。

　このように考えるならば，ベヴァリジが福祉国家の構想に当たって介護者を除外したとする理解は，全く根拠を持たない。「家族関係に関するある想定」と未婚女性に対する訓練給付の提案とは，ベヴァリジの早ければ20世紀初頭に示された家族観に照らして少しも矛盾しないのである。「家族関係」を築きたいと願いながら，日常生活上の援助の故にそれさえも叶わない未婚女性の現状

第1章　介護者支援政策の形成と介護者像の転換

に関心を注ぎ，その自助努力を後押しする制度を構想したベヴァリジの見識の高さが，偲ばれる。

　M. エヴァンドルーは，ベヴァリジによるイギリス福祉国家の構想に介護者の姿はないとも評する。確かに介護者の表現を1942年の報告書に確かめることは，出来ない。しかし，M. エヴァンドルーの2つ目の評価も全く根拠を持たない。再び『ベヴァリジ報告　社会保険および関連サービス』に目を通してみよう。ベヴァリジは，「病気になった場合の家政婦サービス」と題する項目を起こした上で「……主婦が病気で在宅治療を行っている場合にも，必要な家政婦サービスを与える所まで拡張してよいであろう。しかし，これを必要とすることはほとんどないように思われる。というのは，隣人や家族の援助によって，そのような事態に対処するべきだからである」と述べる。「隣人や家族」の無償労働を当てにした「家政婦サービス」の事実上の拒否である。言い換えるならば「隣人や家族」による幅広い無償労働の存在を確信すればこそ，導き出された政策選択である。病を得た「主婦」の「在宅治療」が問題にされることに着目するならば，「隣人や家族」による無償労働は，家事はもとより「主婦」に対する日常生活上の援助を含む。『ベヴァリジ報告　社会保険および関連サービス』をこのように読み込むならば，ベヴァリジが「介護者の位置」を考慮に入れていないと評するわけにいかない。「隣人や家族」による膨大な無償労働を大いに頼りにした福祉国家の構想である。

　かつて P. タウンゼント（Peter Townsend）他は，「福祉国家は，高齢者介護における家族の役割を補完する」と述べたことがある。この半世紀程前の評価を改めて参考にするならば，ベヴァリジの構想する福祉国家は，病を得た主婦の「隣人や家族」の無償労働に取って代わるわけではなく，あくまでも「家族の役割」に大きな期待を寄せ，それを「補完」するに過ぎない。ベヴァリジが「介護者の位置」を考慮に入れないならば生まれようのない構想である。

（2）　介護者を示すイギリス英語の誕生と広がり

　イギリス英語のケアリング（caring），すなわち介護は，介護者研究の分野で

67

良く知られるJ. ツウィグ（Julia Twigg）によれば「1970年代中葉に漸く現れた言葉である⁽⁵⁾」。確かにこの表現は，指摘の通り70年代中葉にイギリスで公刊された著書に確かめることができる⁽⁶⁾。しかし，雇用機会均等委員会が1978年に手掛けた調査に目を通すならば，ただちに明らかになるようにインタビューに応じた116人のうち，ケアリングの表現を用いながら日常生活上の援助に伴う暮らしの厳しさについて語る介護者は，6人を数える。ちなみに日常生活上の援助を意味するルッキング・アフター（looking after）の表現を用いながらインタビューに応じた介護者も6人である⁽⁷⁾。後者のうち3人の介護者は，ルッキング・アフターとケアリングの双方を用いる。このインタビュー結果にこだわりを持つならば，ケアリングの表現は，70年代中葉に隣接する78年の時点において介護者自身によっても既に使用されていたことになる。ならばケアリングの表現は，少なくとも研究者の間では70年代中葉よりも遥か以前から使用されていたのではないであろうか。J. ツウィグの指摘に対する疑念が湧く。

　ケアリングの表現は，著者のささやかな文献検索に従うならば戦後程なくの1947年に既に確かめることができる。J. ツウィグの指摘よりも四半世紀以前の使用である。以降，1957年はもとより61年，62年，63年，65年，71年に公刊された報告書や著書にも見て取ることができる。これらの少なくない文献のうち1947年に公刊の報告書は，国際的にも良く知られるB S. ロウントリー（B. Seebohm. Rowntree）を座長とする委員会報告書『高齢者──高齢化問題と高齢者の介護に関する調査委員会報告書』である⁽⁸⁾。同様に，71年の報告書は，『精神障碍者のためのより良いサービス』と題する保健社会サービス省（DHSS）のそれであり，議会に提出される⁽⁹⁾。ちなみにこの報告書は，ケアリングの他にもケアリングの表現を一部に加えた介護社会（caring society）の表現も用いる。また，「忘れられた女性たち」と題して63年5月の『フェデラシオン・ニュース』誌（Federation News）に掲載された論稿は，1940年代以降に途絶えていた介護者運動の戦後における復興と発展の直接の契機をなすものであり，この短い論稿に介護の諸作業（the tasks of caring）の表現を確かめることが出来る⁽¹⁰⁾。さらに，57年と61年，62年，65年及び69年に公表の著書は，P. タウンゼント

等の業績である。これらにもケアリングの表現を確かめることが出来る。P.タウンゼントの著書が、1950年代中葉から70年代におけるコミュニテイケア政策の理論的な支柱であったことは、周知の事実であり、そうした業績における用語の使用である。してみるとJ.ツウィグによる指摘はその根拠を失い、ケアリングの表現は、少なくとも1947年に既に公的な報告書でも使用されていたことになる。

　ケアリングに較べるならば介護者を表すイギリス英語表現の誕生は、かなり遅い。1976年には、介護者を示すケアテイカー（caretaker）の表現が使用されたこともある。元を辿るならば、介護、あるいは世話の引き受けを意味する英語表現（take care）に由来する。B. S. ロウントリーが1947年の報告書の中で用いた表現（a resident caretaker）が、介護施設に働く賃金生活者を意味するのに対して、ケアテイカーは、これとは明らかに異なる無償の介護者のことである。1982年に公刊の著書では、介護者を示す表現としてアメリカ英語のケアギヴァー（caregiver）が用いられたこともある。しかし、この表現は、先のケアテイカーと全く同じように限られた研究者の短い期間における使用に止まり、ケアギヴァーがアメリカ社会にすっかりと定着していることとはあまりにも対照的に、イギリス社会には根づかなかった。これとほぼ同じ時期に誕生し、その後イギリスはもとより国際用語としてもすっかりと定着した表現は、ケアラー（carer）である。

　ケアラーの表現を最初に用いたのは、1980年代初頭であるとの見解を示すイギリスの研究者も認められるとはいえ、これは事実と異なる。序章にごく簡単に言及したようにM.ブラクスターによる1976年である。76年に公刊の著書『障碍の意味――減損の社会学的研究』における初めての使用である。氏は、介護者の他に家族介護者（family carers）を加えて、さらに、地域看護師とホームヘルパーを念頭に地域の介護職員（community carers）の一部にも用いる。このうち最初の2つの表現が無償の介護者を指すのに対して、最後の表現は、有償の介護を担う職員を指す。併せて4か所における使用であるものの、著書の末尾に記載される用語索引にはいずれも示されていない。新しい表現の

誕生を伺わせる事情の一つである。

　ケアラーの表現は，この提起を受けて以降広がることになる。例えば介護者団体がケアラーの表現を用いるのは，介護者の運動史に描かれるように4年後の1980年12月16日以降である。[17] 翻ってM. ウエブスターが『フェデラシオン・ニュース』誌に掲載の論稿を直接の契機に1965年に結成された介護者団体の名称は，全国未婚女性とその要介護者評議会（NCSWD）であり，そこに介護者の表現はない。また，今日の介護者週間（carers' week）の先駆けとして始まった全国要介護者週間（national dependants week）は，1969年からの歴史を刻むとは言え，そこにも介護者の表現は依然としてない。介護者団体の名称の一部にケアラーの表現が挿入されるのは，1981年に設立の介護者協会（Association of Carers）及び翌82年に設立される全国介護者とその要介護高齢者評議会（NCCED）である。[18] M. ブラクスターによる最初の提起から4年もしくは5年後，介護者団体がケアラーの表現を用い始めた時期を起点に考えても，その翌年もしくは翌々年のことである。

　ケアラーの表現は，介護者団体以外によっても用いられる。雇用機会均等委員会は，『要介護高齢者と障碍者を看る介護経験』（1980年）と題する調査報告書はもとより，2年後の82年に公刊の『誰が介護者を支援するか』[19]では，本文はもとより報告書の主題にもケアラーの表現を使用する。また，イギリス労働組合会議は，雇用機会均等委員会による体系的な政策提言も視野に収めながら，介護者のための休暇（leave for carers）の制度化について84年に提起する。[20]『デイリー・ミラー』紙（The Daily Mirror）は，「9歳の介護者の物語——幼い天使の悲嘆」と題する記事をケアラーの表現を用いながら，同じ年に掲載する（11月13日付）。[21] さらに，長い歴史を刻み保健医療分野の調査研究組織としても定評のあるキングス・ファンドは，無償の介護支援研究班（Informal caring support unit）を85年に設立する。この研究班の名称は，さらに1年後の86年には介護者支援研究班（Informal carers' support unit）に変更される。容易に推察されるようにケアラーの表現の広がりを踏まえての対応である。キングス・ファンドは，この研究班における検討を経て『介護者のニーズ——介護者のた

第1章　介護者支援政策の形成と介護者像の転換

めの10項目の計画』を3年後の89年に公表する。

　同様の動きは，ほぼ時期を同じくして地方自治体にも確かめることが出来る。ロンドン・サザック自治区（LB of Southwark）は，介護者支援担当職員（carers' support worker）を全国の自治体に先駆けて任命する。早くも84年のことである。80年代後半から全ての自治体において任命されることになる介護者支援専門員（carers' development officers）に関する最初の試みである。ロンドン・サットン自治区（LB of Sutton）は，介護者支援専門員を85年に任命する。さらに，イングランド中部のバーミンガム市（Birmingham City）は，コミュニティケア特別計画の一環として介護者の独自のニーズについて検討を加える。87年のことである。この作業は，先に紹介したキングス・ファンドの『介護者のニーズ――介護者のための10項目の計画』にも生かされる。89年と90年には，イングランド南部のハンプシャー州（Hampshire County）と同じくオックスフォードシャー州（Oxfordshire County）が，それぞれ介護者支援班（carers' support team）や介護者担当班（carers' unit）を設置する。

　政府がケアラーの表現を公式文書などにおいて採用するのは，この表現の誕生から5年後の1981年以降である。その初発は，保健社会保障省（DHSS）が公刊したハンドブック（1981年）である。但し，保健省（DH）が議会に提出した報告書『高齢化の進展』（81年）にケアラーの表現はない。保健省は，イングランド南部のイースト・サセックス州（East Sussex County）と同じく北西部のストックポート市（Stockport City）及び同じく中西部のバーミンガム（Birmingham）に近いサンドウエル市（Sundwell City）の3つの地域を対象に，介護者支援の試行事業を86年から89年にかけて展開する。この事業の評価報告書に従えば，介護者を対象にするサービスの中には革新的な試みも示されるとはいえ，介護者のニーズがしばしば無視される状況も認められる，と率直に指摘する。報告書には，ケアラーの表現が明記される。

　ケアラーの表現の採用は，国民保健サービスとコミュニティケアに関する1990年法（the NHS and community care act 1990）の拠り所を成す3つの文書，すなわち，監査委員会『コミュニティケアの具体化に向けて』（1986年）をはじ

71

めグリフィス報告として広く知られる文書『コミュニティケア——具体化に向けた指針，社会サービス省大臣への報告』（88年）及び保健省が議会に提出した文書『人々のための介護——むこう10年間のコミュティケア』（89年）からも，見て取ることができる。コミュニティケアは，サービスの主要な担い手に即して考えるならば『グリフィス報告』が的確に指摘するようにコミュニティによるケア（care by community），すなわち，地域に暮らす要介護者の家族や親族はもとより友人や隣人による介護に他ならないことからして，ケアラーの表現の頻繁ともいえる程の記載は，至って自然である。

　下院（House of Commons）の特別委員会が，介護者問題に焦点を当てながら年少の介護者（child carers）の苦境について話し合う会合を開いたことがある。84年のことである。さらに，ケアラーの表現を用いた上で介護者支援について論ずるのは，社会サービス委員会『コミュニティケア——介護者』（90年）まで待たなければならない。とは言え，ケアラーの表現は，報告書の副題にも盛り込まれているように至って頻繁に用いられる。

　政府や議会の公式文書におけるケアラーの表現の記載は，このように1981年に遡って確かめることができる。その使用頻度は，時期を追うごとに増加する。しかし，ケアラーの表現が公式文書の指摘を受けて程なく法令に登場したかと問われるならば，その答えは残念ながら否である。法令に盛り込む機会は，もとよりなかったわけではなく幾度か存在する。

　障碍者のサービスと諮問及び代表に関する1986年法（the Disabled persons〔services, consultation and representation〕act 1986）は，自宅に暮らす障碍者がホームヘルパーなどの有償のサービスの担い手を除く人々から，相当の日常生活上の援助を規則的に（substantial amount of care on a regular basis）受けているならば，自治体は，障碍者のニーズの判定に際して他の人々が日常生活上の援助を規則的に担い続けることが可能な否かについて，注意を払わなければならないと定める。介護の継続可能性への初めての注目である。86年法には，ケアラーの表現は挿入されないものの，法令に示される他の人とは，法令の内容に照らして考えるならばケアラーに他ならない。障碍者に対するサービスの給

付の決定に当たって，介護者のニーズや日常生活上の援助の継続能力を視野に収めることは，この86年法までは定められていない。86年法が，介護者に関する最初の法律であると評されるわけもそこにある。

英国介護者協会（CNA，現在のCarers UK）は，ケアラーの表現の法令への挿入に向けた努力を議会の内外で重ねたものの，実を結ばなかった。事情は，グリフィス報告などの提言を受けて議会に提出され可決された国民保健サービスとコミュニティケアに関する90年法も同様であり，ケアラーの表現は，90年法に法令用語として盛り込まれていない。もとより保健省は，90年法の施行に当たって公刊した『政策案内』（90年）では，「介護者の選択を考慮しなければならないのであって，彼女や彼による日常生活上の援助に関する継続意思の存在を何の根拠もなく予断を以って想定してはならない」と強く戒める。ケアラーの表現は，見られるようにここに確かめることができる。しかし，90年法の条文には，繰り返すことになるが，86年法のそれと全く同じように確認するわけにいかない。

ケアラーの表現が法令に正式に盛り込まれるのは，介護者の社会的な認知とサービスに関する1995年法（the carers〔recognition and services〕act 1995）においてである。ケアラーの表現は，政府の提出した法案の段階から既に盛り込まれる。ケアラーの表現の誕生から19年後，政府の公式文書に記載されてから14年後に法令用語の一つとして位置づけられたことになる。介護者支援を巡る調査を踏まえた周到な政策提言はもとより，幅広い議論と地道な運動があればこその成果である。

（3）　介護者の定義と要件

介護者の定義に関する試みは，1965年に始まる。およそ半世紀に亘って数々の試みがなされてきたことになる（表1-1，表1-2）。

介護者の定義に盛り込まれる要件が時代を追うごとに傾向的な増加を示していることは，より具体的な解り易い定義を試みたいとの想いがそこに込められているということでもある。日常生活上の援助を要する理由には，65年に実施

表1-1　介護者の定義構成要件に関する諸見解（1965～2013年，その1）[1]

	女性就業調査（1965年）	総合世帯調査（1985年）	同（2000年）	国勢調査（2001年）	同（2011年）	介護者支援全国戦略（2008年）	国民保健サービス（2012～13年）
日常生活上の援助	◎	◎	◎	◎	◎	◎	◎
生活のかなりを介護に充てる						◎	◎
特別の援助		◎	◎				
要介護の理由							
高　齢	◎	◎	◎	◎	◎	◎	◎
疾　病	◎	◎				◎	◎
長期の疾患			◎	◎	◎	◎	◎
障　碍			◎	◎	◎	◎	◎
薬物酒類乱用						◎	◎
介護の担い手							
家族親族		◎	◎	◎	◎	◎	◎
パートナー				◎	◎	◎	◎
友人隣人		◎	◎	◎	◎	◎	◎
居住形態							
同　居	◎	◎	◎	◎	◎		◎
別　居	◎	◎	◎	◎	◎		◎
介護の無償性			◎	◎	◎	◎	
介護者の年齢階層							
0歳以上				◎	◎	◎	
16歳以上	◎	◎	◎				
18歳以上							◎

注：1）表中◎印は，関係する叙述のあることを示す。空欄はないことを示す。
出典：Audrey Hunt, *A Survey of women's employment, a survey carried out on behalf of the Ministry of Labour by the Government social survey in 1965*, Vol. 1, report, HMSO, 1968, p. 109, Office of Population Census and Surveys, *Informal carers, op. cit.*, p. 6 and p. 36, Joanne Maher and Hazel Green, *Carers 2000, op. cit.*, p. 1 and p. 3, Office for National Statistics, *Census 2001, definitions*, TSO, 2004, p. 40, Office for National Statistics, *Household questionnaire, England, 2011 census*, ONS, 2011, p. 1 and p. 11, H. M. Government, *Carers at the heart of 21st —century families and communities: a caring system on your side, a life of your own*, DH, 2008, p. 19, NHS The Information Centre and als, *Personal social services survey of adult carers in England, 2012-13, guidance document*, NHS The Information Centre and als, 2012, pp. 9-10 and p. 15 より作成。

の『女性就業調査』を唯一の例外として高齢と障碍の双方が含まれる。高齢者の分野と障碍者のそれとの相互の学術交流に乏しい日本の介護者研究とは，明らかに異なる特徴である。同じく疾病に加えて，あるいは，これに代えて長期の身体的・精神的な疾患の理由が盛り込まれる。疾病と表現するならば，急性

第 1 章　介護者支援政策の形成と介護者像の転換

表 1 - 2　介護者の定義構成要件に関する諸見解（1965〜2013年，その 2）[1]

	国民保健サービス・ウェールズ(2012年)	ウェールズ行政庁(2010年)	スコットランド行政庁(2011年)	国民議会(2008年)	雇用機会均等委員会(1980年)	介護者基金(2013年)	英国介護者協会(2010年)
日常生活上の援助	◎	◎	◎	◎	◎	◎	◎
生活のかなりを援助に充てる	◎	◎					
特別の援助							
要介護の理由							
高　齢	◎	◎	◎	◎	◎	◎	◎
疾　病	◎	◎			◎	◎	◎
長期の疾患	◎	◎	◎	◎		◎	◎
障　碍	◎	◎	◎	◎	◎	◎	◎
薬物酒類乱用	◎					◎	
介護の担い手							
家族親族	◎	◎	◎	◎		◎	◎
パートナー			◎	◎		◎	◎
友人隣人	◎	◎	◎	◎		◎	◎
居住形態							
同　居			◎	◎	◎		
別　居			◎	◎			
介護の無償性	◎	◎				◎	◎
介護者の年齢階層							
0歳以上	◎		◎	◎		◎	◎
16歳以上							
18歳以上		◎			◎		

注：1)　表 1 - 1 の注 1) に同じ。
出典：NHS Wales, *What carer?* http://www.wales.nhs.uk/carers. Welsh Government, *Proposed carers strategies（Wales）, measure, 3-III-10*, Welsh Government, 2010, p. 2, Scottish Government, *Caring together, the carers strategy for Scotland, 2010-2015*, Scottish Government, 2010, p. 16, House of Commons, Work and Pensions Committee, *Valuing and supporting carers, fourth report of session 2007-08*, Vol. I, HC485-I, TSO, 2008, pp. 11-12, Equal Opportunities Commission, *The Experience of caring for elderly and handicapped dependants*, EOC, 1980, reprinted 1982, p. 1, Luke Clements, *Carers and their rights, the law relating to carers*, fourth edition, Carers UK, 2011, pp. 10-11, Carers Trust, *What is a carer?* Carers Trust, http://www.carers.org/what-carer. より作成。

疾病と慢性疾病の双方を脳裡に思い浮かべよう。急性疾病を患う人々に対する日常生活上の援助は，殆ど必要にしない場合もあり，援助を必要にする場合であっても，その期間は短い。他方，後者に対する援助は，自ずと長期化する。疾病の要件が一部で取り除かれ，長期の身体的・精神的な疾患の理由が新たに

盛り込まれるに際しては，こうした事情が考慮される。家族責任を要件の一つに示す試みは，全国統計局『総合世帯調査』(1985年) を唯一の例外として，他には採用されない。介護者の看る要介護者の要件は，表に示すように家族や親族に止まらず友人や隣人，あるいは家族形態の多様化を見据えて事実婚も含まれる。介護者に対する友人や隣人としての日常生活上の援助を文字通りの意味について言えば家族的責任に属するとは，評するわけにいかない。家族的責任の要件が調査における1回の試みを以って消えた理由は，了解される。

(4) 定義の一本化を巡る課題

介護者の定義を巡って半世紀近い試みが繰り返されてきたとはいえ，今日に至っても統一的な定義に辿り着いたわけではない。ごく最近の作業に絞っても，国民保健サービス・ウェールズ (2012年) 及びイギリス政府の『介護者のための全国戦略』(2008年) の定義には，要介護者と介護者との居住関係に関する記述，すなわち，同居なのか別居なのかに関する表現はない。薬物やアルコールの乱用は，介護を要する理由の一つとして比較的最近になって定義の一部に盛り込まれる。イギリス政府 (2008年) とスコットランド行政庁 (2011年)，あるいは国民保健サービス (2012～13年) 等のそれに確かめることが出来る。しかし，全国統計局『総合世帯調査』(1985年, 2000年) はもとより同『国勢調査』(2001年, 2011年) には，含まれない。また，日常生活上の援助の表現は，全ての定義に盛り込まれる。そこに一つの例外もない。しかし，その英語表記が一本化されているわけではない。英語表記は，4つに区分することができる。第1に，ベヴァリジ報告に事実上倣ってこれと全く同じ表現 (look after, looking after) を採用する場合である。国民保健サービス (2012～13年) の定義が，これに当たる。第2に，ベヴァリジ報告の表現に加えて特別の援助 (special help) も同時に盛り込む試みである。全国統計局『総合世帯調査』(85年, 95年, 2000年) の試みである。第3に，何らかの援助もしくは支援 (any help or support) の表現を盛り込む定義である。『国勢調査』(2001年, 2011年) のそれである。最後に，ベヴァリジ報告の用いた今や伝統的とも評することの出来る表記

(look after）を何らかの援助もしくは支援と併せて示す試みである。『国勢調査』（2011年）の手法である。

　介護労働の無償性の要件も表に示すように広く認められる。しかし，スコットランド行政庁（2011年）は，この要件を少なくとも定義に際して採用していない。代わって介護者と表現するのではなく，無償の介護者（informal carers）と表記して有償労働との混同を回避しようと試みる。介護者の年齢階層も18歳以上を対象にする場合と，16歳もしくは0歳以上と理解する場合の3つに分かれる。このうち18歳以上は，ウェールズ行政庁（2010年）と雇用機会均等委員会（1978年），16歳以上は，全国統計局『総合世帯調査』（85年，95年，2000年）と国民保健サービス（2012～13年），0歳以上は，『国勢調査』（2001年，2011年）はもとよりイギリス政府（2008年），スコットランド行政庁（2011年）の採用するところである。

　介護者の定義が一本化されていない現状は，同一の調査主体による同名の調査からも読み取ることができる。すなわち，全国統計局『総合世帯調査』のそれである。介護理由の一つをなす疾病は，『総合世帯調査』（85年，95年）に盛り込まれたものの，2000年版に見ることは出来ない。他方，長期の身体的・精神的な疾患は，85年版と95年版には存在しないものの，2000年版には新たに採用される。あるいは，介護労働の無償性は85年版には確認されないとは言え，95年版で新たに採用されてのち2000年版にも継承される。

　類似の状況は，国民保健サービスによる定義にも確かめることができる。介護者が要介護者と同居して日常生活上の援助に当たるのか，それとも別居のまま看るのかの要件は，国民保健サービス・ウェールズ（2011年）に採用されないとはいえ，国民保健サービス（2012～13年）によって盛り込まれる。事実婚者を担い手として明記するのは，国民保健サービス（2012～13年）であって，国民保健サービス・ウェールズ（2011年）は，この立場に与しない。介護者の年齢階層に関する扱いも，表に示すように両者で異なる。

　定義が一本化されない要因の一つは，日常生活上の援助が介護者の健康はもとより広く仕事と暮らしに与える影響の大きさを示唆する文言を定義に加える

のか,それとも,そうした影響には一切言及することなく専ら要介護者を看る事実に限定するのかといった立場の相違である。イギリス政府（2008年）とウェールズ行政庁（2010年）並びに国民保健サービス・ウェールズ（2012年）は,前出の表に示すように介護者の生活のかなりの割合（significant proportion of their life）を日常生活上の援助に充てる,との定義を加える。表中他の定義には見ることのできない内容である。しかし,日常生活上の援助が,介護者の暮らしに及ぼす影響を明示するこの立場は,介護者の社会的な認知とサービスに関する1995年法の定める介護者アセスメント請求権の要件に沿って示されたものであって,確たる法的な根拠に裏打ちされる。すなわち,介護者のアセスメント請求権は,全ての介護者に等しく開かれた制度ではない。そこには,拙著『イギリスのコミュニティケアと介護者——介護者支援の国際的展開』（ミネルヴァ書房,2008年）で既に述べたように,要介護者の日常生活に対する相当の援助を規則的に担うという86年法以来の要件が課せられ,アセスメント請求権は,この要件を充たす介護者に対してのみ認められる。イギリス政府（2008年）をはじめウェールズ行政庁（2010年）,国民保健サービス（2012～13年）,あるいは国民保健サービス・ウェールズ（2012年）の定義は,これを踏まえたものである。

　定義を巡る半世紀ほどの実に多様とも評することのできる作業を振り返るにつけ,J. ツウィグ他が,介護者研究を振り返りながら「介護者に関する単一の定義は存在しない[33]」と下した評価を,率直に受け入れることができる。1990年における評価である。類似の評価は,「満足のいく定義は存在しない[34]」と82年に断じた雇用機会均等委員会はもとより,「広く受け入れられた定義はない[35]」と95年に評した全国統計局,最近では,「様々な法律で異なる意味で用いられる」と述べた上で「標準的な定義の確立[36]」の必要性について,2008年に提示したイギリス政府の指摘にも見て取ることが出来る。同様の提案は,法律委員会（The Law Commission）によっても政府のそれをあたかも追認するかのように,もとより独自の丹念な検討を経て3年後の2011年に行われる[37]。

　日常生活上の援助を手掛ける人々が,要介護者の妻であり夫あるいは両親で

あると理解するに止まらず，介護者としての社会的な地位にあることを解り易く伝えながら，介護者支援に日々尽力する介護者団体や介護者支援センターの存在とその得難い役割を考えただけでも，定義の単一化は不可能かもしれない。しかし，定義の標準化は，例えば介護者調査の時系列比較一つを取り上げても必要であろう。介護者支援政策の立案とその効果の検証を支える基礎資料としての科学性を担保する上で，不可欠である。あるいは，標準化に際しては，薬物やアルコール依存，あるいは事実婚の広がりを正当に踏まえると共に，要介護者との同居もしくは別居，あるいは，有償労働との混同を避けるために介護労働の無償性などの要件を必ず盛り込まなければなるまい。他方，介護者の範囲を相当の援助を規則的に担う人々に狭く限定することは，避けるべきであろう。至って狭い定義を目に留めながら，サービスや手当を給付する自治体の窓口への訪問自体を自ら断念することに通じかねない。介護責任の重さの分布は，週当たり介護時間に関する質問項目を通して把握することも可能である。優れて包括的な定義が望まれる。

2　スピンスターズの運動と年金給付開始年齢の繰り上げ

（1）　未婚女性による介護の窮状

　ケアリングの表現は，前節に示したように1947年，ケアラーのそれは1976年に遡る。しかし，介護と介護者の歴史が，1947年もしくは76年以降に始まるわけではない。それは，訓練給付に関するベヴァリジの1942年の提言を見ても明らかである。介護と介護者の歴史を探るために，一先ず介護の故に家族形成期を逸した未婚女性たちの運動を振り返ってみよう。介護者の健康問題は，介護者の運動史の当初から問題になり，しかも，支援制度の採択に当たって考慮に入れられていたことを理解する上でも，避けて通るわけにいかない作業の一つである。

　未婚女性として知られるスピンスターズ（spinsters），具体的には糸を紡ぐことを生業にする女性たちは，全国未婚年金連合（NSPA，ヨークシャー州ブラッ

ドフォード市〔Bradford City〕,全国代表 F. スミス,Fisher-Smith）を1935年に結成して,全ての未婚女性の老齢年金制度への加入に加えて,老齢年金の支給開始年齢を男性よりも10歳早い55歳に繰り上げるように要求する。スピンスターズ憲章（the spinsters' charter, 1936年）に示される「未亡人と同じ年齢からの年金支給の開始」等の未婚女性たちのスローガンの一つは,1925年法と1929年法に沿って未亡人に認められた55歳からの支給を念頭に置いたものである。全国未婚年金連合の結成とその後の運動の中心になったのは,F. ホワイト（Florence White,ブラッドフォード市,1886～1961年）である。

何故このような要求を掲げる団体が未婚女性たちによって形成され,広がりのある運動が展開されたかと言えば,女性は,雇い主による女性差別や相対的に貧困な健康状態はもとより,多くの未婚女性が年老いた両親の介護のために家族形成の機会を失うに止まらず,中年期に離職を余儀なくされ,両親を看取った後に再び就業することさえままならないことから,少なくない親孝行な娘たち（dutiful daughters）は,介護の終了後に貧困状態を間違いなく余儀なくされるからである。97の地域組織に12万5,000人の会員を擁して織物分野の労働組合から広い支持を得るなど,1930年代における女性の改革運動としては,最大の規模を誇る。年金連合は,スピンスターズが未亡人と同じ55歳で老齢年金を受給することができるように求める請願書に,100万人近い署名を添えて議会に提出する。結成から僅か3年後の1938年のことである。

年金連合の要求,とりわけ年老いた老親や近親者の介護の終了後に無年金状態に追いやられ,その意に反してしばしば貧困状態に陥る女性の問題は,議会に設けられた未婚女性のための年金委員会（Committee on Pensions for Unmarried Women）によって強い関心が払われる。委員会は,45歳を過ぎたスピンスターズの失業率が同じ年齢階層の男性よりも高いことをはじめ,彼女たちの再就業が至って厳しいこと,及び55歳を過ぎたスピンスターズの健康状態に明確な悪化が認められること,これらを調査に即して確かめる。しかし,支給開始年齢を55歳まで繰り上げるならば,雇い主によって制度が悪用され女性の老齢退職が彼女たちの意に反して強制されるのではないか,と危惧をした委員会は,

1939年の報告書の中で未亡人と同じ扱いには消極的な態度を示す。もとより要求を念頭に置く改革が完全に見送られたわけではない。全ての女性の年金支給開始年齢は，委員会の提案に沿って1940年に65歳から60歳に繰り上げられる。調査結果の一つ，すなわち，高齢者に対する日常生活上の援助の終了後に貧困状態に陥る女性が少なくないことに着目した改訂に他ならない。

　ベヴァリジ報告が，もとよりこの改訂を前提にした上でのことであるとは言え，失業給付と同額の訓練給付の制度化を介して未婚女性の労働力化を促したことと対比をするならば，年金支給開始年齢の繰り上げによる女性の非労働力化を促す改訂である。ちなみに女性の年金支給開始年齢は，この改訂を変更することなく今日も継承して男性の65歳より5歳早い60歳である。高齢者の年齢区分は，これに即して女性60歳，男性65歳である。国際的にも実に稀な年金支給開始年齢の性別による相違は，歴史を辿るならば1935年における年金連合の結成に遡る。無償の介護が，女性の暮らしに耐えがたい程の衝撃的な影響を及ぼしていると政府が初めて認めたがゆえの措置である。

　未婚女性による両親の介護は，同じ屋根の下に暮らす義理の父母の日常生活上の援助に当たる女性の姿と共に，イギリスの女性史研究が，早くから伝える事実の一つである。E. ロバーツ（Elizabeth Roberts）『女性の場所——労働者階級の女性に関するオーラスヒストリー，1890～1940年』(1984年)，同『女性と家族——オーラスヒストリー，1940～1970年』(1995年)や B. ヒル（Bridget Hill）『孤立する女性——1660～1850年のイングランドにおけるスピンスターズ』(2001年)が，文字通りの意味において丹念に読み解いてきた事実である。このうち E. ロバーツの業績とその研究手法は，エリザベス・ロバーツ／大森真紀・奥田伸子訳『女は「何処」で働いてきたか——イギリス女性労働史入門』(法律文化社，1990年)や奥田伸子「『社会史』のためのオーラルヒストリーとその手法」(『現代史研究』35号，1989年) などを通しても，早くから紹介され摂取されてきた。

　E. ロバーツは，歴史研究の方法にまで遡りながら女性の姿を明らかにする。それには相応のわけがある。有償労働に従事する男性の姿は，古文書に記録さ

れることが少なくない。他方、女性、とりわけ無償の家事や育児あるいは介護を担う女性の営みは、古文書とは縁遠い存在である。女性の無償労働は、至極自然の営みであるとみなされるからである。従来と同じように古文書に依拠しながら歴史を語る限り、女性の真実の姿は明らかにされない。E. ロバーツは、こうした反省に立ちながら歴史研究の方法を問いかけ、古文書などを利用する伝統的な手法とは異なるオーラルヒストリーという全く新しい方法を開発しながら、従来の方法では期待するべくもなかった歴史を明らかにする。すなわち、時代を生き抜いた女性たちからの聞き取りを手掛けることを通して、長い間歴史の陰に葬り去られてきた無償労働のあり様とこれに規定された女性の姿を浮かび上がらせるのである。

　未婚女性による老親介護の事実が明らかにされると共に、1931年から61年における65歳以上人口の目立った増加につれて殆どの家族が、高齢者に対する追加の家族責任に直面すると分析する。[38] これらの結果は、娘たちが息子たちと異なって病を得た両親の世話のために数年に亘って結婚の時期を延期すると結論づけたアメリカの1930年代初頭の研究成果[39]と、国や時期を異にするとはいえ内容に照らして重なり合う。スピンスターズの運動を通して広く明らかになった事態とも重なり合うことは、言うまでもない。

　革新的とも言える女性史研究によって明らかにされた介護と介護者の歴史は、イギリスの老年史研究を通しても分析される。深沢和子・深沢敦監訳『イギリス福祉国家の社会史——経済・社会・政治・文化的背景』（1996年、邦訳2000年）や、木下康仁訳『老人の歴史』（東洋書林、2009年）を通して、日本にもその名をよく知られる P. セイン（Pat Thane）の作業である。P. セインは指摘する。すなわち、年老いた親と同居する未婚の女性が日常生活上の援助を行い、あるいは、離れて暮らしていた未婚の女性が老親の介護に促されて郷里に戻り援助を手掛ける姿は、長い伝統の一つであり、20世紀にも依然として確かめることが出来る。[40] 介護者の性別構成が女性に著しく傾斜することから、若い世代の近親者による介護とは、通常介護のために離職を余儀なくされた娘たちによる日常生活上の援助と同義である。多くの娘たちは、年老いた両親の世話を娘たち

の義務，あるいは家族の一員としての有りふれた行為と感じ取ればこそ手掛けるのである。

　娘たちによる老親介護は，研究者としてはもとよりノーベル賞受賞者としても国際的に良く知られるスウェーデンのA. ミュルダールによっても，さらに早い時期に指摘される。A. ミュルダールは，「高齢世代に対する個々の家族責任は，若い世代の結婚はもとより子どもの出生にも重い障害となる。……娘たちは，多くの人々に知られているように高齢世代の扶養と介護（the support and care of the older generations）に重い負担を負い，他方，息子たちはと問えば介護から自由である」。氏のあまりにも有名で，本書の序章でも紹介した『国家と家族——民主的家族・人口政策に関するスウェーデンの経験』における指摘である。アメリカの研究者による1930年代初頭の指摘とも重なり合う。見られるようにE. ロバーツやP. セインの分析と内容に照らして一致することはもとより，より正しく言えば両氏の業績よりも40年から60年以上早くに示された指摘である。スウェーデンにおける1940年代初頭の言及を知るにつけ，イギリスの1930年代におけるスピンスターズの体験との酷似性を感じ取ることができよう。

（2）　高齢者調査の膨大な蓄積と主題

　イギリスにおける高齢者調査の歴史は，19世紀末葉に遡る。介護の問題が高齢者調査の主題の一つとして登場するのは，戦後である。その成果は，1945年から67年の20年余りの期間に絞った上で周到に調べ上げるならば37点を数える。那須宗一・湯沢雍彦共編『老人扶養の研究』（垣内出版，1970年，『戦後高齢社会基本文献集』第8巻，日本図書センター，2006年），あるいは，岡村重夫・三浦文夫編『老人の福祉と社会保障』（垣内出版，1972年）等を通して日本にこれまで紹介されてきた3〜4点に止まるわけではない。その9〜12倍にのぼる文献の数である。拙稿「イギリスの高齢者及び障がい者調査と介護者」（『経済研究』16巻3号，2012年2月）に，一覧表として示した通りである。

　高齢者介護は，37点の成果に目を通すならばただちに理解されるように，戦

後初めて，しかも，B.S.ロウントリーを責任者とする高齢化問題と高齢者の介護に関する調査委員会の手掛けた調査(42)に既に見ることができる。戦後の在宅サービスが，高齢者層を主要な給付対象として再編成されるにつれて，在宅サービスに関する調査も高齢者介護を視野に収め，その位置を時代と共に高めることになる。また，高齢者介護は，家族，正確に言えば女性による日常生活上の援助を伴い，女性の健康はもとより就業率と就業形態に無視し得ない程の影響を及ぼすことから，女性就業調査の一部としても位置づけられる。政府の戦後における調査としては，16歳以上64歳以下の1万世帯を対象に1965年に行われた調査が，最初の経験である。調査対象の年齢階層からも容易に推察されるように，この調査は高齢者調査に属するわけではないとは言え，高齢者介護が，何時頃からどのように問題にされたかについて知るためには，高齢者調査と併せて視野に収めなければならない。この他に，高齢者に関する討論会も1967年までの期間に限っても幾度となく開かれ，高齢者調査の成果が紹介されながら政策課題を巡る議論に生かされる。高齢者を主題にして戦後最初に開かれた討論会は，早くも1946年11月であり，介護も論点の一つとして正当に位置づけられる(43)。討論会の内容を周到に見極めた上であるとは言え，検討の一部に加えなければなるまい。

　高齢者調査で扱われる主題は，19世紀末葉からの貧困という伝統的なそれに加えて高齢者の年齢階層別推移，住宅，家族形態と高齢者の一人暮らし，健康状態と医療ニーズ，社会的な孤立と家族あるいは親族の支援網，介護状態と介護ニーズ，介護施設への入所とサービス受給者の特徴，施設と在宅双方における介護サービスの課題，要介護者と介護者との家族関係別構成，介護者の性別・婚姻状態別構成と介護負担及び労働力率や就業形態などへの影響である。介護の問題は，このように1945年から67年の期間における高齢者調査の中で多岐に亘る問題の欠かすわけにいかない一つとして繰り返し扱われる。

　高齢者の独り暮らしの問題は，高齢化問題と高齢者の介護に関する調査委員会の1947年報告書に既に確かめることができると共に，その後も継続的に扱われる。一人暮らし高齢者の実数はもとより比率の急激な増加が，相次いで伝え

られる(13.4%, 1955年, 19.5%, 1961年, 22.2%, 1962年, 26.0%, 1971年)。日常生活上の援助を要する高齢者は、家族形態との強い相関を示すわけではないことから、一人暮らしに限定されない。要介護高齢者の比率は、とりわけ75歳以上の年齢階層に家族形態を問わず顕著である。

要介護高齢者の比率に加えて関心を呼ぶのは、寝たきり(bedfast, bedridden)、あるいは引きこもり(housebound)高齢者の存在であり、早くも1946年11月にロンドンで開かれた討論会において論じられると共に、以降、調査の主題の一つとして登場する。寝たきり高齢者の多くが、介護施設に生活の拠点を移すわけではなく、引き続き自宅に暮らす高齢者が主力を占める(12.6%, 87.4%, 1962~64年)。

寝たきりの高齢者と併せて調査の主題の一つとして早くから位置づけられた問題は、認知症を患う高齢者に関するそれである。高齢者のおよそ20人に1人程(4.4~4.85%)が、認知症を患っているとの調査結果も公表される。

自宅に暮らす高齢者は、寝たきりや認知症を患う高齢者に限定されない。結果として地域に住まいを得る要介護高齢者は多い。これは、P. タウンゼントが1954年から55年にかけてロンドン東部を対象に手掛けた調査を通して示される。すなわち、「遥かに多くの要介護者や慢性疾患の患者」が、病院や介護施設ではなく住み慣れた自宅に暮らす。これと同じ事実は、P. タウンゼントも参加をして1962年に行われた3か国調査(デンマーク、イギリス、アメリカ)によっても確かめられ、病院や介護施設に入所する65歳以上の比率は、5.3%(デンマーク)をはじめ3.6%(イギリス)及び3.7%(アメリカ)と総じて低い。イギリスやアメリカに較べても伝統的に施設介護の強調されてきたデンマークでさえ、見られるように5%程度に止まる。イギリスは、アメリカと共に一段と低い。

高齢者の多くが自宅において暮らしを営むとき、必要な日常生活上の援助は、その形態を問わず主に家族に担われる。介護者が短くはない期間に亘って家族介護者と呼ばれ、今日でもこの表現が用いられる理由も、ケアワーカーとの混同を避けることとは別に、そこにある。しかし、家族に担われると言えども、

家族を構成する誰もが均等に担うわけではない。性別には，男性が社会の仕来りをしかと脳裏に焼き付けながら，介護からは無縁の存在となり，他方，女性は，社会慣行に従いながら介護責任を引き受ける。このように性別による明らかな不均衡を伴う。しかも，女性は，一人で介護責任を担うことが多く，家族内の分担関係は希薄である。「家族による介護の体制」は，1970年代末葉以降のフェミニストによる検討の遥か四半世紀程も以前に，これもP.タウンゼントによる1954〜55年の調査を通して明らかにされたように「主として親族の女性を以って構成される[50]」。言うところの「親族の女性」には，要介護高齢者の妻や同居の独身娘はもとより結婚を機に家を離れた娘も含まれる。

（3） 高齢者介護の歴史を巡る議論

イギリスはもとよりスウェーデン，デンマーク及びアメリカにおける介護と介護者の歴史を振り返り，イギリスの女性史研究や老年史研究の成果に目を落とすとき，日本における不可思議とも感じられる議論が思い起こされる。

樋口恵子氏は，「……主として高齢者に対して言われる『介護』（ケア）は，大昔から存在したものではない。……20世紀最後の四半世紀に至って，日本をはじめ高齢化がすすむ先進国において拡大し，可視化……顕在化したものである。だから介護は『今始まった』事実である[51]」と述べて，介護の歴史をはっきりと否定する。氏は，1970年代後半に漸く「可視化」あるいは「顕在化」されたことを座標軸に，介護の歴史は存在しないと評する。忘れ去られたままの，見えざる歴史，あるいは「拡大」する以前の歴史は歴史の一部ではない，と理解されるようである。しかも，70年代後半に始まると断ずる介護は，見られるように「先進国」に共通するとさえ述べる。しかし，イギリスやスウェーデンあるいはアメリカ等の「先進国」における人口の高齢化が，高齢者介護とも相まって政策上の論点として既に1930年代に登場していたことを全く知らないようであり，不思議なことに，日本を除く「先進国」の介護やこれを担う女性たちの1930年代，戦後に限ってさえ1960年代前半からの運動について知識を持たないままに，介護は「20世紀最後の四半世紀」に始まるとの評価を加える。

第1章　介護者支援政策の形成と介護者像の転換

「先進国」の「介護」について語るに値する材料を持ち合わせないままの議論である。

　武川正吾氏は，「高齢者介護」はもとより広く「介護」は，「1980年代に出現したまったく新しい社会問題である」[52]と断ずる。氏は，そうした評価の拠り所として「戦前の社会では」と時期を限った上で，要介護状態に陥る可能性が小さく，そうした状態に陥ったとしても今日のような長期の要介護状態は少なかったと述べる。樋口氏と異なって，問題を「高齢者介護」に狭く限定しないことは，武川氏の忘れがたい見識である。しかし，肯定的な評価はこの限りである。氏は，「介護の問題」が1980年代に現れた「まったく新しい社会問題である」と断ずるに際して，第2次世界大戦前の時期を引き合いに出す限りであって，1945年から79年に至る30年以上の期間は，完全に黙殺される。日本の介護者調査は，戦前からの高齢者調査の流れを継承しながら1963年から実施され，70年代までに限っても至る所で調査が手掛けられる。介護を社会問題の一つと理解すればこその，国際的な視野から見ても実に膨大な調査の相次ぐ実施である。しかし，氏にあっては，こうした事実さえそもそもご存じないようである。完全に黙殺されたままに結論が導き出される。

　日本の近世史研究は，1980年代初頭から介護や介護者の問題を視野に収め実に貴重な成果を世に問うてきた。氏は，これさえもご存じないようである。その論者も少なくない。

　柳谷慶子氏は，新村拓氏によって新たに切り拓かれた国際的にも有意な業績を継承しながら日本近世社会の高齢者介護研究に貴重な一石を投ずる。氏は，「江戸時代の平均寿命」は，「現代に比べるとかなり短命の印象をうけそうであるが，これは乳幼児期の死亡率の高さに原因があり，幼児期を無事に乗り切ることが出来れば，平均して60歳まで生き延びることが珍しくはない時代になっていた」とした上で，「人口に占める高齢者の割合も，…地域によっては18世紀半ばから19世紀前半にかけて，……65歳以上の高齢者の割合が10パーセントから15パーセントにも上っている」[53]と指摘する。平均寿命に止まらず平均余命への着目である。さらに，氏は，江戸時代は「近代以降の家族と介護をめぐ

87

状況を生み出す根幹がかたちづくられた時代であったといってよい」との評価を与えた上で，古文書を拠り所にする分析に進む。これに従えば「長期に及ぶ介護」に対応して「介護に専従する下女」の派遣が行われ，あるいは，「幕府や藩は家族の介護が必要となった武士に対して，バックアップ態勢ともいえる施策を採っていた」。しかし，こうした施策にもかかわらず「介護が家族にとって重圧としてのしかかっていた現実」を否定するわけにいかず，「永暇」，すなわち，武士の職を辞する事例も少なくない。今日広く用いられる表現に従うならば，介護を理由にする非自発的な離職である。既に世帯主であり，あるいは，近い将来に世帯主となったであろう武士の「永暇」であるだけに，再び武士に戻る保障など存在しないことと相俟って，その経済的な影響はもとより精神的な影響も想像するに難くない。にもかかわらず「長期に及ぶ介護」を前にしての「永暇」である。

　柳谷氏の研究を手掛かりにするならば，「幕府や藩」による「バックアップ態勢ともいえる施策」の採用は，樋口氏の言うところの高齢者介護の「可視化」あるいは「顕在化」に他ならないのではあるまいか。また，こうした「施策」は，「幕府や藩」が「社会問題」の一つであると理解すればこその所産である。同時に，「幕府や藩」の「施策」にもかかわらず武士の「永暇」が避けられなかったことは，これも「社会問題」の一つであろう。日本の近世史研究のごく一領域を簡単に振り返っただけでも樋口氏や武川氏の議論の危うさは，明白である。

　両氏の議論を目の前にするとき，介護者サポートネットワークセンター・アラジンの理事長であり，日本ケアラー連盟の共同代表理事も務める牧野史子氏がインタビューに応えて示した認識，すなわち，「今，介護をしている方には，若いシングルと，60代，70代のシングルがいるのですが，女性には，介護で結婚するチャンスを逃している方が，結構多い」との現状認識に忘れることなく言及しなければなるまい。牧野氏の指摘は，那須宗一氏が半世紀前に公刊した著書に示した分析，すなわち，「未婚の子供にとっては老いたる父や母との同居は，婚期や独立の時期をおくらせることにもなり，老親のために犠牲となる

第1章　介護者支援政策の形成と介護者像の転換

こともあるだろう」との認識と一部重なり合う。牧野氏の指摘が，介護による未婚女性の家族形成期の喪失に絞っているのに対して，那須氏は，独身男女による老親介護に止まらず広く扶養に伴う「犠牲」について指摘する。しかし，両氏が共に独身者の介護に伴う「犠牲」を問題にすることに違いはない。

　このうち牧野氏が，「今，介護をしている方には，若いシングルと，60代，70代のシングルがいる……」と指摘する内容に関わって著者なりの解釈を加えるならば，介護を担う女性による結婚の断念は，70年代後半以降に新たに始まったことではなく，諸外国と同じように以前から見られる現象の一つである。それは，諸外国や日本における優れて今日的な問題の一つであるばかりでなく，歴史的な事象でもあり続けたのである。牧野氏や那須氏の指摘を忘れるわけにいくまい。

　内外の研究史を完全に無視した上で，武川氏の表現を用いるならば「家族の介護力は元々存在しなかった」等と，介護や介護者の歴史を正面から否定する論者が居る一方において，牧野氏のように介護者の現状を温かな視線でつぶさに見つめることを通して介護者の短くはない歴史を，諸外国の研究者と同じように正確に示唆する見解も存在する。それにしても，研究を生業にする方々の一部が介護と介護者の歴史に関する内外の研究成果に目もくれることさえないままに介護の歴史を否定し，他方，民間非営利団体の責任者として実に多忙な毎日の中にあってさえ介護者に丹精を込めて接する方が，介護者の苦難に満ちた歴史を正確に示唆し，半世紀前の名著における指摘と内容に照らして合致するという日本の現実は，どのように理解すれば良いのであろうか。研究を生業にする方々が，那須氏の半世紀前の成果とはいえその名著を完全に忘れ去ったことと併せて，疑問が湧く。自戒を込めながら問いかけざるを得ない。

3　伝統的な介護者像の転換

（1）　伝統的な介護者の存在を巡る議論

　最近では，日本でも介護者あるいは家族介護者に止まらず女性介護者，有業

89

の女性介護者，男性介護者，要介護者と同居の介護者あるいは別居の介護者などの表現に示されるように，日常生活上の援助を手掛ける人々の性別はもとより居住形態及び職業の有無を基準に区分した上で介護負担の分析に進む作業を確かめることができる。[59]

振り返ってみるとこれらの表現は，介護保険の制度化を巡る議論の当時には全く確かめることが出来ない。語られていたのは，殆ど老々介護なる表現である。要介護高齢者を看る高齢者について至って解り易い表現をもとに示すことを通して，マスコミによる報道も広がり，介護負担の重さを広く社会に伝えることに功を成したのかもしれない。しかし，通例ならば拠り所として示されるはずの調査結果は不明のままである。しかも，介護のあり様を高齢者に絞り込むことを通して，モデルとされたはずのドイツの介護保険制度とは異なって，サービスの給付対象を専ら高齢を理由にする要介護状態に絞り込むことになった事実を，否定するわけにいかない。老々介護は，諸外国の介護者研究の成果に照らして少なくない問題を孕む表現である。

第1に，介護者の定義について表を添えながら既に述べたように要介護状態の理由を専ら高齢に絞り込むことは，イギリスはもとより広く欧米諸国やオーストラリアあるいはニュージーランドに存在しない。国際諸機関や団体の定義にも確かめることは難しい。

第2に，老々介護の表現は，日常生活上の援助を要する親とこれを看る子どもの関係を示す。しかし，親子関係に専ら興味を集中することは，男性の役割に関して正確さに欠ける理解に辿り着く。[60]男性が配偶者を看ることも少なくないからである。

第3に，介護者の年齢は，国際レベルの知見に従うならば重い介護負担に関する優れた算定指標ではない。[61]同居の我が子に対する日常生活上の援助は，子どもの年齢階層を問わず最も重い負担となりやすい。介護期間も至って長いことは，容易に想像される。これらは，配偶者を看る場合にも当てはまる。

介護者は，イギリスの短くはない調査研究史から引き出される政府や議会の公式文書でも認めるように，混成の集団であって相同のそれではない。あるい

は，典型的と評することの可能な介護者（typical carers）は存在しない[62]。これは，アメリカやオーストラリア，あるいはニュージーランドにおける調査研究史の記録する内容の一つでもある。

　未婚の介護者（single carers），あるいは，これと同義の未婚の女性介護者（single women carers, unmarried women carers, single female carers）は，社会の慣習通りの介護者（natural carers）とも称され[63]，伝統的に存在する介護者（traditional carers）として長らく理解されてきた。これらの表現は，P. タウンゼントの1957年の指摘，すなわち，「娘たちは家族介護の主要な源泉であり，娘たちへの依存は極めて顕著である。他方，男性が家族介護に重要な役割を担うことは，年齢階層を問わず殆ど見かけない[64]」現状を言い表したものであり，政府の人口統計調査局の報告書（1988年）でも，伝統的な介護者の表現と重ね合わせながら用いられる[65]。表現が広く受け入れられた例証の一つである。

　しかし，伝統的に存在する介護者との表現は，未婚女性の減少につれて要介護者の妻や母親を含めて用いられるようになる[66]。さらに，これらの表現には，70年代中葉から80年代後半にかけて特に障碍児を看る介護者研究の分野から批判が寄せられ，とりわけ人口統計調査局の85年調査結果の公表は，先の表現の根拠を大きく揺るがすことになる。

　精神障碍者研究の成果として公刊された著書（1973年）は，障碍児（者）の日常生活上の援助における父親の大きな役割について丹念に明らかにし[67]，「1960年代末葉から70年代初頭にかけての作業の中で最も意味のある作業[68]」に他ならない，と至って高い評価が寄せられる。介護責任における父親の役割は，伝統的に存在する介護者などの表現では全く想定しない事態であり，社会に広く受け入れられてきた表現に疑問符を投げかけることにもなる。類似の調査結果は，雇用機会均等委員会が手掛けた78年の調査からも読み取ることが出来る。インタビュー調査の対象者116人の4人に1人（29人）は，男性である[69]。同様の批判は，フェミニストからも寄せられる。すなわち，「殆どの介護者は女性から構成されているように主張することは，事実に即して考えるならば陳腐である[70]」との批判が，それである。

議論の行方に決定的とも言える影響を及ぼしたのは，人口統計調査局が85年に実施し3年後の88年に公表した介護者調査の結果である。16歳以上人口に属する介護者の性別比率は，これに従えば男性12％，女性15％である[71]。3％の格差を伴うとはいえ，二桁を記録する男性の介護者比率は，全ての年齢階層の男性が例外なく日常生活上の援助を手掛ける結果でもある。男性介護者の実数は，女性介護者350万人に対して250万人である。後者（58.3％）を下まわるとはいえ，全体の41.7％を占める。

　G. パーカー（Gillian Parker）は，著書の初版（1985年）では「家族による介護は，殆んど女性による日常生活上の援助に他ならず，他の家族構成員による支援を確かめることは以前から不可能である」と評するものの，5年後の90年に公刊の改訂版では，「男性の担ってきた介護役割について正しい認識に欠けていた」と自ら反省の意を率直に示しながら，「遥かに多くの男性が無償の介護を担っている[72]」と指摘する。介護の担い手に関する僅か5年の期間における基本的な変更であるとも言える程の内容である。人口統計調査局の介護者調査を引き合いに出してのことであることを考えるならば，この調査結果の与えた影響の大きさを思わずにはいられない。

　社会の慣習通りの介護者，あるいは，伝統的に存在する介護者などの表現は，これらの作業を通して完全に姿を消す。

（2）　介護者の多様な存在

　言葉には得難い効用がある。隠れた存在をその内容に即して言葉に結晶させることを通して顕在化させ，人々の理解と共感を促す効用である。

　新たに形成された表現は，忘れられた介護者（forgotten carers）とも称される男性介護者（male carers, men carers）[73]であり，これと対比されるのは女性介護者（female carers, women carers）である。身体介護を担う比率は，女性介護者で高く，男性介護者で相対的に低い。この相違は，一日当たり介護時間の長さの性別相違として現れる（表1-3）。社会サービスの受給にも性別の格差を伴う。これらの事情は，介護責任の仕事への影響に関する小さくはない性別格

第 1 章　介護者支援政策の形成と介護者像の転換

表 1 - 3　夫妻の 1 日当たり介護時間の長さ別分布と平均時間（1980年）

(単位：人，分)

	妻	夫
な　し	0	5
1 時間未満	0	6
1 時間以上 2 時間未満	1	5
2 時間以上 3 時間未満	2	3
3 時間以上 4 時間未満	10	1
4 時間以上 5 時間未満	2	0
5 時間以上 6 時間未満	2	0
6 時間以上	5	1
計	22	21
平均時間（分）	264	68

出典：Muriel Nissel and Lucy Bonnerjea, *Family care of the handicapped elderly: who pay? op. cit.*, p. 21 より引用。

表 1 - 4　障碍児を持つ両親の雇用への影響に関する種類別性別比較[1]

(単位：%)

	父　親	母　親
職　種	2	19
転職の機会	7	24
労働時間	8	31
昇進の見通し	4	15
遠距離通勤	4	24
出　勤	13	30
他	2	1
計	100	100

注：1）両親と障碍児は，持ち家に住む。
出典：Smyth M and Robus N, *The Financial circumstances of families with disabled children living in private households*, HMSO, 1989, Table 3 より引用。

差としても現れる（表 1 - 4）。男性介護者の表現が新たに形成されたことを通して女性介護者との多面的な比較が可能になり，後者の抱える問題が一段と鮮明に分析される別の効用にも通ずる。

既婚男性介護者の表記は誕生しなかったとは言え，これと対照的に既婚女性介護者（married women carers）の表現も新たに形成される。これには世の不条理ともいうことの可能な事情がある。すなわち，介護者手当は，既婚女性を

受給の対象から除外してきたからである。既婚女性は，ベヴアリジ報告に見られるように労働市場から離れるべき存在として位置づけられてきたことから，既婚女性が，保育はもとより介護を担うからといって経済的な影響は存在しないと理解されてきたからである。この規定の廃止を最初に求めたのは雇用機会均等委員会であり，既婚女性介護者が，機会の均等原則に抵触するとしてヨーロッパ司法裁判所（ECJ）に提訴し，1986年の勝訴判決を経て同じ年に漸く廃止される。これによって介護者手当は，事実婚を含む既婚女性にも等しく開かれる。男性既婚介護者の表現が形成されなかったわけも，ここから推測することができよう。介護者支援を念頭に置くとき，特段の必要性が感じられないからである。

　要介護者との家族あるいは親族関係を示す表現も，新たに産声を上げる。家族関係や親族関係のある介護者（kin carers）及び，これとは対照的に要介護者と家族関係はもとより親族関係にない介護者（non-kin carers），あるいは，要介護者の友人でもある介護者（friend carers）の表現である。このうち前者は，配偶者でもある介護者（spouse carers）をはじめ兄弟姉妹の介護者（sibling carers）及び要介護者の子どもでもある介護者（filiale carers），他方，後者は，要介護者の友人や隣人はもとより離婚をした介護者（divorced carers）等から構成される。要介護者に対する社会サービスの給付比率は，要介護者の子どもである介護者や配偶者でもある介護者が看るならば総じて低く（26％，31％），他方，他の親戚や友人，とりわけ友人が看る場合には歴然と高い（52％，66％）[74]。介護負担を基準にすることなく，要介護者と介護者との家族関係の有無が，サービス給付に大きな影響を及ぼしている結果である。家族あるいは親族関係を基準にする表現が誕生し広く受け入れられてきた理由の一つは，社会サービスの均等な給付による幅広い介護者の暮らしの改善を念頭に置くからである。

　介護者の看る要介護者の存在は実に多様である。そこで形成されたのは，身体障碍者を看る介護者（carers of people with physical disability）をはじめ知覚喪失者を看る介護者（carers of people with a sensory loss），知覚障碍者を看る介護者（carers of people with a sensory disabilities），アスペルガー・自閉症者を看る

第1章　介護者支援政策の形成と介護者像の転換

介護者（carers of people with Asperger's and Autism），薬物酒類乱用者を看る介護者（carers of people who misuse drug and alcohol, carers of people with substance misuse problems），車椅子で移動の要介護者を看る介護者（carers shoes cared-for is wheelchair-bound），特別教育ニーズを持つ子どもを看る介護者（carers of children with special educational needs），入院可能性の高い要介護者を看る介護者（carers of patients at risk of admission, carers of people at high risk of hospital admission），攻撃的行動を取る要介護者を看る介護者（carers of people with aggressive/unsociable behavior），摂食障碍者を看る介護者（carers of people with eating disorders），慢性疾患患者を看る介護者（carers of people with chronic disease），末期患者を看る介護者（carers of people with a terminal illness），認知症の要介護者を看る介護者（carers of people with dementia, dementia carers），長期疾患患者を看る介護者（carers of patients with long term conditions），これらの表現である。

　介護負担の程度を基準に，新たに形成された表現も幾つか挙げることが出来る。その一つは，要介護者の親でもある介護者（parent carers, parental carers, carers with parental responsibility）であり，その一形態としての一人親でもある介護者（lone parent carers）である。障碍者研究の丹念な貢献があればこそ姿を見せた表現である。これらの介護者は，週20時間以上に亘って我が子を看る場合が少なくない。日常生活上の援助も，短くはない期間に亘って続くこととも相まって自ら長期に及ぶ疾患を抱えることも多い。結果として彼女や彼の労働力率は低く，介護に伴う追加の出費を長期に亘って迫られるにもかかわらず，その所得は低い。これは住宅事情にも影響を及ぼし，住宅の狭さはもとより1階下にトイレや浴室のない住宅に暮らす介護者は，少なくない。資力調査を伴う給付を受ける介護者の多いことも，あわせて認められる特徴の一つである。

　介護負担は，要介護者との居住関係によって著しく異なる。要介護者と同居の介護者（same household carers, co-resident carers）並びに別居の介護者（different household carers, extra-resident' carers, other household carers）の表現が，新しく登場する。遠距離地に住む介護者（long distance carers）は，後者の一部で

表 1 - 5　介護者の休息・休暇に関する属性別ニーズ比率（2002年）

(単位：％)

介護者の属性	ニーズ比率	介護者の属性	ニーズ比率
要介護者と同居	65	要介護者と別居	48
日15時間以上介護	67	日3時間以下介護	34
女性介護者	66	男性介護者	53
息子・娘の介護者	70	配偶者の介護者	58
知的障碍者介護	77	身体障碍者介護	50
少数民族の介護者	77	白人の介護者	61
44歳以下介護者	67	65歳以上介護者	55

出典：Barbara Keeley and Malcolm Clarke, *Carers speak out project, report on findings and recommendations*, PRTC, 2002, p. 26より引用。

ある。このうち同居の介護者は、身体介護を手掛ける比率の高いことに象徴されるように、週20時間以上を日常生活上の援助に充てることが少なくない。重い介護負担を示す表現として相当の介護（substantial caring）があるが、身体介護を手掛ける場合の他に週20時間を超えて要介護者を看ること、及び同居の介護者の置かれた状態を示す表現として使われることもある。同居の介護者の負担は、これにも示されるように相対的に重い。他方、別居の介護者が身体介護を手掛ける比率は総じて低く、週当たり介護時間も同居の介護者に較べて低い。移動率が高いことから、介護期間は総じて短い。これらの相違は、介護者の休息や休暇の機会に関するニーズ比率の小さくはない相違として現れる（表1 - 5）。

（3）　日常生活上の援助の程度や影響を尺度にする介護者の表現

　フルタイムの介護者（full-time carers, full-time' carers）の表現が、1990年代後半に研究者によって幾度か、2010年にも一度用いられたことがある。このうちS. ベッカー（Saul Becker）他は、少なくとも週50時間以上、サセックス大学（University of Sussex）の研究者によれば同じく35時間以上に亘って要介護者を看るならば、フルタイムの介護者であると定めるものの、I. アラン（Isobel Allen）他の研究者たちは特に定義を加えないままに使用する[75]。この表現は、介護者の作業をフルタイムの仕事（full-time job）と言い表して、介護責任の重

さを示唆する雇用機会均等委員会の報告書を出発点にするように考えられる。S. ベッカー他が描くように週当たり介護時間が至って長いことに止まらず、長い介護時間に伴う夜間の時間帯における睡眠の中断や友人関係の崩れも本人の期待に反して避けるわけにいかない。

　フルタイムの介護者と同じように長い時間に亘って日常生活上の援助を手掛ける別の表現として、多種の責任を負う介護者（multiple carers）をはじめ、日常生活上の援助に追われる介護者（round the clock carers）、あるいは、何人かの要介護者を看る介護者（multiple carers）などが用意される。重い負担を見落とすことなく正確に見定めようとすることから生まれた表現である。

　これらのうちフルタイムの介護者の表現は、社会に定着したとは言い難い。これに事実上取って代わり今日まで広く使用されるのは、主な介護者（main carers, primary carers）であり、これと対をなす副次的な介護者（non-main carers, secondary carers）の表現である。このうち前者の5人に1人は週50時間以上を介護に充て（22%）、週5時間未満に止まる例は少ない（18%）。性別には女性に多い。他方、後者の週当たり介護時間は総じて短い（週50時間以上2%、1995年）。

　介護負担は、それを1人で担うのか、あるいは、2人以上で分担をするかに応じても異なる。こうした事情を正確に把握するために形成されたのが、1人で担う介護者（sole carers）をはじめ1人で担う主な介護者（sole main carers）、1人以上と分担する介護者（joint carer）及び2人以上と分担する介護者（peripheral carers）の表現である。このうち1人で担う介護者は、身体介護を手掛ける比率が高いことから週20時間以上の介護責任を負う場合が、少なくない。性別には男性介護者よりも女性介護者に多い。また、1人で担う主な介護者の介護時間も長い。負担の重い介護者（intensive carers）は、週20時間以上の介護者と同義である。さらに、週50時間以上に亘って要介護者を看る介護負担の重さを念頭に置きながら形成されたのは、あまりに重い日常生活上の援助を担う介護者（heavy intensive carers）である。これは、週10時間未満を念頭に置く比較的軽い日常生活上の援助を担う介護者（low intensive carers）の表現と

対比して用いられる。この内あまりに重い日常生活上の援助を担う介護者は，時間に追われる介護者（carers with busy schedule）でもあり，結果として，外出さえもできない介護者（housebound carers）でもある。友人関係はもとより広く培ってきた社会関係は，介護責任の重さのゆえに介護者の意に反して揺るがざるを得ない。

介護負担の重い介護者は，サービス受給資格のある要介護者を看る介護者（carers of people who are eligible for services）と言い換えることも可能である。要介護者に対するサービスの給付基準が，自治体の財政事情から年を追って引き上げられる中で生まれた事態である。

介護者の負担は，介護作業の形態はもとより日常生活上の援助の時間帯と週当たり介護時間の長さから読み取ることもできる。同時に，介護期間の長さに影響を受ける。これに着目して産声を上げたのは，重い介護責任を長期に担う介護者（carers with substantial and long-term caring roles），長期の介護者（long term carers）と短期の介護者（short term carers），もしくは初期の介護者（early career carers）の表現である。但し，両者を区分する期間に関する統一的な基準は，未だ存在しない。長期の介護者を10年以上，短期の介護者を10年未満の介護期間を基準に分類する論者が認められると共に，前者を5年以上，後者を5年未満の基準を以って区分する議論もある。終生の介護者，あるいは生涯に亘って介護責任を負う介護者（life long carers, life-long carers, life time carers）は，長期の介護者を含むより包括的な表現である。

日常生活上の援助の影響は，介護期間の長さに応じて異なることも少なくないことを考えるならば，独自の意味を持つ表現である。

介護責任は，専ら健常者に担われるわけではない。自ら障碍を抱えながらも要介護者を看る介護者（disabled carers, carers with disability）も確かに存在する。自ら精神障碍や知的障碍を抱える介護者（carers with mental health issues or learning disability），あるいは長期疾患を患う介護者（carers with a long-term illness）も存在する。介護者と言うならば，介護責任を担うことから専ら健常者から構成されると考えがちかもしれない。しかし，事実はそうではない。自

らも軽くはない障碍や疾病を抱えながらも日常生活上の援助を手掛ける介護者も，現に存在するのである。高齢者を看る介護者（carers of older people），あるいは知的障碍者を看る介護者（carers of people with learning disabilities）と言うならば，日常生活上の援助を要する高齢や障碍の諸形態を思い浮かべながら，その存在を比較的容易に了解するであろう。しかし，忘れるわけにいかない冷厳な事実は，介護者の中にも先に紹介したように要介護状態に置かれた人々が存在するのである。比較的新しい表現である。

　介護負担が介護者の労働力率と就業形態に及ぼす影響は，スピンスターズによる運動の歴史的な背景をなし，戦後についても早ければ1960年代の介護者研究を通して関心が寄せられる。介護者の生活時間に仕事時間が含まれるか否か，あるいは，その長さによって介護負担の影響も異なる。介護者支援の方法も，雇用機会均等委員会が1970年代末葉から関心を寄せてきたように仕事を持つ場合と持たない場合とで異なる。こうした問題関心に沿いながら形成されたのは，就業年齢に属する介護者（working age carers）である。これらの人々は，その就業状態に応じて仕事を持つ介護者（working carers）をはじめ雇用関係を持つ介護者（employed carers）及び仕事を持たない介護者（non-employed carers）から構成される。失業中の介護者（unemployed carers）は，仕事を持たない介護者の一存在形態である。日常生活上の援助とフルタイムの仕事とを上手にやりくりしている介護者（carers who juggle full-time work with caring）も，存在する。

　仕事との両立には，所得の確保の他にも積極的な側面が認められる。それは，介護とは異なる空間に身を置くことである。仕事に集中することを通して介護のことを経過的であれ忘れ去り，心の健康を保つ上に効果を発揮する。他方，仕事を持たない介護者は，広くはない居住空間に要介護者と24時間，365日を共に過ごすことから，彼女や彼の脳裏から日常生活上の援助のことが経過的であれ消えることは難しい。消えることが可能となり，自らの関心に沿って時間を享受することが許されるとすれば，社会サービスの利用による休息や休暇の機会の享受に限られる。就業年齢に属する介護者と対比して用いられるのは，

非労働力階層に属する介護者（carers that are economically inactive）である。

イギリスでは，広く知られるように社会階層分析の手法を駆使しながら問題に迫ることが，早くから手掛けられてきた。介護者研究もその例に漏れない。労働者階級に属する介護者（working-class carers）をはじめ，これらと重なり合う低所得の介護者（low income carers）及び中間階層に属する介護者（middle-class carers）の表現が，イギリスの伝統的な手法を継承しながら形成される。このうち労働者階級に属する介護者は，社会サービスの存在や受給条件を知らないこともあり，所得水準に照らした利用者負担の割高さとも相俟ってサービスの利用を結果として自制することもある。他方，中間階層に属する介護者にそうした事情は，概して認められない。

また，社会的剥奪状態にある介護者（social deprived carers），あるいは，社会的剥奪地域に住む介護者（carers in areas of deprivation）は，社会的剥奪研究の成果に依拠しながら比較的新しく形成された表現であり，介護者の状態を所得に止まらずサービスの利用などでも総じて不利な状態に置かれることから，人並みの暮らしを営むことの出来ない介護者を念頭に用いられる。社会的剥奪の表現自体は，社会政策の分野で早くから形成され用いられてきたことを考えるならば，介護者に関する調査研究の進展の中で生まれた表現であると言うことができる。貧困な社会経済環境の介護者（carers from poor socio-economic background）や健康不平等地域に住む介護者（carers in areas of high health inequalities），最も経済的に貧困な介護者（most vulnerable carers）も，同様の表現である。このうち健康不平等地域に住む介護者は，健康格差研究の進展と共に介護者の健康への関心も一段と高まり，健康格差研究に際して介護者を正当に位置づけ，政策課題の欠かすわけにいかない一つであるとの理解の中から誕生した表現である。

（4） 年齢階層を尺度にする介護者の表現

介護者の年齢階層は，実に多岐に亘る。『国勢調査』2001年版に従えば，年齢階層の下限は5歳児である。各地で早くから手掛けられた介護者調査の結果

と重なり合う事実である。年少の介護者（young carers）は，当初最年少の介護者（youngest carers），チャイルド・ケアラー（child carers）としても表現された経緯を持つものの，その後，後者は姿を消してヤング・ケアラーの表現に一本化される。イギリスで発見された事象が，アメリカでも確認されて新たに形成されたアメリカ英語の表現（young caregivers）に相当するイギリス英語である。その年齢階層は，16歳以下と示す場合と18歳未満を以って定義づける場合とがあり，必ずしも一本化されていない。16歳以下の介護者を示すヤンガー・ケアラー（younger carers）が用いられることもある。中高校生でもある介護者（student carers）は，年少の介護者から小学生を除いた集団である。若い成人の介護者（young adult carers, older young carers）は，18歳以上25歳以下の介護者を指す。学校教育から労働市場へと移行する時期に当たる介護者の独自に抱える問題を意識しながら形成される。18歳以上の介護者を指す成人の介護者（adult carers）も視野に収めながら定められ，数ある表現の中でも最も新しいそれである。

　年少の介護者は，身体的にはもとより精神的にも成長の途上に身を置く。同じように介護責任を担うとは言え，その影響は成人の介護者と異なって遥かに大きい。年少者が介護責任を負いながら本人はもとより年少者の通う学校も介護者としての社会的な地位を認識していないことが，少なくない。潜在的な年少の介護者（potential young carers）は，こうした状況を念頭に形成された表現である。事情は，若い成人の介護者も然りである。学校教育から労働市場への移行過程に身を置く介護者にとって，介護責任の影響は大きい。独自の表現が新たに形成されたわけも，そこにある。独自のニーズ把握が可能になり，これに対応する支援の構想と実施を期待することが可能になる。

　年少の介護者の看る要介護者の状態は区々であり，これに対応して年少の介護者に関わる多様な表現も調査研究の進展と共に新たに形成される。すなわち，身体的な疾病や障碍の親を看る年少の介護者（young carers of parents with physical illness or disability）をはじめ，精神疾患の親を看る年少の介護者（young carers of parents with mental illness），重度の精神疾患の親を看る年少の

介護者（young carers of parents with a severe mental illness），精神上の健康問題を抱える親を看る年少の介護者（young carers of parents with mental health problems），精神疾患を抱える人々を看る年少の介護者（young carers of people with mental illness），黒人や少数民族居住地域に暮らす年少の介護者（young carers in Black and minority ethnic〔BME〕communities），これらである。要介護者の疾病や障碍あるいは居住場所に照らすとき，年少の介護者の負う介護負担は総じて重く，サービスの利用も進みにくいのが偽りのない現状である。

　年少の介護者とは年齢階層の上で対極に位置すると評することもできる介護者は，高齢の介護者（elderly carers, older carers, older family carers）である。健康状態は，他の年齢階層に属する介護者に較べても総じて良くない。年金支給開始年齢を過ぎて介護責任を負うならば，所得を含む他の受給要件をたとえ全て充たしている場合でさえも，介護者手当を受給することはできない。

　日常生活上の援助に要介護者の他界などから幕を閉じる人々も居る。要介護者を看取った遺族としての介護者（bereaved carers）は，こうした人々を指す。支援を要する独自の対象として忘れることなく位置づければこそ，生まれた表現の一つである。他方では，新たに介護責任を担い始める人々もいる。介護者人口のこうした流動性もあって，介護責任を負う自らの社会的な地位を介護者として自覚している人々は，多いとは言い難い。要介護者の妻であり夫であり，あるいは友人や隣人であると脳裏に刻む人々が少なくないことと，表裏の関係にある現実である。結果として介護者支援センターの存在さえも知らない人々も少なくない。あるいは，要介護者に付き添いながら一般開業医の元に足を運び，あるいは，患者として登録をしていたとしても，自らを介護者であると語ることも乏しく，一般開業医も介護責任について問いかけることも長らく同じように乏しい。結果として彼女や彼を専ら要介護者の家族の一人として理解することに，長らく止まりがちであった。かくして介護者の支援は，介護者の確認から始まることになる。

　こうした事情から，自治体や介護者支援センターが広く市民に向けて作成し配布するリーフレットやパンフレットの冒頭には，以下のような記述を一様に

第1章　介護者支援政策の形成と介護者像の転換

確かめることができる。「あなたは，介護者ですか。あなたには，疾病や障碍あるいは高齢に伴う体力や知力の低下を経験する親族や友人がいますか。あなたは，彼女や彼の日常生活上の援助を手掛けていますか。もし手掛けているならば，あなたは介護者です。私たちは，日常生活上の援助に手を差し伸べ情報を提供します」[78]。自治体や介護者支援センターが介護者の発見に努めていることの一端をこの文章から読み取ることは，容易である。

（5）　支援の拡充を念頭に置く介護者の表現

　介護者としての社会的な地位が，例えば一般開業医を通して確かめられた場合には，患者記録に介護者として明記される。すなわち，一般開業医に登録の介護者（GPs register carers）の誕生，あるいは，自治体や介護者支援センターに登録済みの介護者（registered carers）の誕生である。一般開業医は，この患者の病状を診断するに当たって介護責任を視野に収めることになり，介護者に必要な情報を診療所を介して伝えると共に，社会サービス部や介護者支援センターにこの介護者を紹介することによって，介護者アセスメントの実施を含む支援の契機を作り出すのである。しかし，日常生活上の援助をそもそも知られたくない介護者（carers wanting anonymity）の居ることも，否定できない事実の一つであり，こうした事情もあって介護者の確認は，介護者支援の出発点としてその重要な一環に位置づけられる。

　新たに形成された表現の一つは，こうした事情を念頭に置いたものである。未確認の介護者（unknown carers, hidden carers），あるいは見えない介護者（invisible carers），未確認の年少の介護者（unknown young carers, hidden young carers）の表現が，それである。ちなみに英国介護者協会が，これらの表現に関心を寄せ始めたのは，1989年である。

　介護責任を負うにもかかわらず，介護者としての自己認識がないとすれば，介護者アセスメント請求権の行使も期待することができない。介護者支援センターはもとより自治体や医療機関が，力を注ぐ領域の一つは介護者の確認である。介護者支援の出発点として位置づけられる。確認された介護者（identified carers），あるいは新たに確認された介護者（newly identified carers）は、漸く支援の入り口に立つことになる。

　少数民族に属する介護者（ethnic carers, minority carers, ethnic minority carers, minority ethnic carers, Black and minority ethnic carers, Black, Asian and minority ethnic carers）は、未確認の介護者の代表例であり、これら２つの表現が全く同義であるとの理解に沿って用いられることもある。少数民族に属する介護者の表現は、白人の介護者（white carers）と対比して用いられ、このうち前者は英語を話さない介護者（non-english speaking carers）と同じ意味で用いられることも少なくない。

　少数民族に属する介護者はもとより彼女や彼の看る要介護者のサービス利用率の低さを以って、少数民族に属する人々のニーズの低さの証しに位置づける理解が、振り返ってみれば長らくイギリス社会を支配し続けてきた。しかし、社会サービスを英語以外の多様な言語を以って市民に広く伝えるパンフレットなどの作成と配布は、反省の上に立った比較的新しい試みである。通訳のサービスが社会サービスの一環としては長らく存在しなかったことも、良く知られる事実の一つである。少数民族に属する介護者は、英語を話さない介護者でもあることから、社会サービスの存在さえ知らない。ニーズが存在しないわけではない。少数民族に属する要介護者と介護者は、家事援助サービスを受ける場合には人種や民族の習いに従って彼女や彼と同性のヘルパーの派遣を求めているにもかかわらず、自治体が、こうした社会慣習に目を向け改善に乗り出すのも比較的新しい試みである。サービス利用率の低さは、こうしてみるとニーズの低さを意味しない。むしろ少数民族に属する人々のニーズは、彼女や彼が社会的経済的に人並みの生活を営むことの出来ない地域（deprived areas）に居住する傾向にあることを考えるならば、決して低いとは言い難くむしろ高いと評してよい。

　問題は、サービスに関する知識の乏しさである。知識の程度は、人種や民族によって大きく異なり、同時に、サービスを知るアジア系住民のサービス利用に関する意向は総じて高い。この意向に関する限り、白人のそれとほぼ遜色の

第1章 介護者支援政策の形成と介護者像の転換

表1-6 社会サービス等の認知及び利用状況に関する人種民族別比較(1985～87年)1)

(単位:%)

	アジア系住民	アフリカ系 カリブ海系住民	白人住民
社会サービスについて何等かの知識あり	18	0	80
社会サービスを既に利用している		4	
社会サービスの利用を考えている	69	0	74
配食サービスについて何等かの知識あり	13	0	96
地域看護師サービスを既に利用している	10		33

注:1) 空欄は不明である。
出典:Karl Atkin and Janet Rollings, *Community care in a multi-racial Britain: a critical review of the literature*, HMSO, 1993, pp. 20-22より作成。

ない高さである(表1-6)。少数民族に属して介護責任を負う人々が,自治体や介護者支援センター,あるいは医療機関の情報なども手にしながら介護者としての社会的地位について理解を加え自覚を深めるならば,サービスの利用も確実に進むであろう。

　少数民族に属する介護者を巡っては,英国介護者協会によって反省の意が率直に示される。これらの介護者に関心を寄せてこなかったことは,介護者運動の非難に値する歴史的な誤りの一つである[79]との強い口調の弁が,それである。ちなみに少数民族に属する介護者の問題に関する英国介護者協会職員の最初の発言は,1989年4月である。全国黒人介護者ネットワーク(National Black Carers Network)は,これらを経て90年代末葉に協会によって設立される。理解の遅れは,キングス・ファンドにも認められる。この団体が少数民族に属する介護者への支援に関心を寄せるのは,英国介護者協会よりもやや早いとは言え1986年である。翌87年に調査計画の資金提供者との合意を経て,少数民族に属する介護者調査を実施するのは,88年と89年にまたがる12か月間である。結果は90年に公表される[80]。この種の調査としては,イギリスの中でも初期の実績である。介護者研究の現状と課題を扱う著書が初めて人種や民族の問題を主題に据えるのは,キングス・ファンドなどの調査を踏まえて92年に刊行されたJ.ツウィグ『介護者――研究と実践』が,最初である[81]。同様の調査の実施は,イングランドはもとよりウェールズに較べても少数民族に属する人口比率の低い

スコットランドに関する限り1997年以降である[82]。

　未確認の介護者，あるいは見えない介護者を構成するのは，他に都会から離れた農村に住む介護者（carers in remote and rural areas, rural carers）と，本土ではなく島に住む介護者（island carers），精神疾患や同種の障碍を抱える要介護者を看る介護者（mental health carers, carers of people with mental ill health, carers of people with mental health needs），その一部を成す年少の介護者（young mental health carers, young carers of mental health patients），精神保健サービス利用者を看る介護者（carers of mental health services users），認知症の要介護者を看る介護者の一部を成す若年認知症の要介護者を看る介護者（carers of yonger people with demetia, carers of younger adults with dementia），これらである。このうち農村に住む介護者の表現は，都市に住む介護者（urban carers）と対比しながら用いられる。前者は，人口も少なく公共交通にも乏しい地域に暮らすことから，介護者支援を手掛ける民間非営利団体も至って少ない。都市に住む介護者とは，対照的な社会環境にありながら日常生活上の援助を担うことから，自治体や民間非営利団体の発する関係情報を手にする機会も乏しい。孤立した介護者（isolated carers）や交通困難を抱える介護者（carers with transport difficulties）の表現は，農村居住介護者に関する調査の中で生まれた産物である。医療機関に要介護者に連れ添って通う介護者の姿が，広大な農村の風景と共に思い起こされる。これらの結果として介護者としての社会的地位を自覚する機会も，乏しくなる。

　日本には，現に介護を担う人々を対象にこそすれ，要介護者の他界などを契機に介護を終えた人々を主題に定める調査研究は，これまでのところ存在しないようである。介護離職が問題視されるにもかかわらず，これを余儀なくされた人々の介護終了後の再就業を含む生活の状態を扱う作業が存在しないことは，その一例である。しかし，日常生活上の援助はその期間における影響が深刻であればあるほど，介護責任を人間らしく全うした後の経済的にはもとより精神的に深刻と言い得る影響をもたらすのではあるまいか。介護期間における経済的な窮状は，例えば年金保険料の未納を介護者の意向にかかわらず招き寄せる。

第1章 介護者支援政策の形成と介護者像の転換

介護離職の期間の延長につれて労働力化の可能性も，本人の希望に反して一段と低下する。介護に追われるあまり関係の崩れた友人との繋がりの再構成も，難しさを伴う。これらを考えただけでも，専ら現役の介護者にだけ的を絞る日本の現状は，不充分であると言わなければならない。

　雇用機会均等委員会は，介護責任を負うことの影響が要介護者の他界はもとより介護者自身の他界まで長く続くと指摘したことがある。(83)こうした認識を契機に生まれたのが，現役の介護者（present carers, current carers）と対比しながら用いられるかつての介護者（former carers, post carers, ex-carers）の表現である。これらは，介護者支援に独自の意味を持つ。支援の対象は，現役の介護者に狭く限定されず，かつての介護者にも広げられる。心の健康状態を念頭に置く支援はもとより，経済的な窮状を視野に収めた年金保険料納付期間の短縮，再就業に向けた職業訓練などが支援の方法として示される。ドイツの介護保険制度に定める措置に類似する内容である。日常生活上の援助を終えた人々の心の安寧を図り，新しい環境のもとで生きる目標を新しく構築する必要性に照らしても，意味の大きな表現の一つである。介護者支援センターの職員は，自らのサービス領域の拡大を招き寄せるにもかかわらず，この表現を歓迎する。

（6）　介護者の供給源と多様なニーズ

　介護者の供給源は，P. タウンゼントによれば少なくない影響を及ぼした議論とは全く反対に家族関係の盤石さに照らして強固であると指摘され，(84)この議論が，その後におけるコミュニティケア政策の理論的な支柱を成したことは，広く知られる。しかし，家族形態の変化はもとより家族構成員の減少，女性の労働力化の進展及び要介護者とりわけ後期高齢者の増加につれて，介護者の供給源に対する危惧の念が示されるようになる。潜在的な介護者（potential carers）と介護者の潜在的な供給源（potential pool of carers）の表現は，そうした中で誕生する。介護者は，コミュニティケア政策の中で中心的な位置を占めることから，この政策の存在を左右するとの認識を出発点に形成された表現に他ならない。

ケアワーカーとの混同を避けるために、ケアラーの前に無償を意味する単語を付け加える表現もある（informal carers, unpaid carers）。職業としての介護者（professional carers, formal carers）と対比して用いられる。議会下院が1990年の文書で用いたこともあり、スコットランド行政庁は、2010年の公式文書でも使用する。[85]また、労働・年金省（DWP）『家族資産調査』（Family Resources Survey）2009～2010年版に介護者を含む表題が第5章として立てられ、そこでもインフォーマル・ケアラーの表現が用いられる。ケアワーカーが誤って介護者と呼ばれることも、ときとして認められる現実を踏まえて、混乱を避けるために考え出された表現である。介護者の頭にインフォーマル等の単語ではなく、これとは別の単語を添える表現（unofficial carers）も、一時期使用されたこともある。しかし、この表現は、直訳するならば公認されていない介護者、あるいは非公式の介護者である。介護者の社会的な認知とサービスに関する1995年法に端的に示されるように、介護者が大きな役割を担うことについて政府としてもこれを認め、介護者支援の拡充の拠り所にしていることに照らすとき、この表現は適切さに欠ける。また、イギリスに合法的に居住する権利を持たない住民の1人であるかの如き誤認さえも招きかねない。その後、全く姿を消した表現の一つであり、正当な選択である。

　家族介護者（family carers）の表現には、フェミニスト達による強い批判が寄せられてきた。家族介護者というならば、家族の構成員が等しく日常生活上の援助を手掛けているかのように受け止めかねない、との批判である。[86]的を得た指摘である。同時に、既に紹介したように1人で担う介護者の表現が新たに誕生し、これと対を成しながら1人以上と分担する介護者、あるいは、2人以上と分担する介護者の表現も誕生した現状に着目をするならば、1人の家族構成員が唯一の介護者として選抜され、その役割も固定化されるとの批判は、介護者の変化を遂げつつある現状について正確に言い当てているとは考え難い。コミュニティケアがコミュニティにおけるケアではなく、コミュニティによるケアであると指摘されてきたことを手掛かりに、言う所のコミュニティケアの担い手を振り返るならば、要介護者の友人や隣人を一部に含むとは言え、それ

も限られた比率に止まり，多数は家族によって構成される。こうした現実も併せて考えるならば，家族介護者の表現も不適切であると完全に斥けるわけにいかない。介護者の前にファミリーの単語を付け加えることを通して，ケアワーカーとの無用の混同を回避するという効果もある。これは，家族介護者の表現に批判的な研究者が視野の外に置く効果である。今日も使い続ける表現としての位置を専らイデオロギー的な産物であると，片づけるわけにいくまい。

悪性腫瘍を患う要介護者を看る介護者（cancer carers）は，終末期にある要介護者を看る介護者（carers of people at the end of life）や海外に派遣され負傷して帰国した軍人の家族として負傷兵を看る介護者（carers from military families）と共に2011年に形成された最も新しい表現である。

介護者に関する実に多様な表現のうち，今日姿を消したのは11を数える（typical carers, caretaker, caregivers, single carers, single women carers, single female carers, full-time carers, child carers, traditional carers, natural carers, unofficial carers）。他方，同一の日本語訳を充てることの可能な英語表現をいずれも一つと数えるならば，他の115の表現は，介護者の多様な存在とニーズとを解き明かす作業に不可欠なそれとして，今日も用いられる。全ての介護者を包括的に視野に収め支援の輪を広げる上で，必要であり意味のある表現である。

介護者に関する実に多様な表現を確かめるならば，典型的な介護者は存在しないとのイギリスの政府や研究者による指摘の正しさを率直に受け入れることができよう。いずれも介護者の多様なニーズを明らかにし，これに応えようとする研究者の率直で心温まる願いを起点にした表現である。

注

(1) Maria Evandrou and David Winter, *Informal carers and the labour market in Britain*, London School of Economics, 1993, pp. 45-46.

(2) W. Bevridge, *Social insurance and allied services, report by Sir William Beveridge, presented to Parliament by command of His Majesty, November 1942*, Agathon Press, Inc, 1969, p. 53, 山田雄三監訳『ベヴアリジ報告 社会保険および関連サービス』至誠堂，1975年，80頁。

　　尚，邦訳ではbrothersを兄弟と訳しながら，sistersを姉と訳出している。両者とも複

数の単語であることを考えるならば、後者も前者に倣って姉妹とするべきであろう。本文では、そのように訳出している。
(3) Sir W. Bevridge, *op. cit.*, p. 133, 山田雄三監訳, 前掲, 205頁。
(4) Peter Townsend and Dorothy Wedderburn, *The Aged in the welfare state, the interim report of a survey of persons aged 65 and over in Britain, 1962 and 1963*, G. Bell & Sons Ltd, 1965, p. 42.
(5) Julia Twigg, *Carers, research & practice*, HMSO, 1992, p. 1.
(6) Michael Bayley, *Mental handicap and community care, a study of mentally handicapped people in Sheffield*, Routledge & Kegan Paul, 1973, p. 9, p. 171, p. 190 and p. 343, Mildred Blaxter, *The Meaning of disability, a sociological study of impairment*, Heinemann, 1976, The Open University, 1980, p. 43, pp. 58-59, p. 61, p. 67 and p. 123.
(7) EOC, *The Experience of caring for elderly and handicapped dependants, op. cit.*, p. 3, pp. 12-13, p. 21, pp. 27-28 and p. 30.
(8) B. Seebohm Rowntree, *Old people, report of a survey committee on the problems of ageing and the care of old people under the chairmanship of B. Seebohm Rowntree*, The Nuffield Foundation, 1947, p. 101.
(9) DHSS, *Better services for the mentally handicapped, Cmnd 4683*, HMSO, 1971, p. 93 and p. 139.
(10) Mary Webster, The Forgotten women, *Federation News*, May 1963, Vol. 10, No. 2.
(11) Peter Townsend, *The Family life of old people, an inquiry in East London*, Routledge & Kegan Paul, 1957, p. 60 and p. 203, J. Tizard and Jacqueline C. Grad, *The Mental handicapped and their families, a social security*, Oxford University Press, 1961, p. 1, Peter Townsend, *The Last refuge, a survey of residential institutions and homes for the aged in England and Wales*, Routledge & Kegan Paul, 1962, p. 406, Peter Townsend and Dorothy Wedderburn, *The Aged in the welfare state, the interim report of a survey of persons aged 65 and over in Britain, 1962 and 1963, op. cit.*, p. 35 and p. 42, John Agate and Michael Meacher, *The Care of the old*, Fabian Society, 1969, p. 23.
(12) Robert M. Moroney, *The Family and the state, considerations for social policy*, Longman, 1976, p. ix, pp. 21-22 and p. 138.
(13) B. Seebohm Rowntree, *op. cit.*, p. 97 and p. 184.
(14) Muriel Nissel and Lucy Bonnerjea, *Family care of the handicapped elderly: who pay? op. cit.*, p. 2 and p. 23.
(15) Mildred Blaxter, *op. cit.*, pp. 64-65 and p. 87.
(16) *Ibid.*, p. 56.
(17) Tim Cock, *The History of the carers' movement*, Carers UK, 2007, p. 3.
(18) *Ibid.*, pp. 34-35.
　　羽生正宗氏の事実認識に従えば「英国介護者協会は、介護者の最初の団体として1981年に結成され、88年の再編成を経て2001年に今日の名称である英国介護者協会（Carers UK）と……」なったそうである。羽生正宗『レスパイトケア　介護者支援　政策形成

第 1 章　介護者支援政策の形成と介護者像の転換

──家族介護者の負担感分析』日本評論社，2011年，174頁。典拠は示されない。羽生氏の認識は明らかな誤りである。言うところの「1988年の再編成」とは，81年と82年に誕生した介護者団体を結合して誕生した英国介護者協会を指す。81年に結成された介護者団体の名称は，介護者協会（The Association of Carers）である。翌82年には，全国介護者とその要介護高齢者会議（NCCED）が結成される。これについては完全に黙殺される。この団体は，1年前に生まれた介護者協会と共に，1965年に結成された全国未婚女性とその要介護者評議会を起点にする。羽生氏の言う「介護者の最初の団体」は，1981年より16年前に結成される。これが，英国介護者協会の公式見解でもある。歴史を誤って伝えてはなるまい。Tim Cook, *op. cit.*, p. 19, pp. 34-35 and p. 45.

(19)　EOC, *Who cares for the carers*, EOC, 1982, pp. 1-3.
(20)　Tim Cook, *op. cit.*, p. 39.
(21)　The Story of a nine-year-old carer: cheartache of a little angel, *The Daily Mirror*, 13 November 1984.
(22)　Time Cook, *op. cit.*, p. 41.
(23)　Gillian Parker, *op. cit.*, p. 3.
(24)　Sharon Haffenden, *Getting it right for carers, setting up services for carers: a guide for practitioners*, Department of Health, 1991, p. 16.
(25)　Department of Health and Social Security, *Care in action, a handbook of policies and priorities for the health and personal social services in England*, HMSO, 1981, pp. 47-38.
　　但し，同じ年に公刊された以下の報告書にケアラーの表現はない。DHSS, *Growing older, Cmnd 8173*, HMSO, 1981.
(26)　Diona Hills, *Carer support in the community, evaluation of the Department of Health initiative: demonstration districts for informal carers, 1986-1989*, DH, 1991, p. 1, p. 6 and p. 9.
(27)　Audit Commission, *Making reality of community care*, HMSO, 1986, p. 65 and pp. 72-73.
(28)　Sir Roy Griffiths, *Community care: agenda for action, a report to the secretary of State for Social services by Sir Roy Griffiths*, HMSO, 1988, p. vi, p. viii, pp. 2-3, pp. 5-7, pp. 14-15, p. 18 and pp. 25-26, The Secretaries of State for Health, Social Security, Wales and Scotland, *Caring for people, community care in the next decade and beyond, presented to parliament by the Secretaries of State for Health, Social security, Wales and Scotland by command of her majesty, Cm849*, HMSO, 1989, pp. 4-5, p. 9, p. 12, p. 17, p. 19, p. 27, p. 35, pp. 42-43, p. 67, p. 73 and p. 83.
(29)　Tim Cock, *op. cit.*, p. 54.
(30)　House of Commons, Social services committee, *Community care: carers*, HMSO, 1990, pp. v-xxx.
(31)　Nancy Kohner, *The Achievements of the carers' movement 1963-93, a stronger voice*, CNA, undated, p. 15.
　　羽生氏は，「介護者という用語が法的に認知されるのは，国民保健サービスとコミュニティケアに関する1990年法……が制定されてからである」と評する。羽生正宗，前掲，

167頁。氏は，ここでも出典を示さない。「1990年法に要介護高齢者にはアセスメント請求権はなかった」(羽生正宗，前掲，168頁) と共に明らかな間違いである。誤解を解くために敢えて付け加えるならば，要介護者のアセスメント請求権は，氏の言うように「要介護高齢者」に限定されない。要介護状態の理由は限定されるわけではない。日本とは異なり障碍者も含まれる。

(32) Department of Health, *Community care in the next decade and beyond, policy guidance*, HMSO, 1990, para 3. 28.
(33) Julia Twigg and als, *Carers and services: a review of research*, HMSO, 1990, p. 3.
(34) EOC, *Caring for the elderly and handicapped: community care policies and women's lives*, EOC, 1982, p. viii.
(35) Olwen Rowlands and Gillian Parker, *Informal carers, op. cit.*, p. 11.
(36) HM Government, *Carers at the heart of 21st century families and community, op. cit.*, p. 12 and p. 19
(37) The Law Commission, *Adult social care*, TSO, 2011, p. 77 and p. 80.
(38) Elizabeth Roberts, *A Women's place, an oral history of working-class women, 1890-1940*, Basil Blackwell, 1984, p. 171, p. 176, pp. 187-189 and p. 201, Elizabeth Roberts, *Women and families, an oral history 1940-1970*, Blackwell, 1995, p. 19, pp. 176-177 and pp. 181-182.
(39) I. M. Rubinow, *The Care of the aged, proceeding of the Deutsch Foundation conference*, The University of Chicago Press, 1931, p. 41.
(40) Pat Thane, *Old age in English history, past experiences, present issues*, Oxford University Press, 2000, p. 11, p. 109, p. 135, pp. 299-300 and p. 411.
(41) Alva Myrdale, *Nation and family, op. cit.*, p. 343.
(42) B. Seebohm Rowntree, op. cit.
(43) The National Council of Social Services Incorporated, *Report of the conference on "the care of old people" held at Conway Hall, London on 29th and 30th November 1946*, NCSSI, 1947, pp. 1-29.
(44) J. タンストール／光信隆夫訳『老いと孤独――老年者の社会学的研究』垣内出版, 1978年, 84頁, 96頁。
(45) The National Council of Social Service Incorporated, *op. cit.*, p. 23, Peter Townsend, *The Last refuge, op. cit.*, p. 386, Peter Towensend and als, *Old people in three industrial societies*, Routledge & Kegan Paul, 1986, p. 47, Peter Townsend and Dorothy Wedderburn, *The Aged in welfare state, op. cit.*, p. 25., J. タンストール／光信隆夫訳, 前掲, 196頁, 198頁, Audry Hunt, *The Home help service in England and Wales*, HMSO, 1970, pp. 180-182.
(46) Peter Townsend and Dorothy Wedderburn, *op. cit.*, p. 25.
(47) P. L. Parsons, Mental health of Swansea's old folk, *British Journal of Preventive Social Medicine*, Vol. 19, 1965, p. 47, D W. K. Kay, P. Beamish and M. Roth, Old age mental disorders in Newcastle-upon-Tyne, *British Journal of Psychiatry*, Vol. 110, 1964, p. 152.

第1章　介護者支援政策の形成と介護者像の転換

⒁　Peter Townsend, *The Family life of old people, op. cit.*, p. 194., P. タウンゼント／山室周平監訳『居宅老人の生活と親族網——戦後ロンドンにおける実証的研究』垣内出版，1974年，261頁，ピーター・タウンゼント／服部広子・一番ケ瀬康子共訳『老人の家族生活——社会問題として』家政教育社，1974年，254頁。
　　P. タウンゼントの業績は，フランスのシモーヌ・ド・ボーボワール／朝吹三吉訳『老い』人文書院，1972年，289頁にも紹介される。
⒂　Peter Townsend and als, *Old people in three industrial societies, op. cit*, p. 23.
⒃　Peter Townsend, *The Family life of old people, an inquiry in East London, op. cit.*, p. 61. P. タウンゼント／山室周平監訳，前掲，88頁，ピーター・タウンゼント／服部広子・一番ケ瀬康子共訳，前掲，88頁。
⒄　樋口恵子「家族のケア　家族へのケア」上野千鶴子他編『家族のケア　家族へのケア』岩波書店，2008年所収，1頁。
⒅　武川正吾「家族の介護力は元々存在しなかった」東北社会学会『社会学年報』29号，2000年，35頁，37〜38頁。
⒆　柳谷慶子「日本近世の高齢者介護と家族」比較家族史学会監修・山中永之佑他編『介護と家族』早稲田大学出版部，2001年所収，171〜172頁。柳谷氏の最近の著書として以下がある。柳谷慶子『近世の女性相続と介護』吉川弘文館，2007年，同『江戸時代の老いと看取り』山川出版社，2011年。
⒇　柳谷慶子「日本近世の高齢者介護と家族」前掲，173頁。
㉕　同上，180頁，189頁。
㉖　同上，192頁。
㉗　佐藤幹夫『ルポ・認知症ケア最前線』岩波書店，2011年，205頁。
㉘　那須宗一『老人世代論——老人福祉と現状分析』芦書房，1962年，189頁，小笠原祐次監修『戦後高齢社会基本文献集』第4巻，日本図書センター，2006年所収，189頁。
㉙　国立女性教育会館・伊藤陽一編『男女共同参画統計データブック——日本の女性と男性2012』ぎょうせい，2012年，8頁，127頁。
㉚　Gillian Parker and Dot Lawton, *Further analysis of the 1985 General Household Survey data on informal care*, University of York, 1991, p. 5.
㉛　Julia Twigg, *Carers, research & practice, op. cit.*, p. 21.
㉜　Maria Evandrou and David Winter, *op. cit.*, p. 57, Isobel Allen and Elizabeth Perkins, *The Future of family care for older people.*, HMSO, 1995, p. 122, Marilyn Howard, *Paying the price, carers poverty and social exclusion*, CPAG, 2001, p. 6 and p. 55, The National Assembly for Wales, *Caring about carers, a strategy for carers in Wales, implementation plan, 2000*, The National Assembly for Wales, 2000, p. 9, HM Government, *Carers at the heart of 21st-century families and community, op. cit.*, p. 19.
㉝　Jane Lewis and Barbara Meredith, *Daughters who care, op. cit.*, p. 3, Cherrill Hicks, *Who cares, op. cit.*, p. 3.
㉞　Peter Townsend, *The Family life of old people on inquiry in East London, op. cit.*, pp. 52-53.
㉟　Office of Population Census and Surveys, *Informal carers, op. cit.*, p. 4.

(66) Cherrill Hicks, *op. cit.*, p. 250.
(67) Michael Bayley, *Mental handicap and community care, a study of mentally handicapped people in Sheffield*, *op. cit.*, p. 265 and p. 267.
(68) Clare Ungerson, *Policy is personal, sex, gender, and informal care*, Tavistock Publications, 1987, p. 8.
(69) EOC, *The Experience of caring for elderly and handicapped dependants*, *op. cit.*, p. 1 and p. 31.
(70) Clare Ungerson, *op. cit.*, p. 2.
(71) Office of Population Censuses and Surveys, *Informal carers*, *op. cit.*, p. 6.
(72) Gilliam Parker, *With due care and attention, a review of research on informal care*, Family Policy Studies Centre, 1990, p. 6 and p. 43.
(73) Arber S and Gilbert N, Men, the forgotten carers, *Sociology*, Vol. 23, No. 1, 1989, pp. 111-118.
(74) Gillian Parker and Dot Lawton, *Different types care, different types carers: evidence from the GHS*, HMSO, 1994, p. 25.
(75) Saul Becker and Richard Siburn, *We're in this together, conversations with families in caring relationships*, CNA, 1999, p. 1 and p. 77, Richard Berthoud, *The Take-up of Carer's Allowance: a feasibility study*, Institute for Social & Economic Research, 2010, p. 10, Isobel Allen and Elizabeth Perkins, *The Future of family care for older people*, *op. cit.*, p. 108.
(76) EOC, *The Experience of caring for elderly and handicapped dependants*, *op. cit.*, p. 18.
(77) ONS, *Informal carers*, TSO, 1998, p. 33.
(78) CNA Rochdale, *Carers, Are you a carer?*, CNA Rochdale, 1992, p. 1.
(79) Tim Cook, *op. cit.*, p. 112.
(80) Joy Ann MaCalman, *The Forgotten people, carers in the three minority ethnic communities in Southwark*, Kings Fund Centre, 1990, p. 7 and p. 9.
(81) Julia Twigg, *Carers, rsearch and practice*, *op. cit.*, pp. 54-55.
(82) Franser Stewart and Euan Patterson, *Caring in Scotland: analysis of existing data sources on unpaid carers in Scotland*, Scottish Government Social Research, 2010, p. 22.
(83) EOC, *Who cares for the carers? op. cit.*, p. 11.
(84) Peter Townsend, *The Family life of old people, an inquiry in East London*, *op. cit.*, p. 193.
(85) House of Commons, Social Services Committee, *op. cit.*, p. vii, pp. xiv-xv, Scottish Government, *Caring together*, *op. cit.*, p. 16.
(86) Cherrill Hicks, *op. cit.*, pp. 16-20.

第2章
介護者の社会職業格差

1 介護者の規模と介護者化の可能性

(1) 介護者に関する調査研究の歴史

　介護者に関する調査研究は，既に70年以上の歴史を刻んでいる。その問題関心は，他の領域と同じように時代と共に変化を重ね，地域による介護，すなわち，家族による介護の可能性とその存立条件を巡る50年代から70年代の論争を交えた議論も含まれる。介護者の負担は，スピンスターズの提起に沿った議会の調査委員会によって1930年代末葉に初めて取り上げられ，戦後に入っても1950年代から少なくない研究者によって問題にされたとは言え，これを本格的に問うことは，暫くの期間に亘って見られなかった。それというのも介護は家族の事項に属し，労働市場とは縁のない女性に担われる限り至極当たり前の責務であり，負担の経済的な価値を問う理由など存在しないと受け止められたからである。
　その後，介護者の多岐に亘る負担に関する分析へと進む。その成果は，60年代中葉に世に問われ始める。生活の質（QOL）の概念が，介護負担の分析にも応用される。介護負担の包括的な分析を支えることになる。介護者本人はもとより家族による休日や休暇の享受への影響は，当初から視野に収められる。日常生活上の援助に伴う負担の分析には，フェミニズムを信条にする研究者たちの参加を得て，性別役割分業の視角が新たに組み込まれる。さらに，介護負担の深刻さが調査研究を通して広く知られるにつれ，併せて雇用機会均等の広まりとも相俟って，介護者への支援を進めるためにも要介護者に対する日常生活

上の援助をどの程度の人々が担うかについて，明らかにする作業も現れる。この作業は，当初，高齢者や障碍者に関する既存の調査を手掛かりに開始されると共に，その後，政府の定期調査の一環にも継続的に組み入れられ，定期調査の範囲も時代を重ねるに従って広がりを見せる。『国勢調査』の調査項目の一つとして介護者に関するそれが世界で最初の試みとして登場し，あるいは，介護者と銘打つ調査も政府によって手掛けられる。介護者に関する項目は，介護者団体などの要望も受け入れながら『国勢調査』2011年版にも継承され，サービスの受給状況や評価に関する独自の調査も介護者を対象に開始される。国民保健サービス地域基金などの地域レベルの調査とも相俟って，繰り返し手掛けられる。介護者の規模や構成はもとより，支援政策の評価に関する基礎資料としての意味も併せ持つ。

　介護者の規模推計を最初に手掛けるのは，英国介護者協会の前身をなす全国未婚女性とその要介護者評議会である。この評議会が1974年に公表したところに従えば，30万4,000人の未婚女性が介護役割を担う[1]。その8年後の1982年には，125万人の計数が雇用機会均等委員会の推計結果として公表される[2]。この計数は，およそ130万人と別の研究者によって紹介されたこともあると[3]はいえ，雇用機会均等委員会の示すのは，125万人である。また，2年後の84年には，およそ150万人の介護者が存在すると伝えられ，このうち年齢階層にして18歳未満に属する年少の介護者は，5,000人から1万人を数えると公表される[4]。年少の介護者に関する規模の推計は，全く最初の作業であり，彼女たちや彼たちの存在が初めて世に知られた1982年から僅か2年後のことになる。あるいは，16歳以上35歳以下の介護者のうち17％に相当する人々は，16歳の誕生日以前に日常生活上の援助を手掛けた体験を持つことから，年少の介護者は，これを手掛かりにするならば21万2,000人を数えることになる。1992年と94年にそれぞれ別の研究者によって示された全く同じ計数である[5]。

　ところで，日本の社会政策学会の編集になる学術雑誌『社会政策』に掲載の論稿には，イギリスについて「家族介護者については，2009年に初めて全国調査が，実施され……」[6]たとの指摘を見ることができる。国民保健サービス情報

センターが，2010年に公刊した調査報告書を引き合いに出しての認識である。しかし，この指摘は，そもそもこの報告書に僅かなりとも目を通していない結末ではないかとの疑念さえも抱かざるを得ない。2つの誤りを示しておこう。

「初めて」の「全国調査」は，論者によれば「2009年に」実施されたという。しかし，調査報告書の13～14頁に記載されるように2009年5月から翌2010年4月の12月を除く11か月の期間に行われる。だからこそ，報告書の主題も『2009/10年の世帯における介護者調査』（Survey of carers in household 2009/10）と示される。かくして言うところの「全国調査」は，「2009年に」実施されたと評するならば，引き合いに出す調査報告書に示される主題に反して不正確さを免れない。

また，イギリスの介護者に関する全国調査の歴史さえ全くご存じないようである。「2009年に初めて」と評するならば，「全国調査」の過去を踏まえなければなるまい。この至って当たり前の作法に倣うならば明らかであるように，「2009年に初めて全国調査が，実施され……」たわけではない。そもそも国民保健サービスの介護者調査に限定しても，2009年2月の試験的な調査を踏まえて同じ年の11月に本調査を終え，2010年6月に公刊された今一つの調査がある。論者が取り上げるのは，同じ2010年に公刊されたとはいえ12月の報告書である。国民保健サービスの調査に限定したとしても，調査の実施と報告書の時期に照らして「初めて」の調査ではそもそもない。

今一つの理由を示さなければなるまい。2008年以前に『国勢調査』を含めて介護者調査が繰り返し実施され，その初発は1985年に遡る。介護者団体の要望に沿って実施された調査でもある。既に日本にも1990年代後半以降に幾度となく紹介され，分析の拠り所としてもしばしば利用されてきたところである。あるいは，これらの業績に目をくれることもあるまい。先の見解を示すに当たって自ら引き合いに出した調査報告書の156頁に記載された表を，見るだけでも良い。そこには，『国勢調査』2001年版を含めて2000年以降に実施された6つの介護者調査の調査名と調査の年次が示された上で，16歳以上人口に占める介護者比率などが明示される。これを見ただけでも，言うところの「全国調査」

は，2009年を初発にするわけではないことをただちに理解できよう。にもかかわらず，介護者に関する「全国調査」は，2009年に初めて実施されたと述べていることは，この表の存在さえも知らないままに結論を引き出しているということであろうか。自ら引き合いに出す報告書の文言にさえ抵触する内容の叙述を加えて結論の拠り所にするとは，一体どういうことであろうか。

　信じがたい程の誤りを犯していることから，敢えて付け加えるならば，156頁の表に示される6つの調査のうち2000年に実施された調査の調査票は，「2009年に初めて」行われた「全国調査」の拠り所をなす。これも報告書の11頁と132頁及び134頁に説明が加えられている。しかも，95年に手掛けられた介護者調査も，報告書の13頁に明記されるように「2009年に初めて」行われた「全国調査」の拠り所の一つである。これらも知らないままに評価を加えているようである。これでは，調査研究に際して遵守しなければならない至極基本的な作法にさえ抵触するのではあるまいか。

　また，「初めて全国調査が，実施され……」たとの結論を調査の実施主体を特定しないままに評するならば，調査主体を政府や国民保健サービスに限定するわけにいくまい。英国介護者協会などの民間非営利団体の調査実績に照らすならば，初めての「全国調査」は，1984年よりも以前のことである。氏は，こうした至極当たり前の事項も視野に収めることなしに主張を開陳する。

　あるいは，「2009年」の調査は，文字通りの意味で言えばそもそも「全国調査」ではない。「全国調査」と言うならば，釈迦に説法の誹りを免れないとはいえ，イングランドとウェールズはもとよりスコットランドと北アイルランドを全て対象にする調査ということになろう。しかし，論者が引き合いに出す「全国調査」は，報告書の2頁はもとより6頁に始まる調査要旨の冒頭にも幾度となく示されるように専らイングランドを対象にする。これを「全国調査」と評する議論は，存在しない。報告書の全てに目を通すまでもあるまい。2〜6頁にまたがる僅か5頁に目を落とすだけでも，理解の可能な事項である。

　論者が引き合いに出す報告書に対して「全国調査」の結果を示すとの理解を与えるならば，イギリスにおける介護者の規模を過少に評価することにも繋が

る。報告書には、16歳以上人口に属する「およそ500万人」が介護者であるとの記述が示される。しかし、この規模は、調査に沿って明らかにされたイングランドの介護者比率と16歳以上人口数を元に算出された結果であって、ウェールズはもとよりスコットランドと北アイルランドの16歳以上人口を一人として含むわけではない。

(2) 介護者の規模と比率

このような信じがたい程の論稿が学会誌に掲載される現状を見るにつけ、1985年を初発にする介護者調査の結果を簡単にでも示しておこう（表2-1）。表中調査名称の冒頭にスコットランドやイングランドなどの名称が付けられた調査も、幾つか含まれる。この場合には、報告書に示される介護者比率を手掛かりにイギリス全体の介護者数を独自に計算した上で、示している。また、調査の年次を異にするとは言え、同じ名称の調査結果も3～4回に亘って示している。本来ならば全ての年次について記載するべきであるとも考えられ、その用意もないわけではないものの、ここでは、主題に照らして主要な調査年次の結果に絞って示すに止めている。作表の目的は、後の議論との関係で介護者の規模を把握することに置かれることから、許されるのではあるまいか。

介護者比率は、表に示すように労働・年金省の年次調査『家族資産調査』1989/99年版並びに1999/2000年版に従えば、16歳以上人口の8.7％もしくは8.6％であり、実数にして410万14人あるいは403万5,688人である。しかし、これらの結果を同じ調査の2004/05年版や2005/06年版はもとより、『国勢調査』2001年版を含めて確かめることは出来ない。介護者比率は、『国勢調査』2001年版に従えば5歳以上人口の12.1％であり、実数にして588万人を超すことから、先の『家族資産調査』の結果を大幅に上まわる。

同時に、『国勢調査』は、介護者の規模を過少に紹介しているのではないかとの批判が寄せられていることも、これまた確かである。すなわち、要介護者に対する日常生活上の援助を実際に手掛けていたとしても、これは家族の有りふれた役割の一つであって、敢えて介護役割を引き受けているとは理解せず、

表 2 - 1　介護者の人口比と規模に関する政府諸機関の各種調査結果（1985～2011年）[1]

	介護者比率（%）		介護者数	調査方法[3]
	5歳以上	16歳以上	（人）	
総合世帯調査1985年版		14	5,976,908	B
同上1990年版		15	6,849,015	A
同上1995年版		13	5,700,000	B
家族資産調査1998/99年版		8.7	4,100,014	B
同上1999/2000年版		8.6	4,035,688	B
総合世帯調査2000年版		16.1	6,800,000	A
国勢調査2001年版	12.1		5,884,470	B
スコットランド世帯調査2001/02年版		12	5,637,828	B
同上2003/2004年版		13	6,219,395	B
家族資産調査2004/05年版		11.1	5,400,261	B
同上2005/06年版		11.8	5,788,053	B
スコットランド世帯調査2005/06年版		12	5,886,156	B
世帯パネル調査2007年版		17.0	8,411,294	A
スコットランド健康調査2008年版		11	5,487,273	B
スコットランド世帯調査2009/10年版		12.4	6,281,084	B
イングランド世帯介護者調査2009/10年版		10.9	6,078,468	B
国勢調査2011年版[2]			6,671,554	B

注：1）　調査の内スコットランドなど地域の特定された調査の場合には，介護者比率とイギリス全体の関係する年齢階層の人口数を元に介護者数を算出している。

　　2）　スコットランドの結果は，事務局に問い合わせたところ2013年夏に公表のため，イングランド，ウェールズ及び北アイルランドの『国勢調査』の結果（601万4,226人）に，スコットランドの2007/08年の調査結果（65万7,328人）を加えたものである。介護者の年齢の下限も不明のため，介護者比率の算出は未だ不可能である。

　　3）　調査方法の内Aは，世帯の16歳以上人口全てに問うたものであり，同じくBは世帯の16歳以上人口のうち何れか一人に問うたものである。

出典：Office of Population Censuses and Surveys, *Informal carers, op. cit.*, p. 6, Olwen Rowlands and Gillian Parkers, *Informal carers, op. cit.*, p. 11, Department for Work and Pensions, *Family resources survey, 1998-99*, DWP, 2000, p. 105, DWP, *Family resources survey, 1999-2000*, DWP, 2001, p. 105, Joanne Maher and Hazel Green, *Carers 2000, op. cit.*, p. 1 and p. 3, Office for National Statistics, *Census 2001, national report for England and Wales*, TSO, 2004, p. 56, The Scottish Government, *Scottish household survey, results from 2001/2002*, The Scottish Government, 2003, p. 5, Scottish Executive, *Care for the 21th century, the future of unpaid care in Scotland, headline report and recommendations*, Scottish Executive, 2006, p. 255, Judith Harkins and Anna Dudleston, *Scottish household survey, analytical topic report*, Scottish Executive, Social Research, 2007, p. 7, DWP, *Family resources survey, United Kingdom, 2004-2005*, DWP, 2006, table 6.1, DWP, *Family resources survey, 2005-06*, DWP, 2007, table 6.1, The Scottish Government, *Scottish household survey, results from 2005/2006*, The Scottish Government, 2007, p. 185, The Scottish Government, *Scotland' people annual report, results from 2009/2010, Scottish household survey*, The Scottish Government, 2011, p. 95, NHS The Information Centre, *Survey of carers in housefolds 2009/10*, NHS The Information Centre, 2010, p. 19 and p. 156, ONS, *Population estimates for UK, England and Wales, Scotland and Northern Ireland, Population estimate timeseries 1971 to current year*, http://www.ons.gov.uk/ons/rel/pop-estimates-for-UK-england-and-wales-scotland-and-northern-ireland/population-estimates-timeseries-1971-to-current-year/index.html. 2012年5月10日閲覧より作成。

加えて，介護を担っていることが調査を介して世間に知られるならば社会的な恥辱を回避出来ないと迷いながらも判断して，調査票への正確な記入を回避するのである。これをあたかも実証するかのように介護者は，スコットランドで実施された『国勢調査』2001年版に従えば，およそ48万人であるのに対して，調査の方法を異にするスコットランド行政庁『スコットランド健康調査』2001/02年版に拠れば，66万8,200人を数える。前者は，見られるように後者より実数にして18万8,200人少なく，後者の71.8％の水準に止まる。両者の相違は著しく大きい。

　『国勢調査』2001年版は，前出の表からも推察されるように0歳児からを対象にする。表中5歳以上と示したのは，介護者の存在がこの年齢階層に認められ，4歳児以下には認められないからである。これを除く他の調査が16歳以上を対象にすることとは，大きく異なる『国勢調査』に独自の特徴である。

　しかし，介護者比率の過少表示は，年少の介護者にも認められる。それと言うのも調査票への記入は，年少の介護者自身ではなく，彼女や彼が看る親たちであるからに他ならない。親たちは，身体的にはもとより精神的にも成長の最中にあるはずの我が子に介護責任を負わせていることに忸怩たる思いを抱き，その事実が世間に知られることを避けようとする。社会的な恥辱を回避したいとする意思は，要介護者でもある親たちに一段と強い。結果として調査票への記入は，実態と異なることも少なくない。これをあたかも例証するかのように5歳以上17歳以下の年齢階層に属する年少の介護者は，スコットランドの『国勢調査』2001年版に従えば1万6,701人に止まるのに対して，介護者のためのプリンセス・ロイヤルトラスト（PRTC）の調査によれば中学校に在籍する生徒に限っても，その12人に1人，実数にしておよそ10万人を数える。これと類似の調査結果は，他にも認められる。スコットランドのパース（Perth）とキンロス（Kinross）で行われた調査に従えば，生徒の13.5％は，自らを年少の介護者であると認める。この比率を拠り所にしてスコットランドにおける年少の介護者の規模について計算をするならば，11万5,000人を超す。また，同じくスコットランドのハイランド（Highland）にある学校で実施された調査に従えば，

121

年少者の少なくとも10％は，自らを介護者として認識している。年少の介護者に関する学級単位の説明会を経たあとになされた調査の結果である。この結果を元にスコットランドにおける年少の介護者の規模を算出するならば，8万人を超す。『国勢調査』2001年版の結果を介護者のためのプリンセス・ロイヤルトラスト調査のそれと比較するならば，前者は，後者の16.7％に過ぎない。他の83.3％に相当する年少の介護者は，『国勢調査』にそうした社会的な地位にある者としては記載されない。

　このスコットランド各地で行われた調査と同様の結果は，英国放送協会（BBC）が，年少の介護者に関する代表的な研究者の協力を得て，イギリス各地の10か所の中学校に在籍する4,029人の生徒を対象に手掛けた調査（2010年）からも，読み取ることが出来る。すなわち，生徒の12人に1人は，介護責任を負う。これは，イギリス全体でおよそ70万人の年少の介護者を意味する。年少の介護者が隠された集団（hidden group）の一員をなすと称される理由の一つも，調査の孕む超え難い問題を念頭に置いたものである。

　介護者の規模の算出には，他の分野における規模や比率のそれと同じように既に指摘した問題を伴うとはいえ，ここでは，588万4,470人（2001年，5歳以上人口比12.1％）から628万1,084人（2009/10年，16歳以上人口比12.4％），あるいは最も新しい結果である667万1,554人（2011年）を介護者の規模として，一先ず受け入れたいと思う。過少な規模評価ではないかとの批判も寄せられるのではないかと推察されるとはいえ，それでも国民のおよそ8人に1人が，日常生活上の援助を手掛ける勘定である。

（3）　介護者化の可能性と広がり

　要介護者を看取り，あるいは介護施設への入所と共に介護者としての役割を終える人々が存在する一方で，家族の一員が長期の疾病や障碍などを抱えたことを契機に新たに介護責任を負う人々も認められる。かつての介護者と共に新規の介護者（new carers）の表現がしばしば用いられるのも，介護責任を負う人々に流動性が認められるからに他ならない。この流動性が認められるだけに，

日常生活上の援助を手掛ける人々は，ある特定の時点ではなく一定の期間で考えるならば8人に1人に止まらない。

　女性の10人中7人以上と男性の同じく6人近くは，生涯のいずれかの時期に介護者化を経験する。5人中3人は，生涯の何れかの時期に介護者化を経験する[10]。性別の相違を示すことなく介護者化の可能性について指摘する議論も認められるとはいえ，性別格差の大きさに着目をするならば平均値の提示に止まるわけにいかない。女性は，男性に比べるならば相対的に若い年齢階層で相当の介護責任を負う傾向にある。すなわち，女性が59歳までに相当の介護責任を少なくとも1回引き受ける可能性は，50％を記録する。他方，男性はと言えば同じ機会への遭遇は，74歳までの期間においてである[11]。介護責任，とりわけ重い介護責任の女性への傾斜の結果である。

　長期の疾病を患う人々の比率は，年齢階層によって大きく異なり，若い年齢階層で低く，高齢の年齢階層で高い（16〜34歳層，3.8％，35〜44歳層6.4％，45〜54歳層11.9％，55〜64歳層23.6％，65〜74歳層32.4％，75歳以上層48.7％，1991年）。人口の高齢化は，長期の疾病を患う人々の絶対的な増加を伴うことになる。年齢階層別の長期疾病比率に変化のないことを考えるならば，643万人（1991年）から1,020万人（2037年）へと増加する。これは，無償の介護と有償の介護との比率に変化がないことを前提にするならば，介護者による日常生活上の援助に対する需要が，向こう40年程の間に1.59倍に増加することを意味する。16歳以上の介護者は，91年に570万人である。介護者は，日常生活上の援助に対する需要の増加に対応して2037年までに340万人の増加が予想され，併せて910万人を記録することになる[12]。介護者は，16歳以上人口の8人に1人から6人に1人を数える計算になる。

　総人口は，政府の予測に従うならば同じ期間に，5,950万人から6,490万人へと確かに増加する。しかし，増加の幅は，介護者のそれに較べるならば僅かである。しかも，他の欧米諸国の女性が早くから示したフルタイム志向の強まりと年齢階層別労働力カーブの台形化傾向の後塵を拝するとはいえ，働く女性の増加とフルタイム志向の強まりはもとより，家族形態の多様化，あるいは，産

業構造の変化に伴う地域間移動の増加と共に介護者，とりわけ要介護者と同居する介護者の供給源の縮小が，危惧される。オーストラリア政府が繰り返し示す懸念と同じである。国を超えて進む介護者の供給源の縮小が，イギリスでも懸念されるのである。

2　介護者の構成

（1）　介護者の諸構成

　日常生活上の援助は，著者の知る限りにおいても1940年代中葉から1980年代後半に至るまで，少なくない研究者によって未婚の娘たちに担われてきた，と至って常識的な知見の一つとして指摘されてきた[13]。娘たちが，キャリア形成や結婚を選び取る代わりに自らすすんで選択した道であり，キャリア形成と家族形成を至極有りふれた道として歩み続ける息子たちとは，明らかに異なる進路である。80年代に入ると日常生活上の援助は，婚姻状態を問わず広く女性に担われる，と僅かであれ異なる指摘が下されるようになる[14]。

　これらの議論に決定的とも言える程の影響を与え論壇からも退陣を迫ったのは，政府が1985年に初めて手掛け3年後の88年に公表した介護者調査である。これに従えば男性介護者の占める比率は，伝統的な議論とは異なってかなりの高さを示す（41.7%）。同様の結果は，その後の調査にも確かめることが出来る（42.1%，95年，37.5%，2000/01年，37.9%，2005/06年[15]）。最初の介護者調査から四半世紀を経過した最近の結果も，短くはない一時代を支配した伝統的な議論とは異なる性別構成について伝える（男性40%，女性60%，2009/10年）。繰り返し行われる調査の結果がこのようであるだけに，以前の議論が息を吹き返す兆候は全くない。

　介護責任の重さを示す独自の表現として，1980年代からかなりの介護，あるいは相当の介護（substantial caring）の表現が用いられる。これは，週20時間以上を日常生活上の援助に充てる場合をはじめ，同居の要介護者を看る場合，介護作業の多様な諸形態のうち衣服の着脱や食事，入浴，あるいは排泄などの介

助を意味する身体介護，もしくは，歩行や階段の昇降及び起床などの介助を意味する移動・移乗の介護の一方もしくは双方を担う場合を念頭に用いられる。

　このうち週20時間以上を日常生活上の援助に充てる介護者の比率は，増加の傾向にある。すなわち，これに該当する介護者の比率は，1985年から2000年にかけて増加し（24%，85年，23%，90年，32%，95年，27%，2000年），代わって週20時間に満たない介護者比率は減少する（同じく76%，77%，68%，73%）[16]。同様の傾向は，『国勢調査』の伝える事実でもあり，週20時間以上の介護者比率は10年の間に増加し（31.9%，2001年，36.8%，2011年），週20時間に満たない介護者の比率は減少を辿る（同じく68.1%，63.2%）。特に注目をしておきたいのは，『国勢調査』が示すように週50時間を超えて日常生活上の援助に当たる介護者の増加であり，これに該当する介護者は，5人中1人からおよそ4人中1人近くまで増加する（同じく20.9%，23.5%）[17]。週20時間を超す介護者に占める女性の比率は，相対的に高い。相当の介護を担う比率は，男性よりも女性について高いと評される理由の一つも，ここに認められる。介護を巡る性別格差は，介護者比率はもとより介護時間の長さ別比率にも見て取ることができる。

　介護の負担は，週当たり介護時間と併せて介護期間を通しても計測することが，広く認められる手法の一つである。3年未満の比較的短い期間の比率が低下を辿る一方において，10年以上，とりわけ15年以上に亘って日常生活上の援助を手掛ける介護者の比率は，上昇の傾向を示す（表2-2）。人口の高齢化の影響が大きい。介護期間は，要介護者と同居しながら日常生活上の援助を手掛け，もしくは，週20時間以上に亘って介護責任を負う介護者について相対的に長い。すなわち，10年以上に及ぶ介護責任の比率は，別居よりも同居について高く（19%，35%），同じく週20時間未満よりも週20時間以上で目立って高い（22%，32%，2009/2010年）。この特徴は，20年以上を記録する介護責任についても別居と同居はもとより（5%，10%），週20時間未満と週20時間以上の場合（6%，9%）にも同じように示される[18]。週20時間以上の介護と同居による日常生活上の援助を，相当の介護と広く称する理由も，ここから読み取ることが出来るのではあるまいか。

表2-2 介護者の介護期間別構成の推移（1985～2009／10年）[1]

(単位：%)

	1985年	1995年	2000年	2009/10年
6か月未満	13	19	13	4
6か月以上1年未満				6
1年以上3年未満	25	18	23	21
3年以上5年未満	19	16	20	18
5年以上10年未満	25	23	24	24
10年以上15年未満	10	10	11	13
15年以上20年未満	8	13	10	6
20年以上				8
計	100	100	100	100

注：1）2009/10年はイングランドのみを対象にする。四捨五入のため合計が100にならない箇所もある。

出典：OPCS, *Informal carers, op. cit.*, 26, Olwen Rowlands and Gillian Parker, *op. cit.*, p. 28, Joanne Maher and Hazel Green, *op. cit.*, p. 20, NHS The Information Centre, *Survey of carers in households 2009/10, op. cit.*, p. 43より作成。

女性が要介護者と同居しながら日常生活上の援助に当たる比率は，別居比率をやや下まわるとはいえ，男性のそれに較べるならば明らかに高い。

介護者の年齢階層別比率は，44歳以下層で平均よりも低く，他方，45歳以上の諸階層で平均よりも高い（16歳以上24歳以下6％，25歳以上34歳以下7％，35歳以上44歳以下10％，45歳以上54歳以下16％，55歳以上64歳以下18％，65歳以上74歳以下16％，75歳以上13％，平均12％，2009/10年）[19]。同様の結果は，『国勢調査』2001年版はもとより他の介護者調査からも読み取ることが出来る[20]。

介護者の婚姻状態別比率は，既婚者と離婚者について相対的に高く（15％，12％），未亡人と未婚者及び事実婚について平均を下まわる（7％，8％，11％，2009/10年）[21]。同様の結果は，これも他の介護者調査の伝える内容の一つである[22]。

介護者の就業状態別構成は，早くから論じられてきたように介護責任のあり様を色濃く帯びる。生活時間の一部に日常生活上の援助が登場し，その長さに規定されながら，生理的時間はもとより労働時間など他の生活時間が影響を受けるからである。介護責任の影響を世帯単位の就業状況に即して検討するならば，興味深い事実を確かめることが出来る。同居の介護者の不就業率は，労働

第2章 介護者の社会職業格差

表2-3 介護者と非介護者の居住形態別労働年齢階層別世帯単位の就業状況比較（スコットランド，1999～2004年）[1]

（単位：%）

	労働年齢階層	非労働年齢階層	計
同居の介護者			
未婚単身で不就業（A）	18	9	15
夫婦共に不就業（B）	29	80	49
未婚単身で就業（C）	8	2	5
夫婦で片稼ぎ（D）	30	8	21
夫婦共稼ぎ（E）	15	1	10
別居の介護者			
（A）	10	29	14
（B）	5	47	15
（C）	15	5	13
（D）	18	14	17
（E）	52	6	41
介護者以外			
（A）	12	41	21
（B）	6	42	17
（C）	16	4	12
（D）	18	9	15
（E）	49	4	35

注：1）四捨五入のため合計が100にならない箇所もある。
出典：Judith Harkins and Anna Dudleston, *Characteristics and experiences of unpaid carers in Scotland, op. cit.*, p. 24より引用。

年齢に属するか属さないかの如何を問わず，際立って高く，他方，夫婦共稼ぎの比率は，とりわけ労働年齢にある介護者世帯において驚く程に低い。同居の介護者の世帯にあって労働年齢に属する片稼ぎ比率だけがやや高いことは，介護と仕事の両立を世帯単位で熟慮を重ねながら選び取った結果である（表2-3）。同居の介護者の失業率も，他の人々と異なる。すなわち，介護責任を負わない人々はもとより別居の介護者に較べても，その失業率は高い。特に前年に失業を経験した同居の介護者の失業率は際立って高い（表2-4）。日常生活上の援助に伴う追加の出費を考えただけでも，失業は，重い介護責任のゆえに苦衷の念を抱きながらの選択である。失業率が非労働力化の比率よりも明らかに高いことは，労働力化の意思や能力を備えているにもかかわらず，止むなく選択された道であったことを示唆する。

表2-4 介護責任の有無別要介護者との居住形態別労働力状態比較（1995年） (単位：％)

	就業中	失業中	非労働力化
前年に就業していた者			
同居の介護者化（A）	89.6	7.6	2.8
別居の介護者化（B）	91.5	6.4	2.1
非介護者（C）	94.0	4.2	1.8
前年に失業していた者			
（A）	28.8	60.0	11.2
（B）	33.3	57.1	9.6
（C）	42.8	46.7	10.5

出典：London Economics, *The Economics of informal care, a report by London Economics to Carers National Association*, London Economics, 1998, pp. 81-82より作成。

　要介護者と同居し，もしくは週20時間以上に亘って日常生活上の援助を手掛ける介護者のフルタイム比率は，別居あるいは週20時間未満に較べ目立って低い。生活時間の調整を迫られた結果である。介護者の就業状態別構成は，介護責任を負わない人々に較べても独自の特徴を持つ。すなわち，介護者のフルタイム比率は，他の人々に較べて低い（36％，45％）のに対して，パートタイム比率は，両者で逆転をして前者で高く後者で低い（17％，14％）。介護と仕事との両立を模索した結果の一つである。フルタイムとパートタイムを併せて考えるならば，介護者の就業率は，他の人々よりも低い（53％，59％，他に失業4％，4％，老齢退職年金受給23％，22％，疾病6％，5％，その他14％，10％，2009/10年）[23]。フルタイム比率の目立った低さの結果である。介護責任のゆえに止むなく選び取られた就業形態と就業比率である。

　介護者の人種あるいは民族別構成は，1985年以降の政府の介護者調査において長らく取り上げられてこなかった。関係する情報は，短くはない期間に亘って自治体レベルの調査に限定され，1990年を前後する時期にブラッドフォード市（Bradford City, 89年）をはじめタームサイド州（Tameside Metropolitan Morough, 89年），ロンドン・キャムデン自治区（LB of Camden, 90年），あるいは，ブレント市（Brent City, 91年）などの調査事例を挙げることができる。自治体の数は限られる。このすっかりと定着したかに思えた慣行に事実上の異議

を唱え，初めて調査の主題の一つに据えたのは，『国勢調査』2001年版である。これを契機に，国民保健サービス情報センターも介護者調査で取り上げる。注目をしておきたいことは，少数民族に属する介護者の比率が，要介護者と同居する場合と週20時間以上を日常生活上の援助に充てる場合とで，相対的に高いことである。また，バングラディシュ人とパキスタン人の介護者比率は，男女の別なく白人の3倍と著しく高いことである。

女性の介護者比率が男性のそれに較べて相対的に高いことはもとより，彼女たちの介護責任が総じて重いことも，要介護者との同居比率や週20時間以上に占める女性の比率などを通して既に述べてきたところである。このうち女性の週当たり介護時間の相対的に長い要因の一つは，介護者の看る要介護者の人数である。一人の要介護者を看る介護者の比率は，男性で高く女性で低い（85％，82％）。他方，2人以上を看る介護者の比率は逆転して，男性で低く女性で高い（15％，19％，2009/10年）[24]。要介護者の人数の増加に連れて週当たり介護時間も延長を余儀なくされる。

（2） 介護者の所得源泉と所得水準

介護責任が介護者の就業状態に影響を及ぼすことから，介護者の所得源泉も他の人々と異なる特徴を帯びることになる（表2-5）。これを裏打ちするように賃金や自営業収入を世帯所得の源泉にする比率は，介護者について低い。とりわけ週20時間以上を日常生活上の援助に充てる介護者の場合の比率は低く，中でも週50時間以上に亘って要介護者を看る介護者の比率は，歴然とした低さを記録する。介護時間のあまりの長さのゆえに，労働契約の破棄を選び取らなければならなかった結果である。他方，他の社会保障給付を世帯所得の源泉にする比率は，介護者とりわけ週20時間以上を日常生活上の援助に充てる介護者について高い。中でも週50時間以上に亘って介護責任を負う介護者の比率は，他の人々の3倍を記録する。非労働力化の結果である。これらの結果は，直接にはあくまで世帯所得の源泉を示すものであって，その水準を示すわけではない。しかし，他の社会保障給付が資力調査を伴うことはもとより年金の水準を

表 2-5　介護者の世帯所得源泉の週当たり介護時間別性別及び全個人との比較（2009/10年）[1]

(単位：%)

	週当たり介護時間別					性　別		全ての個人	
	5時間未満	5時間以上20時間未満	20時間以上35時間未満	35時間以上50時間未満	50時間以上	男性介護者	女性介護者	男　性	女　性
賃　金	64	56	44	40	25	49	50	62	58
自営業収入	7	6	4	2	3	6	5	7	6
投資	1	1	1			1	1	1	1
税額控除	2	2	3	2	3	1	2	2	3
老齢年金	8	11	17	22	27	16	14	9	13
他の年金	11	11	12	7	8	11	9	7	7
障碍給付		1	2	2	3	1	1		
他の社会保障給付	7	11	17	23	30	15	16	10	10
他	1	1	1	2	1	1	2	2	3

注：1）　四捨五入のため合計が100にならない箇所もある。
出典：Department for Work and Pensions, *Family resources survey, United Kingdom, 2009-10*, DWP, 2011, p. 68 and p. 70より作成。

想い起こすならば，介護者の所得水準の低さに思いを致しても，少しも不思議ではあるまい。

　介護者の2人に1人以上は，年収2万800ポンド未満の世帯所得に属する（1万400ポンド，19%，1万400ポンド以上1万5,600ポンド未満，18%，1万5,600ポンド以上2万800ポンド未満14%，小計51%，他に2万800ポンド以上3万3,800ポンド未満，21%，3万3,800ポンド以上6万ポンド未満，19%，6万ポンド以上，8%，小計48%，2009/10年）[25]。年収2万800ポンド未満の世帯所得に属する介護者の比率は，要介護者と同居の場合に高く，別居の場合に低い（63%，40%）。同様に，週20時間以上を日常生活上の援助に充てる場合に高く，週20時間未満の場合に低い（64%，39%）。何故こうした相違が生じたかについて考えるならば，前出の表2-3と同じく表2-5が参考になる。同居の介護者の不就業率は，労働年齢にあっても別居の介護者に較べて高い。賃金や自営業収入を世帯所得の源泉にする介護者は，週20時間以上の介護責任を負うならば格段に減少する。結果として同居もしくは週20時間以上の介護者の所得水準は，低くならざるを得ない。重い介護負担のゆえに不本意ながらも自ら身を置かざるを得なくなった世

帯所得の水準である。

3　介護者の社会職業階層

（1）　社会職業階層分析の開始と定着

　人口統計調査局『無償の介護者――総合世帯調査1985年の一部として保健社会保障省のために実施の調査』（1988年）は，ホワイトカラー職業とブルーカラー職業との間に介護者比率の相違はないと予め断りながら，なお，職業資格別の介護者比率には性別を問わず相違を伴うとして，16歳以上64歳以下層の介護者比率14％を示した上で，教育水準Ａレベル以上の介護者比率12％と職業資格を持たない場合の介護者比率17％の計数を示す。[26]介護者比率は，教育水準の高い階層で平均値よりも低く，他方，教育水準の低い階層で目立って高い。「社会的経済的な相違」と題して早くも示された特徴である。しかし，この種の分析は，『総合世帯調査』の一環としてその後にも継続的になされた介護者調査の少なくとも報告書を見る限り，確かめることは出来ない。

　介護者の社会職業階層分析は，1990年代前半に公刊された幾つかの代表的な研究成果にも確かめることは出来ない。例えばG. パーカー（Gillian Parker）は，前にも触れたように85年に世に問うた初版の内容を人口統計調査局の調査結果を受けて90年に新版で大幅に変更したにもかかわらず，[27]人口統計調査局の調査報告書における職業資格別分析についてさえ，一切の言及をしていない。主な関心は，男性介護者の規模の大きさと比率の高さに注がれる。新版の刊行は，自ら語るように人口統計調査局の調査を直接の契機にするだけに，不可思議とも思える扱いである。G. パーカーと同じように介護者の社会職業階層分析を視野の外に放り出したままの成果は，他にも少なくない。[28]

　同時に，介護者の社会職業階層分析を視野に収め多面的な分析の一環として積極的に位置づける作業も，90年代初頭以降に確かめることが出来る。こうした動きは，21世紀に入ると広がりを示し，政府による介護者調査の拡充という願ってもない援軍を得ながら，広く受け入れられた手法の一つとしてすっかり

定着する。

　イギリスの介護者研究の第一人者と称賛するに値するJ. ツウィグ（Julia Twigg）は，「階級」あるいは「社会階級」の表現を用いた上で，これが介護者化を左右し，介護責任の度合いにも影響を及ぼすと指摘する[29]。早くも92年に示された指摘である。あるいは，M. ハワード（Marilyn Howard）は，介護者が全ての社会階級から登場すると認めた上で，介護責任の重い要介護者と同居の介護者が，低い社会階級から傾斜的に誕生すると指摘する[30]。2001年の指摘である。同種の分析は，他にも確かめることが出来る[31]。社会職業階層分析の重要性を一様に認めると解することが出来る。

　介護者の社会職業階層分析が，21世紀に入ると一般的な手法として広く定着する。それは，研究者の手法に止まらない。その要因として幾つかのことを指摘しておかなければならない。

　第1に，少数民族に属する介護者についての調査研究が，率直な反省を交えながら開始され，その成果が蓄積されてきたことに示されるように，介護者の多様な存在に対する関心が広まったことである。少数民族には，全てと言えば事実と明らかに異なるとは言え，介護責任の有無を問わず所得階層の低い人々が少なくない。少数民族に属する介護者の特徴を描き出すための分析方法の一つとして，社会職業階層分析が，位置づけられたことである。

　第2に，健康格差への関心が次章に立ち入って述べるように1980年代初頭から寄せられ，そうした蓄積の中で介護者の健康格差も新たな調査研究の領域として登場する。健康格差研究は，日本でも既に知られるように当初から社会職業階層との関連を強く意識する。ならば，この領域の成果を摂取してこれを介護者研究に活かすためには，社会職業階層分析の手法を学び取らなければならない。介護者の健康格差は，介護負担とその程度に影響を受けることはもとより，介護者の属する社会職業階層との関わりを問うことなしには充分な分析結果を手にするわけにいかない，との率直な反省も加えられる。

　第3に，介護者支援の目的は，長らく家族による日常生活上の援助の担保に置かれてきた。保健社会サービス省（DHSS）の文書『高齢化の進展──高齢

者のためのサービスに関する白書』(1981年) にも示される通りである。これが，90年代末葉に至ると介護者に対する均等な機会の保障に取って代わり，政府の公式文書はもとより20世紀末葉から21世紀初頭にかけての，幾度かの法改正を経て確たる制度的な裏付けを持つに至る。均等な機会の保障とこれによる社会的な包摂の確保は，介護者の社会職業階層にまで踏み込むことなしに不可能である。政府の政策文書『介護者のための全国戦略』が，介護者の社会職業階層分析にまで踏み込みながら，支援の目的と方法を示していることは，その例証である。あるいは，スコットランド行政庁が，『介護者支援戦略』策定の基礎資料として用い広く公表した調査研究報告書には，介護者の社会職業分類が示され，これに従えば介護者の比率は，高級管理専門職業で最も低く，他方，プログラムに沿う流れ作業関連の職種やこれに類似する職業で目立って高い（約7％, 14％, 17％)。前者は，見られるように後者の半分以下の水準に止まる。これも例証の一つである。

最後に，政府による介護者調査の実施とその拡充が，社会職業階層分析を可能にしたことである。介護者調査の調査項目が，介護者支援の目的の大幅な変更に促されながら整備されることを通して，介護者化の影響の多面的な分析が時系列比較を含めて可能になると共に，介護者化の社会職業階層格差の分析に要する基礎的な資料も提供されるのである。

(2) 介護者の職業資格と所得水準

職業資格を持たない介護者の比率は，週20時間以上の介護者について言えば労働年齢に属する場合であれ，あるいは，16歳以上19歳以下の年齢階層に属する場合であれ，日常生活上の援助を手掛けない人々に較べて判然と高い。他方，学士以上の学位を有する比率は，労働年齢に属して週20時間以上の介護責任を負う介護者について，日常生活上の援助と縁のない人々に較べるならば明らかに低い（表2-6)。また，地方自治体や住宅協会の住居に住む比率は，週当たり介護時間の長さにかかわらず介護者について一様に高い。このうち公営住宅への入居は，介護者化に伴う所得水準の低下を契機にする場合も含まれる。他

表2-6 介護者の年齢階層別性別週当たり介護時間別社会職業階層関連指標（イングランド，2001年）　　　　　　　　　　　　　　　　　　　　　　（単位：％）

	介護者週当たり介護時間別				介護者以外
	19時間以下	20時間以上	20時間以上49時間以下	50時間以上	
労働年齢階層					
職業資格なし					
男性（A）	20		34	43	20
女性（B）	21		36	43	19
学士以上を保有					
（A）	23		14	11	23
（B）	23		14	11	23
公的住宅に入居	27	40			23
16歳以上19歳以下層					
職業資格なし					
（A）	19	28			24
（B）	17	29			21

出典：Lisa Buckner and als, *Carers in the region, a profile of the North East*, University of Leeds, 2010, p. 16 and p. 21より作成。

方，職業資格や学士以上の学位の取得は，例えば学位取得の通常の年齢階層を考えるならば容易に想像することが出来るように，介護責任との関連は薄い。介護者の生まれ育った社会職業階層の主な帰結であると考えることこそ，許される妥当な判断であるまいか。

　同じ事情は，長期の疾患や障碍を抱える16歳未満の子どもの保護者でもある介護者の置かれた状況からも，読み取ることができる。これらの介護者の4人中1人前後は，職業資格を持たず，これは，16歳未満の健常児の親たちの5人中1人弱が職業資格を持たない状況にあることと較べるならば，明らかに高い水準である（表2-7）。他方，学士以上の学位を持つ比率は，一転して前者で低く，後者で高い。こうした両者における職業資格と学位の取得状況の差は，前者における初級職業に就く比率の相対的な高さと，他方，後者における管理的専門的職業もしくは上級職業に就く比率の高さとしても，現れる。職種別の賃金格差を思い起こすならば，これは，言うまでもなく前者における所得水準の低さと後者における所得水準の高さとなって現れる。

　同様の特徴は，職業資格の水準別保有状況からも確かめることが出来る。職

第2章　介護者の社会職業格差

表2-7 長期疾病や障碍のある16歳未満の子の親でもある介護者の社会職業階層関連指標（2001年）　　　　　　　　　　（単位：％）

	週20時間以上の介護者少なくとも1人居る	長期疾病や障碍のある16歳未満の子ども居ない
職業資格なし		
男性（A）	24	18
女性（B）	28	19
学士以上を保有		
（A）	17	23
（B）	14	20
初級職業に従事		
（A）	12	9
（B）	15	13
管理的・上級職業に従事		
（A）	30	35
（B）	17	19

出典：Lisa Buckner and Sue Yeandle, *Managing more than most: a statistical analysis of families with sick or disabled children*, University of Leeds, 2006, pp. 6-7より作成。

表2-8 介護者の職業資格保有に関する要介護者との居住形態別週当たり介護時間別状況（2009/10年）[1]　　　　　　　　　　（単位：％）

	同居別居別		週介護時間別		全ての介護者
	同居	別居	週20時間未満	週20時間以上	
職業資格なし	36	22	23	36	29
水準1の職業資格あり	7	4	4	7	6
水準2の職業資格あり	22	26	23	24	24
水準3の職業資格あり	15	16	16	14	15
水準4以上の職業資格あり	20	32	32	18	26

注：1）職業資格水準1とは，国家職業資格（NVQ）1，水準2は同じく2，水準3は3，水準4以上は4，5などを示す。四捨五入のため合計が100にならない箇所もある。
出典：NHS The Information Centre, *Survey of carers in households, 2009/10, op. cit.*, p.35より作成。

業資格を一切持たない介護者の比率は，要介護者と同居しながら日常生活上の援助を手掛けるか，あるいは，週20時間以上に亘って介護責任を担う場合に際立って高い。他方，職業資格の水準3，もしくは4以上を保有する介護者の比率は，同居もしくは週20時間以上の介護者について判然と低い（表2-8）。

　職業資格の有無と水準とは，求職活動の成否と賃金水準に連動する。職業資

格を持たない介護者の多いことに照らすならば，賃金を含む世帯所得の低さを予想させる。これをあたかも裏づけるように，介護者は，五分位階層別に見るならば低い所得階層に傾斜し，所得の総じて高い階層における比率は低い。すなわち，介護者比率は，最も低い所得階層で5人中1人前後（男性19％，女性22％）であるのに対して，最も高い所得階層で6〜8人中1人前後である（同じく13％，16％，イングランド，2011年）。両者における比率の相違は大きい。

（3）　スコットランド多元的剥奪指標と介護者比率

　介護者の社会職業階層を問題にする以上，スコットランド多元的剥奪指標（SIMD）に触れておかなければなるまい。日本の研究者は，どうしたわけであろうか剥奪，あるいは社会的剥奪について殆ど語らないとはいえ，イギリスでは，今日的な再構成を経ながら強い影響力を持つ概念の一つである。

　この指標は，政策対応の拠り所としてスコットランド行政庁が公式に採用する。ウェールズ行政庁が公式に採用するウェールズ多元的剥奪指標（WIMD）に較べても，文字通りの意味で体系的である。剥奪指標の名称から伺えるように，この指標は，P. タウンゼントの議論を出発点にする。P. タウンゼントは，剥奪について以下の定義を与える。

　「剥奪は，全ての社会において多くの異なる形態を以って現れる。人々は，彼女あるいは彼の属する社会の慣習となり，もしくは，少なくとも広く認められた食事を始め衣服，住居，世帯道具，燃料と住環境，教育，就業並びに社会的条件および諸施設の不充足を経験するならば，剥奪の状態にあると言うことが出来る[34]」。「人々は，社会の一員として彼女や彼に期待される役割の分担はもとより人的な諸関係への参加と社会的な慣習の履行を可能にする生活水準——これは食事はもとよりアメニティーとサービスに及ぶ——を全くもしくは充分に享受することができないならば，相対的な剥奪の状態にある。人々は，これらの生活諸条件を享受して社会の一員としての役割を担うに足る資力に不足が認められ，あるいは，資力の保有を否定されるならば，貧困状態にあると言うことが出来る[35]」。

この定義から幾つかの特徴を読み取ることは，容易である。第1に，食事や衣服に止まらず人々が暮らしを営む社会的な諸条件にまで視野を広げていることに示されるように，剥奪は，多元的な指標を以って分析される。それゆえ，剥奪は，通常幾つかの剥奪状態にある人々を念頭に用いられる。第2に，物的な生活条件に止まらず広く社会生活の享受を視野に収める。このうち後者は，家族の訪問や友人との交友関係，誕生会や結婚式あるいは葬儀への出席など，ごく普通の社会生活への参加状況を念頭に置く。剥奪の性格や影響を推し量る上で物的な生活条件と共に不可欠な構成要素である。第3に，定義は，社会的に広く受容された基準あるいは標準を拠り所にするだけに，相対的である。このように考えるにつけても，江口英一氏が，P. タウンゼントの議論を剥奪ではなく，相対的剥奪として日本に初めて紹介された見識の深さを改めて思い起こす。基準あるいは標準は，当然のこととは言いながら時代と共に変化を遂げる。最後に，P. タウンゼントの定義は，剥奪の状態にある個人に焦点を当てたものであって，地域を包括するわけではない。地域は，P. タウンゼントの視野にない。個人は，P. タウンゼントの定義に従うならば剥奪の激しい地域に居を移したからというだけで多次元に及ぶ剥奪の状態に陥るわけではない。

　スコットランド多元的剥奪指標は，これら4つの特徴のうち最初の3つを発展的に継承すると同時に，最後の特徴については，特定の地域における就業機会の縮小と高い失業率をはじめ貧しい住居環境，低い進学率と教育水準，貧しい健康状態あるいは公共サービスの不足といった状況を考慮するならば，地域に関連する諸指標も加えて再構成しなければならないとして，批判的な見解が示される。1960年代末葉からスコットランドはもとより広くイギリスの各地で，インナー・シティ（inner city）問題として議論を呼び，政策対象の一角を形成してきたという短くはない政策経験を踏まえての議論である。半世紀に近い弛まぬ取り組みを正確に踏まえたスコットランド行政庁の見識ある再構成である。

　剥奪は，財貨はもとよりサービスと社会関係の不足あるいは社会環境の不充分さに焦点を当てる。貧困は，P. タウンゼントも定義の中で直接に言及するように剥奪の原因であり，剥奪は貧困の結果である。剥奪と社会的排除は，共

に多次元に亘る分析を手掛けることにおいて共通する。両者は，社会諸関係を視野に収めることでも共通する。但し，剥奪に地域や健康の視点が組み入れられるとはいえ，社会的排除にこれらの視点はない。

　スコットランド多元的剥奪指標は，所得を始め就業，健康と障碍，教育と熟練及び職業訓練，地域サービス利用の併せて5つの領域にまたがる30の諸指標を以って構成され始める。2003年に示された議論である。翌2004年には，幅広い検討を経て地域サービス利用が，地域サービス及び通信利用に名称変更された他，新たに住宅が加えられて6領域にまたがる31の諸指標として再構成される。さらに，2年後の2006年には，一段の検討を経て地域サービス及び通信利用が，サービス利用に名称変更された他，新たに犯罪が加えられて7領域にまたがる37の諸指標として再構成される。今日用いられるのは，この7領域37指標である。

　7つの領域に及ぶ諸指標を具体的に知るならばただちに了解されるように，スコットランド多元的剥奪指標は，貧困を起点にする。例えば所得領域の指標として，所得補助（Income Support）の受給成人（16歳以上60歳以下）数をはじめ他の低所得補助受給者の被扶養子ども（15歳以下）数，求職者給付受給成人数，求職者給付受給者の被扶養子ども数，低所得家族として税額控除を受ける成人と子ども数，女性60歳未満及び男性65歳未満，言い換えれば年金受給開始年齢に満たない層を対象にする就労不能給付（Incapacity Benefit）受給者数，同じく年金支給開始年齢に満たない層を対象にする重度身体障碍手当（Severe Disablement Allowance）受給者数，住宅領域の指標として過密な住居に住む家族の人数，集中暖房のない住居に住む家族の人数などが，盛り込まれる。同時に，スコットランド多元的剥奪指標は，既に述べてきたように地域の視点を組み入れており，これは，一般開業医への通院に当たって公共交通を利用する場合の所要時間をはじめ，郵便局を利用するに際して公共交通を使った場合の所要時間，あるいは，小売り店舗に向かうに際しての公共交通の所要時間などの諸指標などに示される。

　介護者の比率は，スコットランド多元的剥奪指標との関わりで一定の相関を

第2章 介護者の社会職業格差

表2-9 スコットランド多元的剥奪指標を用いた介護者に関する剥奪状況性別比較（2008/10年）1）　　　　　　　　　　　　　　　　　　　　　　　　　　　　　（単位：％）

	最も剥奪の激しい地域	次に剥奪の激しい地域	中間的な地域	剥奪の緩やかな地域	剥奪の最も緩やかな地域
男　性					
相当の介護を担う（A）	13	12	12	11	10
同上担わない（B）	87	88	88	89	90
女　性					
（A）	13	12	11	11	11
（B）	87	88	89	89	89
計					
（A）	13	12	11	11	11
（B）	87	88	89	89	89

注：1）　表中相当の介護を担うは，要介護者との同居と別居の双方を含む。
出典：The Scottish Government, *The Scottish health survey: topic report: older people's health*, The Scottish Government, 2011, p. 89, table 5.2より引用。

　示す。すなわち，相当の介護責任を規則的に担う介護者の比率は，剥奪の最も激しく進む地域と次に激しい地域とで相対的に高く，これとは反対に，剥奪の最も緩やかな地域で低い（表2-9）。介護者比率の相対的な低さは，剥奪の次に緩やかな地域にも認められる。これらは，表に示すように男女の別を問わない。また，規則的に日常生活上の援助を手掛ける場合を含む全ての介護者比率は，剥奪の最も進む地域で際立って高く，他方，剥奪の最も緩やかな地域で最も低い（28％，13％）。前者は，見られるように後者の2倍を超す。同様の傾向は，国民保健サービス情報センター『イングランド健康調査　2011年──健康，ソーシャルケア及びライフスタイル』（2012年）からも，読み取ることが出来る。

　この様な事実を前にするとき，2000年代中葉になされた指摘，すなわち，介護者は全ての社会階級に属するとは言え，労働者階級に属する介護者数は中間階層の介護者よりも遥かに速い速度で増加し，あるいは，低所得階層や社会的剥奪（socially deprived）状態にある集団に属する介護者も目立った増加を示すとの指摘の適格性について，改めて感じ取らざるを得ない。介護者が，全ての社会職業階層から出自していることは紛れもない事実である。同時に，低位の社会職業階層に数多く存在することも，これまた否定することの出来ない事実の一つである。P. タウンゼントが，1987年に『社会政策』誌上で初めて世に

問うた概念を今日的に再構成した多元的剥奪指標から学び取ることの出来る内容の一つである。

4　介護者の社会職業階層の国際動向

（1）　欧米7か国等の介護者の規模と比率

　介護者調査は，時代のニーズに対応して時間を置くことなく実施されてきたわけではない。イギリスの調査研究史が教えるように，個々の研究者による地域や規模を限定した調査として暫くの期間実施される。ニュージーランドの全国保健委員会（NHC）は，類似の事情もあって文書『私たちは介護者にどのような手を差し伸べるか――障碍を持つ人の日常生活上の援助に当たる方への支援』（1998年）では，ニュージーランドにいかなる規模の介護者が存在するかについて推定するには難しい[39]，として規模には言及しなかったことがある。あるいは，フランスでは，民間の財団による介護者の規模に関する推計作業が行われ，その結果，330万人から370万人の介護者が存在するとして推計作業の結果が広く伝えられ[40]，全国規模の介護者調査とこれを踏まえた政策的な対応の緊急性が説かれたこともある。

　イギリスに次いで介護者調査に乗り出す政府は，著者の知る限りでもオーストラリア，アイルランド，ニュージーランド，フランス，フィンランド，オランダ，カナダの7か国である。介護者の比率は，フィンランドとアイルランドを除いて全て二桁台であり，イギリスのそれとほぼ重なり合うか，あるいは，僅かに上まわる（表2-10）。介護者の性別は，今日も女性に傾斜するとは言え，時系列の計数に着目するとき性別格差の縮小を見て取ることが出来る。イギリスを含めて国際的な動向の一つと評しても良い特徴の一つである。

　週当たり介護時間の長さは，介護者の就業状態や就業形態を含む生活を大きく左右する。オーストラリアの介護者の4人に1人は，週43時間以上を日常生活上の援助に充てる（男性23.3%，女性27.0%，平均25.6%，2009年）。女性の比率がやや高いのは，イギリスと全く同じように身体介護の比率の目立った高さが

第2章 介護者の社会職業格差

表2-10 オーストラリア他6か国等における介護者比率と規模及び性別構成（1993～2011年）[1]

（単位：％）

	介護者比率	介護者数	性別構成 男性	性別構成 女性
フィンランド（年齢階層及び年次不明）	6.3			
フランス（16歳以上，2008年）	15.9	8,296,000	40	60
オランダ（18歳以上，年次不明）	11	1,300,000		
アイルランド（15歳以上，2002年）	4.8	148,754	38.5	61.5
同（同，2006年）	4.8	160,917	37.7	62.3
同（同，2011年）	4.1	187,112	39.0	61.0
オーストラリア（15歳以上，1993年）	15.6	2,455,400	45.6	54.4
同（同，1998年）	12.6	2,327,900	43.9	56.1
同（同，2003年）	15.6	2,455,400	45.6	54.4
同（同，2006年）	11.2	1,606,200	41.8	58.2
同（同，2009年）	12.2	2,632,100	44.8	55.2
ニュージーランド（15歳以上，2006年）	14.4	455,895	36.1	63.9
カナダ（全人口，001年）	10	2,850,000		
同（年齢階層不明，2008年）	14.5	4,460,000	44.4	55.6
ヨーロッパ連合（年齢階層不明，1999年）	10			
同（年齢階層不明，2002年）	11			

注：1）空欄は不明である。ヨーロッパ連合加盟国は，1999年15か国，2002年15か国に加盟希望13か国の合計28か国である。

出典：J. Brodsky, J. Habib and M. Hirscheld, *Key policy issues in long-term care*, WHO, 2003, p. 18, Alain Blanc, *Les Aidants familiaux*, Presses Universitaires de Grenoble, 2010, p. 86, Nöemie Soullier, Aider un approche âge à domicile: la charge ressentie, *Etudes et Résultats*, N. 799, mars 2012, p. 2, Central Statistics Office Ireland, *Census 2002, results*, CSO Ireland, 2003, p. 3, CSO Ireland, *Census 2011 results profile 8 our bill of health-health, disability and carers in Ireland*, CSO Ireland, 2012, p. 3, ABS, *Disability, ageing and carers survey*, ABS, 1993, p. 42, ABS, *Disability, ageing and carers: summary of findings*, ABS, 1999, p. 43, ABS, *Disability, ageing and carers: summary of finding*, ABS, 2004, p. 40, ABS, *Disability, ageing and carers Australia: summary of findings*, ABS, 2010, p. 10, Statisitics New Zealand, *Disability and informal care in New Zealand in 2006, results from the New Zealand disability survey*, Statistics New Zealand, 2009, p. 18 and pp. 52-53, Coalition Canadienne des Aidantes et Aidants Naturels, *Table ronde sur le rôle des homes dans l'aide aux proches*, CCAAN, 2003, p. 1, Statistics Canada, *2008 General social survey*, Statistics Canada, table 9.1, table 10.1, http://www.statcan.gc.ca/pub/89-640-x/2009001/tab, The European Foundation for the Improvement and Working Conditions, *European quality of life survey 2007, caring for ill, disability or elderly in the home*, EFIWC, 2009, p. 58より作成。

要因の一つである。また，一人で介護責任を負うことが，少なくないからでもある。アイルランドの介護者も，週当たり介護時間についてこれに類似の傾向にあり（25％，2008年，25.4％，2009年），5人に1人以上は，週57時間を超えて介護責任を負う（21％）[41]。週50時間以上の介護者が，既に紹介してきたように

表2-11 18歳以上の主な介護者の介護期間別週当たり介護時間別比較
(オーストラリア,2009年)1) 2) (単位:%)

介護期間	週20時間未満	週20時間以上39時間以内	週40時間以上	計
2年未満	14.3	9.2	11.7	12.4
2年以上4年以内	29.6	29.2	25.1	27.7
5年以上9年以内	25.3	29.4	30.6	28.1
10年以上24年以内	26.4	25.2	25.3	25.8
25年以上	4.5	7.0	7.5	6.1

注:1) 週50時間以上を日常生活上の援助に充てる介護者の介護期間は、イギリスで長い。4人中3人近く(71%)は5年以上、同じく6人中1人程(17%)は20年以上の介護期間である。2005年の結果である。Scottish Executive, *Care for the 21st century, the future of unpaid care in Scotland, headline report and recommendations*, Scottish Executive, 2006, p. 202.
2) 介護期間は、四捨五入のため合計が100にならない箇所もある。
出典:ABS, *Caring in the community, Australia, 4436.0*, ABS, 2009, p. 24より作成。

イギリスで4人中1人に近い計数である(23.5%,2011年)ことと較べるならば、オーストラリアを始めとする3か国における至って長い介護時間の比率は、類似の傾向にある。

10年を超す介護期間は、オーストラリアとフランス及びアイルランドではほぼ同様の結果である(31.9%,2009年,34%,2008年,33%,2009年)[42]。忘れずに指摘しておかなければならないことは、介護期間は週当たり介護時間が短い場合にやや短く、他方、週当たり介護時間が長い場合に介護期間も長期化の傾向を示すことである(表2-11)。週当たり介護時間の長い介護者は、介護期間の相対的な長さという今一つの責任を負う。これは、表の下の欄に示すようにイギリスの調査結果と完全に一致する。アイルランドにも類似の特徴を読み取ることが出来る。要介護者と同居する介護者の週当たり介護時間は、別居に較べて相対的に長い。長い介護時間を、別居では担い続けることが困難であるという事情もある。5年を超す介護期間は、同居の介護者に多く、別居の介護者で少ない(50%,31%)。こうした傾向は、10年を超す介護期間についても同様に確かめることが出来る(32%,13%,2009年)[43]。

年齢階層別の介護者比率は，オーストラリアを引き合いに出すならば55歳以上64歳以下で最も高い（21.9％，他に18歳未満3.0％，18歳以上24歳以下7.1％，25歳以上34歳以下8.4％，35歳以上44歳以下14％，45歳以上54歳以下19.3％，65歳以上74歳以下21.5％，75歳以上15.7％，2009年）。これは，イギリスに同じ特徴であり，他の国々もほぼ同様の傾向にある。オートラリアにおいて18歳未満の年少の介護者の実数にして15万2,500人が，政府の調査を通して確かめられたのは，イギリスに次ぐ調査の実績である。

同じ介護者と言えども，要介護者との同居もしくは別居によって介護の負担も異なることから，介護者の就業形態と労働力率も異なる。アイルランドの事例を以って紹介しよう。要介護者と同居する介護者のフルタイム就業は，別居の介護者のそれに較べて低い（23％，37％）。介護負担の重さの結果である。また，パートタイム比率も同様である（13％，18％）。他方，15歳以上64歳以下の年齢階層に属して不就業状態の介護者は，前者に多く後者に少ない（38％，27％，他に失業6％，9％，2009年[44]）。これも介護負担が，要介護者との居住関係によって大きくことなる結果の一つである。

介護者の職業選択は，介護責任の重さに左右される。結果として介護者のフルタイム比率は，アイルランドの事例からも推測されるように介護責任を負わない人々に較べて格段に低くなることはもとより，主な介護者について最も低い。イギリスの介護者調査が，同じように伝えてきた事実の一つである。影響は，フルタイムの就業形態に止まらない。パートタイム比率，とりわけ主な介護者におけるパートタイム比率の高さが，目立つ（表2-12）。アイルランドの先の結果とはやや異なるとは言え，イギリスについて既に確かめられてきた傾向と全く同じである。フルタイム比率とパートタイム比率は，主な介護者について日常生活上の援助を手掛けていない人々と異なって逆転し，パートタイム比率がフルタイム比率を上まわる。忘れるわけにいかないことは，介護者のやや高い失業率である。確かに主な介護者の失業率は低い。介護時間の長さの故に就業の条件を欠くことから，就業意欲さえ萎えざるを得ないからである。しかし，他の介護者の失業率は，介護責任を負わない人々のそれに較べてもやや

表 2-12 介護責任の有無別及び程度別就業形態と失業率等比較（オーストラリア，2003年，2009年）[1]　　　　　　　　　　　　（単位：％）

	介護者			介護者以外
	主な介護者	他の介護者	計	
2003年				
フルタイム比率（A）	44.2	61.2	58.9	67.3
パートタイム比率（B）	52.7	32.5	35.2	27.3
失業率（C）	3.2	6.3	5.9	5.3
労働力率（D）	50.0	70.8	67.0	77.6
2009年				
（A）	45.8	61.8	58.3	65.1
（B）	49.1	31.5	35.4	29.8
（C）	5.0	6.6	6.3	5.1
（D）	42.3	65.3	58.3	69.7

注：1）四捨五入のため合計が100.0にならない箇所もある。
出典：ABS, *A Profile of carers in Australia, 4448.0*, ABS, 2008, p. 14, ABS, *Caring in the community, Australia, 4436.0, op. cit.*, p. 16より作成。

高い。日常生活上の援助に伴う経済的な窮乏を僅かなりとも是正しようとする求職活動の意思と活動とを，これらの計数から読み取ることが出来る。介護者の労働力率は，これを含めて考えてもイギリスと同じように日常生活上の援助を手掛けない人々に較べて格段に低い。これは，とりわけ主な介護者に際立つ特徴の一つである。

　人種や民族別の介護者比率は，イギリスと並んでオーストラリアでも手掛けられた調査によれば，オーストラリア生まれ（indigenous）とそれ以外（non-indigenous）とでさしたる相違はない（13.2％，11.2％，2006年）[45]。

（2）　介護者の職業資格と所得階層

　教育期間の長さと取得資格の水準は，学校生活における努力の結晶であるばかりか，学校を終えた後の労働市場におけるあり様を規定する。介護者，とりわけ主な介護者の教育期間は概して短く，取得した資格の水準も介護責任を負わない人々の後塵を拝する（表 2-13）。これは，特に主な介護者に顕著である。介護者，とりわけ主な介護者にあっては，教育期間の短さと取得資格の水準の低さのゆえに職業選択の枠も総じて狭められ，労働契約の締結に功を奏したと

表2-13 介護責任の有無別程度別教育期間及び資格水準比較(オーストラリア, 2003年)[1] (単位:%)

	介護者			介護者以外
	主な介護者	他の介護者	計	
教育期間				
9年以下	33.8	27.2	28.5	20.9
10年以上11年以下	39.1	38.6	38.8	36.1
12年以上	27.1	34.1	32.8	43.0
高校以外の高度資格				
学校以外の資格	57.0	53.0	53.8	51.3
高等教育免状	28.3	32.5	31.7	31.0
大学入学資格	14.7	14.5	14.5	17.7

注:1) オーストラリアにおける同様の調査結果は,以下の報告書にも示される。
Tiffany Gill and als, *The Health and wellbeing of adult family carers in South Australia, an epidemiological analysis 1994-2004*, Government of South Australia, Department of Health, 2006, p. 13 and p. 42.
出典:ABS, *A Profile of carers in Australia, 4448.0, op. cit.*, p. 14 and p. 91より作成。

しても賃金水準は低くならざるを得ない。介護者の週平均賃金が,日常生活上の援助を手掛けてはいない人々のそれに較べて25%以上低く,しかも,主な介護者になると40%以上低いという事実も伝えられる(2003年)。日常生活上の援助の開始と共に就業形態の変更や離職も待ち受け,これはこれで賃金を含む所得水準の低下を招き寄せ,そもそも所得源泉の変更さえ迫られることも本人の希望に反して存在する。これは,特に主な介護者に著しい。

所得源泉とは何かと問えば,賃金と答えることが広く知られた回答であろう。しかし,介護者の世界は異なる。主な介護者の所得源泉は,比率の高い順に年金,諸手当,賃金,その他及び事業収入である(53.6%, 30.1%, 8.7%, 3.3%)。他方,介護責任を負わない人々のそれは,賃金,年金もしくは諸手当,その他及び事業収入である(57.0%, 21.4%, 6.2%, 5.4%, 2009年)[46]。公的な諸手当が,資力調査を給付条件の一つにしていることを考えるならば,所得源泉のあり様から介護者の所得水準の低さを推測することが出来よう。介護者が経済的な困窮を余儀なくされることから,過去12か月以内に金銭支払いに困窮した比率は,介護者の5人中1人以上を記録し,これは,介護責任を負わない人々よりも高い(22.3%, 17.8%, 2006年)[47]。困窮に直面した回数も介護者で多い。

表2-14 介護責任の有無別介護者の年齢階層別所得階層比較(オーストラリア,2003年,2009年)[1]

(単位:%)

	介護者				介護者以外
	15~34歳層	35~64歳層	65歳以上	計	
2003年					
最も低い所得階層(A)	17.6	17.7	35.9	21.1	14.5
次に低い所得階層(B)	21.3	17.8	28.9	20.6	13.5
中間的な所得階層(C)	18.4	16.5	8.4	15.4	15.0
次に高い所得階層(D)	11.8	14.0	3.9	11.7	16.9
最も高い所得階層(E)	11.4	13.2	0.4	10.5	18.5
不明(F)	19.5	20.8	22.4	20.8	21.5
2009年					
(A)		15.1	33.1	18.8	14.8
(B)		18.8	32.4	21.6	14.2
(C)		17.4	11.1	16.1	15.1
(D)		15.5	4.7	13.3	16.7
(E)		14.4	3.0	12.1	18.1
(F)		18.7	15.7	18.1	21.1

注:1) 所得は総所得である。四捨五入のため合計が100.0にならない箇所もある。
出典:ABS, *A Profile of carers in Australia, op. cit.,* p. 56, ABS, *Caring in the community, op. cit.,* p. 17より作成。

　介護者の所得階層は総じて低い(表2-14)。介護者の過半は,所得階層の低い第Ⅰ五分位から第Ⅲ五分位に属するのに対して,介護責任を負わない人々は,これとは反対に第Ⅲ五分位から第Ⅴ五分位に主として属する。これは,表に示すように15歳以上64歳以下の年齢階層にも確かめることの出来る特徴である。介護者の所得階層の低さは,専ら年金受給を理由にするわけでないことを,ここから読み取ることが出来よう。

　この結論は,オーストラリア連邦議会の報告書における結論,すなわち「低所得世帯に暮らす介護者の比率は,全ての年齢階層について日常生活上の援助を手掛けてはいない人々よりも高い。それというのも介護者の32%と主な介護者の44%は,2003年に低所得世帯に暮らす。日常生活上の援助を手掛けずに低所得世帯に属する人々の比率は,17%である」[48]との指摘と内容に照らして重なり合う。低所得世帯に暮らす介護者の比率は,全ての介護者に限っても見られるように他の人々のおよそ倍を数える。

表2-15 介護者の居住形態別等教育期間証書等比較（アイルランド，2009年）[1]

(単位：％)

	同居介護者	別居介護者	主な介護者他	週15時間以上の介護者	計
学校卒業証書なし	31	13	22	26	20
中学校卒業	19	16	18	18	17
高等学校卒業	21	23	23	23	23
大学卒業	9	14	11	11	12
博士課程証書なし	10	16	13	11	14
博士課程証書以上	9	18	12	10	14

注：1) 四捨五入のため，合計が100にならない箇所もある。
出典：CSO Ireland, *Quarterly national household survey, carers, Quarter 3 2009*, CSO Ireland, 2010, p. 11より作成。

　低所得階層に属する介護者の比率の高さは，介護責任を引き受ける以前における教育期間や資格取得の状況からも影響を受けると同時に，日常生活上の援助に伴う就業形態の変更や非労働力化の影響も大きい。所得源泉の変更を迫られる介護者も認められる。

　介護者の窮状は，察して余りある。介護者手当を受給する介護者家族と介護者給付を受給する介護者家族の両者ともに3分の1近くは，電気代やガス代あるいは電話代の支払いに困窮した経験を持つ（30％，29％）。この種の苦い経験をしたことのある比率は，一般国民に関する限り明らかに低い（14.6％）[49]。介護者手当や介護者給付を手にする家族のおよそ半分に止まる。

　オーストラリアと類似の状況は，アイルランドにも確かめることが出来る。介護者，とりわけ同居の介護者の教育期間は，「学校卒業証書の交付なし」欄の計数に象徴されるように短い（表2-15）。学校教育が，広く社会職業生活の準備期間であることを考えるならば，芳しからざる教育期間や職業資格の所得状況は，本人の願いの如何にかかわりなく職業生活における選択の幅を狭くし，手にする所得の水準も低くならざるを得ない。

　介護者の週当たり介護時間別構成には，社会職業格差を伴う。すなわち，専門的職業と管理的・技術的職業及びホワイトカラー職業は，週1時間以上14時間以下に傾斜するのに対して，ブルーカラー半熟練職業と同じくブルーカラー

表 2-16 介護者の性別社会職業階層別週当たり介護時間別分布（アイルランド，2006年）[1]

(単位：%)

	週1時間以上 14時間以下	週15時間以上 28時間以下	週29時間以上 42時間以下	週43時間以上
専門的職業	70.6	9.0	4.0	16.4
管理技術職業	65.0	10.2	4.8	20.1
ホワイトカラー職業	62.8	11.0	5.5	20.7
ブルーカラー熟練職業	55.2	11.2	6.7	23.9
ブルーカラー半熟練職業	54.1	11.6	7.4	26.8
ブルーカラー不熟練職業	46.4	11.9	8.2	33.5
他及び不明	41.7	9.9	7.1	41.3
計	58.0	10.6	6.0	25.4

注：1）四捨五入のため，合計が100.0にならない箇所もある。
出典：Centre Statistics Office Ireland, *Census 2006, Volume II, Disability, carers and voluntary activities*, CSO Ireland, 2009, table 52より作成。

不熟練職業は，週43時間以上に傾斜する。これは，特に女性に顕著である（表2-16）。これを賃金水準に即して言えば，相対的に高賃金の介護者の週当たり介護時間は概して短く，他方，低賃金の介護者が日常生活上の援助に充てる週当たり時間は長い。有償のサービスの購入を左右する支払い能力は，当然のこととは言え所得水準に応じて異なる。介護者の週当たり介護時間の長さ別構成を社会職業階層別に見た際の大きな格差の要因の一つは，介護者の所得水準である。日常生活上の援助を担う限り同じ立場にあるとはいえ，格差は，表に示すように判然とする。介護者を取り巻く格差の冷厳な事実の一つである。

注
(1) Tim Cook, *op. cit.*, p. 75.
(2) EOC, *Who cares for the carers? opportunities for those caring for the elderly and handicapped, recommendations*, EOC, 1982, p. 2.
(3) Gillian Parker, *With due care and attention, op. cit.*, p. 21.
(4) Tim Cook, *op. cit.*, p. 54.
(5) Julia Twigg, *Carers, research & practice, op. cit.*, p. 16, Gillian Parker, *Where next for research on carers?, op. cit.*, p. 9.
(6) 白瀬由美香「イギリスにおける退院支援システムと医療・介護の連携」社会政策学会編『社会政策』3巻3号, 2012年1月, 76頁。
(7) NHS The Information Centre, *Survey of carers in household 2009/10, op. cit.*, p. 7

第2章 介護者の社会職業格差

and p. 18.
(8) Fraser Stewart and Euan Patterson, *Caring in Scotland, op. cit.*, p. 13.
(9) *Ibid.*, p. 13, Scottish Government, *Getting it right for young carers, the young carers strategy for Scotland, 2010-2015*, Scottish Government, 2010, p. 87.
(10) Marilyn Howard, *Paying the price, carers and social exclusion, op. cit.*, p. vii.
(11) Mike George, *If could be you, a report on the chances of becoming a carer*, Carers UK, 2001, p. 4 and p. 13.
(12) *Ibid.*, p. 12 and p. 14.
(13) B. Seebohm Rowntree, *Old people, op. cit.*, pp. 47-49, Alva Myrdal, *Nation and family, op. cit.*, p. 343, Peter Townsend, *The Family life of old people, op. cit.*, pp. 52-53, Robert M. Morony, *The Family and the state, op. cit.*, pp. 21-22 and p. 138.
(14) Muriel Nissel and Lucy Bonnerjea, *Family care of the handicapped elderly: who pays? op. cit.*, p. 23.
(15) OPCS, *Informal carers, op. cit.*, p. 6, Olwen Rowland and Gillian Parker, *Informal carers, op. cit.*, p. 11, DWP, *Family resources survey, 2000-01*, DWP, 2002, table 6.1, DWP, *Family resources survey, 2005-06*, DWP, 2007, table 6.1.
(16) Olwen Rowland and Gillian Parkers, *op. cit.*, p. 29, Joanne Maher and Hazel Green, *Carers 2000, op. cit.*, p. 17.
(17) Carers UK, *2011 Census: health and provision of unpaid care, local authorities in England nad Wales, comparison with 2001 census statistics*, Carers UK, 2012, p. 1, ONS, *Census 2001, National report for England and Wales*, TSO, 2004, p. 56.
(18) NHS The Information Centre, *op. cit.*, p. 44.
(19) *Ibid.*, p. 21.
(20) ONS, *Census 2001, National report for England and Wales, op. cit.*, p. 56, Joanne Maher and Hazel Green, *op. cit.*, p. 12, DWP, *Family resources survey, 2009-10*, DWP, 2011, p. 65.
(21) NHS The Information Centre, *op. cit.*, p. 21.
(22) Joanne Maher and Hazel Green, *op. cit.*, p. 7.
(23) DWP, *Family resources survey, 2009/10, op. cit.*, p. 67.
(24) NHS The Information Centre, *op. cit.*, p. 36.
(25) *Ibid.*, p. 30.
(26) OPCS, *op. cit.*, p. 11.
(27) Gillian Parker, *op. cit.*, pp. 6-8.
(28) Maria Evandrou and David Winter, *Informal carers and the labour market in Britain*, London School of Economics, 1993, Karl Atkin and Janet Rollings, *Community care in a multi-racial Britain: a critical review of the literature*, HMSO, 1993, Ruth Hancock and Calire Jarvis, *The Long term effects of being a carer*, HMSO, 1994.
(29) Julia Twigg, *op. cit.*, pp. 56-57.
(30) Marilyn Howard, *Paying the price, carers poverty and social exclusion, op. cit.*, pp. 12-13.

(31) Gillian Parker and Dot Lawton, *Different types of care, different types of carers: evidence from the General Household Survey*, HMSO, 1994, pp. 35-38, p. 102 and p. 107, Mike George, *op. cit.*, p. 6, Gillian Parker, *Where next for research on carers?* Leicester University, 1994, p. 13, London Economics, *The Economics of informal care, op. cit.*, p. 3 and p. 77, Sandra Hutton and Michael Hirst, *Caring relationships over time, end of project report*, The University of York, Social Policy Research Unit, 1998, pp. 28-29.

(32) Scottish Government, *Caring together, the carers strategy for Scotland, 2010-2015*, Scottish Government, 2010, p. 33.

(33) Fraser Stewart and Evan Patterson, *op. cit.*, p. 34, Fraser Stewart and Euan Patterson, *Caring in Scotland: analysis of existing date sources on unpaid carers in Scotland*, Scottish Government, Social Research, 2010, p. 34, Judith Harkins and Anna Dudleston, *Characteristics and experiences of unpaid carers in Scotland*, Scottish Executive, Social Research, 2006, pp. 26-27.

(34) P. Townsend, Deprivation, *Journal of Social Policy*, 16（1）, 1987, p. 126.

(35) P. Townsend, *The International analysis of poverty*, Harvester Wheatsheaf, 1993, p. 36.

(36) Social Disadvantage Research Centre, University of Oxford, *Scottish indices of deprivation 2003*, Social Disadvantage Research Centre, University of Oxford, 2003, pp. 9-20.

(37) Scottish Executive, *Scottish index of multiple deprivation 2004: summary technical report*, Scottish Executive, 2004, pp. 16-19.

(38) Care for the 21st Century and Office for Public Management, *The Future of unpaid care in Scotland, headline report and recommendations*, Scottish Executive, 2006, p. 5 and p. 7.

(39) National Health Committee, *How should we care for the carers? better support for those who care for people with disabilities*, NHC, 1998, pp. 12-13.

(40) Novartis, *Les Aidants familiaux en France*, Novartis, 2011, p. 3, Caisse Nationale de Solidarité pour l' Autonomie, *L'Apport de la CNSA dans la construction du dispositif d' accompagnement des aidants familiaux*, CNSA, Louis-Xavier Colas, 2011, p. 5.

(41) CSO, Ireland. http://census.cso.ie/Census/TableViewer/tableView.aspx?/ReportId=75733.

(42) Novartis, *op. cit.*, p. 3, Family caring in Ireland, *This report is intended for use by those with an interest in Family carer issues in Ireland*, Family caring in Ireland, 2010, p. 5.

(43) CSO, *Quuarterly national household survey, carers, quarter 3 2009*, CSO, 2010, p. 2.

(44) *Ibid.*, p. 11.

(45) ABS, *A Profile of carers in Australia, 4448.0, op. cit.*, p. 27.

(46) ABS, *Caring in the community, Australia, 4436.0, op. cit.*, p. 16.

(47) ABS, *A Profile of carers in Australia, 4448.0, op. cit.*, p. 58.

(48) The Parliament of the Commonwealth of Australia, *Who cares...? report on the*

inquiry into better support for carers, The Parliament of the Commonwealth of Australia, 2009, p. 28.
(49) *Ibid.*, p. 116.

第3章
介護者の健康

1　経済問題からの出発とニーズの包括的把握

(1)　未婚女性介護者の経済的な窮状

　介護者への支援は，その形成史を振り返るならば明らかであるように日常生活上の援助を担う人々，とりわけ未婚女性の経済的な窮状への着目とこれへの対応として開始される。

　戦前の1935年に結成された全国未婚年金連合は，第1章でも触れたように老親介護のために新たな家族形成の機会を逸することはもとより，中年期に離職を余儀なくされ，日常生活上の援助の終了後に再び就業することさえままならない未婚女性たちによって結成される。スピンスターズ，すなわち，未婚女性が，未亡人と同じ55歳の年齢で老齢年金を受給することが出来るように求める連合の請願書には，100万人近い署名が添えられて議会に提出される。議会に設けられた未婚女性のための年金委員会は，45歳を過ぎた未婚女性の失業率が同じ年齢階層の男性よりも高いことはもとより，彼女たちの再就業が至って厳しいこと，55歳を過ぎた未婚女性の健康状態に明確な悪化が認められること，これらの事実を独自の調査を通して確かめる。同時に，委員会は，年金の支給開始年齢を連合の請願に沿って55歳まで繰り上げるならば，雇い主によって悪用され，女性の老齢退職が彼女たちの意に反して事実上強制されるのではないかと危惧をして，連合の要求に沿う55歳への繰り上げには消極的な態度を示す。もとより，改革が完全に見送られたわけではない。全ての女性の年金支給開始年齢は，委員会の提案に沿って1940年に65歳から60歳に繰り上げられる。65歳

からの支給である男性とは，異なる扱いの始まりである。今日まで続く支給要件の一つである。独自の調査結果の一つ，すなわち，老親に対する日常生活上の援助の終了後に本人の意に反して仕事に就くことさえままならず，貧困状態に陥る女性が少なくないことに着目した改正に他ならない。

　全国未婚年金連合の結成とその運動は，ベヴァリジ報告にも影響を与える。W. ベヴァリジは，拙著『欧米の介護保障と介護者支援——家族政策と社会的包摂，福祉国家類型論』（ミネルヴァ書房，2010年）で既に指摘した(1)ように，介護を終えて「家族関係に変化が生じた」未婚女性たちの労働市場への参入を促すために，訓練センターへ精勤することを条件として資力調査なしに失業給付と同額の訓練給付の制度化について提案する。女性は，結婚と同時に「社会保障との関連では新しい人生に足を踏み入れることになる」として，家族形成期にある女性の非労働力化を社会保障制度はもとより広く社会制度の揺るぎない前提の一つとして想定しながら，主婦を社会保障の独自の分類に位置づける一方において，未婚女性の労働力化を年齢階層にかかわりなく求める W. ベヴァリジの20世紀初頭以来の揺るぎない家族観に沿う提案である。介護を担った未婚女性の経済状態に着目した上で，その自助努力に対する救済を目的にした手当の制度化であり，介護のために短くはない非労働力化の期間における産業構造の変化を念頭に，労働力化の主体的な条件を整えるために提案される。W. ベヴァリジの最初の著書が失業を主題にしていたことを振り返るならば，労働力需要の変化を見据えた労働力供給政策の一環としての構想でもある。

　介護者の経済的な窮状に対応する支援政策は，戦後にも継承される。すなわち，介護者支援の法制度などに関する略年表（1967〜2008年）として拙著『イギリスのコミュニティケアと介護者——介護者支援の国際的展開』（ミネルヴァ書房，2008年）の中で示したように，介護者の支援は，1967年に自宅における親の介護の故に離職を余儀なくされた女性のための年金保険料支払い猶予期間の創設，未婚女性のための扶養親族関係所得控除の制度化，71年に自宅における介護を要する者への付き添い手当の導入，76年に介護者に対する最初の手当としての介護者手当（Invalid Care Allowance, 今日の Carers Allowance）の導入，

第3章　介護者の健康

　さらに，2年後の78年に介護者の基礎年金を保護するための家庭責任保護条項の導入，これらとして制度化される。[2]

　介護者への支援が，経済的なそれとして相次いで制度化されてきたことは，英国介護者協会のまとめ上げた介護者運動史からも読み取ることが出来る。イギリスにおける介護者の運動史は，これまで2冊の著書として公刊され，いずれも英国介護者協会のまとめ上げた成果である。これに従えば，運動史は1963年から説き起こされ，介護者の経済的な窮状が体験談を踏まえて説き明かされると共に，1960年代から70年代における介護者のための金銭給付の制度化について紹介される。[3] 全国未婚年金連合の運動を契機に制度化された女性の年金支給開始年齢の繰り上げ措置やベヴァリジ報告に言及するわけではないとは言え，少なくとも戦後に再び始められた60年代以降における介護者への支援に関する限り，介護者が社会保障給付の一集団として登場したと各種の制度を紹介することで，至って正確な描写を示す。さらに，英国介護者協会は，未婚女性とその要介護者のための保護住宅などに関する提言を67年と翌68年に公表すると共に，介護者家族における貧困とその影響に関する調査を71年に行う。[4] 独自の調査を踏まえた提言を行う団体として，他の民間非営利団体からも尊敬の眼差しを寄せられている協会の調査活動と提言の開始でもある。これらも，介護者への支援が経済的な窮状に着目しながら制度化され，その後も同様な支援が運動主体によって目指されたことを間接的に例証する。

　介護の経済的な影響，あるいは，介護者が負う経済的な費用は，研究者自身が反省を込めながら指摘をするように，[5] 長らく調査研究の主題として研究者によって取り上げられてこなかったことも，確かである。介護は家族の事柄であり，経済活動の領域外の営為に他ならないのであって，担い手である女性の労働は，低い経済的な価値しか持ちえないと考えられたからである。研究の主題として正当に位置づけられ始めるのは，1980年代初頭から中葉に公刊されたフェミニスト達の業績を通してである。[6] 介護者支援政策は，こうした研究動向にもかかわらず，日常生活上の援助を短くはない期間に亘って手掛けた，あるいは，現に手掛ける未婚女性たちの運動に後押しされればこそ，彼女たちの

155

陥った経済的な窮状への対応として制度化される。

（2） 介護者調査と健康問題の位置

　介護者の健康を主題の一つとして直接的もしくは間接的に取り上げる調査研究が，戦後に関して存在しなかったわけではもとよりない。

　要介護高齢者の娘たちは，P.タウンゼントによれば日常生活上の援助の主要な担い手であり，家族介護に重要な役割を担うことなぞ至って稀な男性とは異なる存在である。彼女たちは，日常生活上の援助の結果として離職を余儀なくされるばかりではない。衣服の着脱はもとより移乗を手掛け，深夜の時間帯における介護作業を迫られることから睡眠の中断も珍しくない。これらの影響は，娘たちにとって大きな，あるいは，耐え難い程の重圧であり，見過ごすわけにいかない。P.タウンゼントは，1957年と62年の著書の中でこのような分析を施した上で，包括的な家族支援（comprehensive family help）について提言をする。[7]すなわち，病気などのために家に引きこもった，あるいは，寝たきりの高齢者を対象にする常時付き添い手当（Constant Attendance Allowances）をはじめ，娘たちが，夜間や休日に日常生活上の援助から離れて睡眠などの時間を確保することが出来るようにするためのサービスの制度化，かなり遠くに住む近親者のための一時宿泊施設の整備，これらの提案である。これらのうち常時付き添い手当は，要介護高齢者と日常生活上の援助に当たる娘たちの経済的窮状に着目したものであり，一時宿泊施設は，日常生活上の援助の担い手を要介護高齢者の近隣に住む娘たちに止めることなく，介護者の供給源の拡大を念頭に置いた措置である。また，夜間や休日に介護から離れることが可能な措置は，容易に推察されるように娘たちの健康を危惧し，娘たちが健康を損ねるならば，それは，巡りめぐって介護者の供給源を薄くしかねないと判断してのことである。最後の措置は，その後，広くレスパイトケア，すなわち，介護者の休息や休暇の機会として広がる支援に関する最も初期の段階における提言である。

　P.タウンゼントの調査を踏まえた提言は，その後制度として実を結ぶ。例

えば日常生活上の援助を担う未婚女性に休日（holidays）を保障するための試行事業は，1964年に開始される。この事業は，サービス給付の対象を未婚女性に限定することはもとより，日常生活上の援助が，彼女たちの健康に与える影響を看過するわけにいかないとの判断から出発する意味においても，P. タウンゼントの提言に完全に倣っている。

　P. タウンゼントは，介護者の健康について特に詳細な分析を施すわけではない。しかし，その後，健康を含めて介護者の直面する諸問題を包括的に分析した上で，必要な提言を施す調査研究が相次いで登場する。

　J. ティザード（Jack Tizard）他が，ロンドンに住む250人の精神障碍児とその家族について調査し，1961年に公刊した共著は，精神障碍者とその家族に関する研究の分野で開拓者的な業績である，と名高い評価を受ける。精神障碍児の介護は，J. ティザード他によれば両親に重い負担を課す。すなわち，家族関係の破綻や母親の労働力化の抑制，所得水準の低下と貧困階層への転落，介護に伴う特別な出費，休日の享受の抑制と社会的な接触の減少はもとより，母親の高血圧症状などに示される健康の悪化を伴う。父親の健康の悪化も例外的ではなく，209人の父親の4人に1人前後は，身体的な健康上の問題（26％），もしくは，精神的な健康上の問題（24％）を抱える。J. ティザード他は，調査結果を拠り所に，1952年に制度化されたショートステイ（short-term care）の年間最長6週間への延長をはじめ，日常生活上の援助を手掛ける両親の介護者グループへの参加，カウンセリングと助言の機会の提供，買い物を含めた家事援助の提供，専用住宅の整備と現金給付の拡充，施設入所とその影響に関する専門家との意見交換の機会の提供などについて提案する。J. ティザード他が，両親の身体的にはもとより精神的な健康状態の悪化に強い危惧の念を抱きながら提言をまとめ上げたことは，ショートステイの拡充一つを取り上げても明白である。

　J. ティザード他によって記録された調査研究の領域は，その後，生活の質の概念を新たに採用しながら少なくない研究者によって継承され，介護者の健康に関する分析もこれにつれて広がりを示す。

日常生活上の援助に伴う負担を生活時間調査の手法を用いながら分析する研究も，1980年代初頭に新たに登場する。介護者の精神的な負荷は，日常生活上の援助に充てられる時間の長さに応じて増大することから，例えばデイケア（day care）の拡充を通して介護者のストレスの軽減を図らなければならないとの分析結果が示され，介護者支援の拡充に向けた政策的に有益な示唆を含みながら提起される。[12]生活時間調査の手法ならではの分析と提言である。

　介護者の健康への関心は，80年代初頭以降，とりわけ80年代後半以降になると日常生活上の援助に伴う健康への影響に止まらず，さらに進んで介護者と医療サービスとの関わりの分析にまで広がりを示す。患者の病院からの退院に伴う介護者への影響を念頭に置いた退院過程の問題分析も，早ければ83年に公刊の著書に既に示される。

　要介護者が医療機関に通院する姿は，例外的ではない。もとより要介護者は，その状態に照らして一人で通院できるわけではない。介護者の付き添いを必要にする。それゆえ，介護者が例えば仕事に就きながら日常生活上の援助を手掛けるとき，解決を迫られる問題の一つは，要介護者に付き添いながら通院することである。雇用機会均等委員会は，要介護者に付き添う通院時間を有給休暇として扱うことを17項目に及ぶ体系的な提言の一つに位置づけ公表する。[13]『要介護高齢者と障碍者を看る介護の経験』（1980年）の分析結果を踏まえて，2年後の82年に示された提言である。

　一般開業医とその元に働く職員は，大多数の人口がそのサービスを利用することから，日常生活上の援助を手掛ける人々の存在とそのニーズを確かめ，介護者のごく基本的な権利を知らせながら地方自治体社会サービス部や民間非営利団体に紹介する上で，願ってもない格好の位置にある。しかし，80年代末葉から90年代初頭にかけて明らかにされた調査研究の結果に従えば，新しい職業教育を受けた年齢階層の比較的若い一般開業医や女性の開業医は，介護者のニーズに相対的にではあれ感応的な対応を示すとは言え，総じて一般開業医による介護者への理解は乏しい。[14]

　そうした芳しからざる状況は，理由のないことではない。第1に，一般開業

医は，改めて言うまでもなく患者として通院する要介護者の病状を診断し医療ニーズの充足を生業とする。しかも，診察室に入って一般開業医と対面するのは，日本の常識的な様子と異なりひとり要介護者であって，要介護者に付き添ってきた介護者は，診察室に入ることなく待合室で待ち続けることから，日常生活上の援助を手掛ける彼女や彼は，例え医院に姿を見せたとしても一般開業医には見えざる存在である。第2に，要介護者の登録する一般開業医と介護者の登録する一般開業医とが，異なることも少なくない。日本の実情とは異なって，要介護者と別居する介護者が，同居の介護者に較べて遥かに多いからである。介護者が要介護者と同居する場合はともかく，別居の場合には，両者の居住地域を異にすることから少なからず確かめられる事態である。一般開業医の関心は，例え介護者が要介護者と共に姿を見せたとしても，専ら要介護者に注がれることにならざるを得ない。第3に，一般開業医は，その職責に照らして当然のこととはいえ，医学的な見地から患者と向き合う。介護者が，例え自らの健康問題から一人で通院し患者として診察室に姿を見せ，医学的な知見に沿って診断が下されたとしても，日常生活上の援助を担うこととの関わりにまで視野を拡げ対応されることは，少ないのが偽りのない現実である。一般開業医があまりにも多忙であり，患者の置かれた多様な環境に目を配る程の時間的な余裕にも乏しいという事情もある。最後に，一般開業医は，地域における他のサービスについてしばしば知らない場合が多く，自治体社会サービス部に介護者でもある患者を紹介することに消極的である。国民保健サービスと社会サービス部とは，「ベルリンの壁」に隔てられている，と早くから指摘されてきた現実の一こまである。他方，介護者は，一般開業医が十二分な知見を備えていると全幅の信頼を寄せることから，もし一般開業医が，地域に開かれた何等かの介護者支援サービスについて言及しないならば，それは，サービスの存在しないことを意味すると理解しがちである。サービスを知らない結果であるとの判断は，至って稀である。

　少数民族に属する介護者と一般開業医を含む国民保健サービスとの関わりでは，これらに加えて少数民族に独自の問題も指摘され，改善に向けた取り組み

の必要性が明らかにされる[15]。その一つは，国民保健サービスの病院施設を利用したショートステイで提供される食事が，少数民族に属する要介護高齢者の食習慣を考慮することなく調理され，あるいは，少数民族に属するがゆえに英語を話すことが出来ない要介護者に対応可能な職員が，そもそも配置されていないことである。少数民族に属する要介護高齢者は，いずれも自らの至って基本的なニーズの不充足に直面することから，病院施設を利用したショートステイへの参加には，明らかに拒否的な態度を含めて消極的な態度を示すことになり，巡り巡って介護者の休息や休暇の機会は制限される。

　一般開業医を含む国民保健サービスが，介護者への支援の上で抱える問題について具体的に明らかにされると共に，医療機関に働く職員への小さくはない可能性も期待を込めながら解き明かされる。例えば地域看護師の可能性である。地域看護師は，専門的な看護技術を身に付けているだけに，介護者による失禁などへの対応について助言を交えながら適切な指導を施すことが出来る。要介護者の抱える疾患とその経過についても解り易く説明し，介護者の話に耳を傾けながら与薬の方法などにも適切な援助が，可能である。地域看護師による援助は，こうして介護者の日常生活上の援助に伴う心の不安を軽くすることに通ずる。

（3）　介護者の健康を含むニーズの体系的な把握

　英国介護者協会は，こうした調査研究の成果に促され，あるいは，これらと軌を一にしながら介護者の健康に関わる取組みに着手する。

　1992年には，英国介護者協会として取り組んできた調査活動の中で最大規模の調査結果が公表される[16]。これに従えば，介護者の3人中2人近くは，日常生活上の援助の結果として健康問題を抱える（65％）。同じく3人中1人は，日常生活上の援助に関わる支援を全く受けていない（33％）。また，4人中3人は，より専門的な支援が必要であると感じ取っている（75％）。英国介護者協会は，王立一般開業医組合（RCGP）に92年に加盟し，介護者とそのニーズに関する一般開業医の理解を促すための討論集会を同じ年に開催するのも，この

調査結果を踏まえ促されてのことである。また，介護者への支援の拡充を念頭に，一般開業医との共同に向けた計画を翌93年に策定し，その後の活動の拠り所にするのも，調査結果に示される介護者の健康問題の深刻さと支援への強い希望に促されてのことである。

　研究者が，日常生活上の援助に伴う介護者の健康問題を主題に取り上げることに止まらず，介護者と医療サービスとの関連にも焦点を当て始めたように，英国介護者協会も，介護者と一般開業医を含む広く国民保健サービスとの関わりを調査の主題に定める。その最初の結果は，『知られていない，見えない──国民保健サービスに関する介護者の経験』(1998年) である。一般開業医や地域看護師はもとより，医療ソーシャルワーカー (hospital social worker) を含む広く国民保健サービスによる介護者支援の現状が，つぶさに明らかにされると共に，国民保健サービスに限っても12項目の提言が，調査結果に沿って示される。[17]

　3年後の2001年には，要介護者の病院からの退院に当たって介護者がどのように関わり，いかなる支援を受けたかについて，イングランドの北西部を対象に調べ上げた調査結果が公表される。患者に寄り添う介護者の確認はもとより，退院計画の策定過程への介護者の参画，病院と自治体社会サービス部との連携による在宅サービスの退院直後からの整備などが，調査結果を踏まえて提言として示される。98年に公表された調査が，介護者と国民保健サービスとの関わりについて調べ上げたのに対して，2001年のそれは，主題を要介護者の退院に絞り込みながら退院計画の策定と実施に関する提言の一段の精緻化を図ったものである。[18]さらに，『健康状態の悪化──日常生活上の援助の健康への影響』(2004年) は，『国勢調査』の2001年版が初めて介護者を取り上げたことを踏まえて，日常生活上の援助を担っていない人々の健康状態と介護者のそれとを比較した成果である。[19]介護者，とりわけ週50時間以上に亘って日常生活上の援助を担う介護者の健康状態が，『国勢調査』の結果に沿って具体的に指摘された上で，一般開業医による介護者の健康診断などが制度化されるに相応しいと提言される。

英国介護者協会は，長年に亘る少なくない調査結果を踏まえて，介護者の充足されるに相応しいニーズを2005年に改めて定式化する[20]。それは，介護者とその役割に対するより良い社会的な認知を始め，貧困や金銭的な労苦からの介護者の解放，介護者の健康の尊重，働く機会の実際的な保障及び社会生活の全ての領域への参加とこれを通した完全な包摂の実現，これらである。見られるように介護者の健康は，充足に値するニーズの一つとして明確に位置づけられる。1935年，戦後に限って言えば1963年からの歴史を刻む介護者たちの運動が，21世紀初頭に引き出したニーズに関する体系的な定式である。

　介護者の健康を含むニーズの体系的な把握の試みは，調査研究史を丹念に振り返るならば明らかであるように，1980年代末葉から90年代初頭に遡る。イングランド北西部のテームサイド州の政策研究チームは，介護者の多様なニーズを明らかにするために，まずもって介護者調査を1987年から88年にかけて実施し，日常生活上の援助が介護者に与える多面的な影響について分析する（表3－1）。表中に示す経済的な影響は，英国介護者協会の定式化した介護者のニーズのうち第2の貧困や金銭的な労苦，同じく健康への影響と睡眠への影響は第3の健康の尊重，就業への影響は第4の働く機会の実際的な保障，社会的な包摂は最後の社会生活の全領域への参加とこれによる包摂の実現と，内容に照らして重なり合う。介護者は，日常生活上の援助を担うことから，表に示すように健康はもとより就業や経済生活，あるいは，広く社会生活に個人的な努力では如何ともし難い問題を抱える。

　テームサイド州政策研究チームは，介護者のこうした現状から出発しながら介護者への支援について包括的な提起を行う。

　もとより両者に相違が認められないわけではない。2つのことを指摘しなければならない。まず，社会的な認知（recognition）の表現は，テームサイド州政策研究チームの報告書にはない。この表現は，『介護者のための全国戦略』（1999年，2008年，2010年）はもとより，自治体や国民保健サービス地域基金の策定する介護者憲章と介護者支援計画にも広く登場するが，その最初の発議は，英国介護者協会である。さらに，介護者の包摂（inclusion）の表現は，テーム

表3-1 介護者への日常生活上の援助の多面的な影響（テームサイド州，1987/88年）

	比率（％）
1．就業への影響	
離　職	13.7
昇進の断念やパートタイム化等	8.9
小　計	22.6
2．社会的な影響	
社会的な孤立	30.4
友人との交際機会の減少	19.5
小　計	49.9
3．経済的な影響	
大きな収入減少と支出増加	18.3
多少の収入減と支出増加	21.7
小　計	40.0
4．健康への影響	
健康の大きな悪化	3.2
健康のかなりの悪化	17.2
小　計	20.4
5．睡眠への影響	
睡眠の撹乱	8.5
睡眠の中断	14.8
小　計	23.3
6．要介護者から離れる時間への影響	
30分を超えては離れられない	16.1
僅かな時間ならば離れられる	32.7
小　計	48.8

出典：Tameside MBC, *Towards a strategy for carers, Tameside MBC's research on carers, final report*, Tameside MBC, Policy Research Unit, 1991, p.23より作成。

サイド州政策研究チームが調査報告書を策定した80年代末葉には，イギリスでも存在していない。フランス発の概念としての排除（exclusion）がイギリスでも学び取られ，排除の対概念としての包摂が，『介護者のための全国戦略』（99年）の中心的な政策目標として据えられたことを契機に，介護者運動でも用いられ始めるのである。英国介護者協会による2005年の定式化は，これらを考慮に入れるならばテームサイド州政策研究チームの成果を正当に継承しながら，協会による独自の作業を含めてその後の政策動向を正確に見据えてなされたも

のである。両者には，このような相違が認められるとは言え，健康が，介護者の基本的なニーズの一つであるとして忘れることなく位置づけられることにおいて，共通する。

　健康を含めて介護者のニーズを体系的に把握する試みは，国民議会（House of Commons）仕事・年金委員会（WPC）の2007年から2008年にかけての議論にも確かめることが出来る。委員会は，日常生活上の援助の結果として介護者の直面する社会的な排除は，離職や低賃金職種への転換，労働時間の短縮あるいは追加の出費などに伴う経済的な負担，休息時間の縮減や睡眠の中断などに伴う肉体的にはもとより精神的な重圧，要介護者を一人にしておくわけにいかないことに由来する社会的な孤立，これら3つの形態を挙げ，これらに対応する支援の拡充が求められると指摘する。[21]こうした把握は，テームサイド州政策研究チームはもとより英国介護者協会のそれとも，内容に照らして重なり合う。

　介護者の健康は，既に見てきたように早ければ1930年代末葉の議会に設けられた委員会の調査，戦後に関して言えば1947年や1957年に公刊の著書を通して関心が寄せられる。戦前の1935年に始まる介護者の運動を契機に，議会の委員会が，日常生活上の援助を担う未婚女性たちの労働市場における位置はもとより広く健康問題も調べ上げながら対応したことが，実に見識のある対応として思い起こされる。健康問題への関心は，戦後における介護者運動の再開される1963年に先立つ50年代後半に調査研究の主題の一つとして明確に示される。関心は，調査研究に後押しされながら時代と共に広がり，80年代以降には，介護者の基本的なニーズに関わる問題の一つとして正当に位置づけ始められ，20世紀末葉以降に至ると，こうした理解は，議会はもとより政府の文書からも容易に読み取ることが出来る。

2　健康格差と介護者の健康

（1）　健康格差論の形成と広がり

　健康格差（health disparities），イギリスで広く用いられる表現に沿って正確

第3章　介護者の健康

に示すならば，健康の不平等（health inequalities）に関する研究が，いつから開始されたかを巡っては，イギリスでも議論のあるところである[22]。健康格差を論ずる調査研究の成果は，振り返るならば確かに19世紀中葉にも既に存在する。同様に，健康格差を論ずるに際して必ず用いられる社会階層の定義に限っても，1921年に既に存在する。しかし，研究の体系性と今日まで国境を超えて脈々と続くその揺るぎない程の影響とを考慮するならば，広くブラック・レポートと呼ばれるD. ブラック（Douglas Black）他『健康の不平等——作業部会の報告』（1980年）から説き起こすことが，適切であろう。

　ブラック・レポートは，保健社会サービス省の諮問に応えて提出された報告書である。保健・社会サービス省は，最下位に位置する社会階層男性の死亡率が，最上位階層に属する男性の倍に近いことに危惧の念を示し，向こう10年間にこの格差を縮小したいと考えながら，座長のD. ブラックを含む4人の委員から構成される作業部会を発足させる。ブラック・レポートは，その成果である。

　ブラック・レポートに示される主要な発見は，国民保健サービスが全ての国民に対して平等なサービス利用の機会を判然と提供してきたにもかかわらず，健康状態に明らかな階層差が存続していることについてである。健康格差を確かめる上で中心的な位置を占めたのは，社会階層の考え方である。生活水準や生活様式を異にする集団を区分しながら，健康の格差を確かめる手法である[23]。15歳以上64歳以下層の社会職業階層別の死亡率は，これに従えば専門的職業で低く，不熟練職業で高い。両者の間には，男女とも2.5倍の格差を伴う（イングランドとウェールズ，1971年）。同様に15歳以上64歳以下男性の住宅所有形態別並びに社会職業階層別の死亡率は，専門的職業と不熟練職業との間に明らかな格差を伴い，持ち家はもとより民間住宅の賃貸や公営住宅の賃貸のいずれの場合においても，専門的職業で低く，不熟練職業で目立って高い（1970〜75年）。格差は，15歳以上に止まらない。ブルーカラー不熟練職業に就く両親の元に生まれた子どもの誕生月における死亡率は，専門的職業の親を持つ子どものそれの2倍を記録する。次の11か月における子どもの死亡率も，前者が後者の3倍

程である。

　ブラック・レポートは，健康格差の推移についても調べ上げる。すなわち，死亡率の社会階層別比較を1950年前後と60年前後，もしくは1960年前後と70年前後について行いながら，健康格差の拡大について確かめる。ブラック・レポートは，これらの分析を踏まえて健康の不平等の縮減をあるべき政策目標に掲げながら，37項目に亘る勧告をまとめ上げる。

　ブラック・レポートが与えた影響は大きい。健康格差に関する体系的な調査研究としては世界で最初であるとの評価が，イギリス国内でも寄せられる[24]。健康格差に関する研究は，この評価の正しさをあたかも例証するかのようにブラック・レポートを契機にイギリスはもとより，広く国際的な展開を記録する。積極的な影響は，学術の分野に止まらない。世界保健機構（WHO）ヨーロッパ事務局は，健康格差の縮小を2000年までに達成するべき政策目標として1985年の政策文書に明示する。

　しかし，ブラック・レポートが報告書として政府に提出されたにもかかわらず，保健社会サービス省は，勧告の実施に要する費用の膨大さを危惧しながら，その実施に消極的な態度を示す。ブラック・レポートの印刷部数は，僅かに260部と政府に提出された報告書の印刷部数としてはあまりに少ないことからも，政府の後ろ向きの姿勢を読み取ることが出来よう。しかも，保健社会サービス省のその後の公式文書を見る限り，ブラック・レポートとは明らかに異なる見解を示す。その一つは，健康の規定要因を国民のライフスタイルにあるとして，その改善のために広く国民に情報を提供して健康教育を実施するならば，国民の理解も進み健康状態の改善に結びつくとの立場を打ち出したことである[25]。ライフスタイルを問題にすることを通して，国民の間における健康の相違は，国民による選択の結果であると理解するのである。今一つは，健康の不平等というブラック・レポートが用いた表現は一切使用することなく，健康上の差異もしくは健康上の社会的な差異（social variations in health）の表現に止まることである。健康について国民一人ひとりが自ら選び取った生活スタイルの結果であると考えればこそ，誕生した表現である。

（2） 健康格差論と介護者の位置

　政府の対応に変化が見られるのは，労働党が政権に戻った1997年以降である。保健省（DH）は，健康格差に関する最新の情報を分析しながら，その動向を把握すると共に，その縮小に向けて優先的に採用するべき政策手段を明らかにするべく，D. アチソン（Donald Acheson）を座長に6人から構成される委員会を97年に発足させる。検討の成果は，広くアチソン・レポートと呼ばれる『健康の不平等に関する調査委員会報告書』（1998年）として公刊される。加えて，『健康の不平等――D. アチソン委員会に提出された資料』（99年）も翌年に公刊される。これは，副題にも示されるように健康の不平等について1984年から99年に出された併せて1,055点の論文，著書及び報告書の概要についてまとめ上げ[26]，前年に公刊されたアチソン・レポートの学術的な知見の拠り所となったものである。

　アチソン・レポートは，直接にも言及するようにブラック・レポートに倣いながら健康の社会職業階層分析を行う。結果は，死亡率の職業階層格差の両性における拡大である（表3-2）。アチソン・レポートは，これを踏まえて13の領域にまたがる74項目の勧告を行う[27]。

　アチソン・レポートに注意深く目を通すならば明らかであるように，介護者に関わってブラック・レポートとは異なる扱いも確認される。ケアギヴァーズ（caregivers）の表現を用いていることである[28]。ブラック・レポートには，全く確かめることの出来ない用語である。しかし，この用語は，アチソン・レポートの前後の文脈から容易に推察されるように子どもの養育に携わる両親を念頭に置いており，介護者を意味する英語表現ではない。保育と介護の双方を意味するとして用いられていた当時のアメリカの用語法を思い起こすならば，誤った使用方法とは言い難く，両親，とりわけ母親の無償の保育者としての姿を念頭に置いての用語である。

　今一つは，アチソン・レポートの拠り所となる報告書『健康の不平等――D. アチソン委員会に提出された資料』には，介護者（informal carers, carers, unpaid carers）の表現が登場し，日常生活上の援助が，介護者の心と体の健康

表3-2 35〜64歳層の10万人当たり死亡率の職業階層別性別推移（イングランド，ウェールズ，1976〜92年）　　　　　　　　　　　　　　　　　　　　　　　　　　　（単位：％）

	男　性			女　性		
	1976〜81年 (A)	1981〜85年 (B)	1986〜92年 (C)	(A)	(B)	(C)
専門的管理的技術的職業	621	539	455	338	344	270
ホワイトカラー熟練職業	860	658	484	371	387	305
ブルーカラー熟練職業	802	691	624	467	396	356
ブルーカラー部分熟練・不熟練職業	951	824	764	508	445	418
倍率（％）1）	1.53	1.53	1.68	1.50	1.29	1.55

注：1）　倍率は，専門的管理的技術的職業を分母にブルーカラー部分熟練・不熟練職業を分子に計算している。

出典：Sir Donald Acheson, *Independent inquiry into inequalities in health report*, TSO, 1998, third impression, 1999, p.13より引用。

に少なくない負担をかけているとの指摘を確かめることが出来る[29]。入院期間の短縮化につれて家族とりわけ介護者の負担は，大きくなっていると指摘する。介護者への言及は，ブラック・レポートには全く確かめることが出来ない。もとよりこうした言及はアチソン・レポートにも存在せず，あくまで後者の拠り所としてアチソン委員会に提出され，広く一般にも刊行された報告書における分析である。それにしても介護者の健康に関する分析が，1980年のブラック・レポートには記載されなかったと言えども，19年後のアチソン・レポートの付属報告書に示されたことの意味は大きい。介護者の名を掲げる単独立法が，95年に制定されたことと併せて考えるならば，1980年から99年にかけての介護者問題への関心の広がりと調査研究の進展を象徴する。

　同様の動きは，その後にも継続され一段と広がりを見せる。介護者への言及は，アチソン委員会に提出された資料に止まらない。その12年後に公刊され，マーモット・レポート（Marmot review）と呼ばれる報告書『公平な社会，健康な生活――イングランドの健康不平等に関する戦略的検討』（2010年）にも確かめることが出来る。この報告書は，介護者の表現を用いた上で彼女や彼の直面する健康不平等について分析をし，この克服に向けた政策提言を行う[30]。健康の不平等と介護者との関わりは，こうしてブラック・レポートでは直接に言及

第**3**章　介護者の健康

されなかったとはいえ，アチソン委員会に提出された報告書，とりわけマーモット・レポートにおいて，健康の不平等を克服するために必要な問題領域の一つとして正当に位置づけられる。

　国民保健サービス・ストックポート一次診療基金と，ストックポート市（Stockport City）の策定になる政策文書によれば，⁽³¹⁾ブラック・レポートは，健康不平等の考えを1980年代後半に全国に広げたとは言え，当時の政府によって周辺部に放置され政策として具体化されることはなかった。他方，アチソン・レポートは，健康の不平等の要因を仔細に解き明かし，その勧告は，労働党政府によって具体化されると評する。2つのレポートに関するこの評価は，まぎれもなく正しい。アチソン・レポートは，調査研究の分野はもとより政府によっても積極的に受け止められ政策として具体化される。保健省『保健と社会サービスの現代化——1999/2000～2001/02年の全国的な優先事項に関する手引き』（1998年）はもとより，同『わが健康な国民——健康のための公約』（98年），同『健康の不平等の縮減に向けて——行動計画』（99年），同『女性の心の健康——女性のメンタルヘルスのための戦略的な対応』（2002年）及び同『健康な暮らし，健康な人々——イングランドにおける戦略』（2010年）などの政策文書は，ブラック・レポートやアチソン・レポートの分析にも直接に言及しながら，健康に見る不平等の縮減に向けた政策目標とそれに沿った政策手段を示すと共に，その一環として介護者による医療サービスの利用改善などを目標の一つとして掲げる。⁽³²⁾

　自治体や国民保健サービス地域基金も，早ければ21世紀初頭以降に地域住民の健康状態の改善に向けた『健康の不平等縮減戦略』などと題する政策文書を策定し，計画的な取り組みに乗り出す。年少の介護者を含む介護者が，コミュニティケアの主要な担い手であることを認めた上で，日常生活上の援助に追われるあまり心と体の健康に重い負担を背負い込むことに着目しながら，介護者への支援が，健康における不平等の縮減にとっても重要であると指摘する。⁽³³⁾自治体などのこれらの政策文書を見る限り，アチソン・レポートに直接言及することはない。しかし，政策文書の内容に照らすとき，アチソン・レポートはも

169

表3-3 健康状態に関する世帯所得階層別剥奪状態地域別状況（イングランド，2009年)[1]

(単位：%)

	世帯所得階層別					剥奪状態別	
	第I 五分位	第II 五分位	第III 五分位	第IV 五分位	第V 五分位	剥奪 地域	非剥奪 地域
男 性							
非常に良い・良い（A）	61	73	80	83	87	71	80
非常に悪い・悪い（B）	18	11	5	3	3	10	6
急性疾患の罹病（C）	17	17	14	8	10	15	13
女 性							
（A）	60	72	78	85	90	71	80
（B）	15	8	5	5	2	10	5
（C）	23	17	17	14	12	20	16

注：1）「非常に良い・良い」と「非常に悪い・悪い」の合計は，100にならない。残りの計数は，「まずまずの健康状態」である。

出典：Rachel Craig and Vasant Hirani, *Health survey for England 2009, Vol. 1, health and lifestyles*, NHS The Information Centre, 2010, p. 105より作成。

とよりブラック・レポートの影響を文書から読み取ることは，至って容易である。

　ブラック・レポートとアチソン・レポートの示した健康の不平等は，国民保健サービスの最近の調査を通しても確認することが出来る（表3-3）。2つのレポートが，いずれも社会職業階層に沿って分析を加えたのに対して，ここに示すのは，見られるように所得階層などの指標を拠り所にする。健康状態は，所得の高い階層で相対的に良く，他方，所得の低い階層で悪い。これに性別の相違はない。同じく健康状態は，高所得層が多く住む非剥奪地域で相対的に良いのに対して，低所得層が集中して一般開業医の人口比率が低く，加えて犯罪の発生率なども高い剥奪地域において悪い。これも計数に照らして両性に等しく確認される。社会職業階層を直接の指標にするわけではないとは言え，ブラック・レポートやアチソン・レポートと内容に照らして同じ結論を導き出す。

　介護者の直面する健康問題については，自治体や国民保健サービス地域基金による調査がある。いずれも介護者支援戦略などを策定する際の基礎資料として位置づけられ，政策の効果を検証するための資料としても実施される。例えばイングランド中部の工業都市バーミンガム市（Birmingham City Council）の調

査に従えば，回答を寄せた介護者の2人に1人以上は，何等かの健康上の問題あるいは障碍を抱える（56.9%，2011年11〜12月）。長期の疾病を患う介護者は，4人中1人を超し（27.0%），身体障碍を抱える介護者も6人中1人を数える（17.1%）。あるいは，国民保健サービス・サーリー（Surrey）地域基金『2011年介護者基礎調査』（2012年）に拠れば，回答を寄せた介護者の3人に2人近くが，週50時間以上に亘って日常生活上の援助を手掛けると共に，3人中1人が介護責任の結果として健康状態の悪化を招いている。これらの結果から，介護者の抱える健康問題の深刻さを読み取ることは容易である。同時に，調査の対象を介護者に絞り込むことから，介護責任を負わない住民との比較は期待できない。

　介護者の抱える健康問題の深刻さは，民間非営利団体の調査を通しても広く伝えられる。例えば介護者のためのプリンセス・ロイヤルトラストの調査に従えば，高齢の介護者の3人中2人近くは，週60時間以上を日常生活上の援助に充て，同じく3人中2人以上は，5年の長きに亘って要介護者の世話を手掛ける（61%，68.6%）。3人中2人程が自らも長期に亘る健康上の問題や障碍を抱えることと介護負担の重さとは無縁ではない（65%，2011年）。あるいは，英国高齢者協会（Age UK, 以前の名称は Age Concern）など8つの団体が，2012年の介護者週間（6月18〜24日）に実施した調査に拠れば，半数を超える介護者が不安や抑うつ感などを抱き，長期の疾病を患う（57%，53%）。要介護者の状態を優先し，日常生活上の援助に追われるあまり，自らの受診や治療を先延ばしにしたことのある介護者も珍しくない（39%）。介護者の健康状態について，伝えられる内容の深刻さは明らかであり，日常生活上の援助の結果として，介護者が被らざるを得ない健康格差の存在を示唆する。しかし，問題の深刻さを充分な程に伝えながら政策的な対応の緊急性を明らかにするとは言え，介護者週間に各地で催される行事に姿を見せた介護者を対象にする調査だけでは，介護者の健康格差を充分に明らかにすることは出来ない。

　『介護者のための全国戦略』は，介護者の健康ニーズに関わって，英国介護者協会『知られていない，見えない――国民保健サービスに関する介護者の経

験』(1998年)の調査結果に簡単に言及した上で,以下のような認識を示す。「……介護者が他の同一年齢階層の人々よりも多くの健康問題を抱えているかどうかを示す確定的な材料は,存在しない。特に身体的な損傷は加齢と共に増加する。介護者の多くは60歳を超す年齢階層に属する。同時に,幾つかの論稿は,とりわけ介護者の心の健康に及ぼす日常生活上の援助の有意な影響について指摘している」。ここに述べられているように「確定的な材料は,存在しない」状況は,『介護者のための全国戦略』が初めて策定され公刊される1990年代末葉まで,残念ながら否定するわけにいかない。日常生活上の援助に関する項目は,『国勢調査』や全国統計局『健康調査』などに長らく盛り込まれておらず,結果として介護責任を負わない人々との比較は不可能であり,研究者の地域を限定した調査はもとより全国規模のそれと言えども,民間非営利団体などの調査に多くを依存せざるを得なかったという事情がある。

　しかし,保健省『これからの介護——介護と支援の改革』(2012年)は,「介護者に対するより良い支援の提供は,彼女や彼が自らの健康を維持しながら介護責任を効果的に担い,自らの生活を享受するために欠かすわけにいかない」と指摘して,日常生活上の援助が介護者の健康に及ぼす影響について認めた上で,これを防止するために介護者への支援が求められると述べる。これと同じ認識は『介護者のための全国戦略』改訂版にも既に確かめることが出来る。改訂版に健康と題された第5章の冒頭では,以下のように指摘される。「およそ125万人の介護者は,週50時間を超えて日常生活上の援助に携わる。長い時間に亘って介護責任を負うこれらの人々が健康問題を抱える比率は,日常生活上の援助と無縁な人々の倍を記録する」。健康問題を抱える介護者の規模と比率について,ここに示される計数は,いずれも『国勢調査』(2001年版)を拠り所にする。日常生活上の援助の有無別並びに週当たり介護時間別の健康状態に関する計数が,『国勢調査』の結果として2004年に公表されたことから,漸く可能になり広く認められた指摘である。イギリスで広く用いられる健康の不平等との表現を直接には用いていないとはいえ,内容に照らすとき介護者の直面する健康の不平等について,指摘していると解釈することが適切であろう。

第3章　介護者の健康

関係する調査結果は，『国勢調査』以降に少なくないことから，これらを利用しながら問題に独自に迫ってみよう。

（3）　介護者の健康格差

『介護者のための全国戦略』改訂版は，先に紹介したように週50時間を超えて，日常生活上の援助を担う介護者を引き合いに出している。健康への影響を最も受けている階層として，50時間以上の介護者に言及したのであろう。しかし，日常生活上の援助が，健康を含めて介護者に与える影響を見定める上では，介護者研究の分野で1980年代後半以降に広く認められるように，要介護者との居住形態に着目することはもとより，週当たり介護時間の長さ別にも週20時間以上を目安にする。この手法に沿って検討を加えるならば明らかであるように，介護者の健康状態は，要介護者との居住形態では同居の介護者，週当たり介護時間の長さ別では週20時間以上，とりわけ週50時間以上の介護者について悪化が認められる（表3-4）。これは，介護者が自らの心と体の不調を感じ取りながら「一般開業医に通院する」比率にも示される。日常生活上の援助を担う限り，介護者として全く同じように区分されるとは言え，心と体の健康に及ぼす影響に即して考えるならば，同居と別居，週20時間未満と週20時間以上，とりわけ週50時間以上とでは，有意な相違を見て取ることが出来る。介護者の健康格差の一端である。また，健康状態が，2000年から2009/10年の期間に悪化の傾向にあることも確かな事実である。

同様の結果は，悪性腫瘍の患者を看る介護者に関する調査（2011年）からも知ることが出来る[41]。介護者の健康問題は，悪性腫瘍患者と同居する介護者と，週20時間以上に亘って日常生活上の援助を手掛ける介護者に顕著である。これらの結果は，ヨーク大学（The University of York）社会政策研究機構（SPRU）が，「健康の不平等と無償の介護」と題して取り組んだ研究計画の結果とも見事に符号する[42]。

介護者の健康問題は，日常生活上の援助を手掛けてはいない人々と較べるならば，どのようであろうか。不平等や格差と言う以上，この問題を避けて通

表3-4 介護者の要介護者との居住形態別週当たり介護時間別健康への影響状態（2000年，2009/10年）[1]

（単位：％）

	居住形態別		週当たり介護時間別			計
	同居	別居	週20時間未満	週20時間以上49時間以下	週50時間以上	
2000年						
疲れを感じる（A）	34	13	12	34	52	20
ストレス（B）	30	16	14	35	40	20
睡眠の乱れ（C）	31	6	7	24	47	14
怒りっぽい（D）	28	12	11	29	36	17
気分の落ち込み（E）	24	9	7	27	34	14
身体的な緊張（F）	13	3	3	10	24	7
一般開業医に通院（G）	10	2	2	8	17	4
意欲の喪失（H）	5	1	1	5	8	3
その他（I）	3	2	2	4	2	2
健康への何等かの影響						
あり（J）	59	29	28	61	72	39
なし（K）	41	71	72	39	28	61
2009/10年						
（A）	42	25	21		47	34
（B）	32	26	22		38	29
（C）	32	18	16		35	25
（D）	25	18	16		28	22
（E）	23	14	12		25	19
（F）	15	7	6		17	11
（G）	10	5	3		12	8
（H）	6	3	2		7	4
（I）						
（J）	62	42	39		66	52
（K）	38	58	61		34	48

注：1）空欄は，調査項目にないことを示す。

出典：Joanne Maher and Hazel Green, *Carers 2000, op. cit.*, pp. 26-27, NHS The Information Centre, *Survey of carers in households 2009/10, op. cit.*, p. 55より作成。

わけにいかない。症状などに即して検討してみよう。健康状態は，少なくとも週20時間を超え，とりわけ週50時間以上に亘って介護責任を担う介護者について，介護者以外との有意な悪化を確かめることが出来る（表3-5）。格差は，2003/04年から2008年の間に広がる傾向にある。しかも，週20時間以上の介護者の実数は，2001年から2011年の間に大幅な増加を示していることと併せて考えるならば，表に示される事実の意味は重い。このように指摘するとき，改め

表3-5 介護者の週当たり介護時間別健康状態の介護者以外との比較（ウェールズ，2003/04年，2008年）[1]　　　　　　　　　　　　　　　　　　　　　　　（単位：％）

	介護者の週当たり介護時間別				介護者以外
	週20時間未満	週20時間以上49時間以下	週50時間以上	計	
2003/04年					
高血圧（A）	16	19	19	17	18
呼吸疾患（B）	14	14	16	14	13
心の病（C）	9	11	15	11	9
関節炎（D）	12	15	14	13	12
糖尿病（E）	5	5	9	6	7
限定的な長期疾患（F）	29	29	31	29	28
21本未満の歯（G）	27	31	37	30	29
2008年					
（A）	19	19	25	20	19
（B）	14	17	17	15	13
（C）	11	11	16	12	9
（D）	12	14	18	13	13
（E）	5	5	9	6	7
（F）	27	35	42	31	26
（G）					

注：1）高血圧から糖尿病に至る欄の計数は，いずれも治療中の疾病を含む。空欄は調査項目にないことを示す。

出典：Statistics for Wales, *Welsh health survey 2003/04: health of carers*, Statistics for Wales, 2006, pp. 10-12, Statistics for Wales, *Welsh health survey 2008: health for carers*, Statistics for Wales, 2010, pp. 9-10より作成。

て脳裏に浮かぶのは，「特に身体的な損傷は加齢と共に増加する」として，「介護者が他の同一年齢階層の人々よりも多くの健康問題を抱えているかどうかを示す確定的な材料は存在しない」と結論づけた『介護者のための全国戦略』（1999年）の指摘である。しかし，健康格差は，両者の年齢階層を揃えた場合にも同様に確かめることが出来る。

（4）　介護者の健康問題の多面的な影響

　健康の不平等に関する研究は，アチソン・レポートに示される分析結果の一つとして既に紹介したように性別の分析をその内に含む。これに倣って問題に迫るならば，介護者の健康格差は，性別を問わず要介護者と同居の介護者並び

表 3-6 介護者の要介護者との居住形態別週当たり介護時間別長期疾患比率の介護者以外との比較（北アイルランド、1997年）

（単位：％）

	居住形態別		週当たり介護時間別			介護者以外
	同居	別居	週20時間未満	週20時間以上	計	
男性	50	34	34	58	42	36
女性	48	37	42	41	42	39
計	49	36	39	47	42	38

出典：Department of Health, Social Services and Public Safety, *Informal carers report, a report from the Health and social wellbeing survey 1997*, DHSSPS, 2001, p. 40より作成。

に週20時間以上に亘って介護責任を担う介護者に認められる（表3-6）。介護責任を負わない人々との格差は、見られるように至って大きい。この事実は、先に紹介した『介護者のための全国戦略』改訂版の分析の拠り所をなす『国勢調査』（2001年版）からも読み取ることが出来る。[43]

健康格差は、これらの結果に照らすとき要介護者と同居する介護者をはじめ週20時間以上、とりわけ週50時間以上を超えて日常生活上の援助に携わる介護者と、介護責任を負わない人々との間に厳然と存在する。しかも、格差は広がる傾向にある。

介護者は、軽くはない介護責任を負うならば入浴や排せつの介助、あるいは移乗などの身体介護を手掛け、夜間における睡眠の中断を余儀なくされることもさして珍しくはない。日常生活上の援助を手掛けて以来、休日はもとより休暇の機会を享受できないままの介護者も、少なくない。介護者の孤立化も疑うことの出来ない現実の一こまである。家族はもとより友人との交わりは、日常生活上の援助に追われるあまり希薄化する。仕事と介護との調整も短くはない介護時間のゆえにままならず、非自発的な離職の道を選択せざるを得ないことからも、孤立化は避けられない。離職と共に職場に出向くこともなく、要介護者と同じ屋根の下で時間を過ごすことになる。離職等に伴う所得水準の低下と介護に伴う追加の出費は、食費などの切り詰めを余儀なくさせる。介護者は貧困層や社会的に排除された階層に属するとの指摘も[44]、これらの事実に照らすと

き了解することができる。食費などの切り詰めは，深夜の時間帯における身体介護などとも相俟って，巡りめぐって介護者の健康に負の影響を及ぼす。日々のやり繰りを迫られる状態はもとより将来の経済生活の不確かさは，心の不安を招き寄せる。経済的な窮状が，介護者の心と体の健康問題としても姿を現すのである。

　介護者が自ら抱える健康問題は，復職を含む就業の機会を介護者の意に反して縮小させることになり，これはこれで経済的な窮状からの脱出の可能性を低下させる。その一端は，J. ヒルズ（John Hills）を代表者にする包括的な分析の成果『イギリスにおける経済的不平等の分析』（2010年）にも描かれている通りである。

　介護者が日常生活上の援助を手掛け始めた早い時期から自治体はもとより国民保健サービス，あるいは，民間非営利団体による介護者支援について知るわけではない。自治体などによる多様な手段を駆使しての情報の提供にも関わらず，否定することの出来ない現実の一こまである。結果は，地域における支援の存在にもかかわらず，これを知らないがゆえに利用することのない介護者の存在である。介護者が情報を得たことから，これを手掛かりに支援を申し出たとしても，折からのサービス給付基準の引き上げと共に受給対象としては認められない介護者も存在する。追加の情報の入手，介護者支援センターや医療機関などの運営する介護者グループへの参加に道が開かれるに止まる。これはこれで介護者支援の一環をなし独自の効果を持つとはいえ，介護時間の縮減とは無縁の措置である。週50時間を超えて日常生活上の援助を担う介護者が，21世紀に入ると100万人を超え，その後も週20時間以上の介護者と共に歴然とした伸びを示す事態は，給付基準引き上げの例証の一つである。あるいは，介護者が医療機関による支援を願っていたとしても，介護者への支援について一般開業医を含む医療機関職員に周知されていないことから，日常生活上の援助を手掛けている事実の確認はもとより，支援として具体化されない状況もかつて一部に認められる（表3-7）。こうした現実の一端は，国民保健サービス地域基金の調査を通しても，その後にも確かめることが出来る。[45]介護者の健康格差は，

表3-7 介護者ニーズに関する一般開業医の認識度と要介護者通院時の病院職員の対応状況
（1998年）[1]
(単位：％)

	そう思う	何とも言えない	そうは思わない
一般開業医は介護者のニーズについて知らない	67	14	19
病院から要介護者を自宅に送り届ける以前に対応可能か否か誰も尋ねなかった	68	12	21

注：1) 四捨五入のため，合計が100にならない箇所もある。
出典：Lesley Warner and Stephen Wexler, *Eight hours a day and taken for granted? research commissioned by The Princess Royal Trust for Carers*, PRTC, 1998, p.16より作成。

巡りめぐってこれらの要因の帰結でもある。

3 年少の介護者と健康

(1) 年少の介護者の発見と定義

健康の不平等は，ブラック・レポートはもとよりアチソン・レポートやマーモット・レポートが共に指摘するように成人期に固有の問題ではなく，既にこの世に生を受けた乳児期から確認される問題である。このために，健康の不平等に関する政策文書は，一つの例外もなく乳幼児期からの対策をその内に含む。この事実に着目するならば成人の介護者について論ずることはもとより，18歳未満の年少の介護者についても俎上に載せなければなるまい。日本における年少の介護者の存在は，拙著『イギリスの在宅介護者』（ミネルヴァ書房，2000年）の中で，総務省『社会生活基本調査』（1996年版，平成8年版）を手掛かりに簡単に言及し[46]，その後，社会学や教育学分野の研究者はもとより，教育委員会の協力を得た大学院生によって独自の調査を踏まえながら立ち入った検討が加えられ，単著を含めてその成果が公表され始めている。しかし，国際的にも意味の深い単著を含むこれらの得難い成果にもかかわらず，年少の介護者について日本ではあまり知られていないことから，まずは，定義などから説明することが求められているように思う。

年少の介護者の存在は，拙著『イギリスのコミュニティケアと介護者——介護者支援の国際的展開』に既に述べたように[47]，C.ディケンズ（Charles Dickens,

1812～1870年)の円熟期の作品『リトル・ドリット』(Little Dorrit, 1857年)やT.ハーディー(Thomas Hardy, 1840～1928年)の最も優れた作品『ダーバーヴィル家のテス』(Tess of the D'Urbervilles, 1881年,邦訳1960年)から知ることが出来る。年少の介護者が19世紀中葉に既に存在していたばかりでなく,優れて今日の問題であると受け止められたのは,多発性硬化症を患う若い母親から介護者団体の事務局に寄せられた一本の電話に遡る。1982年のことである。母親は,社会サービス部からのホームヘルプを含む各種のサービスを受けているとは言え,家事の殆どは夫との離婚を契機に4歳の息子に委ねざるを得なかった。彼女は,幼い息子が家の中で事故に遭遇したことから,当時ケント(Kent)に本部の置かれていた介護者団体に援助を求めて電話を掛けたのである。

年少の介護者の窮状について意見を交わす議会としての最初の会合は,国民議会において開かれる(1984年11月13日)。調査の対象として最初に救い上げられるのは,いずれも自治体によってである。[48]その一つは,イングランド中部のサンドウェル(Sandwell)市内の中等学校に通う子どもの介護役割と影響に関する調査である。今一つは,テームサイド州の介護者調査の一部として実施された年少の介護者調査である。結果は,1988年あるいは翌89年に公表される。成人の介護者に関する調査結果が,戦後に限っても早ければB S.ロウントリーの『高齢化と高齢者介護の問題に関する調査委員会報告』(1947年)に紹介されていることを改めて思い起こすならば,年少の介護者に関する調査は,その41～42年後に実施され公表されたことになる。[49]

年少の介護者に関する調査研究は,この2つの調査結果の公表以降に各地において進む。保健省による資金の提供を拠り所にした年少の介護者支援事業が,1990年に最初に開始される。今一つは,年少の介護者に関する調査研究チーム(YCRG)が,イングランド中部に位置するラフバラ大学(Loughborough University)において92年に設置される。年少の介護者支援事業を拠り所に数多くの調査研究を手掛けると共に,イギリスはもとより諸外国における調査研究の進展と支援政策の形成に少なくない貢献を確かめることが出来る。

年少の介護者の定義を巡っては,広く介護者に関するそれと同じように今日

も議論のあるところである。17人の研究者をはじめ5つの政府機関，173の自治体及び105の民間非営利団体の1995年から2007年にかけて公表された併せて300の定義を調べ上げた著者の作業を通しても，確認された事実である。改めて別の角度から明らかにしてみよう。

社会サービス監察官（SSI）は，年少の介護者について「通常ならば大人によって手掛けられる相当な日常生活上の援助を担う子ども，あるいは年少者は，通例彼女や彼の両親やときに兄弟姉妹の世話に当たる18歳未満の子ども，あるいは年少者である。障碍や疾病あるいは精神疾患を抱える親の居る家庭にあって年齢にふさわしい家事役割を受け入れてこれを担う子どもは，年少の介護者に含まれない[51]」。1995年の定義である。

年少の介護者とは，この定義に従えば「通常ならば大人によって手掛けられる相当な日常生活上の援助を担う子ども，あるいは年少者」に限られる。日常生活上の援助を担うといえども，相当な程度には至らない限り年少の介護者として数えられることはない。「年齢にふさわしい家事」とは，買い物や清掃，調理などのどれを指すのであろうか，不明である。

英国介護者協会は，社会サービス監察官のそれと大きく異なって，「疾病や障碍，精神疾患を患う人々や薬物などの乱用者の日常生活上の援助を手掛けなければならないことから，自らの生活を何等かの形で制限された18歳未満の年少者である[52]」，と定義する。98年に公表されたそれである。社会サービス監察官の定義が，日常生活上の援助として年少の介護者によって担われる作業の程度を基準にするのに対して，英国介護者協会のそれは，日常生活上の援助に伴う生活への影響を拠り所にする。しかも，後者は，「通常ならば大人によって手掛けられる」との表現を斥ける。同じ介護作業の形態と言えども，その影響は，年齢階層によって異なると判断した結果であると考えられる。適切な判断である。

保健省は，「相当の日常生活上の援助を規則的に手掛ける，あるいは手掛けるつもりの年齢階層にして18歳未満の子どもと年少者である[53]」との定義を96年に与える。これは，見られるように年少者の心と体への影響については言及し

第3章　介護者の健康

ない。「相当の日常生活上の援助を規則的に手掛ける」ならば，健康への影響は，介護者の年齢階層を問わず遅かれ早かれ現れる。しかし，影響は，少なくとも年少の介護者に関する限り「相当の日常生活上の援助を規則的に手掛ける」範囲を下まわったとしても，現れざるを得ない。例えば介護責任の故に不本意ながらも交友関係を失い，巡りめぐっていじめの引き金となり，これが年少者の心の負担になることは，各地の調査が伝えるように少なくない。心と体の成長期にある年少者の独自の状態に注目しなければなるまい。保健省の定義は，健康への影響を考えるならば明らかに狭い。

　ラフバラ大学の研究チームは，「年少の介護者は，子どもとして法的な地位を意味する年齢階層にして通常18歳未満に属する。両親の一方もしくは双方，あるいは他の家族構成員が何等かの疾病や障碍の一方もしくは双方を抱え，他の専門的な支援や無償の支援がないならば，年少の介護者は，一連の日常生活上の援助を手掛ける。彼女や彼は，殆んどの場合に自らの生活を制限することに連なる一連の義務や役割を果たす」(54)。このような定義を与える。年少者は，この定義に従うならば他の支援がないままに「一連の日常生活上の援助を手掛ける」結果として自らの生活を制限されるならば，年少の介護者として分類される。

　定義はこれらの4つを見る限り，少なくとも年齢階層に関する相違は存在しない。同時に，「通常ならば大人によって手掛けられる相当な日常生活上の援助」を基準の一部に採用するか否かはともかく，「相当の日常生活上の援助を規則的に手掛ける」か否か，年少者に及ぼす影響に注目しながら生活の何等かの制限，あるいは，「他の専門的な支援や無償の支援がない」などの基準のどれに依拠するかによって異なる。しかし，国際連合（UN）の子どもの権利条約（1989年）の24条と27～30条に着目をするならば，定義に際して日常生活上の援助が年少者の心と体はもとより，学校生活や広く社会生活の享受に及ぼす影響を視野に収めなければなるまい。このように考えるならば，「相当の日常生活上の援助を規則的に」などの表現を斥けて，広い定義が採用されるに相応しい。「長期の疾病や精神疾患，あるいは障碍を抱える人，もしくは，薬物や

アルコールの乱用者を家族に持つ18歳未満の者が，近親者への日常生活上の援助を通して心と体の健康の一方もしくは双方に望ましからざる影響を受け，生活の機会を次第に制限される」ならば，彼女や彼は年少の介護者である。

(2) 年少の介護者の規模と構成

年少者が，家族の一員として暮らしを営むならば，彼女や彼が日常生活上の援助を担うことなぞ俄かには信じがたいと感じ取る人も，日本における調査研究の現状に照らすならば少なくないと思われる。年少者が介護者化に至る要因は一義的ではない。

親の一方もしくは双方の疾病，あるいは障碍の発症は，18歳未満の年齢階層の介護者化の引き金である。親が，身体の障碍や知的な障碍を抱えるとき，あるいは家族の願いに反して薬物やアルコールへの依存状態に陥るならば，日常生活上の援助が必要になり，年少者を含む家族の何れかの介護者化が求められる。

家族の構成は大きな要因である。年少の介護者の多くは，これまでに手掛けられてきた全ての調査が例外なく伝えるように一人親と共に暮らす。これは，母子家庭であることが多い。一人親が疾病を患い，日常生活上の援助を必要にするとき，そこに要介護者の世話に当たる配偶者はいない。通常ならば大人に担われるはずの責任は，年少者の双肩に圧し掛かる。兄弟姉妹が一人親と共に暮らすならば，何れかの年少者が介護者として選抜される。同時に，両親の居る家族の年少者が，介護責任と完全に無縁であることを意味しない。父親が，家計収入の維持のために仕事に追われるという事情もある。T. ハーディーが『ダーバーヴィル家のテス』において描いた，女主人公テスと酒におぼれる父親との関係を思い起こしたい。病に襲われた母親の日常生活上の援助を担うべき父親は，酒に溺れたがゆえにその責任を果たしはしない。娘のテスが止むを得ず担うのである。

疾病や障碍を抱える両親はもとより年少の介護者に対する支援のあり様は，18歳未満の年齢階層に属する子どもの介護者化と責任の程度に重要な影響を与

える。日常生活上の援助が，社会サービスと称するに相応しく広く社会に担われ，介護者のニーズの充足という名に文字通り値するサービスが届けられるならば，年少者の介護者化の可能性は低下し，例え彼女や彼が介護責任を負うとしても負担はおのずと軽くなる。しかし，実際の事実は，週50時間以上の介護者に限ってさえ5桁の年少の介護者を数えることに示されるように，両親はもとより年少者の期待に反して芳しいとは言い難い。

年少の介護者の居る家族の所得階層は低い。所得の源泉に即して言えば，社会保障給付を唯一の拠り所にする家族が多い。一人親が疾病や障碍を抱えていることを想い起こすならば，少なくない調査結果を引き合いに出すまでもなく容易に推察することが出来よう。また，住居の所有形態別では持ち家率は至って低く，公営住宅への入居者が殆どである。年少者の教育水準は，家族の所得階層と日常生活上の援助とが相俟って相対的に低い。

社会問題が主題に取り上げられるとき，例外なく問題になる論点の一つは，その広がりである。年少の介護者に関して1988年に始まる調査研究も，当初から規模の推計作業を通して明らかにしている。最初の推計結果は，1万人である（1988年）[56]。次いで，1万5,000～4万人（95年），1万9,000～5万1,000人（96年），6万8,000人（99年），あるいは，17万3,000人（2002年）等の結果も相次いで明らかにされる。これらが，いずれも推計作業を通して明らかにされたのに対して，『国勢調査』（2001年版）は全数調査を通して介護者数567万4,502人の3.1％に当たる17万4,996人の規模を明らかにする。この規模は，88年から96年にかけて公表された結果を大幅に上回り，2002年の推計結果にほぼ類似する。

しかし，年少の介護者の規模を巡る議論は，その後も継続される。それと言うのも『国勢調査』に回答を寄せるのは，日常生活上の援助を実際に担う年少者ではなく，要介護者でもある保護者に他ならない。保護者たちは，我が子の介護者化について知られたくないと考えて調査票に実際の状況を正確に記入していないのではないかとの評価が，年少の介護者と日々向き合う民間非営利団体はもとより研究者の間にも広く認められるからである。この評価が確たる根

拠に裏づけられていたことは，英国放送協会がノッティンガム大学（University of Nottingham）のS. ベッカー等3人の研究者の協力を得て手掛けた調査を通して明らかになる。この調査は，イギリスの10か所の学校に籍を置く4,029人の生徒を対象に2010年に実施される。これに従えば調査対象の8.3％に当たる337人の生徒が，日常生活上の援助を手掛ける（女子226人，67.0％，男子111人，33.0％）。5歳以上17歳以下の年齢階層に属する年少の介護者は，これを拠り所に70万人であると結論づけられる。『国勢調査』の結果に較べるならば，その4倍に相当する規模である。この推計結果に対しては，全国年少の介護者連合（NYCC）や精神衛生財団（MHF）など，年少の介護者への支援に長年携わる民間非営利団体によって前向きの評価が寄せられる。同時に，この調査が拠り所にする年少の介護者の定義は，S. ベッカーのそれに従って狭い。すなわち，「年少の介護者は，他の家族構成員に対して相当な日常生活上の援助を規則的に無償で手掛ける18歳未満の子どもと年少者である」との内容である。民間非営利団体は，この定義の狭さに注目するからであろうか，理由を明示しないとはいえ年少の介護者が70万人よりも多いのではないか，との指摘も忘れることなく付け加える。

　年少の介護者の性別構成は，『国勢調査』に従えば女子が過半を占める（女子53.8％，男子46.2％，2001年）。これは，S. ベッカー等による90年代から2000年代初頭の全国調査の結果をほぼ追認すると評して良い（女子61％，男子39％，95年，以下同じく57％，43％，97年，56％，44％，2003年）。年少の介護者の性別構成は，介護者全体の性別構成にほぼ重なり合う（女性58.0％，男性42.0％，2001年）。

　年少の介護者の年齢階層別構成に関わって明らかにされてきた事実の一つは，2歳あるいは3歳の子どもが日常生活上の援助を手掛けていることである。全国調査を含む複数の調査が，明らかにした冷厳な事実の一端である。『国勢調査』は，日常生活上の援助を担う4歳以下の子どもは存在しないと伝えると同時に，5歳以上7歳以下に属する年少の介護者に限っても，4桁を数える事実について伝える（男子2,615人，女子2,850人，計5,465人，イングランドとウェールズ，2001年）。

年少の介護者といえども，驚くほどに長い時間を日常生活上の援助に費やすことも認められる。およそ6人中1人は，週20時間以上を日常生活上の援助に費やす（男子15.3%，女子17.0%，計16.2%）。およそ14人中1人は，週50時間を超えて介護責任を負う（男子6.9%，女子7.7%，計7.3%）。週20時間を超えて日常生活上の援助を担う年少者の比率は，5歳以上7歳以下について，およそ4人中1人と相対的に高い（男子24.1%，女子23.7%，計23.9%）。週50時間以上の比率も，この年齢階層について同様に高く7人中1人を数える（男子14.6%，女子14.4%，計14.5%）。5歳から7歳の年齢階層に属する子どもが，週20時間はもとより週50時間を超えて日常生活上の援助を担う姿など容易に想像できまい。しかし，『国勢調査』を通して広く伝えられる冷厳な事実の一つである。

日常生活上の援助は，広く指摘されてきたように保育とは異なっていつ果てるとも知れない生活行為である。その期間も短いとは言い難い。介護年数別の構成は，かつての年少の介護者を対象に調べ上げた結果によれば，1年以上2年以下（7.5%）をはじめ3年以上4年未満（22.5%），4年以上5年未満（55.0%），5年以上10年未満（7.5%）及び10年以上（7.5%）である（1998年）[64]。4年を超える事例は，3人中2人を超す。現在も介護責任を負う9歳以上24歳以下を対象にする別の調査に拠れば，介護に費やした平均期間は，7年3か月である（2009年）[65]。短いとは言い難い介護期間は，いつ果てるとも知れない責任のあり様とも相俟って年少の介護者の双肩に重く圧し掛かる。

（3） 学校からの排除と健康問題

大人の介護者が仕事と介護の両立に直面するとすれば，年少者は，日常生活上の援助を担うことから就学上の困難に直面する。学校への遅刻や欠席である。年少者は，これらを文字通りの意味において自発的に選択したわけではない。介護責任のために学校に通う時間を確保できないからである。年少者が通学して学校に姿を見せているとはいっても，介護の責任から完全に解放されるわけではない。昼休みに家に戻らなければならないことも，ときとして起きる。学校の授業に臨んだとしても，要介護者のことが脳裏を過って授業に集中できな

いこともある。年少の介護者は，宿題や予習に時間を割けないこともある。要介護者の求めに応じて日常生活上の援助を担わなければならないからである。これらの就学上の困難は，学力の向上を危うくすることを通して，中等教育資格証明の取得の失敗へと連動することも少なくない。資格証明を取得するために，就学年数を延長する年少者も認められる。取得それ自体を願ってのことではない。資格証明が高等教育への進学はもとより，労働市場への参入に欠かすわけにいかないからである。全ての年少者に等しく開かれているはずの教育の機会は，こうして過重なまでの介護責任を負う年少者にとって危うい。

　イギリスの研究者が，学校からの排除（school exclusion）と名づけた事態である。社会的排除の概念を生み育んだ，謂わばこの表現の母国であるフランスにも存在しないイギリス生まれの表現である。年少の介護者を発見し，この分野の調査研究を世界に先駆けて蓄積した国ならではの新しい知見である。

　日常生活上の援助を担うことから，友人との交友の機会も少なくなる。これを自ら望んだわけではもとよりない。しかし，交わりが薄くなり，日常生活上の援助を手掛けていることが友人に知られるにつれて，いじめの対象になることもある。

　ところで，S. ベッカーは，「年少の介護者は，一様な責任を持つ均一の集団を形成してはいない。彼女や彼の担う介護責任の形態と規模は大きく異なる……」と指摘したことがある。3度に亘る全国調査を手掛け，今日まで年少の介護者について豊富な研究実績を記録して国際的にも良く知られる研究者に相応しい正確な描写である。介護者をその年齢階層に関わりなく均一の社会集団とは把握していない広く認められた知見を改めて思い起こしても，了解することのできる指摘である。しかし，年少の介護者の健康問題を考えるとき，成人の介護者とは異なって共通に認められる特徴を指摘することも可能である。それは，「健康状態の良くない」年少の介護者の比率は，週当たり介護時間の長さに関わりなく介護責任を負わない同一年齢階層のそれをはっきりと上まわることである（表3-8）。この事実は，成人の介護者に関する限り存在しない。「健康状態の良くない」介護者の比率は，前出の表3-5と表3-6に示したよ

表3-8 健康状態の良くない年少者の年齢階層別介護責任の有無別週当たり
介護時間別比較（イングランド，2001年） （単位：％）

	週当たり介護時間別年少の介護者				年少の介護者以外
	週19時間以下	週20時間以上49時間以下	週50時間以上	平均	
5～7歳	2.2	4.8	10.0	3.5	1.0
8～9歳	2.0	3.2	7.3	2.7	0.9
10～11歳	1.5	2.7	5.2	1.9	0.9
12～14歳	1.7	3.2	5.0	2.0	1.0
15歳	2.0	2.9	5.1	2.2	1.2
16～17歳	2.1	3.5	6.3	2.6	1.5
平均	1.9	3.3	6.0	2.3	1.1

出典：Lisa Buckner, University of Leeds of 2001 census standard, Crown copyright 2003, House of Commons, Work and Pension Committee, *Valuing and supporting carers, op. cit.*, p.129より引用。

うに週20時間以上の介護者に限って，日常生活上の援助と無縁な人々のそれを上まわる。他方，週19時間以下の介護者については下まわる。この事実は，年少の介護者には認められることの出来ない特徴である。「健康状態の良くない」比率は，それにしても年少の介護者とそれ以外の年少者とで大きく異なる。両者の格差は，表3-8に示すように年齢階層を問わず共通に確かめることが出来るとはいえ，5歳から9歳層で最も大きい。成長の初期に属する年齢階層に属するだけに，週19時間以下の介護責任と言えども，健康に及ぼす影響を避けて通るわけにいかない。その影響は，もとより週20時間以上，とりわけ50時間以上の介護責任になると一段と顕著である。

　肉体的あるいは精神的に健康ではない兆候は，頭痛や腹痛，不安，寝つきの悪さ，めまい，耐え難い程の倦怠感や恐怖感などとして現れる。これらは，とりわけ精神疾患の母親や父親を看る年少の介護者に顕著である。精神疾患の何たるかについて知見を得ることなど，17歳以下の年少者にとってそもそも難しい。要介護者への対応方法の習得も年齢階層に照らして困難である。その結果は，健康ではない兆候を抱えながらも，心を寄せる母親や父親への日常生活上の援助を担い続けることである。

　健康問題は，介護責任の終了と共に姿を消すわけではない。腰痛や体重の減

少、アレルギーや潰瘍などの身体症状に加えて、心的外傷や憂うつ感、ストレスなどの精神症状を訴えるかつて日常生活上の援助を手掛けた年少者も少なくない。早ければ90年代末葉に確認された事実の一つである。してみると、介護責任の影響は、年少者にとって学力の形成と資格の取得はもとより、就業状態と所得水準、あるいは健康状態と多岐に亘る。健康状態が、暮らしの全ての領域の基礎的な条件をなし、社会的包摂の土台を形づくることを考えるならば、その意味は重い。

注

(1) 拙著『欧米の介護保障と介護者支援——家族政策と社会的排除、福祉国家類型論』ミネルヴァ書房、2010年、230〜231頁。
(2) 拙著『イギリスのコミュニティケアと介護者——介護者支援の国際的展開』ミネルヴァ書房、2008年、337頁。
(3) Nancy Kohner, *A Stronger voice, op. cit.*, pp. 5-6, Tim Cook, *The History of the carers' movement, op. cit.*, p. 12 and pp. 22-23.
(4) Tim Cook, *op. cit.*, p. 24 and p. 31.
(5) Caroline Glendinning, *The Costs of informal care: looking inside of the household*, HMSO, 1992, p. 5.
(6) Rimmer L, *The Economics of work and caring*, in Finch J and Groves D, *A Labour of love, women, work and caring*, Routledge and Kegan Paul, 1983.
(7) Peter Townsend, *The Family life of old people, an inquiry in East London, op. cit.*, pp. 52-53, pp. 59-60, p. 203 and p. 207, Peter Townsend, *The Last refuge, op. cit.*, pp. 406-407 and p. 411.
(8) Michael Bayley, *Mental handicap and community care, op. cit.*, p. 6.
(9) Jack Tizard and Jacqueline C. Grad, *The Mental handicapped and their families, op. cit.*, pp. 50-51, pp. 59-60, p. 72, p. 77 and pp. 81-83.
(10) *Ibid.*, pp. 122-124, pp. 127-128 and p. 130.
(11) Michael Bayley, *op. cit.*, p. 7, p. 160, p. 200, pp. 230-237 and pp. 242-256, David Wilkin, *Caring for the mental handicapped child*, Croom Helm, 1979, Sam Ayer and Andy Alaszewski, *Community care and the mentally handicapped, services for mothers and their mentally handicapped children*, Croom Helm, 1984, pp. 171-172 and p. 188.
(12) Muriel Nissel and Bonnerjea L, *Family care of the handicapped elderly, op. cit.*, p. 79 and pp. 90-92.
(13) EOC, *Who cares for the carers? op. cit.*, p. 29.
(14) Jane Lewis and Barbara Meredith, *Daughters who care, op. cit.*, pp. 101-102 and p. 105, Julia Twigg, *Carers, research & practice, op. cit.*, pp. 70-71.
(15) Cherrill Hicks, *Who cares, looking after people at home, op. cit.*, p. 192, p. 197, p. 199

and pp. 224-226, Saul Becker and Richard Siburn, *We're in this together, conversations with families in caring relationships*, CNA, 1999, p. 79.
(16) Nancy Kohner, *op. cit.*, p. 27.
(17) Melanie Henwood, *Ignored and invisible? carers' experience of the NHS*, CNA, 1998, pp. 47-48.
(18) Melanie Henwood, *Health's forgotten partners? how carers are supported through hospital discharge*, Carers UK, 2001, p. 3, CNA, *You can take him home now, carers' experience of hospital discharge*, CNA, 2001, pp. 1-2.
(19) Melanie Henwood, *In Poor health, the impact of caring on health*, Carers UK, 2004, pp. 4-5 and p. 9.
(20) Tim Cook, *op. cit.*, p. 9 and p. 133.
(21) House of Commons, Work and Pensions Committee, *Valuing and supporting carers*, *op. cit.*, pp. 18-19.
(22) Virginia Berridge and Stuart Blume, *Poor health, social unequality before and after the Black report*, Frank Class Publisher, 2003, second edition, 2005, pp. 198-199.
(23) Sir Douglas Black, J. N. Morris, Cyril Smith and Peter Townsend, *Inequalities in health, the Black report*, Penguin Book, 1982, p. 15, p. 47, p. 57, p. 60 and pp. 63-71.
(24) Sir Donald Acheson, *Independent inquiry into inequalities in health report*, TSO, 1998, p. 5.
(25) DH, *The Health of the nation, a strategy for health in England, Cm1986*, TSO, 1992, reprinted, 1997, p. 11, p. 14, p. 22 and pp. 121-122.
(26) David Gordon, Mary Shaw, Daniel Dorling and George Davey Smith, *Inequalities in health, the evidence presented to the independent inquiry into inequalities in health, chaired by Sir Donald Acheson*, The Policy Press, 1999, p. 153 and pp. 205-206.
(27) Sir Donald Acheson, *op. cit.*, pp. 120-130.
(28) *Ibid.*, p. 75.
(29) David Gordon, Mary Shaw, Daniel Dörling and George Davey Smith, *op. cit.*, p. 55, pp. 198-199, p. 201 and p. 203.
(30) Michael Marmot, *Fair society, healthy lives, the Marmot review, strategic review of health inequalities in England post-2010*, The Marmot review, 2010, p. 26, p. 101, p. 112, p. 115, p. 123, pp. 172-176 and p. 184.
(31) NHS Stockport Primary Care Trust and Stockport Metropolitan Borough Council, *Stockport health inequalities strategy 2007*, NHS Stockport Primary Care Trust and Stockport MBC, 2007, p. 5.
(32) DH, *Modernising health and social services, national priorities guidance 1999/00-2001/02*, DH, 1998, p. 3, p. 14, p. 22 and p. 24, DH, *Our healthier nation, a contract for health, presented to parliament by the Secretary of State for Health by command of her majesty, Cm3852*, TSO, 1998, p. 12, p. 25, p. 42 and p. 52, DH, *Reducing health inequalities: an action report*, DH, 1999, p. 3, DH, *Women's mental health : into the mainstream, strategic development of mental health care for women*, DH, 2002, p. 13 and

p. 17, DH, *Healthy lives, healthy people: our strategy for public health in England, presented to parliament by the Secretary of State for Health by command of her majesty*, Cm7985, TSO, 2010, p. 11, p. 14, p. 20 and p. 49.

(33) NHS Tayside, *Tayside inequalities strategy: improving health, health inequalities, taking up the challenge*, NHS Tayside, 2003, p. 5, Mayor of London, *The London health inequalities strategy*, Greater London Authority, 2010, pp. 19-20, Cambridgeshire County Council and als, *Strategy to tackle health inequalities in Cambridgeshire, a framework for action 2009-2011*, draft, Cambridgeshire County Council, 2010, p. 24.

(34) Birmingham City Council, *Carers experience survey (carers of adults)*, November/December 2011, Birmingham City Council, 2012, p. 9.

(35) NHS Surrey, *Surrey carers health survey report 2011*, NHS Surrey, 2012, p. 8.

(36) The Princess Royal Trust for Carers, *Always on call, always concerned, a survey of the experiences of older carers*, PRTC, 2011, pp. 15-16.

(37) Lisa Buckner and Sue Yeandle, *In Sickness and in health, a survey of 3,400 UK carers about their health and well-being*, Age UK and als, 2012, p. 3.

(38) H. M. Government, *Caring about the carers, a national strategy for carers*, DH, 1999, p. 55.

(39) DH, *Caring for our future: reforming care and support, presented to parliament by the Secretary of State for Health by command of her majesty*, Cm8378, TSO, 2012, p. 34.

(40) H. M. Government, *Carers at the heart of 21st century families and communities*, op. cit., p. 101.

(41) Ipsos MORI, *More than a million, understanding the UK's carers of people with cancer, a report by Ipsos MORI for Macmillan Cancer Support*, Macmillan Cancer Support, 2011, p. 6 and p. 39.

(42) Michael Hirst, *Health inequalities and informal care: end of project report*, SPRU, 2004, p. 18, p. 28, p. 41 and p. 44.

(43) Office for National Statistics, *Census 2001, National report for England and Wales*, op. cit., pp. 56-59.

(44) Carers UK, *In Poor health, the impact of caring on health*, Carers UK, 2004, p. 6.

(45) NHS Mid Essex, *Carers survey 2010*, NHS Mid Essex, 2011, pp. 2-5.

(46) 拙著『イギリスの在宅介護者』ミネルヴァ書房、2000年、404～405頁。

(47) 拙著『イギリスのコミュニティケアと介護者――介護者支援の国際的展開』前掲、7頁。

(48) Roger W. Page, *Report on the initial survey investigating the number of young carers in Sandwwell secondary schools*, Sandwell MBC, 1989, Sandwell Caring for Carers Project, *Child carers report*, Sandwell Caring for Carers Project, pp. 1-7 and appendix, Alex O'Neil, *Young carers: the Tameside research*, Tameside MBC, 1988, Tameside MBC, *Towards a strategy for young carers*, Tameside MBC, 1992, pp. 1-10.

(49) 拙著『イギリスの在宅介護者』前掲、56頁。

(50) 拙著『イギリスのコミュニティケアと介護者――介護者支援の国際的展開』前掲、285

第3章 介護者の健康

頁。
(51) Social Services Inspectorate, *The SSI guidance on young carers*, DH, 1995, p. 16.
(52) Carers National Association, *About young carers*, CNA, 1998, p. 1.
(53) DH, *Young carers: making a start*, DH, 1996, p. 2.
(54) Saul Becker and als, *Young carers and their families*, Blackwell Science, 1998, p. 14.
(55) Geraldine Baker, *Unseen and unheard, the invisible young carers, an overview and insight into the debate about children with caring responsibilities, young carers*, Carers Lewisham, 2001, p. 11.
(56) 拙著『イギリスのコミュニティケアと介護者——介護者支援の国際的展開』前掲、292〜294頁。
(57) BBC, *Cameron warns on child carers cuts*. http://www.bbc.co.uk/news/education-11757907.（2012年8月18日閲覧）The University of Nottingham, *Academics and alumni help uncover the true number of young carers*, http://www.nottingham.ac.uk/news/pressreleases/2010/november/youngcarers.aspx.（2012年8月18日閲覧）
(58) Carers Trust, *The National young carers coalition's response to the BBC 'Kids who care' research*, http://www.carers.org/press-release/national-young-carers-coalitions-response-bbc-%.（2012年8月18日閲覧）Dan Robotham and als, *My care, the challenges facing young carers of parents with a severe mental illness*, Mental Health Foundation, 2010, p. 7.
(59) The University of Nottingham, *op. cit.*, p. 1.
(60) Carers Trust, *op. cit.*, p. 1.
(61) 拙著『イギリスのコミュニティケアと介護者——介護者支援の国際的展開』前掲、295頁。
(62) Chris Dearden and Saul Becker, *Young carers, the facts*, Community Care, 1995, p. 13, Geraldine Backer, *op. cit.*, p. 7.
(63) Office for National Statistics, *op. cit.*, pp. 56-57.
(64) Jenny Frank, Chris Tatum and Stan Tucker, *On Small shoulders, learning from the experiences of former young carers*, The Children's Society, 1999, p. 34.
(65) Dan Robotham and als, *op. cit.*, p. 13.
(66) 拙著『欧米の介護保障と介護者支援——家族政策と社会的包摂、福祉国家類型論』前掲、228頁。
(67) Saul Becker, *The Health and well-being of young carers, date of Briefing-february 2005*, Social Care Institute for Excellence, 2005, p. 1.
(68) Tilly K. Heigh, *The Health needs of young carers*, NCH Cymru, 2004, p. 13.
(69) Jenny Franck, Chris Tatum and Stan Tucker, *op. cit.*, p. 15, BBC, *Health, health burden of young carers*. http://news.bbc.co.uk/2/hi/health/290046.stm.（2012年1月17日閲覧）

第4章
介護者支援の方法と視界

1　介護者支援の領域と方法

（1）　半世紀を超えて続く議論

　介護者を対象にする支援の方法を確定することは，さして容易な作業ではない。ホーム・ヘルプを取り上げてみよう。介護者への支援は，歴史的にこの種のサービスの目的には掲げられてこなかった。それと言うのも一人暮らしの要介護者を対象に専ら給付され，要介護者との同居はもとより別居の場合にも介護者の居る場合には，給付の対象から長らく除外されてきた経緯を確かめることが出来る。加えて，ホーム・ヘルプサービスは，社会的な性差を伴うサービスの一つとして早くから知られてきた。女性が，日常生活上の援助を担うために要介護者と暮らすならば，これは，彼女たちの至極有りふれた行為であると見なされ，サービスを受ける機会も狭められる。こうした事情が時代の経過と共に批判を浴びて，介護者の居る場合にもホーム・ヘルプサービスが給付されるようになると，違った議論が生まれてくる。サービスは，要介護者はもとより介護者からも高い評価を受ける。専門的な介護技術訓練を受けたケアワーカーのサービスが給付されることから，要介護者の評価は高い。サービスは，ケアワーカーの存在を通して，介護者が要介護者から暫く離れることを可能にし，短時間と言えども自宅を離れる条件も整う。これは，巡りめぐって介護者の心と体の健康の改善にも通ずる。要介護者を直接の対象にするサービスであるとは言え，介護者に確かな効果を期待させる。
　こうした経験は，ひとりイギリスに止まらず，オーストラリアなどの国々に

も確かめることが出来る。支援を欲する介護者のニーズは，要介護者のそれと表裏一体の関係にあるかのように強い連関を示すからである。情報の提供やカウンセリング，あるいは介護者グループなどは，いずれも介護者を直接の対象にすることから，介護者支援の良く知られた方法である。その主な目的は，介護者の支援にある。他方，要介護者の支援を主な目的にし要介護者を直接の対象にする支援も，先のホーム・ヘルプサービスの事例に示されるように，サービスの種類や程度に応じて介護者の負う介護責任の軽減につながる。介護者アセスメントの実施を経て，過大な負担とその影響とが認められるならば，介護者を直接の対象にする支援と併せて要介護者を対象にするサービスが給付されることも，広く行われる。給付対象の相違にもかかわらず，介護者の負担は，双方ともに軽減される。前者はもとより後者も介護者の過大な負担とその影響の大きさとが，自治体によって公式に認められたことを直接の契機にする。このように考えるならば，少なくないサービスは，介護者と要介護者とを二重のクライアントとして位置づけると理解しても，間違いとは言いえないであろう。

　しかし，要介護者を対象にするサービスと介護者を主なクライアントにするサービスとを完全に同一視する議論は，存在しない。給付の効果は，両者のいずれか一方のニーズを念頭に置きながら給付の決定がなされたとしても，少なからず両者に波及する。しかし，給付の主な対象は異なる。介護者を対象にする支援の方法を独自に論ずる意味も，ここに由来する。

　では，介護者を対象にする支援のうち，少なくともサービスについて共通の理解が既に形成されているかと問えば，法律委員会も2011年の報告書の中で指摘をするように(1)実はそうではない。確かに介護者手当を始め介護者アセスメント請求権，介護休暇と多様な働き方，あるいは公的年金保険料納付期間の短縮などに関する限り，法律に沿って規定され，これらが介護者支援の一角をなすことは，良く知られた事実である。しかし，介護者支援の多岐に亘る方法の内サービスに関する限り，今日まで法的な定めがあるわけではない。だからこそ，法律委員会が，独自に検討を加え必要な提言を行うのである。全て自治体の裁量に委ねられるのが現状であり，自治体間でも大きく異なる場合が認められる。

第4章　介護者支援の方法と視界

方法の確定を巡る特段の議論が研究者の間でなされた記録は認められない。法的な空白を埋めるために法案が提出されたという事実も、これまでのところ聞かない。

　なぜ、このような空白状況とも称することの出来る状況が長らく続いているかと言えば、理由の一つは、政府による自治権の尊重である。介護者のアセスメント請求権は、介護者の社会的な認知とサービスに関する1995年法によってイングランドはもとよりウェールズ、スコットランドあるいは北アイルランドの全ての地域で広く国民に認められる。しかし、アセスメント請求権に照らしてサービスの給付をそもそも受けることが出来るかどうか、あるいは、どの程度の受給になるのかは、介護責任とその影響の度合いを判定する95年法の規定、すなわち、「相当の介護を恒常的に担う」の定めに適うかどうかに左右される。問題は、この「相当の介護を恒常的に担う」に関する解釈は、自治体の裁量に完全に委ねられる。結果として、介護者問題に造詣の深いB. バーバラ（Barbara Keeley）議員が明らかにし、拙著『イギリスのコミュニティケアと介護者——介護者支援の国際的展開』の中で181の自治体について調べ上げ結論づけたように、自治体の判断は大きく分かれる。

　B. バーバラ議員によれば、適度なニーズ（moderate needs）の存在を以って「相当の介護を担う」と判定する自治体は、イングランドの138自治体のうち22自治体に止まり、他の116自治体は、相当なニーズ（substantial needs）もしくは危機的な程のニーズ（critical needs）のいずれかに該当する場合に限って、「相当な介護を恒常的に担う」と認定する（15.9％、84.1％、2011年）。あるいは、イングランドはもとよりウェールズ、スコットランド及び北アイルランドの214自治体のうち、休息や休暇のサービスを制度化する自治体は176、介護者支援センターのある自治体は120、介護者担当職員を配置する自治体は116、何等かの介護者グループの存在する自治体は77である（82.2％、56.1％、54.2％、36.0％、1999年）。これらのサービスやセンター等4つの全てを既に整えた自治体は、僅かに19に止まる（8.9％）。介護者担当職員を配置する自治体に絞っても、全体の半数を僅かに超すに過ぎない。自治体間の格差は、いかにも大きい。

195

こうした介護者を対象にする支援の受給は，彼女もしくは彼が全く同じニーズを持つとしても住む地域に応じて異ならざるを得ない。自治体としても，介護者支援のサービスに関する具体的な法的定めが存在しない中にあって，地域の介護者団体の提案や自治体財政の状況などを勘案しながら基準を定めサービスを用意することになる。

　こうした現実を否定するわけにはいかないとしても，介護者支援の領域は，支援の短くはない歴史を振り返るならば次第に広がり，その方法も多様化してきたと評して良い。その要因として幾つか指摘することが出来よう。

　まず，丹念な調査研究の蓄積とこれらを拠り所にする政策提言である。家族支援サービス，あるいは包括的地域家族支援サービス（comprehensive local family help service）の創設を通した家族への援助を最初に提示するのは，P. タウンゼントである。言うところの家族支援サービスとは，通常ならば要介護者を抱える家族によって提供されるサービスであり，一人暮らしで，しかも，近隣にこれといった近親者の居ないことから，そうした無償のサービスさえも期待しえない要介護者を主な対象にする。もとより要介護者を看る家族にもサービスは提供される。前章に指摘をした一時宿泊施設，夜間や休日に介護から離れることの可能な措置などである。しかし，これらは，まずもって一人暮らしの要介護者を優先してのことであり，しかも，一人暮らし以外の場合には，あまりに過重な負担を背負う家族に狭く限定される[3]。

　P. タウンゼントの見解は，1980〜90年代になると批判の対象にもなる。家族，正確に言えば女性による無償の介護を至極当たり前の前提として家族支援サービスを構想することへの，均等な機会の保障を拠り所に据えた批判である。P. タウンゼントが直接には用いていなかった介護者支援（caring for carers）や介護者支援の諸源泉（sources of support to carers）などの表現が，こうした批判を踏まえながら新たに登場すると共に，介護者と要介護者双方のニーズを視野に収めた包括的な支援について，主張され始める[4]。介護者に対する支援は，要介護者へのそれに較べて二次的な位置に留め置かれるとの批判も，社会サービスの歴史的な展開を踏まえて寄せられる[5]。一人暮らしの要介護者に支援の対

第4章　介護者支援の方法と視界

象を絞り込んだり，あるいは，過重なまでの負担を背負い込む家族に支援を限定するのではなく，介護者のニーズから出発しながら支援のあり様を構想する動きが広がるにつれて，調査を拠り所に提示される支援の方法も，80〜90年代以降に多様化の方向を辿る。

　調査研究と言うならば，英国介護者協会並びに介護者のためのプリンセス・ロイヤルトラストの存在を忘れるわけにいくまい。研究者の協力も得ながら各種の調査を積み重ね，介護者のニーズを明らかにした上で必要な政策提言を行う。とりわけ政策提言の分野で英国介護者協会の積み重ねてきた実績は重く，介護者のためのプリンセス・ロイヤルトラストも一目を置く程に高い評価を寄せる。数々の提言のうちには，支援の方法とその拡充も当然のことながら含まれる。

　介護者支援の領域が広がり，支援の方法も多様化する事実を確かめるにつけ，『介護者のための全国戦略』の果たした役割は，いかにも大きい。それは，二重の意味においてである。まず，介護者支援の目的は，大きく転換する。P.タウンゼントの議論に象徴されるように，長らく地域における日常生活上の援助の継続可能性とその確保を専らの目的に掲げていた事実は，1960年代や70年代はもとより86年法や95年法にも認められるとは言え，99年，正確に言えば『介護者のための全国戦略』の策定に向けて動き始めた98年を画期に，大きな転換を辿る。介護者の担う介護役割に関わる支援を行うに止まらず，彼女や彼が自らの健康を維持し自らの選択に沿って自立の道を歩むためにも支援を行う，と明言する。その際に引き合いに出されるのは，介護者の社会への包摂（carer's inclusion in society）[6]である。この見地は，『介護者のための全国戦略』改訂版では，「介護者は，その置かれた環境の如何にかかわりなく介護責任を負わない他の人々と同じ生活の機会を享受しなければならない[7]」と述べて，一段と明確に示される。介護者による均等な機会の享受である。均等な機会と言う場合の領域は，実に広い。それは介護責任に止まらない。家族生活はもとより学業生活，就業生活，あるいは，ボランティア活動や余暇の享受を含む社会生活に及ぶ。介護者支援も，専ら日常生活上の援助に関わる方法から，広く社会生

活の享受に影響を及ぼす方法へと拡充されることになる。

　今一つは，『介護者のための全国戦略』に支援の諸方法がその効果と併せて多岐に亘りながら明示されたことである。いずれの自治体や国民保健サービス地域基金も，英国介護者協会やキングス・ファンドのそれをモデルに介護者支援の理念を示す介護者憲章を制定すると共に，支援の具体的な拠り所をなす政策文書としての『介護者支援計画』を策定し，定期的に改定する。この策定と改訂に当たっては，『介護者のための全国戦略』が重要な政策文書の一つとして位置づけられる。そこに明示された支援の領域と諸方法が自治体などによって学び取られる機会は，『介護者のための全国戦略』の2010年までに限っても3度に亘る策定と改訂に合わせて定期的に存在する。

（2）　介護者支援の領域と方法の広がり

　介護者支援の領域と方法を巡る1950年代後半から今日までの半世紀を超える議論を振り返るにつけ，領域と方法は確実に広がりを見せると評して良い（表4-1，表4-2）。領域は，日常生活上の援助の継続性の確保に止まらない。仕事や勉学，生涯学習との両立に示されるように，範囲は広い。比較的新しい政策であることから，医師や職員あるいは教員に対する啓発教育も支援政策の進展を左右するとして，必要不可欠な領域の一つをなす。広がりの最大の契機は，『介護者のための全国戦略』に示された支援目的の転換である。同時に，支援の領域は概して狭く，方法も限定的であったとは言え，丹念な調査研究を拠り所にする1957年以来の少なくない研究者の提言も，表に示すように忘れるわけにいかない。『介護者のための全国戦略』の策定過程を思い起こすならば明らかであるように，それらが政策文書に学び取られたことは言うまでもない。

　イギリスにおける介護者支援の領域と方法を検討するにつけ，その国際的な位置は，どのように把握することが出来るであろうか。イギリスに倣って介護者立法をまずは州レベルから，次いで連邦議会でも制定し，『介護者のための戦略』も同じような順序で策定したオーストラリアと比較してみよう。殆どの領域と方法は，現金支払い方式の選択や年金保険料納付期間の短縮，あるいは，

第 4 章　介護者支援の方法と視界

表 4-1　介護者支援の領域と方法に関する提言（1957〜2010年，その1）[1]

	P.タウンゼント(1957年)	J.ティザード他(1961年)	雇用機会均等委員会(1982年)	M.ニセル他(1982年)	J.ツウィグ他(1990年)	J.ツウィグ(1992年)
健康の維持と増進						
介護者グループ		◎		◎	◎	◎
健康診断						
カウンセリング		◎			◎	◎
受診時の代替サービス						
介護の継続性の確保						
介護技術訓練				◎	◎	◎
介護器材の貸与			◎	◎	◎	
住宅の改修費助成	◎	◎	◎		◎	
現金支払いの選択						
介護計画策定過程への参画					◎	
退院計画策定過程への参画					◎	◎
サービス利用の促進						
情報の提供		◎		◎	◎	◎
相談と助言		◎		◎	◎	◎
介護者登録制度						
休息や休暇の享受						
平常時の休息や休暇	◎	◎	◎	◎	◎	◎
緊急時の休息や休暇		◎				
経済生活の保障						
介護者手当			◎	◎	◎	◎
所得税地方税の控除						
年金保険料納付期間の短縮						
年金支給開始年齢の引き上げ						
交通費の無料化など			◎	◎	◎	◎
博物館など入館料の無料化						
携帯電話の貸与						
その他		◎				
仕事や勉学，生涯学習との両立						
多様な働き方			◎			
介護休暇			◎			
キャリアアドバイス						
復職支援						
アセスメント実施とニーズ把握						
要介護者アセスメント			◎			
介護者アセスメント			◎			
計画の策定と検証への参画						
介護者支援計画の諮問						
計画検証への参画						

医師や職員の教育と情報提供						
医師と医療機関職員					◎	◎
社会サービス部・住宅部					◎	◎
学校教員・職員						
雇用主						
政策立案者						
支援の領域数	2	5	5	5	6	6
支援の方法数	2	8	9	8	14	11

注：1）表中「情報の提供」「相談と助言」の内容は，「サービス利用の促進」に限定されず他の領域にも関わる。表中◎印は，関係する方法について提起のあることを示す。空欄はないことを示す。

出典：Peter Townsend, *The Family life of old people*, op. cit., p. 203 and p. 207, Jack Tizard and Jacqueline C. Grad, *The Mental handicapped and their families*, op. cit., p. 7, p. 72 p. 77, p. 109, p. 123 and p. 130, EOC, *Who cares for the carers?* op. cit., p. 29, Muriel Nissel and Lucy Bonnerjea, *Family care of the handicapped elderly*, op. cit., pp. 63-64, Julia Twigg, Karl Atkin and Christina Perring, *Carers and services*, op. cit., pp. 17-18, p. 21, p. 24, p. 28, pp. 39-42 and pp. 54-60, Julia Twigg, *Carers*, op. cit., p. 75, p. 77 and pp. 79-95より作成。

表4-2　介護者支援の領域と方法に関する提言（1957～2010年，その2）[1]

	G. パーカー (1990年)	社会サービス監察官 (1995年)	M. ハワード (2001年)	英国介護者支援全国戦略 (1999年)	同 (2010年)	スコットランド行政庁 (2010年)
健康の維持と増進						
介護者グループ	◎	◎	◎	◎	◎	◎
健康診断			◎	◎	◎	◎
カウンセリング		◎		◎	◎	◎
受診時の代替サービス					◎	
介護の継続性の確保						
介護技術訓練		◎	◎		◎	◎
介護器材の貸与					◎	◎
住宅の改修費助成		◎			◎	◎
現金支払いの選択					◎	◎
介護計画策定過程への参画		◎	◎	◎	◎	◎
退院計画策定過程への参画		◎	◎	◎	◎	◎
サービス利用の促進						
情報の提供	◎	◎	◎	◎	◎	◎
相談と助言	◎	◎	◎	◎	◎	◎
介護者登録制度					◎	
休息や休暇の享受						
平常時の休息や休暇	◎	◎	◎	◎	◎	◎
緊急時の休息や休暇			◎		◎	◎
経済生活の保障						
介護者手当	◎	◎	◎	◎	◎	◎

第 4 章　介護者支援の方法と視界

所得税地方税の控除			◎	◎	◎	◎
年金保険料納付期間の短縮				◎	◎	
年金支給開始年齢の引き上げ				◎	◎	
交通費の無料化など		◎	◎	◎	◎	◎
博物館など入館料無料化					◎	
携帯電話の貸与				◎		
その他						
仕事や勉学・生涯学習の両立						
多様な働き方		◎	◎	◎	◎	◎
介護休暇		◎	◎	◎	◎	◎
キャリアアドバイス				◎	◎	◎
復職支援			◎	◎	◎	◎
アセスメント実施とニーズ把握						
要介護者アセスメント		◎	◎			
介護者アセスメント		◎	◎	◎	◎	◎
計画の策定と検証への参画						
介護支援計画の諮問		◎		◎	◎	◎
計画検証への参画		◎		◎	◎	◎
医師や職員の教育と情報提供						
医師と医療機関職員		◎	◎		◎	◎
社会サービス部・住宅部		◎	◎	◎	◎	◎
学校教員・職員				◎	◎	◎
雇用主					◎	
政策立案者					◎	
支援領域総数	4	9	8	9	9	9
支援方法総数	5	19	18	27	32	27

注：1）表4-1の注1）に同じ。
出典：Gillian Parker, *With due care and attention, op. cit.,* pp. 100-110, p. 117 and pp. 120-124, Social Services Inspectorate, *What next for carers? findings from an SSI project,* DH, 1995, pp. 4-6, p. 8, p. 16, p. 19, pp. 21-22, pp. 30-37, pp. 41-45, Marilyn Howard, *Paying the price, carers, poverty and social exclusion, op. cit.,* pp. 30-39, p. 42, pp. 45-48, pp. 51-55, pp. 77-81, pp. 106-114 and pp. 18-121, H. M. Government, *Caring about carers, op. cit.,* pp. 13-14, p. 22, pp. 27-29, pp. 33-35, p40, pp. 46-47, p. 50, pp. 52-58, pp. 62-65, p. 69, and p. 78 and p. 88, H. M. Government, *Carers at the heart of 21st century families and communities, op. cit.,* pp. 10-14, pp. 43-44, p. 49, p. 55, pp. 60-61, pp. 78-80, pp. 85-87, pp. 91-99, pp. 110-116, pp. 127-128, p. 132-135 and p. 157, Scottish Government, *Caring together, op. cit.,* pp. 23-29, p. 34, p. 37, pp. 43-45, pp. 49-53, p. 58, pp. 62-64, pp. 67-73, pp. 77-82, pp. 84-86, pp. 89-96, pp. 101-102 and pp. 104-106より作成。

年金給付開始年齢の引き下げ等を除いて重なり合う。同時に，イギリスには存在しないとはいえ，オーストラリアに確かめることの可能な方法も，自家用車登録料の割引をはじめ介護者の求職訓練のための交通費支給，電話料金の補助に相当する電話手当，医療サービス受診割引及び介護機器購入減税措置などの

方法を確かめることが出来る(8)。国土がいかにも広く公共交通もイギリス程には整備されていないオーストラリアにあって確かめることの可能な制度であり，両国における医療制度の相違も影響しているに相違ない。それにしても，介護者支援の領域は広く，支援の方法が多岐に亘ることでも共通する。オーストラリアが，ニュージーランドやアイルランドと同じようにイギリスの先例に倣って，介護者支援の目的を日常生活上の援助の継続可能性に狭く絞り込むのではなく，広く介護者の社会的包摂を目的に明示することに起因する共通性である。

（3）　介護者の休息と休暇に関する英米豪3か国の経験

　介護者支援の方法に関するイギリスの半世紀を超す議論の蓄積を正確に踏まえて，無用な誤解を可能な限り避けるために，羽生正宗氏の業績に触れなければなるまい。氏は，一冊の単著の中で明らか矛盾した理解を開陳するばかりか，事実と異なる文書や制度の内容についても述べる。

　レスパイトケアの背景と目的について以下のように述べる。「家族介護者の中には介護の経済的負担により，介護サービスを受けられない人が半数以上いることから，そのことが介護者のストレスを増大させる原因と考えられる。……その意味で，こうした家族介護者の負担軽減のためには，家族介護者に"レスパイトケア（Respite care：息抜きや休養，一時的な解放）プログラム"を整備することが急務である」(9)。言うところの「介護者のストレス」は，氏の文章に従う限り「介護の経済的負担」から「介護サービスを受けられない」状況に起因すると判定した上で，「負担軽減」に向けた「息抜きや休養，一時的な解放」が求められると論じられる。しかし，病の治療は，病の原因に沿ってなされてこそ効果を発揮する。これが世の常識ではあるまいか。氏が「介護者のストレス」の「原因」を「介護の経済的負担」に由来すると判断するならば，「経済的負担」の軽減に相応しい処方箋が描かれなければなるまい。論じられなければならないのは，氏の文章に従う限り「レスパイトケア」を含むサービスに係る「経済的負担」の是非や水準であって，「急務」の課題を「レスパイトケア」に絞り込むわけにいくまい。「経済的負担」を論ずることなしに「レスパイト

ケア」について提示をしたとしても，再び生じるのは，利用者料金という「経済的負担」に端を発する「レスパイトケア」の非自発的な不利用ではあるまいか。

　氏は，「諸外国における介護者に対するレスパイト施策」と題する表を2頁に亘って掲載する。言うところの「レスパイト施策」には，記述の順に「介護者を対象とした社会福祉サービス」として介護者の「アセスメント請求権」，「直接給付」の事例として「介護者手当」，「社会保障年金拠出上の優遇措置」などが示される。アセスメント請求権は，介護者のニーズを調べ上げサービスの判定を行う入口としての権利であり，基準を満たした際に受けるサービスは，現金給付を含めて「レスパイト」に限定されない。また，自治体の定めたサービスを受けるのに代えてサービスを自ら選択するために，これに必要な現金給付が選び取られ給付される場合もある。氏の理解に従うならば「介護者手当」や「年金」などの現金給付も，その名称に照らすならば専らサービスから構成されるはずの「レスパイトケア施策」の一環である。しかし，前者は，その名称から容易に推察されるように現物給付ではなく現金給付の諸形態である。社会保障や社会福祉の研究分野で長らく区別しながら論じられてきたではあるまいか。2頁に亘る表の内容に目を落とす度に，湧き上がる率直な疑問である。

　氏は，「レスパイトとは『息抜き』『気晴らし』を意味し，レスパイトケアとは『介護者の休養』を意味する」との定義を与える。先の「レスパイト施策」に関する記述を思い起こすならば，明らかに異なる内容である。さらに，「レスパイト」が，介護者の「息抜き」や「気晴らし」を意味するとの理解に止まる限り，幾つもの意味において不正確さを免れない。まず，「息抜き」や「気晴らし」の表現から容易に想像することが出来るように，その期間は短い。しかし，「レスパイトケア」には，短期間のそれと併せて長期も含まれる。分かりやすい例を挙げておこう。フランスでは，レスパイトに相当する仏語表現としてレピット（répit）が広く用いられる。1930年代中葉の人民戦線を契機に広がったバカンスの大衆化と共にバカンスの国と称されるフランスであるだけに，介護者によるバカンスの享受のために，これに向けたレピットのサービスが整

備されている。欧米諸国の中では，フランス政府も率直に認めるように介護者支援の遅く制度化された国である。にもかかわらず，長期の休暇を含むレピットが広がりを見せているのである。

　また，氏が分析の対象の一つとして自ら選び取ったオーストラリアにおいてさえ，1年間に最長63日までに亘って介護から離れることが可能な制度がある。これもご存じないようである。この期間の延長も政府によって検討されている。25歳までの学生には，学期中に週5時間，試験やレクリエーションに参加する期間について2週間のレスパイトが認められる。これらの期間の長さに照らすならば，氏の言う「息抜き」や「気晴らし」とは明らかに異なる効果が期待される。あるいは，仕事を持つ全ての介護者を対象にする制度も，オーストラリア議会によって提起されているという事情もある (2009年)。もしこの提案が実を結ぶならば，期間は自ずと長期化する。オーストラリア議会は，レスパイト・サービスについて「介護者が介護役割とは異なる他の活動に時間を充てて，自らのニーズに関わる他の活動に携わることに他ならない。レスパイトには様々な充足の形態があり，要介護者の自宅を始め要介護者が自宅を離れて一晩，もしくはより長い期間に亘って世話を受ける介護施設などである[11]」と定義を加えた上で，その延長をさらに求める。レスパイトは，オーストラリア議会に拠れば専ら日常生活上の継続を念頭に置くわけではなく，介護と多様な生活との均衡も視野に収めた制度である。これも先に紹介の議会による指摘と内容に照らして重なり合い，介護者の社会的包摂の理念に沿う理解である。

　議会による定義に照らすならば，レスパイトを介護者の「息抜き」や「気晴らし」に止める理解は，正確さに欠ける。オーストラリアを研究対象の一つに選び取りながら，議会や政府の見解さえも放置したまま議論を進めるとは，いかなる手法であろうか。また，仕事を持つ親たちが，12週間の学校休暇期間中におけるレスパイトケアの拡充を求めている現実もある[12]。これも，「息抜き」や「気晴らし」の次元とは明らかに異なって介護者としての職業生活の継続を念頭に置いた提案である。

　氏は，イギリスの『介護者のための全国戦略』を幾度となく引き合いに出す。

この政策文書は，レスパイトをブレイク（break）と言い換えた上で，介護者の自立の支援は，彼女や彼自身のための時間の享受を意味すると指摘する。ブレイクの時間は，自らの関心に心を砕いてこれを追求し，友人と交わったりすることに充てられる。このように指摘する。レスパイトを「息抜き」や「休養」に他ならないと規定する理解とは，明らかに異なる。氏は，幾度となく引き合いに出す『介護者のための全国戦略』における説明を，そもそもどのように理解するのであろうか。

　「レスパイト」を「息抜き」や「気晴らし」の意味だけで用いるならば，レスパイトの歴史を完全に誤って伝えることになりかねない。P. タウンゼントは，夕刻の時間帯はもとより1週間，あるいはホリデイの期間を挙げる。半世紀以上も前に公刊された著書における指摘である[13]。また，制度は，P. タウンゼントの指摘よりも以前から存在しており，1952年からは，介護責任を負う家族による緊急時の対応などに向けて6週間への延長が図られたとの紹介も，別の研究者達によって1961年に公刊の著書に示される[14]。あるいは，リーズ市（Leeds City）社会サービス部が，要介護高齢者を看る介護者を対象に，最低でも2週間の施設を利用したショートステイ（short-stay residential care）を1970年代後半に，他の自治体に先駆けて初めて制度化したとの指摘も，82年に公刊の著書に示される。見られるように羽生氏の指摘から60年近く前に出発した制度も含まれる。夕刻の時間帯だけならまだしも，1週間はもとよりホリデイの期間，あるいは6週間に及ぶレスパイトの期間を「息抜き」や「気晴らし」の効果に止まると理解するわけにいくまい。期間の長さに照らして，自らの時間を確保し，休暇というに値する時間を享受することが可能である。家族生活や社会生活の暫しの享受が，これを通して確保される。他方，氏のように「息抜き」や「気晴らし」の表現に止まる限り，そうした理解は期待出来ない。氏の言う「介護者のストレス」は，果たして「息抜き」や「気晴らし」に向けた程度の措置を通して解消されるのであろうか。介護者の切なる願いに反して無理ではあるまいか。

　氏は，ショートステイについて「高齢者自身が公的ケアを選択希望し，一定

期間施設に滞在する高齢者が利用主体となるサービス」と定め，レスパイトケアは「家族介護者が介護休止を必要とし，介護者が利用主体となるサービス」[15]であると規定する。見られるように2つの表現にそれぞれ別個の定義を与える限りであって，両者の密接不可分な関係について一言なりとも言及しない。「高齢者が利用主体となるサービス」と「介護者が利用主体となるサービス」と言うならば，両者の利害は，どのように調整されるのであろうか。レスパイトケアの歴史を振り返り，少なくない議論と実際の工夫を重ねた対応を経ていることを想い起こすならば，両者の利害調整を不問に付したままに定義を与える行為は，了解しがたい。サービスを実際に担う現場の職員も氏の理解に従う限り混乱を招くに違いない。

　氏は，自ら選び取った分析の対象国の一つ，オーストラリアにおけるレスパイトケアの定義についてもご存じないままに筆を進めているようである。オーストラリア政府の文書『老齢オーストラリア人の介護』（2011年）は，レスパイトケアについて「介護者と要介護者に通常の日常生活上の援助関係から離れて短期の休暇の享受を主な目的にする代替的な介護サービスである」[16]と，このように定義する。ショートステイとレスパイトケアとに別個の定義を与えるのではなく，介護者と要介護者との双方を念頭に定義を与える。氏の言うショートステイとは，オーストラリア政府の表現を念頭に置くならば，介護者によるレスパイトケアの取得に伴って要介護者が「一定期間施設に滞在する」ことを意味する。同じく氏の言うレスパイトケアは，要介護者によるショートステイの取得を通して「介護休止を必要とし」ていた介護者が，日常生活上の援助から離れることを可能にする。

　今日，日本にすっかりと定着した表現としてのデイケアやショートステイは，その由来を辿るならば，イギリス発の表現である。著者の知る限りにおいても，1940年代中葉から50年代に既に登場したデイケア（day care），デイケアサービス（day care services）とショートタームケア（short-term cares），ショートターム・レジデンシャルケア（short-term residential care），あるいは，ショートステイ・レジデンシャルケア（short-stay residential care）の表現が，その後

にも継承され，日本政府のイギリス調査を通して学び取られたものである。5つの表現のうち最初のデイケアは，そのまま日本でも用いられ，他は，ショートステイとして若干の変更が加えられた上で，すっかり日本に定着した表現の一つである。ショートタームを選び取るよりも，ショートステイの表現こそ日本に広く受け入れられるであろうとの考え抜かれた判断が，働いたものと推測される。念のために指摘をするならば，『介護者のための全国戦略』(1999年)では，介護者に休息や休暇を保障する多様な形態の一つとして，ショートステイの表現を用いる。イギリスでは，比較的新しい表現である。

　デイケアとショートステイ及びレスパイトケアは，氏が定義を加えるが如き別物ではない。前者は，期間の長さに違いを伴うとは言えレスパイトケアの実現形態であり，他方，レスパイトケアは，デイケアやショートステイを通して可能となるサービスである。介護者研究で少なくない業績を上げたM. ニセル(Muriel Nissel)他が指摘するように，病院や介護施設あるいはデイセンター(day centre)の利用によるショートステイの実施が，介護者に実に大きな利益をもたらす。同じくG. パーカー (Gillian Parker)に従えば，施設を利用したショートステイ(short-stay residential care)が，介護者に休息や休暇の機会を与えるなどの指摘も，ショートステイとレスパイトケアとの関係を羽生氏とは全く異なって，既に述べたように密接なサービスと理解すればこそ導き出された定義に他ならない。ショートタームケアやデイケアは，介護者の生活の質にとっても重要な意味を持つとのイギリスやアメリカの別の研究者たち，あるいは，イギリスの保健省社会サービス監察官の指摘も，M. ニセルと同じ理解の産物であり，羽生氏のそれの対極にある。これらの指摘に改めて目を通すにつけ，氏が自ら研究対象に選び取ったイギリスやアメリカの調査研究事情について，殆んどこれといった知見を持たないままに，何とも特異な自説を展開しているように考えられる。

　念のためにイギリスの研究者による40年程以前の広く確かめることの出来る指摘の一つを紹介しておこう。「ショートタームケアとは，障碍者が1週間から1か月の間病院やホステルに入り，その期間，彼女や彼の親たちは，休暇の

享受に向けて家を離れたり，あるいは，自宅で自分たち自身の時間を過ごしたりする。多くの親たちは，こうした期間に非常に高い評価を寄せる」。イギリスの介護事情に精通した研究者による遥か以前に示された認識である。羽生氏が自ら研究対象の一つとして選び取った国における至極普通の指摘を改めて振り返るにつけても，氏によるショートステイとレスパイトケア，もしくはレスパイトケアサービスに関する定義は，一切の根拠を持たない。

　アメリカでは，1960年代後半に脱施設化の動きに沿いながら，レスパイト事業が開始される。障碍児などのための一時保護に関する1986年法 (temporary child care for children with disabilities and crisis nurseries act of 1986) と，ライフスパン・レスパイトケアに関する2006年法 (lifespan respite care act of 2006) は，その法的な拠り所である。サービスは，短ければ数時間，長くなると3か月に亘って提供される。障碍児や障碍者を含む要介護者の自宅を利用する場合 (in-house models) の他に，デイケアセンター (day care centers) やナーシングホーム (nursing home) 等を利用する自宅外 (out-of-home models) の場合もある。サービスは，時間や期間の長さに照らすならば，氏の言う「息抜き」や「気晴らし」に止まらない。また，レスパイトケアは，要介護者が「一定期間施設に滞在する」ショートステイなどを通して可能になるのである。氏が，自ら分析の対象として選び取ったアメリカの良く知られる実際の姿である。

（4）　介護者の休息と休暇に関する日本の調査研究

　指摘の危うさを考えるために，氏自身が研究対象として定めた国々に即して検討してきた。しかし，イギリスはもとよりアメリカやオーストラリアに敢えて目をやらなくとも良い。日本にもデイケアやショートステイに関する調査研究が，1970年代中葉以降に蓄積される。例えば前田信雄氏は，「ショートステイと称するサービスは，……介護者の重荷を軽くするためのものである」と述べており，類似の指摘は少なくない[21]。それらは，辞書にも当然のことながら継承される。

　新村出編『広辞苑』（第五版，岩波書店，2004年）に掲載された「ショート・ス

テイ」に関する説明に目を落とすだけでも良い。「介護者が病気や旅行，休養などのために高齢者や障害者を介護できないとき，福祉施設で一時的に預かる事業」。このように述べられる。『精選版日本語大辞典』（小学館，2006年）の定義も同様である。「介護を必要とする在宅老人を短期間預かり，日常の介護者に代わって介護する社会福祉事業。日常の介護者の休養のためなどに行われる」。このような定義である。また，これらに類似の定義は，「高齢者介護施設短期入所でもリハビリを」と題した『朝日新聞』（2012年7月2日）の「私の視点」欄に意見を寄せた神経内科医の福武敏夫氏によっても示される。

ショートステイを専ら要介護者との関わりにおいて定義し，介護者を完全に放逐する氏の説明とは全く異なる。ショートステイが，要介護者のニーズの充足に止まらず介護者のニーズにも応えていることを考えるならば，『広辞苑』の説明は，やや不充分であると言わなければならないかもしれない。しかし，羽生氏は，わざわざイギリス等の諸外国に目をやらなくとも，『広辞苑』などを紐解くならば，ショートステイなどに関する重大な誤解は避けることが出来たのではないかと考えるが，いかがであろうか。氏の著書の主題はもとより副題に直接関わる誤りであるだけに，是非とも避けて戴きたかった誤りである。もとより氏が『広辞苑』などに目を通すことは，外国研究の出発点をなす日本についての現状認識の危うさに気づくことにもなる。

氏は，後に引用し検討を加えるように「イギリスや他の諸外国と比べ，わが国のレスパイトプログラムはいまだ構築されていないのが現状である」との認識を，外国研究の出発点に据える。言うところの「息抜き」や「気晴らし」は，『広辞苑』に従えば，表現こそやや異にするとはいえ「ショート・ステイ」を通して介護者の「旅行，休養など……」の機会として日本でも確かめることが出来，介護者によって既に享受されているからである。しかも，日本におけるショートステイの歴史は，前田信雄氏が指摘をしてきたようにイギリスに次いで長い。[22] 国際的な視野から正確に描いた先達の歴史に関する描写である。

念のために付言をするならば，『広辞苑』などにおける定義は，日本社会福祉実践理論学会編『改訂版社会福祉実践基本用語辞典』（小島書店，1993年）を

はじめ，庄司洋子他編『福祉社会辞典』(弘文堂，1999年)，秋元美世他編『現代社会福祉辞典』(有斐閣，2003年)，あるいは，山縣文治他編『社会福祉用語辞典』(第5版，ミネルヴァ書房，2006年)など，社会福祉の分野で高い評価を得て広く利用される辞典にも同様に確かめることが出来る。

　氏は，イギリスの『介護者のための全国戦略』に言及しながら，長らくこの国でも用いられてきたレスパイトの表現の使用を取りやめて，新たにブレイクやショート・ブレイク (short breaks)，もしくはショートターム・ブレイク (short-term breaks) の表現を新たに使用するとの『介護者のための全国戦略』における記述[23]について，全くご存じないようである。表現の変更については，レスパイトという表現の一般性を考慮した上で，25行に及ぶ文章を充て詳しい説明を加えている。氏は，レスパイト，あるいはレスパイトケアの表現を単著の表題の一部に用いることにも示されるように，実に頻繁に用いるにもかかわらず，「休暇 (break)」のそれは，僅かに1か所の使用に止まる。それも『介護者のための全国戦略』とは全く無関係の箇所においてである。そもそもレスパイトに代えて使用するとの意向は示されない。日本では，レスパイト，あるいはレスパイトケアの表現が，一般に知れ渡った用語ではないことはもとより行政用語の一つとして用いられることもなく，ごく一部の研究者たちが専有するとでも称することの出来る表現に止まる。むしろ「休暇 (break)」の表現こそ一定の広がりを以って使用されているように考えられる。氏が，自ら引き合いに出す『介護者のための全国戦略』を手に取ってレスパイトケアの表現の取りやめと，ブレイクの表現の新たな採用について知っていたならば，日本における両用語の周知度も考慮に入れながら，単著の表題からレスパイトの文字も消えていたのではないかと考えるが，いかがであろうか。

　『介護者のための全国戦略』に目を通すまでもない。レスパイトの言葉を斥けてブレイクの表現を用いる動向は，山口雅子氏等の現地調査報告を通して既に紹介されてきたという事情もある。山口氏等は，以下のように指摘する。「レスパイトケアという言葉は，親の責務を全うできない劣った者に対する施しというような意味合いがあるようで，レスパイトという言葉より，ブレイク

を取得するなどを使うように，という風潮が近年見られるそうである。……介護者が休息をとれるようにするための援助策として提案されている休息の種類を示す。在宅型のケアホームでのショートステイの利用，デイセンターの利用，……介護者とケアの対象者ともに休暇を楽しむための援助……」。羽生氏が，山口氏等による実に貴重な先行調査の成果を視野に収めていたならば，レスパイトに関する誤った定義はもとより，そもそもレスパイトという表現の使用自体も回避することが出来たのではないか，と考えられる。しかし，残念なことに先行業績を調べ上げながら作業を手掛けるという調査研究の至極基本的な作法は，守られていない。

　氏が単著を世に問うた大きな理由は，「イギリスや他の諸外国と比べ，わが国のレスパイトプログラムはいまだ構築されていないのが現状である」との認識の上に立って，今求められるのは，「レスパイトプログラムをわが国に導入することである」と述べられる。しかし，既に前述したようにイギリスでの調査とその後の検討を経て，デイケアとショートステイが日本でも1950年代から60年代に高齢者と障碍者を対象に導入され，介護者に対するレスパイトの効果を発揮していることは，疑いようのない確かな事実である。諸外国の経験から改めて学び取りながら，日本における計画の拡充について具体的に指摘することは，許される手法の一つであろう。しかし，そもそも「わが国に導入すること」の必要性について主張する根拠は，アメリカなどに較べても長い歴史を刻み，すっかりと定着しているサービスの状況に照らすならば，一切存在しない。日本におけるデイケアやショートステイの実情をしっかりと把握した上で，要介護者と介護者の双方を視野に収めながら，その再構成について論ずるべきであろう。諸外国の経験は，そうした作業の一助になろう。しかも，諸外国におけるレスパイトの多様な期間を正確に把握した上で論ずることなしには，氏の期待に沿って「レスパイトプログラム」が「構築」されたとしても，それは，介護者の「息抜き」や「気晴らし」の程度に止まらざるを得ない。これでは，既に日本でもすっかりと定着をし，確かな評価を得ているデイケアやショートステイに照らしても，明らかな後退である。氏が触発され学び取ったはずの諸外

国におけるレスパイトとは，大きく異なる姿のゆえに懸念を交えて予想される事態である。

（5）　介護者手当の受給要件と水準

　氏が介護者手当に言及することについては，既に紹介してきた。しかし，介護者手当に関しても自らの叙述に内的な矛盾を抱えるばかりか，事実の重大な誤認に沿って制度の紹介を行っている。

　氏は，「イギリスにおける介護者への直接手当」を取り上げ，「時間当たりの手当額は，最低賃金法に定められた額を下回ってはならないものとされている」と評する。その具体的な計数の紹介はないし，通常ならば拠り所として示されるはずの文献の紹介も一つとしてない。この評価は事実と異なる。簡単に調べてみるが良い。介護者手当は，16歳以上の介護者について週35時間以上の介護責任を負うなどの要件を充たすならば，週58.45ポンドの定額として支払われる。1時間当たりに換算して最高でも1.67ポンドに相当する金額である。他方，最低賃金は，年齢階層に従って18〜20歳の時間給4.98ポンド，同じく21歳以上6.19ポンドと定められる（2012年）。介護者手当の時間当たり金額は，21歳以上について最低賃金に定める時間給の僅か27.1％に過ぎない（18〜20歳，33.5％）。氏の言う「最低賃金法に定められた額を下回ってはならない」金額とは，程遠い水準である。これは，違法行為の横行の結末ではない。ケアワーカーの市場賃金との関わりで介護者の賃金水準を定める北欧諸国はもとより，介護者への経済的な補償を法定最低賃金（SMIC）との関わりで定めるフランスとは全く違って，市場賃金や協約最低賃金はもとより法定最低賃金との関わりを一切持たないイギリスの介護者手当の否定し難い結末である。

　具体的な計数の紹介を氏に期待することは，そもそも不可能である。「イギリスにおける介護者への直接手当」の「手当額」は，上に述べたようにそもそも「時間当たり」の制度ではなく，週当たりの「手当額」を一律に定めた制度である。時間当たりに金額を定める最低賃金制度とは，明らかに異なる。もしも氏の言うように「時間当たりの手当額」としての制度であるならば，週35時

第4章　介護者支援の方法と視界

間以上に亘って介護責任を負う介護者の手にする金額は，週当たり介護時間の長さに応じて自ずと異なる。週35時間の介護者も居れば，週50時間を超え100時間に亘って日常生活上の援助を手掛ける介護者も，英国介護者協会などの調査が示すように存在する。氏は，「イギリスにおける介護者への直接手当」について語りながら，制度の根幹に関わる理解に欠けたままに説明を加えるのである。その結果が，既に紹介した文章である。

　参考までに述べるならば，オーストラリアの介護者団体は，介護者手当と介護者給付の水準を少なくとも連邦最低賃金の水準に引き上げるように求めているものの，今日まで日の目を見ていない。これも氏が分析の対象に選び取った国の一つにおける否定できない現実である。英国介護者協会は，介護者手当の水準を少なくとも最低賃金の水準に引き上げるよう独自の調査を踏まえながら提起した事実もある。2000年のことである。しかし，先の介護者手当の水準と最低賃金のそれとの比較に示されるように，この提言はオーストラリアと同様に受け入れられていない。制度に関する誤解に由来するのであろうか，こうした提言の事実についてもご存じないようである。

　氏による俄かには信じがたい程の指摘は，介護者手当のあまりに低い水準に対するイギリスの研究者による早くからの地に足を着けた少なくない批判の存在さえ，一つとして知らない結末でもある。最も具体的な批判は，雇用機会均等委員会による早くも1982年のそれである。同種の作業は，その後にも寄せられる。国民議会社会サービス委員会も同様の批判を1990年に公刊の『コミュニティケア――介護者』と題する報告書で寄せていることも，ご存じないようである。参考までに述べるとすれば，英国介護者協会は，2000年における提言に止まらず，介護者手当（53.10ポンド）を公的年金の水準（95.25ポンド）に引き上げるよう，他の8つの者団体と共に2009年に政府への要望として提起したこともある。これは，介護者貧困憲章（carers poverty charter）として公表した文書の冒頭で示した介護者手当の低い水準への具体的な批判，すなわち，法定最低賃金（時間当たり5.73ポンド）に較べた介護者手当の時間当たり額（1.52ポンド）への言及などを，当然のこととは言え踏まえた産物である。氏は，制度に

213

関する誤解のゆえであろうか，これらの提言についてそもそもご存じないようである。もしも事実を知っていたならば，介護者手当の水準に関する軽くはない誤認は，そもそも生まれなかったに違いない。あるいは，オーストラリアの介護者団体は，介護者手当と介護者給付の水準を少なくとも連邦最低賃金の水準に引き上げるように比較的早くから求めてきたものの，イギリスと同じように今日まで要求に沿う果実を手にしていない。これも，氏が自ら分析の対象に選び取った国の一つにおける否定の出来ない現実である。

　介護者手当は，氏によれば1975年の制度化であるという[27]。しかし，これも事実と異なる。誕生は，1年後の1976年である。また，氏によれば「週当たり一定の時間介護を行った介護者の場合には，老齢年金の保険を納めなくても年金受給の権利が得られる……」制度が，「イギリスにおける介護者への直接手当」[28]の一環であると紹介される。ここでも，拠り所となる文献は一つとして示されない。しかし，これは海を隔てたドイツの制度であって，イギリスのそれではない。一定の要件を充足する介護者には，年金保険料の納付期間の短縮が認められる限りである。介護者団体による運動の成果であり，重要であるとは言え，ドイツとは異なる制度である。

　さらに，介護者手当の受給要件を巡っては，矛盾した説明が加えられる。氏は，受給要件に関わって「介護者は仕事につくことも可能だが，週95ポンドをこえないばあいに限る」と述べる一方において，50頁以上離れた箇所では，「イギリスには，介護者手当制度があり……」とした上で「介護を担っているために就労出来ない介護者に対する所得補償がある」[29]と指摘する。容易に理解することが可能であるように，明らかに矛盾を孕んだ文章ではあるまいか。前の文章は，就労を伴う場合の取得を一定の範囲で認める制度であると指摘をしながら，後の文章では，「就労できない介護者に対する所得補償」との理解を示す。前者は就労を可能な要件とし，後者は就労の不可能性について指摘する。両者は完全に矛盾するのではあるまいか。

　氏が自ら分析の対象に選び取った国の一つを想い起こすがよい。オーストラリアの介護者給付は，25時間ルールとして知られる週25時間までの就業もしく

第4章　介護者支援の方法と視界

表4-3 介護者手当受給介護者の就業状態別週当たり介護時間別同居別等比率（2009/10年）[1]　　（単位：％）

	同居の介護者	全ての介護者
就業状態		
フルタイム	10	
パートタイム	15	
高齢退職	17	
家事専業	33	
週当たり介護時間		
20時間未満	11	4
20時間以上	22	19
35時間以上	25	23
平　　均	19	11

注：1）週35時間以上は，同じく20時間以上の介護者の一部をなす。空欄は，不明である。
出典：NHS The Information Centre, *Survey of carers in household 2009/10*, NHS The Information Centre, 2010, pp. 48-49より作成。

は教育への参加を給付要件に抵触しないと公式に認めている。同じようにイギリスの介護者手当も，就業はもとより氏が完全に無視したままの教育への参加を当初から排除するわけではなく，一定の条件を付けた上で認めている。就業状態にある介護者の受給比率は，週当たり所得の上限規定の故に高齢退職者や家事専業者に較べて明らかに低いとは言え，一定の実績を記録する（表4-3）。

（6）介護者のアセスメント請求権の法的な拠り所

介護者のアセスメント請求権の拠り所をなす法律についても，理解に苦しむ見解を示す。すなわち，「2000年介護者及び障害者法で介護者独自のアセスメントの権利が新たに規定された」と述べる一方において，「介護者の承認とサービスに関する1995年法では，介護者のアセスメントが初めて認められるようになった[30]」と指摘する。「新たに規定された」内容と「初めて認められるようになった」内容に関する説明は，一切付け加えられないことからも，2つの法律の相違は少しも明らかにされない。結果として，2000年法が95年法の僅か5年後になぜ制定され，どのような意義を持つのかについて氏の文章に照らす

限り不明のままである。

　氏は，イギリスにおける介護者法等の制定に関わって2か所で説明を加える。すなわち，介護者法を世界で初めて制定したのは，イギリスであるとして，障碍者のサービスと諮問及び代表性に関する1986年法（the disabled persons〔services, consultation and representation〕act 1986），並びに介護者の均等な機会に関する2004年法を簡単に紹介した上で，2つの法律は，「介護を行ううえでの支援にとどまらず，介護者自身の基本的権利の擁護という視点を含んでおり……」と評する。さらに，別の箇所では，イギリスでは，介護者に対する支援の体系的な構想を目的に『介護者のための全国戦略』の文書が，これも世界で最初に策定されたと指摘をした上で，介護者の均等な機会に関する2004年法では，介護者の「社会的排除」と「社会的包摂」を目指す内容に進化している，と述べる。

　これらの指摘には，幾つか事実と異なる内容が含まれる。第1に，1986年法は，氏の表現を借りて言えば「介護者自身の基本的権利の擁護という視点」を全く含んではおらず，専ら「介護を行ううえでの支援」に止まる。介護の継続可能性の担保に関わる法律として1986年法が，繰り返し紹介されてきた通りである。この理解の正しさを証明するように86年法は，障碍者に何等かのサービス給付を要するニーズの有無と程度を自治体として定めるに当たって，要介護者に対する日常生活上の援助を他の人々が規則的に担い続けることが出来るかどうかも，調べ上げることについて言及したものである。介護の継続可能性が，見られるように意識されこそすれ，「介護者自身の基本的権利」に関する関心は，少しもない。障碍者による地域での暮らしの確保が，専ら関心の的になっている結果である。実は，86年法の成立する前の85年には，監査委員会（Audit Commission）が，介護者はニーズを持つ主体であり権利の主体であると報告書の中で述べている。この指摘を政府や議会が率直に受け入れていたならば，介護の継続可能性に止まることなく「介護者自身の基本的権利」に僅かなりとも踏み込んだ86年法として成立したのではあるまいか。しかし，指摘は受け入れられなかったというのが，事実である。結果として86年法は，「介護者自身

の基本的権利の擁護という視点」と無縁である。氏の理解に従う限り，86年法を巡るこうした経緯も完全に忘れ去られることになる。

　第2に，氏の表現を借りるならば，「介護者自身の基本的権利の擁護という視点」，あるいは「社会的包摂」を目指す内容は，2004年法が最初ではない。氏が引き合いに出す『介護者のための全国戦略』が，初発である。労働党政権の誕生を契機に策定され，イギリスの広く認められた常識の一つである。その後にも制定された2004年法を含む介護者立法は，『介護者のための全国戦略』に沿って順次制定されたものである。広く話題を呼んだこの政策文書に目を通すが良い。あるいは，この政策文書に敢えて目を落とさなくとも理解の可能なことかもしれない。90年代末葉における労働党政権の誕生を思い起こし，社会的包摂を初めて政策の基調に据えたことを念頭に置けば良い。『介護者のための全国戦略』を幾度となく引き合いに出し，しかも，その直後に2004年法と「社会的排除」，あるいは「社会的包摂」との密接な関連を指摘しながら，『介護者のための全国戦略』と「社会的包摂」との密接な，しかも，政策文書としては全く初めての関連づけがあたかも存在しないかのような指摘を事実上示すことは，事実との重大な相違に他ならず，誤解を招き寄せることになる。

　第3に，氏は，介護者への支援が介護責任の継続を念頭に構想される時代から，「介護者自身の基本的権利の擁護」や「社会的包摂」を理念に掲げる時代へと変化したことを一応は把握しながら，なおもレスパイトとは，「息抜き」や「気晴らし」を意味すると優れて限定的な内容の理解に止め置く。両者の一貫性は至って薄い。「社会的包摂」は，機会の均等を保障し，これを通して介護者の家族生活はもとより職業生活と社会生活の保障を目標に据える。良く知られる内容である。「社会的包摂」に相応しいレスパイトとは，「息抜き」や「気晴らし」の表現に示されるような介護から離れる時間も至って短い状態とは異なる。休息に加えて休暇の表現を当てるならば，介護者の社会生活など多様な生活場面を想定することになるのではあるまいか。ともあれ，氏には，「社会的包摂」について述べながら，どういうわけであろうかこれに相応しいレスパイトの説明を加えていない。むしろ矛盾した表現を加えたままである。

屋上屋を架すようではあるが，至極基本的な文献に目を通すだけで良い。イギリスの保健社会保障省は，指摘する。「自宅で精神障碍者を看る人々に息抜きや休暇の機会を与えるデイサービスとショートステイのサービスを提供する」。「ショートステイとデイサービスの拡充を通して日常生活上の援助に当たる近親者の負担を和らげる[33]」。羽生氏は，こうした指摘の示される文献に目を通していたならば，ショートステイとレスパイトケア，もしくは，レスパイトケアサービスに関する誤った定義を下すこともなかったに違いない。しかし，介護負担に関する幾つかの文献はまだしも，介護者支援政策に関する文献は，著書の末尾の文献一覧に一冊として示されない。介護者支援の領域や方法が提起されて半世紀以上が記録され，実に丹念な数々の調査を踏まえた議論であるだけに，そうした蓄積を完全に無視する氏の議論は，支援の領域や方法に限定する場合でさえ到底承服しがたい。

2 障碍者を含む要介護者の人権と介護者支援の視界

（1） 障碍者研究からの批判とその影響

　ある社会事象を示す表現が社会に広く定着するまでには，様々な議論が繰り返され，すっかり定着したと判断される時期に至っても，これに与しない議論も散見されることがある。これは，調査研究の分野を問わないようである。批判の中には，社会に広く受け入れられる議論の内容を鍛える効果を招き寄せる場合も認められる。

　年少の介護者の存在が，要介護者でもある母親から英国介護者協会の事務局に一本の電話を通して初めて伝えられたのは，1982年であると既に述べた。これを契機に調査研究が始まり，年少の介護者に関するイギリスの調査研究は，支援対象の拡大と支援方法の改善に寄与すると共に，世界広しと言えども今日まで抜群のリーダー的な存在感を示すと評しても過言ではあるまい。しかし，障碍者研究や運動の分野から批判の寄せられたことも，これまた否定することの出来ない事実である。

第４章　介護者支援の方法と視界

　第１に，調査研究の進展と共に年少の介護者の規模や属性が明らかになるにつれて，年少者の健康はもとより友人関係，あるいは学校生活への影響が社会問題の一つとして論じられるようになる。年少の介護者支援がこれに促されて実施に移され，年少の介護者支援事業が，各地の介護者支援センターなどを拠点にしながら展開される。しかし，関心は専ら年少の介護者に注がれ，疾病や障碍を抱えて日常生活上の援助を要する主として母親から構成される親への支援は，長らく関心の外に置かれたままであった。

　第２に，自治体が年少の介護者の看る要介護者へのサービスを充分に給付するならば，介護負担は大きく減少し，身体的にはもとより精神的にも成長の過程にある年少の介護者にとって益するところ少なくない。これは，年少の介護者を直接の対象にする支援に属するわけではないとは言え，彼女や彼にとって願ってもない道である。

　こうした批判の的確さは，ある年少の介護者自身の発言からも読み取ることができる。「ソーシャルワーカーは，私と私の兄弟に手を差し伸べてくれる。しかし，私の母親に対する援助は，何もない。もしソーシャルワーカーが母親に手を差し伸べてくれないならば，それは，私を少しも援助してくれないことに他ならない」[34]。2009年に開かれたスコットランド年少の介護者祭典における発言である。

　このような実に的を得た批判にも着目をしながら新しい議論を展開したのは，年少の介護者研究の第一人者として国際的にも良く知られるS. ベッカーである。B. ベッカーは，年少の介護者支援の予防的なモデルについて提唱する[35]。1997年のことである。年少者の介護者化を未然に防止するために，要介護者を対象にするより良い支援について説く議論である。併せてS. ベッカーは，年少者の介護者化が例え避けられない場合であっても，要介護者に対するサービスを拡充するならば，年少の介護者に与える否定的な影響も最小限に止め置くことが出来るのではないか，と主張する。

　『介護者のための全国戦略』（1999年）には，年少の介護者と題する章が第８章として用意される。そこでは，以下のように指摘される。年少の介護者に不

釣り合いな程の介護責任を期待するわけにいかない。このためには，疾病もしくは障碍を抱える親たちが自立を維持するに相応しい支援がなされ，子どもの保護者としての役割を果たすことが出来るようにしなければならない。サービスは，かくして介護責任を負う子どもを含む家族全員のニーズを考慮しなければならない(36)。政府が，S. ベッカーの新しい見解を積極的に採用したことは，両者による指摘の内容に照らして明らかである。スコットランド行政庁『介護者のための戦略』(2010年) も，要介護者に対する適切かつ充分な支援が行われるならば，年少者の介護者化の危険性は縮減し，年少の介護者の危機的な状態への転落も防止することが可能であるとして(37)，S. ベッカーの提起に事実上の賛意を表する。先に紹介したS. ベッカーの文章構成とあまりに似ていると感じ取ることが出来る。S. ベッカーの提起に最大限の賛辞を表している証しでもあるように考えられる。

　批判は，日本の障碍者運動にも一時期影響を与えた障碍者自立運動からも寄せられる。

　障碍者は，世間の評価に従うならば介護を必要としこれを求めているという。しかし，そのように要求はしていない。私たちは，自立した暮らしを求めているのであって，自立の最大化が図られるならば，自らの生活をコントロールすることが出来る。日常生活上の援助は，有償と無償の別を問わず不要になる。介護という表現は，障碍者に対するケアワーカーや介護者による支配と管理とを意味する。社会サービスは，政治家はもとより計画立案者，あるいは介護者によって評定され給付される。障碍者の抱く実際のニーズについて尋ねられることはない。既存の社会サービスは，私たちのニーズに合致しない(38)。かくして障碍者が自立性に欠けるとしても，その本当の原因は，社会的な障壁にある。このような現状を改革するために，サービスの均等な利用機会の保障をはじめ交通システムの整備，障碍者の移動が可能な居住環境の整備，自立を援助する機器の利用，対人サービスの自主的な設計と選択権の確保，住む場所と住み方に関する選択権の保障及び均等な機会の実質的な保障，これらについて提言をする。

これらの批判に基づく提言も,『介護者のための全国戦略』などに肯定的に受け止められ,その一部は既に制度としても実を結んでいる。幾つかの事例を挙げよう。

直接支払い方式は,要介護者と介護者による自己決定の考え方を具体化したものである。社会サービスは,アセスメントを経て給付要件を充たすならば,自治体の定める基準に沿って自治体の指定する業者の担うところとなり,これが長い期間に亘って守られてきた慣行である。しかし,これでは要介護者などのニーズの充足に問題を含むとして今一つの選択肢,すなわち,自治体の定めたサービスを直接に受給するのではなく,認定されたサービスの購入に要する費用相当額を現金で受け取った上で,業者の選定を含むサービスの設計を自ら行いサービスを受け取るのである。直接支払い方式である。障碍者自立運動が提唱した自己決定の考えを拠り所にすることは,言うまでもない。

交通サービスも,特に要介護者と介護者を念頭に置きながら改善が図られる。全ての新しい列車は,障碍差別に関する1995年法（the disability discrimination act 1995）に沿って障碍者に利用しやすい列車として1999年初頭までに整備される。同様の措置は,新しく導入されるバスやタクシーについても2000年代初頭までに採用される。

障碍者を含む要介護者のニーズに適合する住居の改修や整備も,『介護者のための全国戦略』に示される(39)ように進められる。

計画の策定はもとよりサービス給付状況の点検と効果の検証過程に要介護者と介護者が参加することは,これも『介護者のための全国戦略』に明記される(40)ように少なくない意義を持つことから積極的な位置づけが与えられる。

(2) 障碍者と介護者双方のニーズの充足

障碍者自立運動が世に届ける議論は,障碍者と介護者とをやや対立的に描くところに特徴を持つ。しかし,これには,当初から批判が寄せられる。例えば英国介護者協会の代表者は,「介護者の抱くニーズは,障碍者のそれと対立するわけではない。両者のニーズは共に考慮が払われ,それぞれ独自に検討され

てこそ，双方の暮らしにとって好ましい。これが私たちの見解に他ならない」[41]。91年に公刊された編著の分担執筆箇所に見る指摘である。障碍者と介護者とをやや対立的に描く見地は，その後の議論を目にする限り斥けられ，英国介護者協会の代表者が20年以上前に述べた見解が一般的であるように考えられる。「介護関係の両当事者が正当に評価されなければならない。一方のニーズや願いを他方のそれらに従属させては，断じてならない。この達成は，少しも容易であるとは言い難いとは言え，介護者支援の目的は，双方のニーズの充足に置かれる」[42]。あるいは，「要介護者と介護者双方に対する支援こそ危機的な状況の回避につながる」[43]との，いずれも『介護者のための全国戦略』における指摘は，やや表現を異にするとはいえ要介護者と介護者とを対立的に描く見地とは，全く無縁である。障碍者自立運動による提起とこれを巡る旺盛とも評することの出来る議論の辿り着いた結論である。

やや驚くこととはいえ，介護者の表現をそもそも拒絶する議論のあることも，否定するわけにいかない現実の一こまである。

介護者の表現は不効率であり，その引き続く使用は再検討するに相応しい。有益な表現とは言えないのであって，その廃棄を提案する。この主張を開陳した論稿は，2011年に公刊の学術雑誌に掲載される[44]。しかし，この議論は，著者の知る限りにおいても90年代末葉に別の研究者によって既に世に投げかけられる[45]。また，この種の議論は，精神障碍者とその家族からなる団体としてイギリスで良く知られるマインド（Mind）が，直接に取り上げて批判的な見解を表明することにも示されるように，専ら研究者の内部に止まる議論ではなく，社会に一定の影響力を持っているようでもある。

介護者という表現の廃棄を求める理由は，幾つか示される。介護者と彼女や彼の看る要介護者との諸関係を負担と理解することを通して，要介護者を従属的な地位におとしめ，本来ならば協同の関係にあるはずの二人の個人を両極に分離する。日常生活上の援助は負担を意味することから，介護者のニーズが要介護者のそれよりも優先的に扱われる。そればかりか介護者のニーズに関心を注ぐことによって，要介護者が排除され，彼女や彼のニーズが否定されて虐待

に結びつくことも，否定しようのない現実である。

　介護者の表現は，理解し難い。それは，無償もしくは家族介護者に加えて有償のサービスを担うケアワーカーを指すこともあるからである。さらに，介護者に関する標準的な定義は存在しない。介護者調査に当たって採用される定義も異なることから，調査の結果も定義に従って違ってこざるを得ない。

　介護者支援の拡充という今日的な動向には，不信感さえ抱いている。個人が障碍を抱えるならば何もなすことが出来ないと理解され，選び取られる最良の対応方法は，日常生活上の援助を要する人々の可能な限りの包摂ではなく，介護者に対する支援であると主張される。これは正しい認識ではない。

　しかし，こうした批判が確たる事実を拠り所にしているとは考え難い。批判と言うに値する確たる事実の裏づけを得た議論の展開を願うものである。

　第1に，介護者のニーズが優先的に扱われる結果，介護者支援こそ最良ではぼ唯一の選択肢として位置づけられると評するものの，これは，事実と異なる。例えば『介護者支援戦略』（2010年）に目を通すが良い。介護者と要介護者双方を対象にする支援こそ最も効果的であり，年少の介護者の保護は，要介護者に対する充分な社会サービスなしに構想しえないと語られる[46]。この提起が，一定の反省を経てなされたという経緯を改めて振り返るならば，とりわけ年少の介護者支援の分野で日常生活上の援助を要する保護者を事実上忘れ去り，専ら年少の介護者を対象にするサービスとその拡充に心を砕いてきたことも，否定するわけにいかない過去の確かな事実の一つである。この限りにおいて批判は免れない。しかし，『介護者支援戦略』における提起は，率直な反省を経てなされていることも，これまた確かである。

　第2に，介護者支援は，専ら介護者のニーズとその充足に的を絞り込んで実施されるわけではない。一例を挙げよう。介護者は，介護者のためのプリンセス・ロイヤルトラストセンターに代表される民間非営利団体の支援組織から多様な支援を受ける。その一つが，社会保障制度に関する情報と助言である。3人中1人強の介護者は，自らの社会保障給付について，また，2.5人中1人の介護者は，彼女や彼の看る要介護者の社会保障給付について助言を受ける

(33％，40％，1997年[47])。介護者が自らセンターに足を運んで手にした助言である。介護者が要介護者に心を砕き，自らの経済状態の改善を願っての行為である。各地の介護者支援センターは，要介護者と介護者双方に心を砕く。これは，要介護者はもとより介護者の利益にもなると解すればこその基本的な姿勢である。この事実を前にするとき，両者を対立的な諸関係を以って特徴づけるわけにいくまい。

　第3に，要介護者に対するネグレクトや虐待は，『介護者のための全国戦略』改訂版（2008年）が2か所に亘って紹介する[48]ように，介護者支援の進展と共に減少の傾向にある。これは，偶発的な現象ではない。介護者のニーズに関心を注ぐことは，休日や休暇の享受による心と体の安寧の維持はもとより，介護技術訓練を通した要介護者理解の深化と必要な技能の形成などを通して，要介護者のニーズを少しも軽んじるわけではなく，むしろその充足にも効果を発揮する。介護者運動の1930年代から戦後の60年代までを振り返るならば明白であるように，介護者支援の関心は，日常生活上の援助を担う未婚女性の経済的な窮状に注がれる。しかし，今日の介護者支援の視界は格段に広がり，自らはもとより要介護者のニーズも視野に収める。ネグレクトや虐待の減少は，その一例である。

　第4に，介護者と言うならば，専ら要介護者の家族や友人などから構成される無償の介護者として理解されるだけではなく，労働契約に沿ってサービスを提供するケアワーカーとして解釈される場合も認められることは，確かな事実である。両者が共に日常生活上の援助を担い，介護者の表現の誕生から40年さえ経過していないという事情が，その背景には認められる。しかし，介護者の表現それ自体を否定する理由としては，充分ではあるまい。介護者と言うならば無償の介護者を意味すると解する正しい認識が，介護者団体の運動や自治体の広報などもあって時代と共に広がりを見せていることも確かであり，無用な混乱を避けるために無償の介護者，あるいは家族介護者の表現を敢えて用いる動きも，スコットランド行政庁の公式見解を含めて認められる。

　第5に，介護者に関する標準的な定義が未だ存在しないことも，これまた事

実である。しかし，前出の表1-1と表1-2に詳しく示したように定義を構成する主な要件が時代と共に重なり合い，その割合を高めてきたこともこれまた確かである。標準的な定義の存在しないことに研究者が一様に心を痛め工夫を重ねてきた結果である。従って，介護者調査と銘打つ少なくない調査結果の，例えば介護者比率や週当たり介護時間別構成などに関わる計数上の相違は，介護者に関する定義の相違というよりも調査方法の違いに由来する所も無視するわけにいかない。さらに，法律委員会は，定義の標準化の必要性を認め，これに向けた作業の着手について提起を行ったという事情も認められる。この種の提言としては全く最初であり，しかも，法律委員会によるそれであるだけに，議論の結果が注目される。

　最後に，介護者という表現の廃棄を求める研究者は，少なくとも2011年に公表された論稿に目を通す限り，介護者に代わる別の適切な表現を提案するわけではない。主張は専ら廃棄である。介護者という表現の廃棄を言うのであれば，直接には言及しないとは言え介護者手当の名称変更も主張に沿う限り避けて通るわけにいかない。日常生活上の援助を担う人々に一定の要件に沿って給付されるにもかかわらず，手当の名称から対象であるはずの介護者の表現が消えるとすれば，無用の混乱を避けるためにも具体的な提案が望まれる。専ら表現の不効率性や差別性のみを主張し，優れて具体的な提案のないままでは，現場の混乱を招くだけである。混乱は，無償の介護者とケアワーカーとの同一視を巡る混乱とは較べようもない程に深刻であるに違いない。それとも，介護者という表現の廃棄を求める研究者は，あわせて介護者手当の廃止も念頭に置くのであろうか。

　別の論者は，上に指摘する問題を自ら感じ取るのであろうか，介護者に代えて要介護者の家族や親族，友人あるいはサポーターなどの表現の使用を提起する。[49]そうすることを通して無償の介護関係は，介護者に関する幾つかの法律に沿う保護を受けた介護者ではなく通常の家族や親族などに担われることになる。しかし，日常生活上の援助を無償で手掛ける人々と要介護者との対等な関係は，表現の変更を通して確保されるのであろうか。人々のニーズは，彼女や

彼の置かれた立場や環境によって異なる。介護サービスの担い手と受け手とは，保育や教育などの他のサービスと同じように課せられた役割や責任に応じて異なるニーズを示すことも少なくない。それは，表現の変更を通して解決の可能な事項ではあるまい。また，代案の中には既に紹介したようにサポーターという表現も含まれる。しかし，良く考えてみるがよい。サポーターというならば直ちに思い浮かぶように，サポートを受ける人と担う人の両者が存在することになる。介護サービスを受ける人と担う人との従属と支配の不可避性を問題として，介護者という表現の廃棄を求めるにもかかわらず，サポートを受ける人と担う人との従属関係は，問題にならないのであろうか。事柄の由来を辿るとき，表現の変更を以って片の付く問題ではそもそもない。

（3） 介護保険を巡る議論と介護者ニーズの忘却

　日本には，介護者という表現の廃棄を求める議論は，さすがに存在しない。しかし，介護者のニーズを軽視し，介護者を対象にする支援について事実上無視する傾向の根強いことも，これまた確かである。

　鍋山祥子氏は，1990年の社会学の学会においてケアサービスを担う人間が犠牲にならない，そういう体制を考えるべきではないかと発言をしたという。すると，会場から「『ケアの受け手が一番の弱者だから，そこが犠牲にならないのが第一なんだ。ケアラーの問題というのはその次だ』という……」[50]趣旨の批判を受けた，と当時のやり取りについて簡単に紹介する。

　類似の議論は，一時期を支配した北欧詣でにも認められる。介護施設の個室化が至って礼賛され，個室化が入居する要介護者の人権保護の徹底と高い満足感の指標として位置づけられる。日本の介護施設の個室化を実現するに値する目標として据えればこそ，引き出された評価であろう。しかし，介護サービスの量はもとより質を左右するケアワーカーについて問題にされることは，残念ながら全く存在しなかった。まして，介護者が，北欧詣での主題の一つとして正当に位置づけられることもなかった。有償であれ無償であれ「ケアの受け手」を問題にこそすれ，その担い手を意識することは，なかったのである。北

第 4 章　介護者支援の方法と視界

欧諸国にも介護者の存在が広く認められ，西欧諸国とは異なる制度に沿ってであるとは言え介護者を直接の対象にする支援を展開していることは，ヨーロッパレベルの比較研究を含めて少なくない調査研究を通して周知の事実である。[51]しかし，介護者の存在そのものの確認はもとより介護者支援の実情調査が，北欧詣での主題として位置づけられることは，一度として存在しない。これも，「ケアラーの問題」を「その次だ」と副次的な位置に止め置く議論の避けられない結果ではあるまいか。このように考えるならば，問題は社会学の学会におけるやり取りに止まらない。

　介護保険の制度化を巡る議論でも，同じ轍を踏んできたと評して良い。社会保険制度の母国としてのドイツの介護保険調査を目的に幾つかの調査団が派遣されたことは，日本における各種の法制度化に当たって広く採用されてきた手法の一つである。妥当な選択であろう。介護者を直接の対象にする支援が介護保険制度の重要な一部として組み込まれていることについて，聞き取り調査などを手掛かりに調べ上げられ報告書に盛り込まれたことも，確かな事実である。しかし，肯定的な評価はこの限りである。介護者のニーズ・アセスメントはもとよりカウンセリングと助言，介護者グループ，週末を含む休息や休暇の機会などに示される他の支援方法には，一切言及していない。しかも，ドイツの介護保険に定められた介護者支援についてさえ，日本の介護保険制度の内容に関わって提起されることは，調査団とは無縁の見識ある 1～2 名の社会保障研究者を除いて考えるならば，それゆえ，少なくともドイツ調査に加わった個人や団体に絞って検討するならば，残念なことに一切認められない。その理由は不明である。要介護者に支払われる介護手当をドイツに倣って導入するならば，サービスの整備が大幅に遅れると主張され，これを拠り所に現金給付の導入に強い反対の姿勢が示された。しかし，ドイツのその後の現実に目をやるが良い。在宅サービスはもとより施設サービスは，1996～2004 年に限っても，大幅な伸びを示す。自ら調べ上げて広く公表された報告書にも介護者支援の一部であるとはいえ制度を紹介しながら，これらの日本への導入について確たる理由も示すことなく見送るという何とも不可思議な態度は，結局のところ「ケアラーの

227

問題」を「その次だ」と従属的な位置に止め置く結果ではあるまいか。

　それにしても，90年に開催の社会学の学会で「ケアの受け手が一番の弱者……」であると発言した研究者は，介護保険の制度化を経て「ケアラーの問題」に取り組み始めたのであろうか。「ケアラーの問題」は「その次だ」と発言している以上，少なくとも介護保険の制度化以降に取り組み始めたと解することが，ごく自然であろう。それというのも，「一番の弱者」としての「ケアの受け手」に直接関わる社会保険は，制度として認められ出発し，年を追って実績を重ねているからである。しかし，新たな取り組みが始められたという事実は，残念ながら確認されない。「その次だ」との発言は，そうしてみると「第一」の問題の解決に続いて取り組むという意味ではなく，未来永劫に亙って先送りするという意味に他ならないと理解することこそ，的を得ているように思われる。

　対人サービスには，有償と無償とを問わず幾つかの要件を欠くことが出来ない。まずは，サービスの質を担保する教育や職業訓練，あるいは職業資格である。適切な人員の配置と適度なサービス提供の環境も欠かすわけにいかない。これを通してサービス提供の時間や空間とは明確に区別される家族生活や社会生活の享受が可能である。これは，サービスを積極的に提供し，その質を引き上げようとするサービスの担い手の内的な動機にも効果を発揮する。他方，これらの要件が担保されない限り，あってはならないこととは言え，サービスの提供さえ覚束ないことはもとより，サービスの質の低下さえ招き寄せる。

　要介護者のニーズを見定め，これに対応するサービスを提供することに加えて，介護者のニーズに対応する支援が求められる。介護者の心穏やかな日常生活上の援助がこれを通して保障され，要介護者のネグレクトや虐待も未然に防止することが出来る。介護者支援が専ら介護者のニーズを視野に収めるわけではなく，要介護者のそれも同等に重視しながら設計され実施に移されると指摘される根拠の一つは，ここにある。介護者支援を巡る議論の視界は，このように広い。1957年以降，今日までに確かめることの出来る介護者支援の領域と方法の多岐化が，広く両者のニーズを視野に収めた所産であることは，改めて言

うまでもない。しかし,介護者支援の母国として国際レベルで称賛されるイギリスにおいて,介護者の表現さえ消し去ろうとする議論が一部に認められることを考えるならば,忘れることなく指摘しておかなければならない。

注

(1) Law Commission, *Adult social care, op. cit.*, p. 90.
(2) H. M. Government, *Caring for carers, op. cit.*, pp. 92-97.
(3) Peter Townsend, *The Last refuge, op. cit.*, pp. 405-406, p. 411 and p. 428
(4) Muriel Nissel an Lucy Bonnerjea, *Family care of the handicapped elderly, op. cit.*, p. 100, Julia Twigg, Karl Atkin and Christina Perring, *Carers and services, op. cit.*, pp. 11-12, Diona Hills, *Carer support in the community, op. cit.*, p. 6 and pp. 9-10.
(5) Gillian Parker and Dot Lawton, *Different types of care, different types of carers, op. cit.*, p. 49.
(6) H. M. Government, *op. cit.*, pp. 12-14
(7) Scottish Government, *Caring together, op. cit.*, p. 17.
(8) House of Representatives, Standing Committee on Family, Housing, Community and Youth, *Who cares...? report on the inquiry into better support for carers*, Commonwealth of Australia, 2009, p. xxiii, p. xxiv, p. xxx, p. xxviii, p. xxix, p. 4, p. 13, p. 33, pp. 36-37, p. 62, p83, p. 90, pp. 106-110, p. 138, p. 142 and p. 144, Autralian Government, *Government response to the House of Representatives standing committee on family, community, housing and youth report: who cares...? report on the inquiry into better support for carers*, Commonwealth of Australia, 2009, p. 10, p. 22, p. 27, p. 31, p. 34, pp. 38-39, pp. 48-49, p. 52, p. 54-55 and p. 61, Australian Government, *Caring for older Australians, productivity commission draft report*, Australian Government, 2011, p. xxvii, p. xxix, p. xxxviii, p. 14, p. 16, p. 18, p. 57, pp. 348-350, p. 352 and p. 354.
(9) 羽生正宗『レスパイトケア　介護者支援政策形成——家族介護者の負担感分析』日本評論社,2011年,91頁。
(10) 同上,212～213頁。
(11) The Parliament of the Commonwealth of Australia, *Who cares...? report on the inquiry into better support for carers*, House of Representatives, 2009, pp. 167-169 and p. 212.
(12) *Ibid.*, p. 203.
(13) Peter Townsend, *The Family life of old people, an inquiry in East London, op. cit.*, p. 207.
(14) Jack Tizard and Jacqueline C. Grad, *The Mental handicapped and their families, op. cit.*, p. 109, Muriel Nissel and Lacy Bonnerjea, *Family care of the handicapped elderly: who pays? op. cit.*, p. 63.
(15) 羽生正宗,前掲,98頁。
(16) Australian Government, *Caring for older Australians, op. cit.*, p. xvii.

(17) Muriel Nissel and Lucy Bonnerjea, op. cit., p. 63, Gillian Parker, *With Due care and attention*, op. cit., pp. 107-108 and p. 110.
　別の研究者も全く同じ理解を示す。Michael Bayley, *Mental Handicap and community care, a study of the mentally handicapped people in Sheffield*, op. cit., p. 160.
(18) Michael Bayley, op. cit., p. 160, p. 261 and p. 265, William G. Weissert and als, *Adult day care: findings from a national survey*, John Hopkins University Press, 1990, p. 56 and p. 62, Department of Health, Social Services Inspectorate, *Caring for quality in day services*, HMSO, 1992, p. 9, Department of Health, Social Services Inspectorate, *A Review of literature 1986-1991 on day care services for adults*, HMSO, 1992, p. 3.
(19) Michael Bayley, op. cit., p. 160.
(20) 前田信雄『病める老人を地域でみる――デイケア・訪問看護・ナーシングホーム』垣内出版、1979年、115頁。
(21) 青木信雄編・監訳『デイケアの理念と実際――イギリスの経験に学ぶ』全国社会福祉協議会、1989年、31頁、58頁、61頁、全国社会福祉協議会老人福祉施設協議会編『老人のデイケア』全国社会福祉協議会、1986年、39頁、44頁、同『ショートステイサービス実態調査中間報告』全国社会福祉協議会、1991年、31頁、34頁、日本労働研究機構『デイケア利用者家族の実態と意識に関する調査研究報告書』日本労働研究機構、1990年、7頁、11〜13頁、横山美江・清水忠彦・早川和生・由良晶子「要介護老人における在宅福祉サービス利用の実態および介護者の疲労状態との関連」『老年社会科学』15巻2号、1994年、140頁、146〜147頁。
(22) 前田信雄、前掲、144〜145頁。
(23) H. M. Government, *Caring about carers*, op. cit, pp. 58-59.
(24) 山口雅子他「イギリスにおける障害児とその家族のためのRespite careを基にわが国のRespite careの構築を図るための実証的研究　2005（平成17）年在宅医療助成勇美記念財団研究助成一般公募（前期）完了報告書」愛媛大学大学院医学系研究科、2006年、8頁。
　デイケアやショートステイと介護者との関わりについては、外山義氏やフランスの研究者、あるいは、スウェーデン政府も山口氏等と同じ理解を示す。外山義『クリッパンの老人たち――スウェーデンの高齢者ケア』ドメス出版、1990年、147頁、Dominique Argoud and als, *L' Accueil temporaire des personnes âgées*, Syros, 1994, p. 31, p. 35, p. 125, pp. 157-160 et p. 177. スウェーデン政府内閣府「スウェーデンにおける高齢者介護」『ファクトシート』18号、2007年9月、3頁。
(25) 羽生正宗、前掲、iii頁、214頁。
(26) EOC, *Who cares for the carers?* op. cit., p. 29.
(27) 羽生正宗、前掲、174頁。
(28) 同上、174頁。
(29) 同上、174〜175頁、229頁。
(30) 同上、167〜168頁。
(31) 同上、145頁。
(32) 同上、208頁。

第 4 章　介護者支援の方法と視界

(33) Department of Health and Social Security, *Care in action, a handbook of policies and priorities for the health and personal social services in England, op. cit.*, pp. 35-36.
(34) Scottish Government, *Getting it right for young carers, op. cit.*, p. 56.
(35) *Ibid.*, p. 56.
 S. ベッカーは，同じ主張を2004年にも示す。Saul Becker and C. Dearden, *Carers' Research Matters*, No. 18, October 2004-April 2005, pp. 11-12.
(36) H. M. Government, *Caring about carers, a national strategy for carers, op. cit.*, p. 77.
(37) Scottish Government, *Getting it right for young carers, op. cit.*, pp. 56-57.
(38) Richard Wood, *Care of disabled people*, in Gillian Dally and als, *Disability and social policy*, Policy Studies Institute, 1991, pp. 199-200 and p. 202.
(39) H. M. Government, *Caring about carers, op. cit.*, p. 50.
(40) Scottish Government, *Caring together, op. cit.*, p. 51.
(41) Jill Pitkeathley, *The Carers' viewpoint*, in Gillian Dally and als, *op. cit.*, p. 203.
(42) H. M. Government, *Caring about carers, op. cit.*, p. 14.
(43) Scottish Government, *Caring together, op. cit.*, p. 37.
(44) Victoria Molyneaux and als, Reconsidering the term 'cares': a critique of the universal adoption of the term 'carer', *Ageing & Society*, Vol. 31, part 3, April 2011, p. 422 and p. 424.
(45) Pilgrim P, *Who cares?* Openmind, 1999, p. 426.
(46) Scottish Government, *Caring together, op. cit.*, p. 37, Scottish Government, *Getting it right for young carers, op. cit.*, p. 56.
(47) Lesley Warner and Stephen Wexler, *Eight hours a day and taken for granted?* The Princess Royal Trust for Carers, 1998, p. 20.
(48) H. M. Government, *Carers at the heart of 21st century families and communities, op. cit.*, p. 43 and p. 61.
(49) Pilgrim P, *op. cit.*, p. 426.
(50) 山口大学大学院経済学研究科『レスパイトケア　家族介護者支援の推進にあたって──実施報告』山口大学経済学部，2012年，57頁。
(51) Scottish Executive, *The Future of unpaid care in Scotland*, appendices1-5, Scottish Executive, 2006, pp. 126-131.

第5章
医療機関による介護者支援の形成

1　新しい支援主体としての遅い出発

（1）　医療機関の独自の位置と支援の試み

　介護者に対する支援は，社会サービス部に代表される自治体や民間非営利団体の一つとしての介護者支援センター，あるいは企業に担われると評しても，これに疑念を抱くことはないであろう。要介護者と全く同じように介護者の年齢階層によって成人を所轄する部局と子どもを対象にする部局に分かれるとはいえ，両者へのサービスは，共に自治体に担われることに相違ない。また，介護者支援センターはもとより各種の家族団体が，短くはない歴史と全国的な影響力を発揮する互助組織として，幅広い情報提供はもとより介護者支援グループの運営や相談機会の提供などを通して，介護者支援の有力な主体の一つとしての地位にあることは，イギリスはもとより数々の国々の経験に照らして自明である。介護責任を負いながら仕事を続ける労働者の姿を思い起こすならば，企業も国を超えて支援主体の一角を形成する。
　では，一般開業医を含む医療機関による介護者支援と言うならば，これをどのように理解するであろうか。ひとまず使用者責任に即して言えば，医療機関も他の企業や団体などと同じように使用者としての責任を負うことから，職員の介護休暇の取得を含む柔軟な働き方を図らなければならない。しかし，ここで問題にするのは，別の事柄である。日常生活上の援助を担う彼女や彼を介護者という社会的地位にある者として確認し，これを初発にしながら介護者への多様な支援を他の諸主体と連携しながら展開する上で，医療機関は独自の位置

233

にある。

　こうした認識は，スコットランド国民保健サービス（NHS Scotland）行政長官が，介護者のためのプリンセス・ロイヤルトラストの刊行物（2003年）に寄せた緒言にも示される。介護者は，長官によれば国民保健サービスの提供するケアを支える上で重要な役割を担う。彼女や彼は，要介護者のニーズを日頃から理解し，国民保健サービスによるニーズへの対応に際して有益な情報を提供するからである。介護の主要な担い手としての役割は，国民保健サービスの全ての段階で広く認知され対応されなければならない。介護者化は，軽くはない日常生活上の援助の結果として自ら疾病や障碍を抱える危険性を伴う。多くの介護者は，日常生活上の援助の直接の結果として身体的あるいは精神的な健康の悪化を被る。しかし，介護者は，得てして要介護者を優先し自らの健康状態を忙しさにかまけて顧みないことも少なくない。介護者が，自らの健康を維持するためには援助の手が差し伸べられて然るべきであり，日常生活上の援助を無償で担う者に開かれた支援について出来得る限り早くに知らせる必要がある。一般開業医はもとより他の一次医療に携わる職員は，まずもって介護者を確認しながら支援の諸源泉について彼女や彼に伝える上で，願ってもない立場にある。介護者への支援は，任意の選択肢ではない。責務の一つである。国民保健サービスは，こうして重要な役割を担う。

　まず，介護者がその意に反して心や体の病を得る比率は，行政長官も指摘するように相対的に高く，医療機関に通う頻度も同様に高い。医療機関当たりの患者に占める介護者の比率は，全国規模の介護者比率を念頭に置くならば地域によって若干の相違を伴うとはいえ，10％前後である。日常生活上の援助が介護者の健康に与える影響は大きく，全ての調査が一つの例外もなく伝えるように週20時間以上，とりわけ週50時間以上及び要介護者と同居の介護者に顕著である。加えて，介護者は，自らの健康はもとより要介護者に連れ添いながら通院するという介護者ならではの事情もあり，結果として医療機関に通い医師を始めとする職員に対面する機会は多い。

　介護者は，要介護者に対するサービス提供の上でパートナーでもある。介護

第5章 医療機関による介護者支援の形成

者の殆どは与薬を手掛け，同じく4人に1人近くは，衣服の着脱を手掛ける（94％，23％）。8人中1人近くは注射もする（12％）。介護者は，要介護者と日々接していることから彼女や彼の状態を観察する上で極めて重要な位置にある。さらに，要介護者が退院後に地域で暮らしを営むとき，コミュニティにおけるケアはコミュニティによるケアに他ならないと早くから指摘されてきたように，その中心的な役割は，介護者が担うという紛れもない事実が存在し，日常生活上の援助を何の支援もなしに担い続けることは不可能である。それだけに，介護施設への入所などを含めた要介護者の退院後の暮らしについて，これといった情報もなしに介護者化を半ば唯一の選択肢として選び取らなければならないとすれば，介護者の心と体の負担は当初から大きい。また，支援の案内もないことから，支援の存在さえも知らないままに介護が続くとすれば，結果は，介護者の健康の一段の悪化であり，これらが広がるならばコミュニティによるケアは，その基盤を失いかねない。

　医師を始め医療機関の職員は，その職責に照らして医学看護学教育を受けてその後も研鑽を続けるとはいえ，介護者のニーズをはじめとする支援に必要な至極基礎的な教育の機会に臨むことさえ，それは，社会サービスに関わる内容であり，医療領域の事項ではないと理解されたことから長らく存在しなかった。介護者と介護者支援に関する導入教育が行われるならば，医療機関における支援の人的な条件の一つが整う。介護者担当職員の任命も同じく人的な条件の一つである。医療機関を訪れた彼女や彼が介護者であるかどうかを確認し，あるいは，要介護者を介して介護者の存在を確かめることにも道が開かれる。『介護者情報便覧』や介護者アセスメントに関するパンフレットなどを待合室に揃えた情報コーナーの設置も，各地で広く確認される試みである。介護者を対象にする健康診断の実施は，医療機関の良く知られる通常業務の一つである。要介護者の退院計画の策定過程への介護者の参画と，その一環としての退院後における介護施設への入所という選択肢を含めて，どのようなサービス利用が可能であるかを伝えられ，医療機関と社会サービス部などとの連携を介して在宅サービスが要介護者の退院と共に給付されるならば，介護者も退院後の暮らし

に何がしかの見通しを持つことを通して，自らの心と体の負担は軽くなる。あるいは，介護者支援センターとの連携が図られるならば，センターを通した介護者支援の道も開かれる。

　医療機関における介護者の確認を契機にする自治体や介護者支援センターなどとの連携を計画的，かつ効果的に進めるためには，長らく自治体だけが策定してきたコミュニティケア計画や介護者支援計画の医療機関との共同策定が，求められる。加えて，これらの計画が，示される内容に即して実施され介護者支援の効果をどのように記録したかについての検証作業が，求められる。これには，支援の対象としての介護者の参画も必要であり，これを通して効果の検証という名に値する作業を見通すことができる。

　しかし，一般開業医をはじめとする医療機関による介護者の確認を画期とする支援は，容易ではない。イギリスはもとよりオーストラリア，カナダあるいはアメリカの研究者も指摘をしてきたように，そこには，幾つもの障壁が存在する。[2]

　介護者支援は，長らく社会サービス部の担う職分であり，医療機関は，その名の示す通り医療サービスの提供を担い，そこに介護者支援は存在しないと考えられてきた。介護者支援の上では，医療機関と自治体との連携を欠かすわけにいかないと既に述べてきたが，両者には，長い間「ベルリンの壁」が存在するとも指摘されてきた程である。介護者の存在が医療機関を通して確かめられたとしても，彼女や彼が支援に向けて自治体に紹介され支援の開始に至る保障は，両者の間に「ベルリンの壁」が存在する限り薄い。介護者の確認は，それ自体が目的ではなく多様な支援に向けた入口としての確認であることを振り返るならば，確認の意味も失われる。結果として，医療機関は，自治体への紹介を了解した介護者の好意的な返答に応えることさえ出来ない。これは，医療機関による介護者支援を進める上で実に大きな障壁の一つである。

（2）　政策文書における位置づけの変遷

　国民保健サービスの再編成に関する1973年法（the NHS reorganization act

1973）は，国民保健サービスと地方自治体との連携について定める。これに沿って連合諮問委員会（Joint Consultative Committee）が，翌74年に創設される。しかし，この73年法に介護者の表現を見ることは出来ず，医療機関と自治体との連携による介護者支援は，少なくともこの時期に問題としてさえ登場していない。

事態は，1980年代初頭以降に大きな変化を見せる。保健省が81年に公表の白書『実施過程の介護計画』は，日常生活上の援助を手掛ける人と表現した上で，彼女や彼の負担を和らげるために，国民保健サービスと自治体とが相携えてデイケアを含むショートステイの拡充を図って然るべきである，と提起する。介護者の表現を直接には用いていないとはいえ，介護者の健康の維持を通した介護の継続可能性の確保を念頭に，介護者支援と国民保健サービスとの関係について政府の文書としては，初めての言及である。監査委員会『コミュニティケアの具体化』（1986年）は，施設介護や入院の重視からコミュニティにおけるケアへの転換を念頭に，介護者への支援（caring for carers）を提起し，併せて医療機関と自治体との連携の現状に危惧の念を示しながら事業計画の共同化について指摘する[3]。

座長の名を冠してグリフィス報告と広く呼ばれる文書『コミュニティケア』（1988年）は，介護者支援政策の礎石と評される。これを例証するようにグリフィス報告は，コミュニティケア憲章や同名の計画の策定に当たって要介護者と介護者の参画はもとより，情報の提供，介護者に対する支援及び介護者支援を手掛ける民間非営利団体の発展などについて指摘をした上で，国民保健サービスとの共同計画についても提起する。この中には，退院計画の策定過程への介護者の参画も明記される。また，全ての一般開業医は，介護者を含む患者のコミュニティケアに関する潜在的なニーズを確かめなければならないと求める。さらに，ニーズのアセスメントは，要介護者に止まることなく介護者も対象にして然るべきであると提起する[4]。介護者アセスメントに関する公的な文書としての最初の提起である。

下院社会サービス委員会（SSC）の報告書としては，初めて表題の一部に介

護者の表現を加えた文書『コミュニティケア——介護者』(1990年)は，グリフィス報告の提起に全面的な賛意を表する。介護者への支援は，国民保健サービスと自治体との共同に左右され，介護政策を成功裏に進めようとするならば，情報の提供はもとより介護者のニーズに関する理解を欠かすわけにいかない。介護者は，長らく福祉制度に限った場合でさえパートナーとしては理解されてこなかった。今日こそ介護者の広く社会的な認知を進め，国民保健サービスの主流に位置づけなければならない。このように指摘する。

国民保健サービス『新しい国民保健サービス——現代化と信頼性の向上』(1997年)は，治療の質にいつにも増して関心を払うと共に，利用者と介護者の経験は，国民保健サービスの担う業務の中心に据えられなければならないと述べる。この提起を受けて国民保健サービスは，翌98年には最初の利用者及び介護者調査を実施し，新たに策定した国民保健サービス憲章には，利用者に加えて介護者の表現も盛り込まれる。専ら利用者の表現の採用に止まった最初の憲章からの小さくはない転換である。

保健社会保障省とウェールズ行政庁及びスコットランド行政庁の文書『介護者のための全国戦略』(1999年)は，介護者支援の分野で短くはない業績を重ねた後に国会議員に転身したB.ケリーの指摘を引き合いに出すまでもなく，介護者に関する全国レベルの体系的な政策を最初に示したものである。この文書は，一般開業医をはじめとする医療機関が多くの介護者にとって最も重要な最初の接触場所である，と述べる。さらに，一般開業医と一次医療を担う職員は，介護者のための広範囲に亘る支援網の一角を形成する自らの役割について積極的に考えなければならないと述べた上で，国民保健サービスとして担うに値する5つの中心的な役割について指摘する。すなわち，第1に，介護者でもある患者を確認し，介護者から日常生活上の援助を受けている患者をそれとして確かめること，第2に，少なくとも1年に1回は介護者の心と体の健康診断を行うこと，第3に，介護者が自らのアセスメント請求権について知り，これを所管する社会サービス部に尋ねることが出来るように，介護者向けの情報を整備すること，第4に，要介護者の健康情報について彼女や彼を看る介護者に伝え

て良いかどうか尋ね了解を得ること、最後に、介護者グループや地域の介護者支援センターなど他の支援源泉に関する介護者向けの解り易い案内を作成し広く利用に供すること、これらである。[7]

　介護者の確認と自治体や介護者支援センター等への紹介に当たっては、一般開業医はもとより診療所の受付係、地域看護師、保健訪問員、病院職員あるいはセラピストの役割が強調される。あるいは、介護者は、患者の病院からの退院について完全な情報を手にすると共に、退院後の治療や介護の計画策定過程に参画しなければならない、とも示される。国民保健サービスの一環として看護師対応の電話相談をはじめ、介護技術訓練の実施による介護事故や腰痛症の防止に向けた措置も提起される。

　英国介護者協会『国民保健サービスに関する介護者の経験調査』（1998年）に従えば、介護者の殆どは12か月以内に一般開業医、同じく２人に１人は地区看護師、３人に１人弱は地域看護師と対面する（88％、51％、28％）[8]。他の機関や団体の諸職種には確かめることの出来ない頻度の高い対面である。こうした独自の条件が、一般開業医はもとより医療機関による介護者の確認と支援の可能性を如実に示すに違いない、と『介護者のための全国戦略』は、英国介護者協会の調査結果を好意的に紹介しながら付け加える。

　英国介護者協会の調査結果と同じ98年に公刊された保健省『精神衛生に関する全国サービス構想』は、精神衛生サービスについて６つの基準を示す。その一つは、介護者のアセスメント請求権である。すなわち、日常生活上の援助を恒常的に手掛ける全ての個人は、彼女あるいは彼の介護役割はもとより、自らの身体的及び精神的な健康ニーズに関するアセスメントを少なくとも１年に１回受けることができ、アセスメントの結果を元に作成されるケア計画の書面による付与を受けると共に、計画に記載された内容の実施について意見を交わすことが出来る。

　同じく保健省『より良い保健のための諸基準』（2005年）は、国民保健サービスが介護者に関わって2005年４月から実施する新しい取り組みの枠組みについて示す。それは、サービスの提供はもとよりサービス給付に関わる苦情処理に

ついて患者と介護者が理解しやすく入手もしやすい情報提供体制の整備，及びサービスの計画化と提供に当たって患者と介護者の見地を考慮に入れることが出来る参加型組織の整備，これらである。患者はもとより介護者をサービス憲章に盛り込んだ国民保健サービスの試みと軌を一にする枠組みである。

『介護者のための全国戦略』から10年後の2008年には，2018年までを計画期間にする改訂版が公刊される。介護者は，しばしば社会サービス部の扱う領域であるとの考えが依然として認められるとの反省を率直に示した上で，介護者に対するより良い支援の拡充に向けた各種の方策について提起をする。介護者を対象にする年1回の健康診断の試行と一般開業医を対象にする介護者問題教育，これらを踏まえた全ての一般開業医を対象にする介護者問題教育計画の実施，介護者健康診断の全国的な展開，介護者の通院を保障するための介護代替サービスの提供，介護者の独自のニーズの充足に相応しい諸措置に関する一般開業医を始めとする医療関係者の討論会の開催などは，その例である。[9]

この文書の公刊された2年後の政策文書としてのスコットランド行政庁『介護者のためのスコットランド戦略——計画期間2010～2015年』（2010年）も，域内における独自の取り組みを踏まえながら国民保健サービスによる介護者支援の進捗を確保するに相応しい諸方法を具体的に提起する。[10]診療所や病院における介護者の確認の引き続く重要性について，改めて指摘する。独自の内容として盛り込まれた一例を挙げるならば，介護者権利憲章（carers rights charter）の法制度化に関する検討であり，2013年7月までに結論を得るとされる。介護者憲章の名称を介護者権利憲章と変更すると同時に，憲章の制定を任意から法的な義務へと大きく拡充することに関する提起である。

保健省『社会的な認知と評価及び支援——介護者支援戦略の次の段階』（2010年）は，『介護者のための全国戦略』改訂版を基調に据えながら追加の財源などについて定めたものである。[11]

ウェールズ行政庁は，『介護者のための全国戦略』に沿って『介護者の支援——ウェールズにおける介護者戦略と実施計画』（2000年）をはじめ『ウェールズにおける保健と社会サービス案内』（2002年），『退院計画策定案内』（2005年），

『ウェールズにおける介護者支援戦略——実施計画』（2007年）及び『ウェールズにおける介護者支援戦略の評価——国民保健サービス地域基金と地方自治体のための案内』（2011年）などを策定し，自治体や民間非営利団体はもとより国民保健サービスによる介護者支援の拠り所にする。

（3） 介護者のニーズと医療機関の対応

国民保健サービスによる介護者支援は，既に述べたように出発の時期に照らすならば他の主体による支援の後塵を拝するとはいえ，1981年に遡る。その後の国民保健サービスはもとより広く政府の政策文書における位置づけの広がりと共に，国民保健サービス地域基金による介護者憲章の策定も各地で進む。

介護者憲章の最初の試みは，国際的な視野から振り返るならばアメリカ高齢者協会（AARP）による1985年の策定に遡る。もとよりこの憲章は，「自分を大切にすること」，あるいは「他の人の助けを求めること」などの項目に示されるように，介護者に保障されるに相応しい権利を盛り込むというよりも，介護者の忘れるわけにいかないとは言え，やや心構えとも理解される7つの内容を示すに止まる。翌86年には，英国介護者協会が，介護者の諸権利を明記した文字通りの憲章を策定し，その後，96年と2005年に改訂版を公刊する。介護者に保障され彼女や彼に享受されるに相応しい権利の内容が，10項目に亘って示される。殆どの自治体が，独自に策定する介護者憲章のモデルとしても位置づけられ，その影響は至って大きい。自治体の介護者憲章が，介護者支援計画の内容上の拠り所をなすように，国民保健サービス地域基金は，介護者憲章を独自に定めるに止まらず，これに沿いながら自治体と同じように，あるいは，自治体との共同を図りながら介護者支援計画を策定する。

国民保健サービスの介護者憲章の概略を知るならば，医療機関としての介護者に対する基本的な見地と対応について，簡単にでも理解することが出来よう。そこで，サセックス（Sussex）国民保健サービス基金が，2008年6月に公表した憲章の概要について簡単にでも紹介しておきたい。

この憲章は，介護の価値と諸原則及び基準について基金の考えを述べた文章

であり，基金のサービスを利用する人々を看る全ての介護者に適用される。介護者は，介護役割をそもそも担うのかどうか，あるいは，日常生活上の援助を継続するかどうかについて選択の権利を持つ個人として理解される。憲章は，保健省のためにキングス・ファンドによって策定された5つの全国基準を拠り所にし，さらに，3つの基準，すなわち，介護者が自らの権利を持つ個人として介護以外にも広い生活領域を有する存在に他ならないと理解すると共に，介護者のニーズ・アセスメントのために効果的な過程が必要であり，サービスの均等な利用が，全ての人々の多様性や出自を考慮した上で進めなければならない，との理解を拠り所にする。

　まずは，情報の提供である。介護者としての権利と利用可能なサービスに関する解り易い情報を手にすることが出来る。これは，基金の職員からはもとより基金と連携関係にある諸組織からも提供される。介護者を支援するために職員を対象とした職業訓練を行う。情報は絶えず更新され，多様な伝達手段を用意して利用のしやすいようにする。介護者が，金銭給付を申請することが出来るように情報を提供すると共に，申請の手続きにも援助の手を差し伸べる。介護者と要介護者は，基金に寄せられた情報が相互の同意なしに他の人々に伝えられることはない，と期待する権利を持つ。

　介護者は，介護者の社会的な認知とサービスに関する1995年法に従って，日常生活上の援助を継続する能力に関わるアセスメントを受ける法的な権利を持つ。介護者のニーズに関する検討が行われる際に介護負担の縮減を希望するならば，他の支援方法の選択に向けた援助を行う。介護者支援の諸結果と介護者の満足感について調査を実施する。要介護者が入院をしているならば，ケア計画に関する介護者の意見陳述の機会はもとより，退院計画の策定過程への介護者の参画を保障する。これらの機会は，介護者と要介護者の都合の良い日時に設定する。ケア計画の写しは介護者に渡される。

　介護者のための休息や休暇の機会を拡充する。介護者アセスメントは，介護者が休息や休暇を選択する機会であると理解する。介護者のニーズが確認される場合には，一連の多様な休息や休暇の選択が可能であるように介護者との共

第5章 医療機関による介護者支援の形成

同を図りながら進める。

　介護者に対する情緒面の支援のニーズとその重要性についても，確かな理解を寄せている。この理解に沿いながらサセックスにおける介護者支援グループと連携し，介護者の支援網を拠り所に進める。日常生活上の援助を実際に手掛ける期間はもとより，介護の終了後における介護者の情緒面のニーズに対する社会の理解を拡げる。カウンセリング・サービスを含む心理療法を実施するに当たって，職員が，介護者ニーズの重要性をしっかりと理解しながら対応するように保証する。

　介護者として自らの健康を含むニーズが広く社会に認知され，ニーズの充足に向けた支援が行われるように，一般開業医などとの連携の元に介護者としての社会的地位にある人々の発見や確認に努める。児童や若年者に関わっては，年少の介護者あるいは患者の保護者でもある介護者の独自のニーズに注意を払う。職員が介護者の存在を確かめ，彼女や彼の健康上のニーズに的確に対応するに必要な職業訓練を行う。介護者に必要と認められる場合には，介護技術訓練を実施する。

　介護者のニーズは，決定過程の全ての段階で考慮に入れられるに相応しく，このために介護者に参画の機会が用意されなければならない。サービスの立案はもとよりサービスの提供と評価に介護者の参画を図る。介護者が，個人として，もしくは集団として声を上げることが出来るように支援をする。

　介護者は，日常生活上の援助以外の領域に関わって自らの権利を持つ個人として理解され処遇される。社会的な包摂の促進に向けたサービスを拡充する。

　サービスが人種や民族，あるいは障碍や社会的性差にかかわりなく均等に利用されるように保障する。

　『介護者支援戦略』は，基金がサービスを提供する3つの地域，イースト・サセックス，ウエスト・サセックス，ブライトン・ハーブのそれぞれで策定される。政策目標の達成を図るために，自治体や諸団体との連携を進める。優れた経験や革新的な試みを共有するために，地域はもとより全国レベルの介護者団体とも連携を進める。『介護者支援戦略』の実施は，1年を単位に監査の対

象になり，その結果も広く公表される。

　国民保健サービスの地域基金は，介護者憲章の制定と同じ趣旨から事業計画に介護者支援を明記すると共に，自治体と共同して介護者支援計画を策定する。このうち後者は，長らく自治体による独自の産物である。また，地域基金は，医療関係職員や教師などの専門職を対象にする介護者関係情報集やパンフレットを，これも自治体との共同の元に作成する。但し，各地の自治体が広く作成する介護者メーリングリスト（carers mailing list）と，これを拠り所にする介護者ニューズレターの定期的な送付を同様に手掛ける地域基金は，これまでの所限られる。

（4）　医療機関による介護者支援の法的位置づけ

　1981年を最初の画期としながら時代を追うごとに拡充されてきた政策文書における介護者支援の位置づけは，法律との関わりではどのように理解されるであろうか。

　介護者の社会的な認知とサービスに関する1995年法はもとより，介護者と障碍児に関する2000年法（carers and disabled children act 2000）も，介護者のニーズの充足に関する国民保健サービスのいかなる責務にも言及していない。唯一言及するのは，保健省『1995年法案内』である。すなわち，自治体社会サービス部は，一般開業医を始めとする一次医療の職員が社会サービスの給付基準と社会サービス部の担当職員に関する情報を得ながら，介護者の日常生活上の援助の継続能力に関するアセスメントの実施を補助することが可能であるように，社会サービス部の責務として条件を整えなければならないと指摘する。しかし，この限りである。医療機関の責務と主体的な対応に言及するわけではなく，あくまで社会サービス部の責務の限りである。

　介護者の均等な機会に関する2004年法（carers〔equal opportunities〕act 2004）には，介護者に関する3つの単独立法の中で唯一関係する条文が初めて盛り込まれる。法案に遡って確かめるならば，2つの関係する条文が盛り込まれる。まず，社会サービス部には，介護者の支援を進める上で国民保健サービスによ

る積極的な共同を求める強い権限が与えられる。さらに，国民保健サービスは，介護者の健康はもとより福祉の向上に努めなければならない。これらの2つである。議会における審議を経て，2004年法の条文として採用されたのは，社会サービス部の権限に関してであり，国民保健サービスの責務に関する後者の条文は斥けられる。

　社会サービス部と国民保健サービスとの共同は，国民保健サービスに関する2006年法（NHS act 2006）にも盛り込まれる。すなわち，国民保健サービスと自治体は，イングランドとウェールズに住む人々の健康と福祉の充実に向けて共同化が求められるとした上で，介護者と要介護者が省庁間の対応の相違の結果として不利益を被るならば，不服申し立ての申請を行うに相応しい，と定められる[14]。両者の相違が，共同の欠如もしくはその不充分さに由来することも考えられると判断すればこその不服申し立ての権利である。

　退院の遅延とコミュニティケアに関する2003年法（community care〔delayed discharge etc.〕act 2003）は，急性期病院で最早治療を必要としない患者の退院の促進について定める。病院は，2003年法に従えば退院日の確定した患者について，これを社会サービス部に知らせ，要介護者アセスメントの実施を求めることが出来る。社会サービス部は，この通知を受け取ったならば3日以内に患者のニーズ・アセスメントはもとより，この患者を看ることになるであろう介護者のアセスメントを，95年法の定めにも沿いながら実施しなければならない。

　2004年法をはじめとする3つの法律が，国民保健サービスによる介護者支援について個々に定め，その包括する領域もやや狭いとすれば，コミュニティケアと保健に関するスコットランド2002年法（community care and health〔Scotland〕act 2002）は，国民保健サービスの介護者に対する包括的な支援を念頭に置いたものであり，エジンバラ城のすぐ脇に事務所を構えるプリンセス・ロイヤルトラスト介護者支援センターが的確に評するように，国民保健サービスによる介護者の認知と支援にとって礎石をなす[15]。国民保健サービスの地域基金は，2002年法に従えば『介護者情報戦略』（初発の計画期間2007～2010年）の策定を求められる。計画の策定に当たっては，当然のこととはいえ介護者などの参画が

求められる。地域基金ごとに定められる『介護者情報戦略』は、介護者の確認や情報の伝達を含む支援をいかに組織的かつ体系的に行うかについて明記しなければならない。これまで支援の対象として念頭に置かれていたのは、95年法の定めに従って相当の日常生活上の援助を恒常的に手掛ける介護者に止まっていたものの、スコットランド行政庁は、2002年法に沿って介護負担や影響の程度に関わりなく、全ての介護者を対象にすることへと広げる。

　行政庁は、さらに2002年法の趣旨に添いながらスコットランド一般開業医協議会（Scottish GP Council）との交渉に乗り出し合意に達する。これに従えばスコットランドの一般開業医は、介護者でもある患者の登録制度を発足させ、診療記録には介護者であることを示す標識が添付される。介護者でもある患者の存在を解り易く示す方法の一つであり、継続的な対応を念頭に置く措置である。また、社会サービス部や地域の介護者支援団体などとの効果的な連携を進めるために、一般開業医は、連絡職員を任命しなければならない。さらに、介護者が日常生活上の援助を手掛ける初期の段階から相応しい情報を含む支援を受けることが出来るように、一般開業医から社会サービス部や介護者支援団体への紹介過程についても、具体的に定められる。これらの措置は、2006年4月から実施に移される。スコットランド一般開業医協議会との合意は、その内容に照らすとき『介護者情報戦略』の効果的な実施にとって必要不可欠である。2002年法に沿いながら全ての地域基金において『介護者情報戦略』が継続的に定められるだけに、少なくともスコットランドに関する限り、国民保健サービスによる介護者支援の地域的な偏りのない拡充を期待することが出来よう。

2　ハクニー自治区等の一般開業医・介護者事業

（1）　1990年法に沿う取組み

　一般開業医の担う診療所を含む医療機関が介護者支援に乗り出すのは、少なくとも地域レベルの取り組みに関する限り1984年の一例を除いて、いずれも91年以降である。ロンドン・サットン自治区一般開業医・介護者事業（計画期間

1991年7月~92年6月,12か月)をはじめ,ロンドン・ハクニー自治区及びニューアム自治区一般開業医・介護者事業(92年9月~95年1月,29か月),ニューヘイブン介護者事業(95年6月~96年5月,12か月),ロンドン・ルーイシャム自治区一次医療・介護者事業(95年8月~98年10月,39か月),ベイントン及びブリックサム一般開業医・介護者事業(96年4月~97年9月,18か月),フェアフィールド・サージェリー及びヴァーウオッシュ介護者・一次医療事業(96年7月~98年6月,24か月),コーンウォール介護者支援担当労働者サービス(96年7月~98年6月,24か月),及びブレント一次医療事業(99年7月~2001年6月,24か月)などに示される通りである。

　事業の計画期間は,見られるように1年から2年,長くても3年程度と概して短い。事業の拠り所をなす資金の規模も概して小さく,これを担う職員数も少ない。職員の雇用形態が殆どの場合にパートタイムであることと相俟って,その週当たり総労働時間は短い。しかし,事業の目的は,医療機関による介護者の確認と自治体社会サービス部や介護者支援センター等への介護者の紹介,介護者の健康診断など,介護者支援の時代を超えた継続的な課題を念頭に置きながら定められる。

　事業は,全く新しい試みであるだけに,少なくない困難を伴いながら展開される。試行錯誤を伴う事業であったと評して過言ではない。同時に,日常生活上の援助を手掛ける人々の介護者としての確認やサービス給付に向けた紹介について新たに学び取られた内容は,幅広い参加者を得て開かれる討論会などにおける共有はもとより,報告書や先進事例集あるいは介護者リーフレットなどとしても公刊され,地域基金の内外を問わず広く学び取られる。医療機関による介護者支援を進める上で必要不可欠な施策も事業の展開を踏まえて整理されながら,政策提言としてまとめ上げられる。提言に盛り込まれた内容の幾つかは,国民保健サービスはもとより政府によっても学び取られ,『介護者のための全国戦略』を含む政策文書にも反映される。

　ここでは,地域基金による取組みのうちハクニー(Hackney)とニュアム(Newham)の両ロンドン自治区で展開された一般開業医・介護者事業について

振り返ってみよう。国民保健サービスによる介護者支援の基本的な考え方はもとより直面した困難と支援の効果、あるいは引き出された教訓などについて学び取ることが出来るように思われる。

両自治区の介護者は、16歳以上人口のおよそ15％に当たる２万662人と２万4,505人である（91年）。週20時間以上を日常生活上の援助に充てる介護者は、16歳以上人口の４％に当たり、それぞれ5,510人と6,535人である。このうち週50時間以上の介護者は、2,273人と2,696人を数える。少数民族に属する住民の比率は、至って高く（34％、42％）、ロンドン東部に位置する他の自治区と同じ特徴を示す。診療所を開設する一般開業医の数は、ほぼ同数に近い（58人、61人）。

国民保健サービスとコミュニティケアに関する1990年法（NHS and community care act 1990）は、法律の採択からおよそ２年後の93年４月に施行される。91年12月における施行の延期決定を経てのことである。90年法の施行を前に、キングス・ファンドは、障碍を抱える人を看る介護者を対象にする支援事業への資金供与を計画しており、また、セント・バーソロミュー医科大学（Medical College of St. Bartholomew's）一般開業医・一次医療学科とロンドン病院（London Hospitals）は、介護者問題に同様の関心を抱いていた。ハクニー自治区及びニュアム自治区一般開業医・介護者事業は、両自治区における介護者へのサービス改善に向けた一般開業医との共同事業として、キングス・ファンドからの資金供与を拠り所に、さらに、シティ・東ロンドン家族保健サービス基金（the City & East London FHSA）の援助を受けながら実施に移される。

90年法の考え方は、既に論じられてきたように障碍や疾病を抱える人々が、保健サービスや社会サービスを受けながら家族と共に自宅に暮らすことである。一般開業医は、患者への治療はもとより、広く介護者を対象に助言を含む支援に重要な役割を担う。一般開業医が、社会サービス部と効果的な連携を図りながらサービスを届けるならば、これは、患者はもとより介護者にとっても益するところ多く、コミュニティケアの進捗に欠かすことができない。しかし、両者はまったく異なるサービスを提供する主体として長らく区分され、連携の実

績は伝統的に存在してこなかった。また，一般開業医は，日常生活上の援助を手掛ける人々が診療所に通院しても，その職責に照らして患者の抱える臨床上の問題の解決に関心を注ぎこそすれ，日常生活上の援助に伴うニーズを視野に収め，これに何らかの対応を取ることは，長らく存在しなかった。シティ・東ロンドン家族保健サービス基金も，サービス利用集団としての介護者の存在については一定の理解を示し始めていたとは言え，介護者支援に関する基金としての公式の文書を未だ策定していないことに示されるように，医療サービスのニーズを持ち，このニーズの充足に向けてサービスを利用する一集団としての介護者の役割や状態に関する限り，これといった知見や方針を持ち合わせていないという現状も認められる。こうした現状は，両自治区の一般開業医や基金に限定されるわけではなく，当時，広く確かめることの出来る事実の一つである。

　事業の目的は，幅広く7項目を数える。第1に，介護者のニーズに関する一般開業医とその元に働く職員の理解を促すことである。第2に，介護者に配慮する診療所作りを行い，この地域モデルを発展させることである。第3に，少数民族に属する介護者の独自のニーズに相応しいサービスの発展を促すことである。第4に，診療所による効果的な介護者支援の在り方を探ることである。第5に，介護者のニーズの充足を念頭に，これに対応する一般開業医と社会サービス部の連携を図ることである。第6に，介護者が日常生活上の援助を無用な負担を避けながら効果的に担うことが出来るように，診療所として介護者を援助することである。最後に，介護者のニーズはもとより介護者支援における一般開業医の独自の役割について学ぶ機会を医学生に提供することである。

　これらの目的を定めるに当たって拠り所となった考え方は，慢性疾患を患い，あるいは障碍を抱える要介護者に対する日常生活上の援助をどのように担うかについて必要な情報を伝え助言を行う上で，一般開業医を含む一次医療は，明らかに最初の窓口（first port）であり，また，一般開業医とその元に働く職員は，介護者支援の上で未だ潜在的であるとは言え，独自の重要な役割を持つとの理解である。

事業は，セント・バーソロミュー医科大学の上級講師を監督者に定めると共に，3人のパートタイム職員を新たに雇用した上で展開される。加えて，2つの自治区にそれぞれ居住する介護者をはじめシティ・東ロンドン家族保健サービス基金，両自治区社会サービス部，キングス・ファンドなど10の機関や団体の代表から構成される運営委員会も設置され，およそ2か月に1度開かれる会議における議論を通して事業の円滑な進行を担保する仕組みが，形づくられる。

（2）　ハクニー自治区の事業展開

　事業は，一般開業医と介護者双方への接触に始まり，個別面談やグループ討論へと進む。ハクニーで92年10～12月の面談に応じた一般開業医は，自治区内58人の開業医のうち13人である（22.4％）。この段階では，介護者のニーズに共感の意が示される。しかし，過重とも評することの出来る業務を担う中で，追加の業務需要につながる領域に足を踏み入れたくないとの強い想いも，同時に示される。一人の患者に6分の診療と広く称されるように，一般開業医の抱える時間上の制約は至って大きい。殆どの介護者の存在は，診療所に知られておらず，一般開業医はもとよりその元に働く看護師を含む職員も，介護者のニーズや関心についてこれといった知識を持たない。一般開業医と職員は，介護者の確認を含めて彼女や彼にサービスを届けようとするならば直面するに違いない数々の困難に，不安はもとより不満の意さえも率直に表明する。

　介護者には，ソーシャルワーカーなどの専門職が主宰するハクニーの6つの介護者支援グループを通して接触が図られる。介護者は，グループ内の討論や個別面談を通して，そのニーズを明らかにする。介護者としての社会的な地位の確認はもとより，情報の入手やサービス供給機関あるいは団体への紹介に期待を込めながら，事業の展開に強い賛意を表明する。しかし，一般開業医に通った自らの経験に照らすとき，開業医とそこに働く職員は，患者としての声に耳を傾けるとは言え，介護者としての存在には全く無関心であるとも指摘する。介護者としての社会的な地位を認めてほしいと望むと共に，情報や助言の提供はもとより，他の諸機関や団体への紹介も介護者に対するサービスの一環

として実施されるに相応しい，と期待を込めた意見が披露される。

　ハクニーの35か所の診療所では，事業目的に沿って多様な取組みが行われる。ある診療所では，精神疾患を抱える高齢者の日常生活上の援助を手掛ける介護者の確認を優先するに値する事業として位置づけた上で，17人の介護者を確認する。このうち11人の介護者との面談が行われ，うち7人は介護者診療予約制度（carers appointment schemes）の適用を，他の4人は既に予約済みの診療時に一般開業医との直接の会話を，それぞれ希望する。このうち前者の制度の適用を受けた介護者7人のうち5人は，自らと要介護者の健康について意見を伝え，自らへの助言に関する願ってもない機会であると制度の有益性を指摘した上で，引き続く適用の継続を希望する。

　別の診療所では，介護者が診療所に対していかなる想いを抱き，いかなる支援を期待しているかについて知るならば，診療所としての対応方法の改善に資するのではないかと考えて，介護者調査の実施を企画する。そこで，慢性疾患や障碍を抱える患者を看る22人の介護者が確認された上で，これらの介護者を対象にする面談が行われる。20人を超す介護者からは，多岐に亘る問題が指摘される。

　一般開業医は，介護者の質問には答え援助の手を差し伸べてくれるとは言え，とりわけ日常生活上の援助を手掛けて間もない初期の段階では，そもそも介護者として何を尋ねてよいかについて知らない。介護者は，質問の提出さえままならず，結果として援助は期待できない。病院からの退院は，一般開業医によって把握されず，患者はいかなる援助もなしに帰宅する。何人かの介護者は，家事援助の他に入浴や排せつの介助など身体介護を手掛けることから，これらの重い介護作業を担うに相応しい介護技術の訓練を希望する。精神疾患や認知症を患う要介護者を看る介護者は，要介護者の振る舞いにどのように対応すればよいかの助言を求める。慢性疾患や障碍を抱える要介護者を看る介護者は，日常生活上の援助が総じて長い期間に及ぶことから，要介護者と介護者双方に対する健康診断の実施を希望する。診療所の受付係の対応が通院を難しくしているとの評価は，多くの介護者に共通する。受診の予約に際しては，彼女や彼

の看る要介護者の疾病あるいは障碍の性格について受付係に説明をしなければならないのが，偽りのない現実である。診療所は，能動的というよりもむしろ受動的であるというのが，介護者の抱く印象である。給付されるサービスが，要望への対応としてためされる場合には全く申し分のないこととは言え，介護者は，とりわけ日常生活上の援助を手掛け始めた初期の段階においては，一連のサービスを全く知らないことから，例え追加のサービスを必要にする状態にあっても具体的な要望を提出することはなく，結果としてサービスは給付されない。全ての介護者は，一般開業医がどのように介護者のニーズのより良い充足を手掛けるかについて，診療所の職員と話し合いたいと希望する。

　これとは別の診療所では，職員の離職から受付係職員による介護者への情報提供に絞って検討が進められる。受付係職員は，一般的に患者でもある介護者のニーズについて殆ど知らない。しかし，一部の職員は，介護者の直面する困難と抱えるストレスについて知っており，援助の手を差し伸べてほしいと受付係に伝える介護者には，優れて協力的な対応をする。また，一部の受付係職員は，介護者との談笑を通して彼女や彼との親しさを培い，これを拠り所に介護者が自らすすんで一般開業医や他の看護師を含む職員に，自ら抱える問題や関心を打ち明けるように勧めることが出来る，と考えている。仕事を通して培った信頼関係と職業上の得難い知見である。

　受付係窓口には，介護者に関する小冊子が置かれ，受付係職員は，日常生活上の援助を手掛けてもいる患者が窓口に姿を見せた際に，小冊子をこの患者に手渡す。診療所の待合室には，「あなたは介護者として受付係に知られていますか」と記したポスターが掲示され，介護者向けの情報が用意されていることも明記される。職員を対象にする介護者関連情報集も作成される。これは，介護者を対象にするカウンセリング・サービスをはじめ介護者支援グループ，要介護者はもとより介護者を対象にする諸手当とその相談窓口及び介護者の休息と休暇について，ハクニー自治区内の実情に即して解り易い説明を加えたものである。この種の情報集としては，この自治区で最初の試みである。[18]

　４か所目の診療所は，事業の開始以前から手掛けてきた介護者の確認と介護

責任の水準に関するアセスメントの再検討を行った上で，事業を展開する。新規の患者が受診に訪れた際には，介護責任に関わって4つの質問が発せられる。「あなたは，障碍や疾病を抱える人に対して介護責任を負っていますか」に始まり，「その人は，あなたの家族や近親者，あるいは友人ですか」「あなたと同居していますか」「障碍や疾病はどのようなものですか」と続く。これらの質問を通して介護者であることが確認された場合には，自らのニーズに関する質問が続けて発せられる。それは，3つの質問である。「あなたは，自宅で自らもケアを要する障碍や疾病を抱えていますか」「もしそうであるならばこのケアは誰が提供していますか」「あなたは，その方と一緒に住んでいますか」。これら7つのうち最初の質問は，再検討を経て「あなたは，障碍や疾病を抱える人に責任を負っていますか」に変更される。当初の質問に言う介護責任が，無償ではなく有償労働と誤解される事例が散見されたからである。また，介護者のニーズに関する最初の質問も「あなたは，自宅でケアを要する障碍を抱えていますか」に変更される。新しい患者に対する併せて7つの質問を通して介護者の存在とごく基本的なニーズとが，確認される。

　75歳以上の患者の受診記録には，患者の日常生活上の援助に当たる主な介護者に関する記録も掲載されてきた。再検討を経て新たに加えられたのは，患者自身も介護者であるか否かを書き加えることである。こうして75歳以上の患者のアセスメントは，介護者に看て貰っているか否かに加えて，自らも介護者であるかどうかを尋ねることになる。75歳以上の患者と言えども，日常生活上の援助を手掛ける場合も認められる現状を感じ取っての変更である。

　介護者と確認された全ての患者は，介護者を言い表すケアラーの標識が診療記録に貼付される。他方，診療所の待合室に掲示されたポスターには，「あなたは一般開業医もしくは受付係職員に介護者として既に知られていますか」と尋ねる文章が記載されていたものの，介護者の確認を進める上で全く効果がないと判断されて撤去される。

　5か所目の診療所は，2種類の介護者関係情報集を作成する。その一つは，介護者を対象にする。カウンセリングと介護者支援グループに始まり，要介護

者はもとより介護者のための諸手当と手当の受給に向けた相談機関，及び介護者の休息や休暇を保障するデイケアなどに関する地域の実情に即した至って解り易い実用的な内容の情報集である。今一つは，診療所の職員が介護者の確認に始まる支援を効果的に進めるために作成された情報集である。これらの情報集に対する評価は高い。介護者のニーズに特化した情報は，内容の実用性もさることながら，診療所の職員を通して容易に手にすることが出来るようになったからである。[19]介護者に対するサービスが，患者へのサービスのあくまで添え物として理解されていた時代とは大きく異なるとの評価が，広がり始める。

（3） ニュアム自治区の事業展開

　ニュアム自治区でも，隣接するハクニーと同じように事業が展開される。唯一相違が認められるとすれば，両自治区における介護者支援グループの存在である。すなわち，ニュアム自治区には，非常に良く組織された介護者支援グループが既に存在し，政策提言を自治体向けに早くから行ってもいる。社会サービス部もこれに応えて既に介護者担当職員を配属し，介護者を対象にするアセスメントを，95年法による制度化に先立ってコミュニティケア・アセスメントの一環として整備するように計画していた。さらに，社会サービス部職員を対象にする職業訓練には，介護者に関する内容も含まれ，定期的に介護者を招いて開催してきたところである。[20]他方，ハクニー自治区には，少なくとも両自治区で同時に展開された一般開業医・介護者事業の開始当初に関する限り，介護者を対象にするサービスは存在せず，介護者担当職員も数あるロンドン自治区にあっては至って珍しく配属されていない。社会サービス部の計画策定に際して諮問の役割を担う介護者フォーラムが発足するのは，事業の開始から2年後のことである。これらの相違が事業の展開にいかなる影響を及ぼしたかは，ニュアム自治区における事業の中で示すところである。

　事業が，一般開業医とその元に働く職員の訪問に始まることは，ハクニー自治区と同じである。しかし，事業担当者として採用された労働者が僅か6か月後に離職をし，その4か月後まであと補充されなかったというハクニーにはな

い予想外の事情があったことも，否定の出来ない事情である。事業は，一般開業医の医師資格取得教育計画の一環に組み入れられ，事業の目的が説明されると共に事業への一般開業医の参加が呼び掛けられる。すると，13人の一般開業医が無償での参加を申し出る。これらの開業医は，自治区内の特定の地域に集中しているわけではなく，ほぼ区内全域に均等に分散している。さらに，5か所の診療所への訪問がなされ，一般開業医として既に介護者にしかるべく対応をしているか否かの確認はもとより，サービスの拡充について何が可能であると考えているかについて話し合われる。

　一般開業医は，介護者のより良いサービスを届ける上で幾つかの障害があると率直に指摘する。すなわち，一般開業医は，患者に占める介護者の規模と比率について過少に評価する傾向にあり，介護者がいかなる属性の人々であるかについても知らない。介護者に対して積極的で共感的な対応をするとは言え，休息や休暇の機会の保障に向けた社会サービス部への紹介を別にすれば，介護者に対する支援として何が可能であるかについて，正直なところ確信を持つことが出来ない。これは，介護者のニーズに関する理解の不足はもとより，社会サービス部や民間非営利団体の提供する助言を含む多様なサービスに関する知識の欠如に由来する。他方，介護者の側に問題のあることも確かである。彼女や彼は，既存のサービスについて知らないことから，一般開業医がしかるべく対応しようと必要な準備をして対面するにもかかわらず，自らのニーズについてすすんで語ることはない。一般開業医は，事業の役に立つと思う。介護者の確認に前向きである。しかし，一度確認された介護者に対して何をするかが，事業として不明確である。開業医を含む全ての診療所職員は，社会サービス部との連携を進める上での困難を既に経験している。社会サービス部がいかなる機関であり，サービスの利用がどのように可能であるかについて，そもそも情報が不足しているように思われる。

　一般開業医は，問題点や障壁について指摘をするに止まることなく，介護者に対する支援を進める上で必要と考える措置について具体的に提起する。すなわち，介護者に関する基本的な情報，特に介護者手当の給付要件についての情

報をはじめ、介護者との面談に当たって必要な介護者ニーズの要を得たチェックリスト、地域の民間非営利団体はもとより社会サービス部のサービスに関する情報、社会サービス部における診療所との連絡担当職員の配置、これらを通した介護者の医療機関による紹介の簡易化、これらについて提起する。4項目を数える提言は、その内容に照らすとき医療機関における介護者支援を念頭に置いたものであり、社会サービス部との連携にも以前の少なくない困難な経験にもかかわらず、前向きに取り組もうとする姿勢を窺うことが出来る。

　事業の最後には6回の研修会が開かれ、13か所の診療所から実務看護師をはじめ課長、あるいは受付係、社会サービス部からは主席サービス課長と介護者担当職員、英国介護者協会と地域の介護者支援グループの代表などが参加する。このうち英国介護者協会からの出席は、ハクニーの事業では経験のなかったことであり、ニュアム自治区における独自の実績は、非常に良く組織された介護者支援グループの存在と、その一環としての英国介護者協会との日頃の連携があってのことである。研修会は、一般開業医を含む診療所職員の介護者問題に関する意識の向上をはじめ介護者の効果的な確認の方法、診療所を訪れた介護者のニーズにより感応的な新しい制度と手続きの構築、診療所に備えられる介護者情報集の充実、地域におけるコミュニティケア政策の新しい展開に関わる介護者支援の方法はもとより、介護者に関する医療機関の責務、社会サービス部の職責と業務の執行方法を題目に開催され、報告に沿って意見が交わされる。

（4）　継続的な取組みに向けた提言

　2つの自治区で展開された事業から学び取られたことは、少なくない。まず、最も重要なこととして指摘しなければならない内容は、介護者が独自の支援を必要にする存在であり、これが、事業を通して広く学び取られたことである[23]。支援を進めるためには、まず以って介護者の確認が必要であり、一般開業医による効果的な確認の方法が不可欠の条件である。情報は、介護者に有益である。同時に、有益な情報であり続けるためには、情報の定期的な検証と更新が求められることも、これまた確かである。一般開業医と介護者との接触を考えると

き，介護者が彼女や彼の看る要介護者とは別の一般開業医に登録をし受診をしている場合には，解決を要する問題に直面する。別の一般開業医への登録は，さして珍しいことではない。要介護者と別居する介護者は，イギリス各地と全く同じように同居の介護者よりも多い。住む地域を異にするならば，登録する一般開業医も異なることが少なくない。問題は，要介護者と介護者双方のプライバシーにも関わることから，これに対する建設的な解決策は見出されていない。一般開業医の元に働く職員に対する介護者問題教育が，継続的に必要である。新たに採用された職員を対象にする職業訓練には，介護者の問題に関係する内容は，これまで含まれていない。この改善も求められる。家族保健サービス基金は，医療機関による介護者支援の先進事例集の公刊について資金助成を含めて正式に認め，介護者問題に関する職業訓練が，診療所職員を対象にする職業訓練の不可欠の構成要素となるように保障しなければならない。これは，検討会の一致した意見である。

　検討会は，事業から学び取った内容を拠り所に地域保健基金（DHA）をはじめ家族保健サービス基金，社会サービス部及び地域サービス提供団体に向けた提言をまとめ上げる。すなわち，地域保健基金などが政策文書としての『介護者支援戦略』を共同で策定することは，急がれるに値する優先事項である。事業を踏まえて策定された冊子，『介護者のための一般開業医における優れた試み——職員のための指針』[24]は，地域保健基金と家族保健サービス基金によって支持されるに値する。診療所職員のための職業訓練は，介護者問題をその一部に不可欠の構成内容として含まれなければならない。多様な人種や民族にも配慮した地域に独自の情報を，伝達手段を含めて整備しなければならない。一般開業医と社会サービス部との連携は，両者間の協定に盛り込まれた内容の実現に向けて，さらに進められ深められなければならない。自治体は，介護者に関する情報を絶えず更新することによって一般開業医をサポートしなければならない。

　事業を通した介護者支援を事業計画の短い期間に限ることなく，引き続き拡充していこうとする基本的な姿勢を，この提言から読み取ることは容易である。

また，その内容に照らすとき，研究者の調べ上げた内容はもとより，他の地域で展開された事業において学び取られ提言としてまとめ上げられた内容と重なり合うことも，これまた確かである。

　第1に，一般開業医をはじめとする一次医療を介護者支援の最初の窓口と位置づける考え方は，のちに開始される他地域の事業を通しても共有される。介護者は，自らの諸権利について知らないことが多く，このためにすすんで社会サービス部に足を運ぶことはない。他方，要介護者に付き添いながら，あるいは，自らの健康問題を念頭に一般開業医の元に通う機会は多い。医療機関が，その独自の環境に注目されながら介護者支援の担い手として新たに位置づけられ始めただけに，一般開業医や職員への啓発を欠かすわけにいかない。この理解も広く共有され，各地で職業訓練が実施される。

　第2に，診療所と社会サービス部，あるいは介護者支援センターを含む民間非営利団体との連携は，ロンドン・ハクニー自治区とニュアム自治区で展開された事業に独自の産物ではなく，各地の事業を通してこれも広く共有される。介護者の多様なニーズは，ひとり医療機関によって充足されるわけではないからである。例えば介護者支援グループは，同じ立場に置かれた介護者たちによる相互の交流が，心穏やかに日常生活上の援助を手掛ける上で，実に得難い存在である。

　第3に，介護者のニーズは多様であり，少数民族に属する介護者のニーズは，情報の伝達に限っても英語以外の言語の選択など独自の配慮を加えることなしには，充足さえ望めないのであって，こうした理解も反省を交えながら共有される。『介護者情報便覧』や各種のパンフレットは，地域の住民構成を考慮しながら実に多様な言語を以って作成され利用に供される。

　第4に，一般開業医への介護者としての登録も各地に広がりを示す。全ての国民は，一般開業医への登録が義務づけられる。介護者は，既に登録している診療所における介護責任の確認を経て，関係する情報が登録内容の一つに加えられ，これによって介護者として登録されたことになる。これが，その後の受診はもとより広く支援に活かされることは，言うまでもない。

最後に，診療所の職員向けに作成され配布された便覧は，他の地域でも独自に作成され利用に供される。介護者の確認と介護者登録簿の作成をはじめ介護者支援センターや介護者グループを含む支援諸主体への紹介，介護者アセスメントに関する情報の提供，診療所への受診予約に際しての介護者ニーズの考慮，要介護者に同伴する介護者の独自のニーズを考慮した待合室の設計や配置，介護者の心と体の健康に関する定期的な健康診断，介護者のいる患者に関する医療情報の介護者への開示の是非と患者の応諾，リーフレットの配布や伝言板の設置を通した支援関係情報の周知，介護者担当職員の配置と診療所介護者グループの創設，これらについて簡潔な説明を施した便覧である。優れて包括的な内容を網羅しており，その一部は，2つの自治区における事業とも重なり合う。

3　ルーイシャム一般開業医・一次医療・介護者事業

（1）　ルーイシャム自治区の事業展開

　ハクニーとニュアムの両自治区がロンドン東部に位置するとすれば，ルーイシャムは，これと同じようにインナー・ロンドンに属するとはいえ，テムズ川の南に位置する。ここでは，一般開業医を含む一次医療・介護者支援事業について振り返ってみよう。

　南東ロンドン保健基金（South East London HA）とランベス・サザック・ルーイシャム家族保健サービス基金（Lambeth Southwark and Lewisham FHSA）の文書『介護者のためのサービス――支援戦略に向けて』（1993年）は，介護者の担う経済的にも価値の高い日常生活上の援助を正式に認知するだけに，両基金として介護者のためのサービスの改善に取り組まなければならないと指摘する。[26] より具体的には，老齢はもとより疾病あるいは障碍を抱えて日常生活上の援助を要する人々を地域で看る介護者の役割は，広く社会的に認知されるに値する。介護者は，年齢と性，社会階層あるいは人種や民族にかかわりなくサービスを均等に利用して然るべきである。介護者への支援は，彼女や彼の看

る要介護者の疾病や障碍の如何にかかわりなく均等に実施されなければならない。介護者は，ニーズに関する諮問を受けサービスの選択が認められる。介護者に影響を及ぼすサービスの拡充は，介護者の参画を得て彼女や彼と共に立案されるに値する。介護者は，自ら希望をするならばサービスの検証過程にも参画することが出来る。

　『介護者のためのサービス──支援戦略に向けて』は，このような見地を拠り所にしながら介護者の役割に関する一般開業医の理解を進めていかなければならないとして，取り組むに値する6つの課題を明らかにする。第1に，一般開業医を含む専門職と介護者支援グループとの接触の機会を提供すること，第2に，長い期間に亘って要介護者を看る介護者の確認が，75歳以上の高齢者を対象にする健康診断や新しい患者の診察などを通して進められるように一般開業医を促すこと，第3に，支援グループやストレスの管理，あるいは手当に関する助言など介護者に的を絞った支援を一般開業医として手掛けるように促すこと，第4に，建物の段差をなくすなど通院の物理的な障害の除去を通して要介護者の自立度を高め，これによって介護者の負担を軽減すること，第5に，介護技術訓練をはじめ利用者負担とその免除規定，介護者支援グループなど介護者が利用する制度やサービスに関する情報を整備して，介護者の自由な裁量度を引き上げること，最後に，政策の拡充は，介護者の貢献とニーズを考慮に入れて然るべきである。

　ルーイシャムの事業は，『介護者のためのサービス──支援戦略に向けて』を政策上の拠り所に，ランベス・サザック・ルーイシャム家族保健基金の助成を受けた地域の介護者支援団体，ルーイシャム介護者（Carers Lewisham）が担ったものである。この団体は，介護者のためのプリンセス・ロイヤルトラスト（PRTC, 1991年設立，2012年4月に介護者財団に変更，Carers Trust）に加盟している。事業の目的は，4つ掲げられる。まず，介護者のニーズに関する一般開業医を含む一次医療関係職員の理解を促すことである。介護者の存在をより良く確かめ，そのニーズの充足に向けて対応することが可能であるように，一般開業医はもとよりその元に働く職員との共同を進めることである。さらに，介

第5章　医療機関による介護者支援の形成

護者に開かれる様々な支援についての情報を一般開業医に提供することである。最後に，ルーイシャム介護者の職員が事業の展開に沿って配置される診療所に通院する介護者に対して，支援の機会を提供することである。

　介護者の紹介は，一般開業医による介護者の確認を経て開業医の元に働く職員から寄せられると共に，ルーイシャム介護者の悩みごと電話相談への介護者からの直接の通話を介しても行われる。事業の展開に沿って確認された介護者は，419人を数える。このうち120人は，一般開業医を含む一次医療チームからの紹介である（28.6%）。これらの計数を見る限り，一般開業医などによる介護者の確認は，あまり進んでいなかったようにも判断される。しかし，悩みごと電話相談を通して自らルーイシャム介護者に直接名乗り出た介護者の多くは，一般開業医の待合室に置かれたパンフレットなどを手にしてルーイシャム介護者の存在とその手掛ける事業を初めて知り，パンフレットに記された悩みごと電話相談に連絡を取っている。この事実を考えるとき，一般開業医などを介した介護者の紹介の相対的な少なさを以って，事業の効果を消極的に判断するわけにいくまい。事業の一環としての診療所の待合室に置かれたパンフレットの情報伝達効果も含めて考えるならば，介護者の確認を進める上での事業の効果は，決して小さくはない。一般開業医の独自の位置は，重要視するに値する。

　ルーイシャム介護者は，紹介を受けた介護者にサービスの給付を含む支援に乗り出す。介護者の3人中1人近くには，『介護者情報便覧』が無料で手渡されると共に，彼女や彼の希望に沿って郵便送付名簿一覧への記載が行われる。これによってルーイシャム介護者が，他の介護者支援センターと同じように発行する会報の定期的な受理が保障される（29%）。介護者の4人中1人以上は，手当について疑問を抱いている（27%）。同じく3人中1人以上は，手当について友人や隣人から教えてもらい，5人中1人強は一般開業医や地区看護師，5人中1人はソーシャルワーカーからの情報を得て手当の存在と受給要件について知る（39%，22%，20%）。手当は，言うまでもなく社会サービス部が所轄する。しかし，社会サービス部に籍を置くソーシャルワーカーを介しての情報の入手は，これらの計数に示されるように至って少ない。しかも，介護者が手

当をいつから受給したかと言えば，介護者化と共に受給を開始した例は最も多いとは言え，半数にさえ満たない（36％，他に1年後29％，5年未満19％，5年以上後17％など）[28]。一般開業医などから紹介された120人の介護者のうち介護者手当を含む手当を受給するのは，32人である（26.7％）。

　一般開業医などから紹介された介護者の7人中1人近くは，自ら心の病を抱えることからカウンセリング・サービスを受ける（14％）。同じく20人中1人は，介護者支援グループへの参加を希望し，新たにこれに加わる（5％）。特定のサービスに関する情報の提供や助言を求める介護者の存在も確かめられる（13％）。数は少ないとはいえ，居住環境に関する支援を求めてルーイシャム介護者の事務所を訪ねる介護者も居る（4％）。いずれも，事業の目的に沿って一般開業医からの介護者の紹介を経て，漸く可能になった手当やサービスの受給である。

　一般開業医などの元に働く職員は，事業の展開にどのような感想を抱いたのであろうか。あわせて33人の職員が，ルーイシャム介護者の調査に回答を寄せる。職員の5人中4人近くは，ルーイシャム介護者について以前に耳にしたことがあると答える（78％）。同じく4人中3人近くは，ルーイシャム介護者の担当職員が事業の展開に沿って一般開業医の元に頻繁に通ってくれたことから，これを契機に診療所内における介護者問題への理解は深まったと答える（71％）。回答を寄せた全ての職員は，ルーイシャム介護者への介護者の紹介は，難しい問題ではないと答える（100％）。彼女や彼のニーズについて確かめるためには，最新の充分な情報が一般開業医などの元に働く職員に提供されなければならない，とも指摘する（100％）[29]。

　一般開業医などに足を運んでいたルーイシャム介護者の職員は，事業の成果を心に留めながらも，事業の終了と共に職責を解かれて姿を見せなくなる。回答を寄せた職員の2人中1人は，一般開業医として独自に介護者担当職員を配属する必要があるのではないかと指摘する（50％）。ルーイシャム介護者の担当職員が果たした役割の大きさを念頭に置いての回答である。

第5章　医療機関による介護者支援の形成

(2)　ルーイシャム介護者の提言と継続的な取組み

　ルーイシャム介護者は，事業の展開を踏まえて一般開業医など一次医療機関を念頭に置く提言を公表する。それは，一般開業医における介護者登録制度の導入を始め医療記録への介護者標識の貼付，新しい患者として登録，あるいは75歳以上の年齢階層を対象にする健康診断の際に介護者に看て貰っているか否かの確認，患者自身が介護責任を負っているか否か，これらについて一般開業医として確認する意思の患者への周知，介護者組織に関する情報の一般開業医による保有と待合室などでの解り易い掲示，ルーイシャム介護者への介護者の紹介，一般開業医を始めとする一次医療機関とルーイシャム介護者との連携を継続するための，ルーイシャム介護者から派遣される介護者担当職員の自治区内保健基金への配置，これらである。

　提言は，見られるように一般開業医を始めとする一次医療とルーイシャム介護者の両主体の今後の在り様を念頭に置くものであり，そこに社会サービス部の姿は全くない。しかし，ルーイシャム自治区で展開された事業がこれを以っていかにも特異であり，イングランドはもとより，ウェールズやスコットランドの各都市で展開された類似の少なくない事業と明らかに異なる，と評するわけにいくまい。ルーイシャム自治区における事業が，他の地域でも取り組まれた事業と全く同じように地域的に独自の特徴を示すと同時に，各地の幾多の事業に共通する特徴を併せ持つという評価こそ，正確であろう。これを実証するように提言に盛り込まれた内容の一部は，介護者による医療サービスの利用に主題を定めてイギリスはもとよりオーストラリア，アメリカやカナダの調査結果などを実に幅広く視野に収めながら彫りの深い検討を加えた研究者の指摘と見事に重なり合う。

　ルーイシャム介護者による取組みは，提言の公表を以って幕を閉じるわけではない。2004年3月から着手された新たな事業では，翌2005年5月までの15か月間に700人を数える介護者の紹介を一般開業医などから受ける。これには，一般開業医自身による紹介も含まれる。以前の事業にはなかった実績である。紹介は，先の事業で記録した419人の1.7倍に当たる規模である（167.1%）。ま

263

た，新たな事業は，英語を第一言語にはしない介護者に焦点を当て，併せて精神疾患を抱える要介護者を看る介護者や年少の介護者も視野に収める。これらの介護者が一般開業医の元に通ったとしても，介護者としての確認には特別の困難を伴う。年少の介護者は，精神疾患の要介護者を看る介護者と全く同じように社会からの恥辱を受けまいとして，自らの軽くはない介護責任について口を閉ざしがちであるからに他ならない。しかし，先の事業では全く問題にされなかった介護者達である。英語を第一言語にしない介護者を視野に収めたことは，インナー・ロンドンの一角を形成する自治区の共通の特徴としての少数民族に属する住民の相対的な多さを考えるならば，実に適切な急がれる選択に他ならない。しかし，これには，明らかに小さくはない困難を伴うことも確かな事実である。新たな事業は，これを了とした上で対象を定めるのである。17か所の一般開業医が事業に参加をし，介護者問題に対する職員の関心は高いと言う。先の事業の経験が生かされていると評するならば，やや過大な評価になるであろうか。そうではあるまい。

同時に，成果は，既に述べたように先の事業のそれに止まらない。ルーイシャム介護者は，90年代中葉の成果を踏まえながら一般開業医による介護者の確認と紹介を，継続的に取り組むに値する活動の一つとして2011年から2015年を計画期間とする事業計画にも明記する[33]。90年代中葉からの事業が正当に継承されると評することが出来よう。

4　民間非営利団体の提言と医療機関の位置

（1）　介護者の健康と英国介護者協会の調査

英国介護者協会の手掛ける調査とこれを拠り所にする政策の提言には，実に高い評価が寄せられる。同じ民間非営利団体として介護者支援の分野で確たる実績を記録する介護者のためのプリンセス・ロイヤルトラストも，一目を置く程である。

一般開業医をはじめとする国民保健サービスによる介護者支援の形成と展開

表5-1 最近12か月以内の介護者自身もしくは要介護者の医療サービス利用状況（1997～98年） (比率：%)

	利用なし		1～2回の利用		3～5回の利用		6～10回の利用		11回以上の利用	
	介護者(A)	要介護者(B)	(A)	(B)	(A)	(B)	(A)	(B)	(A)	(B)
一般開業医に通院	12	12	31	22	31	31	16	17	10	18
一般開業医の自宅診療	86	46	10	21	3	17	1	9	0	7
一般開業医の緊急訪問	90	57	8	28	1	11	0	3	0	1
外来患者部門の受診	54	36	25	25	13	19	5	11	3	9
事故など	84	68	13	23	2	6	0	1	0	1

出典：Melanie Henwood, *Ignored and invisible? op. cit.,* p.24より引用。

を考える上では，地域基金による個々の取り組みはもとより，英国介護者協会などの民間非営利団体による調査等を踏まえた政策提言の効果も，例えば政府の公式文書における民間団体の調査からの引用とこれを拠り所にする政策提起などに示されるように，政府はもとより国民保健サービスによる提言への対応を考えるとき，決して忘れるわけにいかない。

 介護者の一般開業医への通院の頻度は，英国介護者協会の調査を通しても高いことが示される（表5-1）。殆どの介護者は，自らの健康から最近12か月間に通院の経験をする（88％）。同じくおよそ7人中1人は，一般開業医による自宅診療を受ける（14％）。半数近くの介護者は，外来患者部門で受診をし，6人中1人近くは，これも自らの健康から事故もしくは緊急対応部門を受診する（46％，16％）。

 介護者の3人中2人近くは，英国介護者協会の調査に従えば表に示すように最近12か月に1～5回受診する（62％）。同じく8人中1人弱は全く受診の経験を持たないとは言え，6人中1人程度は6～10回，10人中1人は11回以上に亘って受診をする（12％，16％，10％）。要介護者の受診回数別分布と特段に違うわけではない（12％，17％，18％）。年齢階層別の受診回数は，高齢の介護者が若い介護者に較べて相対的に多い。日常生活上の援助を手掛けていない国民にも広く認められる特徴である。殆どの介護者は，一般開業医による自宅での

診療を受けていない（86％）。一つの傾向を読み取ることが出来る。一般開業医による自宅診療は，高齢の要介護者を看る同じく高齢の介護者に対して行われる。このために自宅での受診は，75歳以上84歳以下の介護者で最も高く，これに85歳以上が続く（18％，17％）。高齢の介護者による自宅受診の頻度も高い。例えば85歳以上の介護者の5人に1人以上は，最近12か月に3〜5回に亘って一般開業医の訪問を受ける。3〜5回の訪問は，全ての介護者について際立って低いこととは対照的である（3％）。

介護者の半数以上は，日常生活上の援助に伴う身体の損傷を抱える。もとよりこれは，介護負担の性別格差に伴うことから男性よりも女性に顕著である（43％，54％）。損傷を抱える可能性は，一見するとやや不可思議とも思えるものの，年齢階層の若い要介護者を看る比較的若い介護者に顕著である。これは，驚くに値しない。子どもの日常生活上の援助に当たる介護者は，リフティングなどの介護作業を手掛けることが少なくないからである。他方，典型的には配偶者を看る高齢の介護者も，身体介護をしばしば手掛けざるを得ない場面に遭遇するとはいえ，自らの身体状況を考慮に入れることからリフティングを試みることは，極めて稀である。こうした相違が，身体の損傷に影響するのである。

介護者の半数以上は，日常生活上の援助を手掛けて以来，精神的な緊張に由来する疾病を抱えながら，これと向き合わなければならない（52％）。日常生活上の援助を手掛けている最中はもとより，それ以外の時間にも同じ屋根の下に暮らす要介護者のことが脳裏から離れないからである。介護者の抱く精神的な緊張と憂うつ感は，高く深い。これは，特に認知症を患う要介護者や他の精神疾患，あるいは，神経的な問題を抱える要介護者の日常生活上の援助に携わる介護者に顕著である。

国民保健サービスは，介護者のニーズを理解していないのではないかとの指摘も，個々に寄せられる。英国介護者協会の調査に回答を寄せた介護者は，自らの体験に即して以下の評価を与える。「一般開業医は，介護者の心と体の状態にきめ細かな注意を払ってほしい。私は，私の通う一般開業医から無視され，自分が見えない存在なのではないかとしばしば感じる。私は，自分の抱える意

気消沈の状態は，介護者としての義務を果たすために退職の止むなき選択など，人生設計の変更を不本意ながら選び取らなければならない介護者にあっては，少しも例外的ではなく，おそらくごく普通のことではないかと思う」。[35]

少なくはない介護者は，自らの心と体の疾病に向き合いながらも，一段と困難な疾病や障碍を抱える要介護者の状態を優先しながら日常生活上の援助に携わるのである。

（2） 国民保健サービスと英国介護者協会の調査

国民保健サービスの職員が，介護者に情報を提供する上で重要な役割を果たしていると積極的な評価を与える介護者は，多いとは言い難い。彼女や彼が介護者であり，介護者支援組織と連絡を取るためにどうすれば良いかについて，国民保健サービスの職員と話したことのある介護者は，半数を下まわる（40％）。介護者に対する情報の提供は，社会サービス部など他の機関や団体の所轄する事項に他ならない，と国民保健サービスの職員は思い込んでいる可能性が強い。これをあたかも例証するように，社会サービス部の所管する介護者アセスメントについて，これを国民保健サービスの職員から耳にした介護者は，5人中1人程に止まる（21％）。しかし，保健省は，95年法の施行に際して国民保健サービスの職員が介護者の精神的な緊張や疾病の兆候をそれとして識別するに止まらず，介護者に重要な情報を手渡す役割についても指摘してきたところである。保健省の『政策案内』は，以下のように指摘する。

「1995年法の規定は，介護者でもある患者の医療と看護のニーズの充足に一次医療の職員として然るべく対応する上で拠り所になる。利用者アセスメントの照会に当たって，職員は，介護者にもアセスメント請求権が制度として用意されていることを介護者に伝えなければならない。そうするならば，患者と介護者は，アセスメントの機会を捉えて最も有益であると判断する方法をすすんで選択することになる」。[36]

国民保健サービスの職員が，『政策案内』に明記される情報の機会を脳裡に刻み，それに適う職責を充分に担っているであろうかと問うならば，英国介護

者協会の調査に照らす限り大きな課題を抱えるという他にない。

　より驚くべき結果は，日常生活上の援助をより安全に担うことを可能にする介護技術訓練の情報を国民保健サービスの職員から受けたことのある介護者は，際立って少ないことである（11％）。この種の情報には，介護補助具や介護機器，あるいはリフティングの技術などを含むと考えられ，国民保健サービスに直接に関連する領域であると長らく理解されてきたにもかかわらず，国民保健サービスによる情報の伝達は，遅々として進んでいない。

　情報を手にする比率は，介護者の性別によって異なる。例えば支援組織との連絡方法に関する情報を手にした比率は，男性介護者で高く女性介護者で低い（36％，29％）。介護者の権利はもとより，安全な介護のための訓練も同様の結果である（24％，18％，14％，9％）。この否定のしようのない性別の格差は，何故（なにゆえ）に生じたのであろうか。情報の保有状況には性別の格差があり，男性の介護者は少なく，これに対して女性介護者では相対的に多くの情報を保有しているとの職員による暗黙の推定が働いており，女性は，男性と異なって生まれながらにして介護者としての資質を備えているかのような伝統的な観念が，今日もなお職員の対応に影響を及ぼしていることも否定できない。

　国民保健サービスの職員による介護者への情報提供の乏しさは，その由来を辿るならば職員における介護者問題の理解が充分には進んでいないことでもある。

　一般開業医への介護者の通院は，前出の表に示すように頻回とも評して良い程に回数を重ねる。一般開業医が，多くの介護者にとって最初の接触場所（first point of contact）と広く好意的に評される根拠も，そこにある。では，一般開業医とその元に働く職員による情報の伝達状況は，いかがであろうか。半数以上の介護者は，どのような情報がどこに用意されているかさえ知らない。3人に2人近くは，介護者向けのごく一般的な情報さえ受けていない（表5－2）。介護者担当職員の配置や介護者支援グループの設置は，格段に少ない。これらの調査結果は，J. ツウィグの指摘，すなわち，「一般開業医は充分に奥深い知識を持つことから，介護者が何等かの支援サービスについて尋ねなくと

表5-2 一般開業医診療所の介護者支援方法別採用状況
(1997〜98年)[1] (単位：％)

	あり	なし	知らない
介護者のための一般情報の提供	36	18	46
介護者担当職員の配置	4	42	54
介護者支援グループの設置と運営	4	44	51
確認した介護者の文書への記録化	11	21	68

注：1) 合計が100にならない箇所がある。
出典：表5-1に同じ、p.29より引用。

も，必要な対応をしてくれると全幅の信頼を置いてきたが，そうした対応は期待に反して存在しなかった」との否定的な評価と一致する。90年代半ばに示された評価である。英国介護者協会の調査は，これを追認する。

　介護者に寄せられる情報には，要介護者の病状や薬剤を含む治療方法なども含まれる。3人中2人程の介護者は，要介護者に関するこれらの情報を手にする。これに対する満足感は高く，情報への不満が全くないわけではないとしても，要介護者の病状に関する情報への不満をはじめ，治療法や薬剤の処方などの意見に示されるように，不満を寄せる介護者は概して少ない（17％，15％，13％）。

　良く計画され準備された退院計画は，国民保健サービスとコミュニティケアに関する1990年法の，93年4月からの施行以降における中心的な課題の一つである。保健省は，コミュニティケアの推進に向けた一環として『病院からの退院に関する作業手引書』（1994年）を公刊する。これは，退院処置に関する政策の変更を目的にする文書ではなく，退院の質の引き上げを念頭に策定される。利用者と介護者の参画に優先的な考慮が払われながら進められる退院の手続きこそ必要であり，このために，両者のアセスメント過程への完全な参画が保証されなければならないとして，基本的な枠組みを示したものである。

　介護者の4人中3人近くは，近親者の入院が申し分なく行われていると積極的な評価を与える（71％）。しかし，退院計画に関わる介護者の諸々の経験を仔細に検討するならば明らかであるように，積極的な評価はやや後退する。確かに多くの介護者は，退院計画について相談を受けたとは認めるものの，退院

表5-3　退院計画への介護者の方法別参画状況（1997～98年）

	比率（％）
退院計画についての相談	71
介護者の関心の考慮	62
退院準備の援助	54
退院計画書類の写しの交付	25
介護ニーズについての相談	48
退院前の自宅訪問	21
他の介護選択についての相談	28

出典：表5-1に同じ，p.33より引用。

計画の策定過程への完全な参画が行われているかと言えば，事情はやや異なる（表5-3）。介護者の5人中2人近くは，その関心や意見が退院の準備に当たる職員によって考慮されていないと評する（38％）。同じく職員が，差し迫った退院の準備に何の手も差し伸べてくれず，退院後に必要となる介護ニーズと対人サービスについて何も話してくれなかったと評する介護者は，少なくない（46％，52％）。退院計画の策定過程への介護者の参画は，表に示されるように多岐に亘る方法に沿いながら着実に実績を重ねていることも，確かな事実である。90年代後半に記録される実績である。しかし，表中の計数を仔細に検討するならば明らかであるように，課題も少なくない。

　患者の在院日数は，イギリスでもコミュニティケアの展開と歩調を合わせながら短縮化の傾向が顕著である。この傾向は，日本を超えて記録すると評することこそ事実を踏まえた正確な評定である。これに伴って生じた新しい事態は，充分な準備の整わないままの退院である。介護者の4人中1人は，彼女や彼の看ることになる要介護者の退院が余りに早くに行われ，少しも適正な時期の退院ではなかったと評する（25％）。介護者は，退院後の介護ニーズの充足に相応しい充分な準備にも乏しいと指摘する。介護のニーズが地域で発生し，介護者は一人でこれへの対応を迫られる。これが，コミュニティによるケアの現実の一こまである。

　病院と社会サービス部との連携の不足も，介護者の負担となって彼女や彼の肩に重く圧し掛かる。社会サービス部による在宅サービスの給付は，退院から

第5章 医療機関による介護者支援の形成

1週間後に漸く開始される。これが，保健省の方針に抵触することは言うまでもない。退院計画の執行に当たって両者の連携が図られるならば，避けることの可能な事態である。

　国民保健サービスに介護者から少なくない称賛の声が寄せられたことも，これまた確かである。「国民保健サービスは，私にとって生命線です」。「国民保健サービスが存在しなければ，私はどのように暮らしていけば良いのか解りません」。このような声である。同時に，国民保健サービスの抱える構造的とも言い得る程に根の深い問題の存在を介護者が感じ取り，調査票に記載していることも事実の一つである。その一つが職員の不足である。「医師と看護師は卓越している。しかし，残念なことにあまりにも多忙である」。「人材派遣会社から派遣された看護師は，患者の特別の事情について殆ど，あるいは全く知らない」。期間の定めのない労働契約のもとにある看護師の不足を契機に進んできた派遣看護師の受け入れは，看護サービスの水準の低下を新たに招き寄せる。これらに類似の声を寄せた介護者は，少なくない。

　退院に当たって自宅における介護以外の選択肢について職員から必要な情報が提供され相談の機会を用意された介護者は，前出の表に示すように少ない。要介護者の長期介護施設への入居を考えたことのある介護者は少なくない（41％）だけに，職員による相談機会の提供の持つ意味は小さいとは言い難い。

　介護者と国民保健サービスとの接点は，一般開業医に止まらず実に多様な職種に及ぶ。国民保健サービスの職員のうち誰が最も効果的に情報の提供を含む支援を介護者に届けているかと言えば，介護者は，まず以って一般開業医を挙げ，次いで地区・地域看護師を挙げる（表5-4）。相談員に対する評価も高い。セラピストや作業療法士，あるいは保健訪問員に対する評価は，医療ソーシャルワーカーよりも高い。医療ソーシャルワーカーに対する評価の低さは，意外な事実である。しかし，前出の表5-3に見るように，退院計画の策定過程への介護者の参画の不充分さに由来することである。医療ソーシャルワーカーは，その職責に照らして介護者の生活の改善に少なくない力を発揮する。にもかかわらず，介護者が相対的に低い評価を与えたのは，彼女や彼による退院計画の

表5-4 国民保健サービス職員の重要性に関する介護者の順位付け状況（1997～98年）[1]

	介護者の生活改善に最も力あり	介護者支援情報伝達に最良である	実際的な支援を最も手掛ける	平　均
一般開業医	1	1	1	1.0
相談員	3	3	5	3.7
病院医師	8	9	11	9.3
地区・地域看護師	2	2	1	1.7
精神看護師	9	8	8	8.3
受付係	11	10	10	10.3
セラピスト	6	6	3	5.0
学校看護師	13	14	13	13.3
作業療法士	4	4	2	3.3
保健訪問員	5	7	7	6.3
診療所看護師	5	5	4	4.7
足治療医	11	11	6	8.0
歯科医	12	12	10	11.3
薬剤師	10	7	6	7.7
眼科医	13	13	12	12.7
病院ソーシャルワーカー	7	8	9	8.0

注：1）　平均は，四捨五入による。
出典：表5-1に同じ，p.41より引用。

　策定過程への参画の遅れから，そもそも医療ソーシャルワーカーと接する機会が，他の職種に就く職員に較べて相対的に少ないからである。

　国民保健サービス地域基金と自治体との共同編集になる介護者向けの退院関係情報集には，退院に際して確かめておかなければならない事項があるとして12の項目が示され，その一つとして以下のことが明示される。すなわち，「あなたは，医療ソーシャルワーカーをはじめ作業療法士，理学療法士，有償の介護の担い手，あるいは他の適切な担当者と接触し連絡を取らなければなりません」[40]。見られるように医療ソーシャルワーカーは，他の2つの医療専門職に先立って冒頭に示される。退院計画の策定と実施における医療ソーシャルワーカーの中心的な役割を念頭に置いた文章の構成であると言ってよい。しかし，医療ソーシャルワーカーは，前出の表に示されるように介護者の経験に即した評価に照らすとき，その順位は遥かに後退して低い。「作業療法士」の後塵を拝し，16の職種に就く職員のうち9番目の順位に止まる。

第5章　医療機関による介護者支援の形成

　国民保健サービスに対する少なくない批判にもかかわらず，介護者への支援に果たす国民保健サービスの重要な貢献が調査を通して改めて示されたところであり，とりわけ一般開業医を含む一次医療分野に籍を置く職員の介護者支援に果たす役割は，その職責と地位に照らすとき，他の支援主体に取って代わられることは決してない。

　英国介護者協会は，調査を踏まえて保健省に7項目，国民保健サービスに12項目，併せて19項目の提言をまとめ上げる(41)。このうち国民保健サービスに宛てた提言の内の幾つかを紹介するならば，国民保健サービス理事による所轄域内の介護者に関するより良い理解，介護者支援戦略の策定と策定に際しての社会サービス部との連携，介護者とそのニーズに関する職員の理解を促すための職業訓練の実施，介護者に関する中心的な情報拠点としての一般開業医の整備，患者の退院後における介護者支援を優先事項に位置づけた上での支援の効果的な展開，介護者による休息や休暇の定期的な享受の重要性の再認識とこれに沿う享受の機会の拡充，病院を含む一次医療と社会サービス部との連携の改善，各地で蓄積された先進的な取組みから学び取ると共に，これらの経験の事業計画への反映，これらである。

　英国介護者協会の調査は，介護者の健康に関するニーズはもとより国民保健サービスによる情報の提供，退院計画の策定過程と介護者の参画，介護者にとっての国民保健サービスの重要性など，国民保健サービスが介護者への支援を進める上で直面する喫緊の課題を包括的に取り上げたところに，優れて独自の特徴を持つ。これを踏まえた提言も，自ずと項目数の多い提言として公表される。もとより提言の内容に照らすならば明らかであるように，各地で展開される国民保健サービス地域基金の介護者支援事業を踏まえた提言と一部重なり合うことも，これまた確かである。イギリスはもとより諸外国の実に膨大な成果を視野に収めて独自の検討を加えた研究者の指摘と内容に照らして重なり合うことも(42)，論を待たない。

273

（3） 国民保健サービスとプリンセス・ロイヤルトラストの調査

　国民保健サービスによる介護者支援の拡充に向けて英国介護者協会はもとより，介護者のためのプリンセス・ロイヤルトラストが手掛けた調査を含む幅広い活動について考えるならば，両団体には，共通する側面もさることながら相違も認められる。

　調査を研究者の協力も得ながら継続的に手掛けることにおいて，両団体に相違はない。もとより医療機関による介護者支援を主題に据えた調査の開始時期は，英国介護者協会の1992年[43]に対して，介護者のためのプリンセス・ロイヤルトラストの98年と，前者が6年早い。介護者のためのプリンセス・ロイヤルトラストが，傘下の介護者支援センター68か所のうち23か所を通して7,000の調査票を配布して調べ上げた調査は，一般開業医はもとより病院による介護者の理解が必ずしも進んでいるわけではない90年代末葉の状況を明らかにする。別の調査でも，一般開業医への受診予約には緊急時の予約（urgent appointment）を除いても短くて7日，長くなると10日から14日，あるいは21日の待機期間のあることが伝えられる。[44]受診の予約それ自体に，そもそも1週間から3週間の期間を要し，さらに，受診日の確定から実際の受診にも一定の間隔が設けられる現状と併せて考えるならば，疾病の早期発見と早期治療の理念に抵触する現実の一端が浮かび上がる。介護者のためのプリンセス・ロイヤルトラストによる調査の得難い成果の一つである。

　英国介護者協会は，一般開業医と介護者支援事業をロンドンの北部ハリンゲイ（Haringey）をはじめ，テムズ川に臨む南部のウォンズワース（Wandsworth）及び北西部のブレント（Brent）の3つの自治区で展開したことがある（計画期間1993年9月～94年8月，12か月[45]）。しかし，これまでの事業への直接の関与を振り返る限り，これが最初で最後の実績である。他方，介護者のためのプリンセス・ロイヤルトラストは，1992年から翌93年にかけて最初の取り組みを出発点に，その後も傘下の介護者支援センターを拠点に継続的な取組みを展開する。事業は，21世紀初頭に限っても34か所（2003年）から51か所（2006年）へと広がりを示す。[46]傘下の介護者支援センターの同じ期間における伸びを大きく超す。

事業の目的は，介護者のためのプリンセス・ロイヤルトラストによれば3つ掲げられる。

第1に，介護者の一般開業医を含む一次医療による確認と紹介である。診療所で介護者の存在を確かめ，これを地域の介護者支援センターに紹介する制度が，介護者支援センターの援助に沿いながら組み立てられる。介護者の紹介は，センターに止まらず彼女や彼のニーズに応じて社会サービス部を含む他の機関や団体に対しても行われる。これらに沿って介護者紹介制度の確立はもとより，ポスターやリーフレット，『介護者情報便覧』などを通した情報の提供を含む支援の具体化が，診療所において進められる。介護者担当職員は，介護者の紹介を受けた後に介護者と対面し彼女や彼の自宅への訪問も手掛ける。診療所における介護者支援グループの設立と運営も図られる。

第2に，介護者問題の理解を深めながら，介護者を対象にするサービスの改善を進めるために，一般開業医を含む一次医療職員の参加を得て介護者の確認はもとより，サービスの提供方法の改善を手掛けることである。これには，受診予約制度や待合室の設計と配置などサービスを届ける方法や環境の変更が含まれる。また，介護者専門相談，あるいは介護者診療時間帯（carers clinics）の設定など，介護者の抱える困難を念頭に置いた新しいサービスの開発も視野に収める。

第3に，介護者へのサービスを含む支援の拡充は，ひとり彼女や彼と向き合う一般開業医などの主体的な努力や工夫のみを以って保証されるわけではないことから，国民保健サービスによる財源の手当てを含む計画化への影響力の発揮である。

財源は，国民保健サービス地域基金はもとより自治体からの資金，事業の目的に賛意を表しての寄付及び介護者支援センターの独自財源などから構成される。

事業の効果は，幾つかの調査を通して確かめることが出来る。

患者が介護者でもあることを知っている一般開業医やその元に働く職員は，介護者調査の結果に従えば，事業の開始前後で増加する（69％，79％）[47]。診療所

から介護者の役割に関する情報を受け取った介護者の比率も,同じように上昇する (15%, 27%)。一般開業医への受診に際して介護者としての社会的な地位に考慮が払われた,と感じ取る介護者の比率も上昇する (33%, 44%)。一般開業医による患者の登録制度が事業の展開を経て変更されたことから,コンピューターによる介護者の確認が可能な診療所は,目立って増加する (20%, 44%)。職員に対する職業訓練の効果を裏打ちするように,介護者のためのサービスについて知る職員も増加する (29%, 43%)。

　事業の運営を所轄する管理者も積極的な評価を与える。事業の開始前には,一般開業医は,介護者支援センターへの介護者の紹介にいかにも消極的な態度を示す。一次医療の分野に働く職員の多くは,介護者という表現が何を意味するかについて知っていない。結果として,介護者と介護助手,あるいはケアワーカーとの区別さえ付けることのできない職員も,少なくない。そうであるだけに,介護者アセスメントを含む介護者のためのサービスについて知らない。介護者を支援センターに紹介するならば,彼女や彼が,どのような扱いを受けるのか疑わしいと疑問を呈する職員さえ認められる。

　これらは,事業の開始後になると明らかな変化を辿る。一般開業医による介護者問題の理解が深まり,介護者の支援を進めるならば介護者が自らの健康を維持しながら日常生活上の援助を担うことが出来るとの理解を拠り所に,支援センターへの紹介も増加する。介護者の確認とこれを起点にする支援は,医療機関に働く職員の職責の一つであるとの理解も広がりを見せる。介護者支援センター職員との接触が回数を重ねるにつれて,センターの担う役割の重要性とそれを担う職員の専門性について,診療所の職員も正確な理解を寄せるようになる。支援の恒常化に向けて,介護者問題に関する職業訓練の定期的な開催を求める一般開業医も現れる。

(4)　国民保健サービスの介護者支援に関する提言

　介護者のためのプリンセス・ロイヤルトラストは,事業の効果に確信を深めるだけに,医療機関による介護者支援をさらに拡充すべく,職員を対象にす

第5章　医療機関による介護者支援の形成

る先進事例集を公刊する。『介護者支援労働者と一般開業医のための優れた実践案内』(1999年)が,初発の成果であり,その後も幾度かの改訂を経ながら先進事例集が公刊され,王立一般開業医大学との共同編集になる案内集も公刊される。スコットランドの8か所の介護者支援センターの手掛けた事業を拠り所にまとめ上げられた『介護者と国民保健サービス──優れた実例』も,それらの一つである。英国介護者協会も介護者に冊子を含む多様な手段を駆使しながら広く情報を提供するとは言え,国民保健サービスによる介護者支援に的を絞った先進事例集の公刊は,得難い実績であるとはいえ僅か一度の経験に止まる。その内容に照らすとき,有益であることに相違ない。しかし,短くはない期間における,しかも,全国の少なくはない地域の経験を踏まえた編集を考えるとき,介護者のためのプリンセス・ロイヤルトラストによる貢献の大きさを感じ取ることが出来る。この団体が,確たる厳格な基準に沿って全国各地に支援センターを配置し,それぞれの地域で旺盛な活動を20年以上に亘って蓄積するだけに,可能な成果でもある。

　介護者支援の拡充に向けた政策の提言は,両団体とも早くから手掛けている。しかし,国民保健サービスによる介護者支援に関する限り,介護者のためのプリンセス・ロイヤルトラストの提言が群を抜いて体系的である。各地の少なくない支援センターを拠点にする長年の取り組みがあればこそ可能であり,また,自ら取り組む事業の一段の発展のために事業を取り巻く環境を整備しなければならないとの強い願いから,まとめ上げられた提言でもある。

　国民保健サービスによる介護者の確認に始まる支援については,介護者のためのプリンセス・ロイヤルトラストの他にも提言を公表する団体などがある。これらと比較をするならば,介護者のためのプリンセス・ロイヤルトラストの提言は,いかなる特徴を持つであろうか。提言の公表時期に絞って言えば,他の団体の後塵を拝することは,否定するわけにいかない確かな事実である。しかし,提言は30項目に及び,その体系性において群を抜く(表5-5)。英国介護者協会の既に紹介した19項目に較べても,その1.5倍を超す項目数である。体系性は,一般開業医を含む一次医療の領域に絞っても確かである。さらに,

表5-5　医療機関の介護者支援に関する政策提言一覧（1995～2009年）[1][2]

	ランベス家族保健サービス（1995年）	ハクニー・ニュアム（1996年）	ルーイシャム介護者（1998年）	介護者のためのプリンセス・ロイヤルトラスト（1999年）	同（2003年, 06年）	国民保健サービスマンチェスター（2008年）	国民保健サービスダーラム（2009年）
一般開業医・一次医療の領域							
介護者の確認と登録	◎	◎	◎	◎	◎	◎	◎
支援諸主体への紹介	◎	◎		◎	◎	◎	◎
介護者独自のニーズの考慮	◎	◎			◎	◎	◎
介護者の健康診断	◎	◎	◎		◎	◎	◎
介護者アセスメント請求権の紹介					◎	◎	◎
患者の健康情報の介護者への紹介	◎				◎		
要介護者疾患情報の介護者へ提供	◎				◎		
介護技術訓練・情報の提供	◎	◎	◎		◎	◎	◎
介護者掲示板の整備と介護者確認	◎	◎			◎	◎	
診療所介護者グループの設立援助	◎	◎		◎	◎		
一次医療の領域							
介護者支援計画の事業計画への明記	◎				◎	◎	◎
一般開業医向け介護者支援拡充措置				◎	◎		
介護者支援拡充に向けた意見聴取	◎				◎		◎
介護者支援水準と質アセスメント					◎		
介護者支援センター等への支援委託	◎	◎			◎		
介護者確認と支援の制度化	◎	◎			◎		
地域計画策定過程への介護者参画					◎		
職員対象介護者問題啓発講座開催	◎	◎			◎		
介護者問題担当職員への報償					◎	◎	◎
一般開業医の介護者ニーズ配慮調査					◎		
政府・保健省の領域							
介護者支援と地域基金評価制度拡充				◎	◎		
一般開業医介護者確認方法の再考				◎	◎		
全国サービス基準に介護者支援挿入					◎		
エキスパート介護者事業の設置					◎		
介護者健康診断の実施	◎	◎	◎		◎	◎	◎
一次医療の介護者支援拡充	◎	◎	◎		◎	◎	◎
国民保健サービスと自治体連携促進	◎	◎	◎		◎	◎	◎
介護者健康改善試行事業の実施					◎		
介護者健康状態確認改善事業の実施					◎		
一般開業医介護者確認の広報					◎		

注：1）　表中◎印は，関係する叙述のあることを示す。空欄はないことを示す。
　　2）　介護者のためのプリンセス・ロイヤルトラストの2003年の提言は，2006年にも同じように示される。

第5章 医療機関による介護者支援の形成

出典：Lambeth Southwark & Lewisham FHSA, *Commissioning services for carers, towards a strategy, phase 1, draft consultation paper*, Lambeth Southwark & Lewisham FHSA, 1995, pp. 7-13, p. 15 and p. P. 17, Jeannette Naish and Rosie Benaim, *Putting carers onto the agenda in General Practice*, University of London, 1996, pp. 76-77, p. 88, pp. 96-97, pp. 103-104, pp. 118-120, p. 128 and pp. 134-135, Gill Davies and Juliet Campbell, *GP and primary health care carers project*, Carers Lewisham, 1998, p. 23, p. 29 and p. 75, Lesley Warner and Carole Card, *Seven and a half minutes is not enough*, PRTC, 1999, p. 23, Barbara Keeley and Malcolm Clarke, *Primary carers-identifying and providing support to carers in primary care*, PRTC, 2003, pp. 35-41, Malcolm Clarke and Stuart Riley, *Best practice, better practices-a new deal for carers in primary care*, PRTC, 2006, pp. 33-40, NHS Manchester Primary Care Trust and Manchester City Council, *Carers' self-referral form*, NHS Manchester Primary Care Trust and Manchester City Council, 2008, pp. 1-2, Manchester City Council, *Improving services for carers in your practice: a toolkit for GPs*, Manchester City Council, 2008, pp. 1-2 and pp. 4-8, NHS County Durham and Durham County Council, *Adults, wellbeing and health and NHS County Durham, joint commissioning strategy for carers 2009-2012*, NHS County Durham and al, 2009, pp. 51-54, pp. 61-64 and pp. 69-81より作成。

　他の団体などによる提言が，一般開業医を含む一次医療，とりわけ一般開業医による支援に力点を置きながらまとめ上げられているのに対して，介護者のためのプリンセス・ロイヤルトラストのそれは，一般開業医を含めて広く一次医療の全体，並びに保健省を含む政府全体を視野に収めながら策定される。提言は，自ずから体系的な性格を帯びる。国民保健サービス地域基金と自治体の共同の策定になる介護者支援計画にも学び取られていることは，表に示される通りである。提言を仔細に検討するならば明らかであるように，文献に限ってもイギリス内外の70を超す成果を踏まえた研究者による結論[51]とも，一部重なり合う。

　介護者のためのプリンセス・ロイヤルトラストの提言は，表に示すように団体の創設から8年後の1999年からまとめ始められる。提言は，国民保健サービスによる介護者支援の現状を正確に踏まえながら諸団体によって今後とも繰り返されることになろう。その際には，介護者のためのプリンセス・ロイヤルトラストによる2003年の提言が，その体系性に照らして忘れることなく視野に収められ，その内容を発展的に継承することになろう。そうした意味においても，介護者のためのプリンセス・ロイヤルトラストによる2003年の提言は，国民保健サービスによる介護者支援の上で画期をなすと評して良い。

注
(1) 一般開業医の表現は、イギリスの医療保障を含む社会保障に関する日本の研究で伝統的に用いられてきており、著者もこれに従っている。但し、日英両国における一般開業医の位置は構造的とも評しうる程に相当異なることから、この相違を示す上で家庭医の表現が適切であるかもしれない。井伊氏は、「家庭医とは、幅広い診療科目にわたってプライマリーケアを担える医師で、『家庭医療』の後期研修コースを修了した専門医」であると指摘した上で、イギリスを含むヨーロッパ等と日本の相違を念頭に以下の説明を施す。「欧州や豪州、カナダでは、もともと家庭医を専門とする医師が全体の半分を占める。患者とのコミュニケーション、あるいは疾病の可能性を診る横断的な知識・技術、家族や生活の状態まで考慮する複眼的アプローチなどの能力を専門的に磨いた集団として確立されている。大きな病気で退院した後も、自宅療養や介護の相談に乗る。患者をみとり、家族を癒す」。井伊雅子「地域密着の『家庭医』を育てよう 疾病中心から患者中心に転換を」The Asahi Shimbun GLOBE, Jul 1 sun-14 sat, 2012, p. 10
(2) Hilary Arksey and Karen Jackson, *Access to health care for carers*, op. cit., p. 41, p. 43 and pp. 46-49.
(3) Audit Commission, *Making a reality of community care*, HMSO, 1986, p. 60 and p. 65.
(4) Sir Roy Griffiths, *Community care: agenda for actions, a report to the Secretary of State for Social Services by Sir Roy Griffiths*, HMSO, 1988, pp. 14-15, pp. 18-19 and p. 25.
(5) House of Commons, Social Services Committee, *Community care: carers*, op. cit., p. xxviii and p. xxx.
(6) NHS, *The new NHS, nodern, dependable*, NHS, Cm3807, 1997, 8.5 and 8.9.
(7) H. M. Government, *Caring about carers*, op. cit., p. 2 and p. 57.
(8) *Ibid.*, p. 57.
(9) H. M. Government, *Carers at the heart of 21st century families and communities*, op. cit., p. 120.
(10) Scottish Government, *Caring together*, op. cit., p. 17, pp. 53-55, pp. 68-69 and p. 73.
(11) H. M. Government, *Recognised, valued and supported: next steps for the carers strategy*, DH, 2010, p. 12 and pp. 27-29.
(12) 拙稿「国民保健サービスの介護者憲章」『経済研究』16巻3号、2012年2月、75頁。
(13) 同上、81〜86頁。
(14) Luke Clements, *Carers and their rights, the law relating to carers*, Carers UK, 2011, p. 54.
(15) PRTC VOCAL, *Carers News*, May 2006, Issue 33, p. 1.
(16) Jeannette Naish and Rosie Benaim, *Putting carers onto the agenda in General Practice: final report of the Hackney and Newham G. P. carers project: September 1992-January 1995*, University of London, 1996, p. 35.
(17) *Ibid.*, pp. 96.
(18) *Ibid.*, pp. 85-86.
(19) *Ibid.*, p. 56.

第5章 医療機関による介護者支援の形成

(20) *Ibid.*, p. 18.
(21) *Ibid.*, p. 44.
(22) *Ibid.*, p. 46.
(23) *Ibid.*, pp. 63-65.
(24) *Ibid.*, pp. 113-123.
(25) Hilary Arksey and Karen Jackson, *op. cit.*, pp. 45-49, Hilary Arksey, *Access to health care for carers: intervention evaluations, supplementary report for the national co-ordinating carers for NHS service delivery and organization R&D (NCCSDO)*, University of York, 2003, p. 6, p. 10, p. 12 and p. 20.
(26) South East London Health Authority, Lambeth Southwark and Lewisham FHSA, *Commissioning services for carers, towards a strategy, draft discussion document*, South East London Health Authority and al, 1993, p. 5.
(27) Gill Davies and Juliet Campbell, *GP and primary health care carers project, op. cit.*, p. 25.
(28) *Ibid.*, pp. 26-27.
(29) *Ibid.*, p. 28.
(30) *Ibid.*, pp. 29-30.
(31) Hilary Arksey and Karen Jackson, *op. cit.*, pp. 33-34, p. 44, p. 49, pp. 58-59, p. 62, pp. 69-70 and p. 78, Hilary Arksey, *op. cit.*, p. 6, p. 12, pp. 17-18 and p. 22.
(32) Carers Lewisham, *Mid project report on the Princess Royal Trust for Carers, primary care demonstration project*, Carers Lewisham, 2005, p. 1.
(33) Carers Lewisham, *Carers Lewisham strategy 2011-2015*, Carers Lewisham, 2011, p. 1.
(34) 調査票は，英国介護者協会の会員5,000人に1997年12月に郵送され，翌98年1月末までに3,031の回答が寄せられる。介護者の1日当たりの介護時間は，調査に拠れば長く，回答者の3人中1人近くは，週50時間を超えて日常生活上の援助に当たる（30％）。週50時間以上の介護者は，政府の調査（95年）に拠れば11％に止まることに較べても，回答を寄せた介護者の介護時間の長さの一端を理解することができよう。介護年数も，5人中1人近くによる20年以上を含めて，3人中2人近くは，6年以上に亘って介護責任を負う（18％，64％）。Melanie Henwood, *Ignored and invisible? op. cit.*, p. 10 and p. 13.
(35) *Ibid.*, p. 26.
(36) Department of Health, *Carers (recognition and services) act 1995: policy guidance*, DH, 1995, para. 30.
(37) Julia Twigg and Karl Atkin, *Carers perceived, policy and practice in informal care, op. cit.*, p. 69.
(38) Melanie Henwood and al, *Hospital discharge workbook, a manual on hospital discharge practice*, DH, 1994, p. 3.
(39) Melanie Henwood, *op. cit.*, p. 35.
(40) NHS County Durham and Darlington, Durham County Council, *Caring for carers, a guide to caring for someone, coming out of hospital*, NHS County Durham and Darlington, Durham County Council, 2009, p. 5.

(41) Melanie Henwood, *op. cit.*, pp. 45-48.
(42) Hilary Arksey and Karen Jackson, *op. cit.*, pp. 40-43, p. 45, p. 49, pp. 55-56, p. 60, pp. 70-71 and pp. 83-84, Hilary Arksey, *op. cit.*, p. 10 and p. 12.
(43) Nancy Kohner, *A Stronger voice*, *op. cit.*, p. 28.
(44) Barbara Keeley and Malcolm Clarke, *Primary carers- identifying and providing support to carers in primary care*, *op. cit.*, p. 22.
(45) Jeannette Naish and Rosie Benaim, *op. cit.*, p. 71.
(46) Malcolm Clarke and Stuart Riley, *Best practice, better practices*, *op. cit.*, pp. 8-9.
(47) *Ibid.*, pp. 18-19.
(48) *Ibid.*, pp. 21-22.
(49) Lesley Warner and Carole Card, *Seven and half minutes is not enough*, *op. cit.*, pp. 1-33, Barbara Keeley and Malcolm Clarke, *op. cit.*, pp. 26-34, Malcolm Clarke and Stuart Riley, *op. cit.*, pp. 24-32, Ailsa Stewart, *Focus on carers and the NHS-identifying and supporting hidden carers, good practice guide*, PRTC, 2003, pp. 1-40, Royal College of General Practitioners and The Princess Royal Trust for Carers, *Supporting carers, an action guide for general practitioners and their teams*, RCGP and PRTC, 2008, second edition, 2010.
(50) CNA, *Guidance notes for GPs and other care professionals*, CNA, undated.
(51) Hilary Arksey and Karen Jackson, *op. cit.*, pp. 40-45, p. 49, pp. 55-56, p. 60, p. 62, pp. 70-72 and pp. 83-84, Hilary Arksey, *op. cit.*, p. 12 and p. 22.

第6章
医療機関の介護者支援

1 介護者憲章と支援の領域

(1) 国民保健サービスによる憲章の制定と特徴

　介護者への支援は，その性格に照らすとき期限を定めて完了するものではなく，継続的な対応を要する。これは，支援の主体を問わない。ロンドン・ハクニー自治区とニュアム自治区で展開された事業の運営委員会が，医療機関による『介護者支援戦略』の策定を提言の冒頭に盛り込んだのも，事業計画に沿ったサービスの提供が介護者に喜びを以って迎えられたことに確信を持ちながら，なお継続的な課題としての介護者支援の性格を念頭に置くからに他ならない。
　医療機関による支援計画の策定は，政府の『介護者のための全国戦略』を拠り所にする。計画に明示される支援の目的と方法に大きな相違はない。イングランドとウェールズ及びスコットランドにおける相違は，この限りにおいて存在しない。しかし，いかなる名称の支援計画を策定するか，あるいは，計画を独自に策定するか，もしくは自治体との共同の元に策定するかを巡っては，地域はもとより個々の医療機関によってやや異なる。
　保健省『イングランド国民保健サービス事業構想』は，前年度までの実績を踏まえながら年度ごとに毎年策定され，そこには介護者支援が明記される[1]。地域の国民保健サービス基金が独自に，もしくは自治体との共同の元に策定する介護者憲章や介護者支援戦略は，この『事業構想』の地域に即した具体化である。
　このうち介護者憲章は，日常生活上の援助を担う人々のニーズの充足を目的

283

に，医療機関や自治体としてなすべき事項を簡潔に定めたものである。働く女性憲章が，働く女性の労働条件の改善はもとより均等処遇や仕事と家族生活を含む広く社会生活との調和化について，解り易くまとめ上げられていることと，領域をやや異にするとはいえ同種の政策文書である。自治体による介護者憲章の最初の採択は，イングランド北部のブラッドフォード市（Bradford City）によって早くも1986年に行われ，地域の国民保健サービス基金に関わる最初の採択は，イングランド北西部のマンチェスター市（Manchester City）と国民保健サービス・マンチェスター基金による93年のそれである[2]。

　介護者憲章は，改めて振り返るならば英国介護者協会によって80年代半ばに初めて策定され，次いでキングス・ファンドによって89年に策定されて，英国介護者協会を含む7つの民間非営利団体の賛同を得た経緯を持つ。このうちキングス・ファンドの介護者憲章は，介護者の貢献とニーズの権利としての広く社会的な認知をはじめ，個々の置かれた状況に応じたサービスの設計，異なる人種や民族的な背景に対応するサービスの設計，休息や休暇の機会，家事援助などの日常生活上の援助に伴う負担の軽減に向けた実際上の援助，心の健康を維持するための対話の機会の保障，要介護者の状態に対応する各種給付に関する情報の提供，追加費用を賄うに足る所得の確保及び仕事と介護の調和，家族介護に代わるサービス機会の提供，介護者への諮問を経たサービスの立案[3]，これら10項目から構成される。

　地域の国民保健サービス基金が，独自にもしくは自治体と共同で策定する介護者憲章は，キングス・ファンドや英国介護者協会のそれを継承しながら，なお幾つかの忘れるわけにいかない特徴を持つ。

　第1に，介護者の多様な存在を強く意識していることである。キングス・ファンドも異なる人種や民族とこれに伴う文化的な背景を憲章に掲げていることに着目するならば，介護者の多様な存在を念頭に置いていると評することが出来る。しかし，それは，少数民族に属する介護者に限られるのであって，成人の介護者や年少の介護者に関する問題関心は，憲章の策定された時代状況を反映して示されない。基金は，その後における介護者研究の成果はもとより，

第6章　医療機関の介護者支援

特に年少の介護者に関わっては，自治体における介護者支援戦略とは独自の『年少の介護者支援計画』の策定動向や民間非営利団体としての子ども協会（The Children's Society, 1881年設立）の提言などを正確に見据えながら，憲章を策定していると評することが出来る。

　第2に，介護者の心と体の健康の維持に関する特段の重視を読み取ることが出来る。キングス・ファンドも，既に紹介したように心の健康の維持を念頭に置きながら，他の人々との会話の機会について盛り込んでいる。しかし，この限りである。健康の不平等に関する1980年以降の調査研究と政策の動向を正確に見据えながら，また，医療機関としての独自の役割を強く意識した結果が，キングス・ファンドの憲章との相違として実を結ぶのである。

　第3に，退院計画の策定過程への介護者の参画は，キングス・ファンドの憲章には盛り込まれておらず，これも医療機関として独自の役割を念頭に全く新しく加えられる。患者が病院からの退院後に間を置くことなく，自宅でスムーズに地域のサービスを受給することが出来るようにするためにも，医療機関と自治体との連携を欠かすわけにいかない。これはこれで要介護者はもとより介護者の無用な負担を避ける上でも，独自の意味を持つ。医療機関ならではの考慮である。

　第4に，日常生活上の援助を除く介護者の生活領域は，キングス・ファンドの憲章によれば雇用と経済生活の限りに止まるのに対して，地域の国民保健サービス基金に従えば社会的包摂と機会の均等を念頭に置きながら，家族生活や学習の機会を含む広く社会生活の享受を視野に収めている。介護者支援を機会均等の見地から構想する試みは，雇用機会均等委員会の1980年から82年にかけての独自の調査を踏まえた提言に既に確かめることが出来る。この見地は，その後，社会的包摂研究の成果にも後押しされながら政府の介護者支援政策にも採用される。キングス・ファンドの憲章との相違の一つは，こうした変化を正確に読み取った上での産物である。

　第5に，介護者は，「ケアにおけるパートナー」，あるいは「ケアにおける専門的なパートナー」として位置づけられ，「日常生活上の援助はもとより要介

護者へのケアに関する決定に積極的に参加する(4)」との位置づけが，与えられる。キングス・ファンドの憲章には，全く見ることの出来ない理解である。介護者は，要介護者の日常生活上の援助を手掛けるからこそ，彼女や彼の状態とその変化について良く知っており，その知見は活かすに値するとの判断から形成された考え方であり，医療サービスや社会サービスの担い手と介護者との対等な諸関係こそ，介護者はもとより要介護者にとっても効果的であるとの反省を踏まえた考えに沿いながらの新しい提起である。

　最後に，医療機関や自治体の「職員は，介護者のニーズを理解すると共に，どのように介護者への支援を進めることが出来るかについて職員チーム内での役割を予め心得ておく(5)」と，踏み込んだ指摘を盛り込んでいる。キングス・ファンドの憲章も，介護者との職務上の関係を絶えず検証しながら必要な見直しを行うことを，医療機関はもとより自治体や民間非営利団体の職員に求めており(6)，国民保健サービス地域基金は，これを継承しながら，さらに，効果的な支援を行うために職員の職務分担にまで踏み込んだ対応を憲章に明記する。

　介護者の広く社会的な認知をはじめ健康の保護と促進，社会的包摂と機会の均等が憲章に示されたことから，これらは，ヨーロッパ介護者連盟（Eurocarers，2004年設立，27か国63団体加入）に積極的に受け止められ，連盟の10項目からなる活動指針に盛り込まれる。国民保健サービス地域基金などの策定になる介護者憲章が，ヨーロッパレベルの運動にも影響を及ぼしている事例の一つである。

（2）　国民保健サービスによる介護者支援の領域

　国民保健サービス地域基金が独自に，あるいは自治体と共同で定める介護者支援戦略は，介護者憲章に示した内容を実現するに値する政策目標であると定めた上で，これに必要な政策手段を計画年次に沿いながら具体的に示したものである。このうち政策目標について言えば，介護者の早期の発見と彼女や彼の貢献の社会的な認知をはじめ，介護責任と教育訓練あるいは雇用機会への参加との両立，介護者と要介護者双方に対する支援とこれによる家族生活及び社会

生活の享受，介護者の心と体の健康の維持，情報の提供，介護者問題に関する職員啓発訓練の実施，退院手続きの改善，要介護者の保護者でもある介護者と年少の介護者への支援，これらである。

　英国政府とウェールズ行政庁が，少なくとも国民保健サービスによる介護者の支援に直接に関わる独自の法改正に着手しないのに対して，スコットランド行政庁は，国民保健サービスに法的な義務を新たに課す作業に乗り出すことを『介護者支援戦略』（99年）に明記した上で，新しい法律として後に実を結ぶ作業に乗り出す。幅広い諮問を経て議会で可決されたのは，コミュニティケアと保健に関する（スコットランド）2002年法である。行政庁は，この2002年法に従って全ての国民保健サービス地域基金が『介護者情報戦略』を策定するように命ずる権限を持つ。この政策文書の目的は，明解である。第1に，介護者の早期の確認を国民保健サービスの主要な業務の一部に位置づけ，確認を日常的に行うことである。第2に，社会的な地位を確認された介護者に必要な情報を提供することである。第3に，助言を含む支援の諸源泉について国民保健サービスの職員を通して介護者に紹介することである。第4に，一般開業医や医療機関の職員を対象に介護者問題の理解を促し支援に必要な技法を習得してもらうことである。第5に，日々のケアマネジメントと退院に際して介護者とのより良い共同の関係を築くことである。最後に，介護者への支援を国民保健サービスの日々の運営における傍流ではなく，主流の一つに押し上げることである。

　国民保健サービスの職員に求められる職務は，2002年法に沿って自ずと広がる。介護者に関する認識を改め深めることはもとより，関係する情報を提供すること，要介護者の個人情報を介護者に伝えることについて要介護者の同意を得ること，アセスメント請求権について必要な助言をすること，支援の諸源泉について介護者に紹介すること，これらが法律に沿って新たに求められる。『介護者情報戦略』は，その後の経緯に照らしてもスコットランドの全ての国民保健サービス地域基金によって策定される。

　この策定は，研究者やスコットランド介護者連合（Coalition of Carers in Scotland）を含む民間非営利団体が，95年から2001年にかけて手掛けた政策提言に

概ね沿う内容である。スコットランド各地の個々の取組みを継承するとはいえ，法律の制定に裏打ちされた政策文書の策定の義務化の意味は，著しく大きい。実際に策定された『介護者情報戦略』に目を通すならば明らかであるように，国民保健サービスの全てのレベルにおける介護者の確認をはじめ，ケアのパートナーとしての介護者の処遇，退院時における介護者の意向の考慮，介護者の諸権利を伝える義務，地域の介護者支援諸機関や団体への紹介，介護者はもとより職員に対する訓練の実施，年少の介護者はもとより少数民族に属する介護者，高齢者を看る介護者，知的障碍者を看る介護者など多様な存在に対する独自の配慮など，2002年法に定める要件を充足するに止まらず，イングランド各地の介護者憲章や介護者支援戦略の記載内容とも重なり合う。スコットランドにおける少数民族の比率は，イングランドに較べるとき際立つほどに低いにもかかわらず，少数民族に属する介護者の独自のニーズについて忘れることなく視野に収めていることは，2002年法とこれに沿う『介護者情報戦略』の優れた特徴の一つである。

　スコットランド行政庁の先駆的な経験を学び取ったのは，ウェールズ行政庁である。国民保健サービス（ウェールズ）に関する2006年法（the National Health Services〔Wales〕act 2006）に定める全ての地域基金と自治体は，『介護者情報相談戦略』の策定をウェールズ議会の議決（2010年9月21日）に沿って求められる。この政策文書は，第1に，国民保健サービスなどによる介護者の早期の確認を行い，これによって介護者の心と体の健康の維持のために必要な情報の提供を含むサービスの利用を改善すること，第2に，国民保健サービスと自治体及び民間非営利団体との連携を通して，介護者への早期の計画的な支援を達成すること，第3に，要介護者へのサービス計画の立案はもとより，介護者支援計画の策定過程への介護者の参画を実現すること，最後に，介護者問題は国民保健サービスの日常業務の中心に位置するのであって，介護者と接しながら働く職員は，彼女や彼への支援はもとより患者に対するサービス水準を一段と引き上げるためにも，介護者と効果的な連携を図らなければならない，これらの目的に沿って策定される。

第 **6** 章　医療機関の介護者支援

　国民保健サービスは，介護者の存在を確かめ，情報や助言の機会を提供しながら自治体などの支援主体に介護者を紹介する上で，極めて重要な位置にあるとして，5人中4人の介護者が，1年以内に地域の医療機関に通っているとの調査研究の成果も紹介される。(11)地域基金と自治体とが連携しながら策定される『介護者情報相談戦略』は，実際に手に取ってみるならば明らかであるように地域における介護者の実情を踏まえながら，既に述べた目的に沿う内容である。それは，先駆例となったスコットランドの『介護者情報戦略』と同じように，国民保健サービス職員を対象にする啓発訓練を必須の条件として位置づける。(12)介護者の多様な存在を認めた上で，これに対する具体的な政策方向を打ち出していること(13)に着目するならば，イングランド各地はもとよりスコットランドでも策定された介護者憲章の特徴の一つと内容に照らして重なり合う。(14)

　経済協力開発機構の最近の報告書は，介護者の多くが自ら進んで支援について尋ねたりしないことから，一般開業医はもとより看護師，薬剤師あるいは他の職員による介護者の確認と情報の提供が，介護者支援を進める上で極めて重要であると指摘した上で，スコットランド行政庁による取組みに高い評価を寄せる。(15)医療機関による介護者支援の動向を国際的な視野から検討するならば，自ずと明らかであるように，充分に根拠のある評価である。

　イングランドをはじめウェールズとスコットランドにおける医療機関の介護者支援を振り返るにつけ，医療機関による支援は，サービスの副次的な産物としては位置づけられていないことはもとより，支援の領域も至って広いように思われる。このうち医療機関による支援の領域は，自治体によるそれに較べるならばやや後塵を拝するとは言え，介護者支援を最も早くから提唱し自らもその一翼を担ってきた介護者支援センター等の民間非営利団体に較べても見劣りしない（表6-1）。さらに，医療機関は，繰り返し述べてきたように日常生活上の援助を手掛ける人々を介護者としての社会的な地位にあると確かめる上で，優れて独自の立場にあり，これは他の支援諸主体，とりわけ自治体には期待し難い役割である。このように考えるならば医療機関の役割は，いかにも大きい。しかも，国民保健サービスは，医療機関による介護者支援，とりわけ介護者の

表6-1 介護者支援の領域と方法別支援主体の構成並びに医療機関の位置[1]

	自治体	国民保健サービス	精神医療機関	民間非営利団体	その他
介護者を知見あるパートナーとして尊重					
計画立案過程への参画	◎	◎		◎	◎
専門家による介護者の認知	◎	◎		◎	◎
介護役割に要するサービスの利用					
介護者ニーズに対応のサービス提供	◎	◎		◎	
多様な介護者に対応のサービス提供	◎	◎		◎	
効果的な介護者アセスメントの実施	◎	◎		◎	
介護者の確認，質の高い情報と支援	◎	◎	◎	◎	◎
全ての介護者への助言と情報の提供	◎				
介護者による介護以外の生活享受					
規則的な休息と休暇の享受	◎	◎		◎	
多様な活動への参加	◎	◎	◎	◎	◎
子どもから大人へのスムーズな成長	◎			◎	
介護責任に伴う経済的困窮の回避					
就業継続に向けた支援	◎	◎	◎	◎	◎
公的手当などの受給	◎				◎
介護者の心と体の健康維持					
医療機関による介護者支援の促進		◎	◎		
心の健康に向けた支援の拡充	◎	◎		◎	
過度な介護負担からの年少介護者の保護					
年少者としてのニーズの第一義的把握	◎	◎	◎	◎	◎
支援の方法合計	14	12	7	12	10

注：1) 表中◎印は，関係する方法について該当することを示す。空欄は該当しないことを示す。
出典：NHS Redbridge, London Borough of Redbridge and als. *Redbridge strategy for carers, 2010-2013, final draft*, NHS Redbridge and als, 26 March 2010, pp. 35-47より作成。

健康に関わる支援の諸指標を，健康の不平等の縮減を念頭に医療サービスの実績評価の一環に組み入れながら，介護者支援の進捗についての検証作業に乗り出している。2012年度に確かめることの出来る新しい動きである。

2　啓発訓練と支援環境の整備

（1）診療所の独自の地位と介護者の確認

医療機関による介護者関係の訓練は，その対象に即して考えるならば2つに

第6章 医療機関の介護者支援

区分することが出来る。その一つは，日常生活上の援助に必要な技法や心構えなどの習得を目的に介護者を対象に実施される訓練である。今一つは，医療機関が介護者支援の一翼を担うために，一般開業医や地域看護師はもとより広く診療所や病院の職員を対象に実施する訓練である。介護者のニーズと法制度に加えて，医療機関に求められる支援の具体的な処方について学び取ることを目的にする。

　介護者への支援は，1980年代中葉以降に各地に広がりを示す。その担い手は，民間非営利団体や社会サービス部であって，一般開業医とその元に働く職員が，そうした広がりの最前線に立つことは，長らく存在しなかった。介護者への支援は，社会サービスの領域に属するとの伝統的な理解が依然として支配的であったことから，介護者に関する知見を持つ一般開業医はもとよりその元に働く職員も至って乏しいのが，現実の偽らざる姿であった。

　こうした現状に政府への報告書として疑念を呈し抜本的な変更を求めたのは，グリフィス報告である。一般開業医は，歯科医や薬剤師などと共に全ての住民に等しく接することから住民にとって身近な存在である。一般開業医は，国民保健サービスとの契約に明記されるように，患者による地域の社会サービス利用に向けた助言を行う責任を負っている。しかし，この責任は，契約上の文言として記されるに止まるのであって，実際のところ果たされていない。一般開業医が，この責任を広く解釈して実行に移すならば，社会サービス部は，介護者を含む患者のコミュニティケアに関するニーズの不充足状態について知ることになる。グリフィス報告はこのように指摘して，一般開業医が直接に，もしくはその元に働く職員を通して間接的に，患者のコミュニティケアに関するニーズについて社会サービス部に伝えなければならない，と勧告する。

　こうした勧告は，イングランド・ウェールズ自治体監査委員会（Audit Commission）が86年に公表したコミュニティケアに関する報告書には確かめることは出来ず，グリフィス報告に独自である。しかし，この勧告は，グリフィス報告を拠り所に作成され保健社会保障担当大臣から議会に提出された白書（1989年）に継承される。

一般開業医は住民に等しく接する身近な存在であるとのグリフィス報告の指摘は，その後の介護者支援を巡る議論を経て，一般開業医とその元に働く職員は，診療所に足を運ぶ患者やその家族の中から介護者を確認し，彼女や彼の健康に関するニーズを確かめ支援を行う上で，願ってもない位置にあるとの理解[19]へと拡充される。

　医療機関が，介護者支援と長らく縁遠い存在であったことから，グリフィス報告の勧告に沿うサービスを担うためには，一般開業医を含む職員への啓発訓練をまず以って手掛けなければならない。啓発訓練は，各地で広く行われる。

（2）　啓発訓練と介護者登録制度

　イングランド北西部ランカシャー（Lancashire）の州都プレストン（Preston）をはじめ6つの都市（フェアラム，Fareham，ノッティンガム，Nottingham，ロンドン・イーリング，Earling，同じくロンドン・ロザラム，Rotherham，バークハムステッド，Berkhamsted）で行われた研修会（2009年9月10日〜10月21日）は，その一例である。

　研修会は，介護者とは誰かをはじめ，介護者の直面する諸問題の理解，医療機関としての役割，介護者アセスメントのチェックリスト及び診療所における具体的な対応方法などを主題に，20分の休憩をはさんだ3時間の枠内で実施される。参加者は153名である（一般開業医84名，54.9％，看護師25名，16.3％，診療所受付職員等33名，21.6％，その他11人，7.2％）[20]。研修会に参加する目的は，介護者についての知識の拡充や既に診療所で採用しているサービスの改善，あるいは実際的な対応方法の習得などである。参加者のうち診療所における介護者向けパンフレットの配布や介護者登録制度，介護者支援グループの設立と運営，あるいは介護者の健康診断など，介護者支援を未だ手掛けていない一般開業医や診療所職員は3人中2人を数える（66.9％）[21]。この他に介護者支援センターや介護者団体からの参加も，6つの会場全てにおいて確かめることが出来る。

　研修会の啓発効果は大きく，介護者に関する新しい知見を参加者に与えただけではなく，介護者支援への主体的な参画意思の形成にも効果を発揮する（表

第6章　医療機関の介護者支援

表6-2　一般開業医など医療機関職員の介護者問題啓発訓練の効果（2009～2010年）[1][2]

(単位：％)

	そう思う	思わない	どちらでもない	知らない
私の診療所で介護者確認は可能である				
訓練参加前（A）	46	25	22	7
訓練参加後（B）	70	6	18	6
介護者支援に積極的な役割を果たす				
（A）	52	19	19	10
（B）	70	8	14	8
一般開業医は介護者確認に積極的であるべき				
（A）	92	2	3	3
（B）	89	2	5	6
介護者は要介護者の健康回復のパートナー				
（A）	83	3	11	3
（B）	91	0	6	3
介護者は一次医療から支援を受けるべき				
（A）	84	0	14	2
（B）	92	0	3	5
年少の介護者は同年齢者より自虐的になり易い				
（A）	49	3	21	27
（B）	89	3	5	3
死亡率は介護者について高い				
（A）	56	0	21	23
（B）	81	2	11	6
介護者は離職を余儀なくされることが多い				
（A）	78	2	14	6
（B）	92	2	3	3
少数民族の介護者は一次医療の支援少ない				
（A）	64	0	21	15
（B）	76	3	6	15
介護者支援は困難を伴う				
（A）	16	49	27	8
（B）	43	22	29	6
介護者ニーズの充足に関心を持つ				
（A）	79	10	5	6
（B）	83	5	10	2

注：1）　この表の拠り所である調査報告書の内容の一部は，以下の2本の論文でも紹介されていることを参考までに付け加えておきたい。Nan Greenwood and als, *General practitioners and carers: a questionnaire survey of attitudes, awareness of issues, barriers and enables to provision of services*, BMC Family Practice, 2010, 11:100, pp. 1-8, Ray Jones and als, General practitioners, primary care and support for carers in England: can training make a difference? *Health and Social Care in the Community*, 20（2），2012, pp. 128-136.
　　　2）　合計が100にならない箇所もある。
出典：Ray Jones and als, *Project report, evaluation of the pilot GP training programme on carers*, Kingston University St Goerge's, University of London, 2010, pp. 31-33 and pp. 62-64より作成。

6-2)。このうち介護者に関する知見では，年少の介護者と介護者の死亡率に関する情報提供の効果は，特段に大きい。参加者の多くは，研修会を経て何等かの対応を取る意向を示す（81.4%）。同じく3人中2人は，研修会ののちに既に介護者を地域の民間非営利団体に紹介した実績を持つ（66.9%）[22]。参加者の3人中2人が，研修会以前には介護者支援を全く手掛けていない診療所に勤務していただけに，これらの結果の意義は小さくない。

　同様の効果は，例えばスコットランド各地の国民保健サービス地域基金が，介護者のためのプリンセス・ロイヤルトラストの協力を得て手掛けた啓発訓練などを通しても広く確かめられる。職員は，介護者の規模や構成はもとより直面する諸問題と法制度，介護者に開かれたサービスと医療機関としての対応などについて学び取る。参加者の評価は，先のイングランドの場合と同じように高い。

　一般開業医とその元に働く職員向けのガイドブックも，研修会の開催と同じ趣旨から作成され広く活用される。作成するのは，王立一般開業医組合や同じく王立スコットランド一般開業医組合（RCGPS），英国医師会（BMA），あるいは自治体などである[23]。その内容は，介護者の定義に始まり介護者の規模と多様な存在，介護作業の要因，介護者自身の健康を含む日常生活上の援助の多岐に亘る影響，ケアのパートナーとしての介護者，要介護者を看取ったあとの暮らし，法制度を含む政策的な対応，介護者の確認，患者ケアへの介護者の参画，介護者の健康の回復と医療サービス，介護者への情報の提供と支援，これらである。ガイドブックは，介護者に関して包括的な知見を得ること自体を目的にするわけではなく，これを踏まえた上で何よりも診療所における介護者支援の構築と円滑な運用を意図したものである。ガイドブックの内容をざっと概観するだけでも，作成の意図を読み取ることが出来よう。

　介護者支援は，いずれの主体にあっても優れて継続的な取組みであり，医療機関もその例外ではない。医療機関が独自の主体としてその責務を果たす上では，啓発訓練に加えて診療所や病院における指針の策定を欠かすことが出来ない。政府が『介護者のための全国戦略』，自治体が『介護者支援計画』をそれ

第6章　医療機関の介護者支援

ぞれ策定して政策上の拠り所にするように，国民保健サービス地域基金や個々の病院でも『介護者支援計画』を踏まえて，さらに介護者支援の指針を策定する。文書の名称は，『介護者政策とガイドライン』，『介護者の包摂に関する手引き』，『患者と介護者に関するガイドライン』など必ずしも一本化されていない(24)とはいえ，その目的と内容は共通しており，医療機関としての介護者支援の理念を定めた上で，支援の進め方を具体的に明らかにしたものである。例えば介護者のニーズの充足に向けては7つの階梯があるとされ，介護者の確認に始まり情報の提供と同意，提供する情報の領域，日常生活上の援助を担うか否か，あるいは，どの程度を担うかの選択，介護者アセスメント，患者治療計画と退院計画への参画，介護者への支援，これらが順に示された上で，それぞれの階梯で職員のなすべき業務の内容が具体的に示される。指針が，介護者のニーズとその充足を出発点に据えることにおいて介護者憲章との相違はない。しかし，医療機関の職員が，介護者のニーズの充足に向けて何をどのようになすべきかについて具体的に示すことにおいて，指針は独自の意味を持つ。

　医療機関による介護者支援を広げ，定着させるために一般開業医への介護者登録も地域における個別の経験を踏まえながら新たに制度化される。全ての国民は，いずれかの一般開業医の元に登録する。しかし，日常生活上の援助を担うか否かの告知と登録は，当事者の自発的な申し出か，診療所による介護者の確認を契機にする介護者の同意のいずれかを経て，漸く可能になる。介護者としての登録は，診療時間の設定に当たって日常生活上の援助が考慮されることから，待機時間も最少に止めることが可能となり，また，地域のサービスに関する情報も診療所から手にすることが可能であることから，介護者の益するところ少なくない。それは，巡りめぐって要介護者にも有益である。診療所や病院，あるいは社会サービス部はもとより介護者支援センターも登録制度の活用を積極的に促すのも，この制度が介護者に実に有益であるからに他ならない。(25)介護者が，登録制度の存在を知り自らこの制度を利用して登録をするように，リーフレットやポスターも作成され，診療所や病院の待合室などで配布や掲示が行われる。介護者専用の掲示板（carer specific notice boards）が設けられ，介

護者担当職員（carers development worker）が配属される理由の一つも，介護者が登録制度を利用し多様な支援の入り口に立つことを促すことにある。

　医療機関による介護者支援を進めるためには，一般開業医を含む職員への啓発訓練の重要性もさることながら，支援の経済的な動機づけも欠かすわけにいかない。職員が多忙な就業環境に身を置くだけに，日常生活上の援助を手掛ける人々と正面から向き合いながら支援を進めるためには，啓発訓練とこれを契機にする職務の再設計だけを持っては不充分であり，経済的な動機づけの必要性を説く議論も90年代半ばから既に提示されてきた[26]。介護者を確認し社会サービス部に彼女や彼を紹介した診療所には，3ポイントの診療報酬が，先の議論も踏まえながら2004年4月から支払われることになる[27]。ポイントの低さを指摘する議論も確かに認められる[28]とは言え，経済的な動機づけとしては最初の試みである。

3　介護者の健康診断

（1）　無料の健康診断

　『介護者のための全国戦略』は，1999年の当初から社会的包摂の理念を基調に据えていることで知られる。介護者が日常生活上の援助を担うにもかかわらず，家族生活はもとより仕事を含む社会生活を広く他の人々と同じように損なうことなく送ることが可能な条件の形成を目指すものである。それは，全ての介護者の生活の質の向上を謳い，この実現に向けた生活条件の形成を掲げていることからも読み取ることが出来よう[29]。この理念は，介護者の名を冠する法律としては3つ目の，介護者の均等な機会に関する2004年法はもとより，仕事と家族に関する2006年法（work and families act 2006）の制定を経たことから，政策文書に加えて法的にも明確な拠り所を得ることになる。『介護者のための全国戦略』改訂版（2008年）がこの理念を継承することは，言うまでもない。それは，改訂版の副題に「あなた自身の暮らし」（a life of your own）と明示されていることからも読み取ることが出来よう。同時に，改訂版には幾つかの新

しい試みも盛り込まれる。新しい約束と題して新規の取組みについて示すのは，その一例である。また，短期間に取り組むべき施策と長期に亘って優先的に扱われるべき課題を，支援の領域ごとに具体的に明記していることである。

このうち短期間のうちに取り組むに値するとして示すのは，介護者の休息と休暇を始め健康診断，国民保健サービスによる支援などである[30]。これら3つの中で健康診断は，一般開業医を含む国民保健サービスの独自の役割にしばしば言及し，国民保健サービスによる介護者相談窓口の新設や診療所における介護者関係リーフレット等の提供，患者調査に止まらず患者・介護者調査の実施などについて提示した99年の『介護者のための全国戦略』[31]には，盛り込まれていなかった施策の一つである。

保健省は，介護者支援全国戦略実施地域事業を2009年から2011年にかけて実施する。2009年2月には，イングランドの全ての一次医療基金（PCT）と自治体とに事業の趣旨が伝えられ，提出された事業計画の検討を経て25の地域が選定される。その内訳は，介護者の休息と休暇12地域をはじめ，健康診断6地域，国民保健サービスによる支援7地域である。これをイングランドの地方別に言えば，東部3地域をはじめイースト・ミッドランド3地域，ロンドン4地域，ノース・イースト2地域，ノース・ウエスト4地域，サウス・イースト3地域，サウス・ウエスト5地域及びウエスト・ミッドランド1地域であり，見られるようにイングランドの全ての地方を網羅する。参加した介護者は，3つの事業の種類別に休息と休暇5,655人（30.3％），健康診断5,441人（29.2％），国民保健サービスによる支援7,557人（40.5％），合計1万8,653人である[32]。介護者による評価は，いずれの地域においても高い[33]。

イングランド南西部に位置するデボン州の国民保健サービス基金（NHS Devon, Plymouth and Torby）と州政府（Devon County Council）とが共同で申請し採択されたのは，介護者の健康診断の領域である（他にイングランド北東部のノーサンバーランド，Northumberland，同じく北西部のトラフォード，Trafford，ロンドンのタワーハムレッツ，Tower Hamlets，同じくキャムデン，Camden，レッドブリッジ，Redbridge）。デボン州における取組みは，その目標はもとより，とりわけ

実績に照らすとき25の地域の中でも顕著である。サービスを届ける介護者数の目標値で言えば4番目，実際にサービスを届けた介護者数の実績値では2番に位置する[34]。介護者数の目標値達成率が，25地域の平均で半分を僅かであれ下まわる（44.0%）のに対して，デボン州のそれは目標値を僅かであれ超す（101.0%）。25地域の中で唯一の存在である。多様な介護者に対応したことでも，独自の存在である。デボン州は，認知症の要介護者を看る介護者をはじめ精神疾患の要介護者を看る介護者，高齢の介護者，保護者でもある介護者，農村部に居住する孤立した介護者，知覚障碍者を看る介護者，長期の疾病患者を看る介護者，少数民族に属する介護者，仕事に就く介護者及び年少の介護者，これらの10の存在形態に上る実に多様な介護者にサービスを届ける。他の地域では，認知症の要介護者を看る介護者をはじめ精神疾患の要介護者を看る介護者，高齢の介護者，少数民族の介護者及び年少の介護者など，相対的に多いとは言え5つの存在形態にサービスを届ける地域でさえ2か所（レッドブリッジ，国民保健サービスの支援を実施の北西部のボールトン，Bolton）に止まり，他の多くの地域では介護者の対象を1～3の存在形態に絞り込まざるを得ない状況である。多様な介護者にサービスを届けると定めた当初からの方針が，他の地域とは異なって実際に貫かれ成果として実を結んだデボン州の地域事業である。

　デボン州の国民保健基金と州政府とが共同で申請した動機は，『介護者支援計画』（計画期間2009～2019年）からも容易に読み取ることが出来る。この計画は，健康の不平等の縮小を掲げ，支援はとりわけ週50時間以上に亘って日常生活上の援助を手掛ける介護者を対象にしなければならないとし，併せて，健康診断の項を独自に設けた上で全ての介護者が，毎年健康診断を受ける条件の形成が急がれるに値すると指摘する[35]。全ての年齢階層の介護者を対象にする健康診断の必要性は，国民保健サービス・デボン基金の2007年度年次報告にも明記され，州内の診療所を通した介護者の確認と紹介の事業（計画期間2008年10月～2009年3月）も独自に取り組んできたという経緯[36]もあることから，保健省の介護者支援全国戦略実施地域事業の資金を拠り所にするデボン州の取組みは，これらの実績の延長線上に位置することになる。

地域事業は，2009年8月から2011年3月の20か月間の予定で開始される。その目的は，介護者の心と体の健康の改善をはじめ，より多くの介護者の確認，介護者が自らの健康について考え専門家に相談する機会の設定，一般開業医を含む診療所職員による介護者問題の認識の向上と支援の拡充，介護者に対する早期のサービス提供及び介護者の直面する健康不平等の是正，これらであり多岐に亘る。地域事業には，保健省からの80万ポンドにデボン州からの20万ポンドを加えた合計100万ポンドが充てられる。健康診断は一般開業医の診療所35か所をはじめ薬局10か所，少数民族を対象にする専門の診療所1か所など，あわせて49か所で行われる（他に複合医療チーム2か所，職場対応の診療チーム1か所）。

健康診断に参加した介護者は，3,029人であり，このうち72人は少数民族に属する介護者，同じく29人は仕事に就く介護者，105人は年少の介護者から構成される（2.4%，1.0%，3.5%）[37]。3,029人のうちの2,924人は，初めて健康診断を受ける介護者であり（96.5%），同じく2,234人は，日常生活上の援助を手掛ける介護者として新たに確認され登録されたものである（73.8%）。健康診断を契機により多くの介護者を確認し支援の拡充に結びつけようとした地域事業が，その目的を達成したことを示す実績の一つである。介護者に健康診断を勧めたのは，一般開業医を含む国民保健サービスをはじめ介護者支援センターなどの地域の民間非営利団体，あるいは州政府である（34.8%，52.0%，13.2%）。実績に照らすとき，一般開業医と介護者支援センターによる紹介が目立つ。

健康診断を受けた介護者の殆どは主な介護者であり，軽くはない介護負担の故に要介護者と同居することが少なくない（90%，86%）[38]。同居の介護者は，イギリスの地域を問わず広く認められてきたように別居の介護者と異なって負担の重い介護者と同義であり，これは，週31時間以上の介護者が，健康診断対象者の4人中3人近くを占めたことからも読み取ることが出来る（74%）。負担の重さは，性別には女性に傾斜することを考えるならば，女性が，健康診断の対象者の4人中3人近くを占めた事実も，容易に理解することが出来よう（71%）。複数の要介護者を看る介護者の殆どが，性別では女性であることも，

女性介護者の相対的に重い責任を例証する（90％）。介護者が自ら障碍を抱える比率も高く，健康状態の良くないとする介護者も7人中1人程度に上る（32％，15％）。この計数は，ほぼ同じ時期に行われた介護者調査の結果（27％，9％）に較べても，健康診断を受けた介護者について高い。これも，健康診断が介護責任の重い介護者に傾斜して実施されたことを例証する事実の一つである。

健康診断を担う職員は，看護師や保健助手，あるいは学校看護師などであり，サービスの提供に当たっては，半日の講習会に前後2回参加しなければならない。一人の介護者に対する最初の健康診断には60ポンド，6か月後の診断には40ポンドが支払われる。介護者の費用負担は一切なく，健康診断は無料で行われる。

介護者は，予めチェックリストを受け取って健康診断に臨むことになっており，実際にも殆どの介護者が予めこれを受け取っている（97％）。半数近くの介護者は，健康診断に先立ってチェックリストの該当箇所に全て記入し，ほぼ同数の介護者は一部を記入して診断に臨む（44％，44％）。このうち全てを記入し終えて臨む介護者は，性別では男性に多く女性に少ない（54％，39％）。

（2） 健康状態の包括的な把握と介護者による評価

デボン州で作成されたチェックリストは，他の地域のそれに較べるならば幾つかの特徴を持つ（表6-3）。

第1に，住居の安全性と介護環境が視野に収められていることである。これは，他の3つの地域のチェックリストでは全く問題にされていない。住居の安全性などをデボン州と同じように視野に収める他の2つの地域のうち，国民保健サービス・アウター・ノースイーストロンドン（NHS Outer North East London）のチェックリストは，デボン州のそれを手本に作成されたものである。今一つのプリンセス・ロイヤルトラスト傘下のキャムデン介護者支援センター（PRT Camden Carers Centre）のチェックリストにも，住居の安全性や介護環境が視野に収められているとはいえ，デボン州のそれに較べるならば具体的に用

表6-3 介護者の健康状態の自己確認チェックリストの領域比較[1]

	国民保健サービス・デボン他(2010年)	国民保健サービス・キャムデン他(2008年)	プリンセス・ロイヤルトラスト・キャムデン介護者支援センター	ノーススタフォードシャー介護者協会	国民保健サービス・ノースヨークシャー他(2008年)	国民保健サービス・アウター・ノースイーストロンドン(2011年)
住居の安全性と温暖性	◎		◎			◎
住居の介護環境	◎		◎			◎
介護者の健康状態	◎	◎	◎	◎	◎	◎
介護者の飲酒状況	◎	◎	◎	◎		◎
介護者の就業と教育訓練及び余暇	◎		◎		◎	◎
介護者の健康的な生活スタイル	◎					◎
日常生活上の援助の状況	◎	◎	◎	◎	◎	◎
介護者のニーズと支援計画	◎					
チェック項目の総数	61	54	27	69	18	30
小冊子の頁数	24	17	17	17	16	12

注:1) 表中◎印は,該当するチェックの領域のあることを示す。空欄はないことを示す。小冊子の刊行年次の不明な場合も,2か所ある。

出典:NHS Devon and als, *Your health & wellbeing check*, NHS Devon and als, 2010, pp. 1-24, NHS Camden and LB of Camden Council, *Healthcare for carers, self-health check questions, answers and tips*, NHS Camden and LB of Camden Council, 2008, pp. 1-17, PRT Camden Carers Centre, *How to make the most of your health and wellbeing check*, PRT Camden Carers Centre, pp. 1-17, North Staffs Carers Association, *Healthcare for carers self-health checklists questions, answers and tips*, North Staffs Carers Association, pp. 1-17, NHS North Yorkshire and York and City of York Council, *Healthcare for carers, self-health check questions, answers and tips*, NHS North Yorkshire and City of York Council, 2008, pp. 1-16, NHS Outer North East London, *Caring for carers-individual health and wellbeing questionnaire*, NHS Outer North East London, pp. 1-12, in NHS Redbridge and London Borough of Redbridge, *An Evaluation of the health and wellbeing checks for carers pilot in Redbridge*, NHS Redbridge and LB of Redbridge, 2011より作成。

意される項目は少ない。他方,デボン州のチェックリストは,警報装置の配備に始まり喫煙者の有無,住居出入り口の施錠,室内の暖房と冬季の温暖化の状況,浴室やトイレあるいは階段の状況と日常生活上の援助を行う上での障害,修繕の必要性,要介護者への移乗を含む介助を行う際の介護機器の必要性など,多岐に亘る項目が用意される。

第2に,介護者の飲酒や喫煙を含めた健康状態を把握した上で,健康的な生活スタイルについても幾つかの項目が設けられる。このうち介護者の飲酒や喫

煙を含む健康状態は，表に示すように6つのチェックリスト全てに例外なく用意される。しかし，健康的な生活スタイルに関する諸項目を設けるのは，デボン州とこれを手本にした国民保健サービス・アウター・ノースイーストロンドンに独自である。身長と体重及び腰回りの長さを記入した上で，1日に5種類の野菜や果物の週平均摂取状況，1日30分の活発な運動の状況の週当たり日数などを記入し，さらに，休息や休暇の取得あるいは友人と会う時間の確保への希望，健康的な生活スタイルを送る上で希望する助言などについて記載する項目も用意される。

第3に，介護者の就業や教育訓練あるいは余暇もチェックリストの独自の領域として設けられる。これは，表に示されるように全てのチェックリストに設けられるわけではない。日常生活上の援助と仕事などとの不均衡な状況の有無を確認した上で，休息や休暇の機会の享受などを含む支援の必要性について問う項目が用意される。『介護者のための全国戦略』が，介護者の社会的包摂を基調に据えて策定されていることを改めて思い起こすならば，当然のこととはいえチェックリストに不可欠な内容の一つである。休息や休暇の取得状況に照らして介護者の健康状況を観察することも可能であることを考えるならば，意味のある項目の一つである。

最後に，日常生活上の援助の状況については，介護者の置かれた状況の把握に止まることなく，介護者の多岐に亘るニーズを確かめ，サービスや現金給付への希望状況を見極めることを目的にチェックリストに用意される。これも，デボン州とこれを手本にチェックリストを作成した国民保健サービス・アウター・ノースイーストロンドンに独自である。

健康診断の時間は，短い場合には30分，長くなると120分と広く分布し，平均66分である[39]。介護者は，看護師などにチェックリストを手渡しながら記載事項に関わって助言を求め意見を交わす。介護者の4人中1人以上（28％）は，健康診断の結果として新しい健康状態が確かめられ，介護者アセスメントの実施件数2,510件の増加にも結び付く[40]。これは，2010年度における介護者アセスメント総数の4分の1を占める（25％）。健康診断の結果に照らして，アセス

メントの要件を充足していると看護師などが判断してのことである。介護者の3人中2人近くは，最初の健康診断の後に住居の補修をはじめ休息や休暇の機会，カウンセリングなど何等かの支援を受ける (62％)。少数民族に属する介護者のニーズに対応するサービスが，州内に存在しないことも初めて明らかになり，2011年10月1日から反省を踏まえて新しいサービスが提供されることになる。

　介護者による評価は，至って高い。殆どの介護者は，健康診断に満足の意を表し，今回を以って終わるのではなく毎年の実施を希望する (95％，94％)。他の介護者にも勧めたいとの声も多い (91％)[41]。「最も大きな恩典は，自分の健康に確信が持てたことである」，「私自身の健康について話す機会を得，調べて戴く機会に恵まれた」など，健康診断の効果を実感すればこその介護者の評定である。同様の評価は，少数民族に属する介護者からも寄せられる。もとよりデボン州の介護者が7万2,400人以上を記録することを思い起こすならば，健康診断に参加することの出来た介護者は，そのごく一部に過ぎない。健康診断は，こうした事情も考慮に入れながらその後も継続され，受診する介護者に関する目標値も引き上げられる (3,904人，2012年度)。

　年少の介護者には，2010年10月と翌2011年3月の2回に分けて催しが開かれる。それぞれ57人と47人の参加である。いずれの会場にも6つの区域が設けられ，年少の介護者にとって重要であると考えられる食事を含む健康的な生活スタイルをはじめ，いじめへの対応と自尊心の醸成，リラクゼーション，薬剤，余暇活動，アルコールや薬物の中毒，これらに関する情報が用意される。このうち中毒に関する区域が設けられたのは，年少の介護者の看る要介護者の中に，アルコールや薬物の中毒者が居るという事情を考慮してのことである。催しには，2人の一般開業医が常駐し相談に応じている。2つの会場における参加者のうち母親を看る年少の介護者が最も多く，およそ3人中2人を記録する (63％)。週31時間を超して要介護者を看る年少の介護者は，3人中1人程である (36％)。これは，主な介護者の比率とほぼ重なり合う (35％)。参加は，年少の介護者の週当たり介護時間別構成を考えるならば，負担の重い年少の介護

者に傾斜する。11歳以上13歳以下の年齢階層に属する介護者の3人中2人近くは，3年以上に亘って日常生活上の援助を担う（72%）[42]。これらの年少の介護者は，初等教育に籍を置く年齢階層から日常生活上の援助を担い始めたことになる。参加した年少の介護者の4人中3人近くは，健康的な生活スタイルなどについて新しい知識を得ることが出来たと答え，同じく2人中1人近くは，大変に有益な内容を学ぶことが出来たと評する（71%，43%）[43]。

　少数民族に属する介護者や年少の介護者から寄せられた高い評価を知るにつけ，改めて振り返るに値すると考えられるのは，それらの介護者を対象にする支援政策の形成過程である。『介護者のための全国戦略』では，少数民族に属する介護者と年少の介護者の規模は不明であり，介護者の自治体別規模に関する調査も存在しないことから，2001年の『国勢調査』では，介護者に関する項目を新たに加えて必要な統計結果を得たいとの意向を示している[44]。『全国戦略』の改訂版では，『国勢調査』の結果を踏まえながら少数民族に属する介護者と年少の介護者に対する支援も優れて具体的に示される。25か所の地域事業のうちデボン州を含む14か所では少数民族に属する介護者，同じく7か所では年少の介護者を対象に加えて支援を展開する。『全国戦略』が，最初に策定された99年には想定さえ不可能であったに違いない展開であり，介護者の社会的な包摂を拠り所に展開された政策文書に相応しい取組みである，と評さなければならない。

4　退院計画への参画を含む支援

（1）　退院計画と介護者の参画

　病を得た患者の多くは，医療機関における病状に応じた適切なサービスを得て健康を回復し，罹病あるいは障碍を抱える以前の状態に戻って，以前と同じように自宅で暮らしを営むことが出来る。治療の効果である。しかし，全ての患者にとってそれが可能となるわけではなく，介護施設に入居し，あるいは自宅に戻って地域医療を受け日常生活上の無償はもとより有償の援助を当てにし

第6章　医療機関の介護者支援

表6-4　要介護者退院時の介護者の諸経験（1998年，2001年）[1)][2)]

(単位：％)

	1998年	2001年
要介護者の退院時に介護責任の選択余地なし	71	70
介護者は退院計画について相談を受ける	71	64
介護者の意見は退院計画に考慮されない	36	45
介護者が退院計画書を受け取る	28	20
要介護者が退院2か月後に再入院する	25	27
退院は正しい時期に実施される	67	53
介護者アセスメントを受ける	40	50
要介護者の退院時に充分な支援は受けない		43

注：1）　2つの調査結果の一部は，以下の文献レビューにも用いられており確かめることが出来る。Richel Borthwick and als, Out of hospital: a scoping study of services for carers of people being discharge from hospital, *Health and Social Care in the Community*, Vol. 17, No. 4, 2009, p. 347, Acton Shapiro, The Princess Royal Trust for Carers, *Out of hospital project-report from stage 1*, Acton Shapiro, 2007, p. 19.
　　　2）　空欄は，調査項目にないことを示す。
出典：Melanie Henwood, *Ignored and invisible?* op. cit., pp. 32-33, Emily Holzhausen, *You can take him home now, carers' experiences of hospital discharge*, CNA, 2001, pp. 2-3より作成。

ながら暮らすことも，少なくない。こうした人々は，90年代におけるコミュニティケア改革とも相俟って増加の傾向にある。自宅における暮らしは，コミュニティケア改革の重要な論点の一つとして登場したように，コミュニティにおけるケアではなく，コミュニティによるケアであることから，退院計画が適切に策定され退院後のサービス利用を含む充分な準備が，なされなければならない。これなしには，本人と家族の願いに反して，自宅における要介護者の状態の悪化はもとより介護者の無用な負担を招きかねず，結果としてコミュニティによるケアの存立条件さえ揺るがしかねない。

　しかし，患者の退院が介護者の参画を含めて適切に行われてきたかと問えば，必ずしもそうではない。退院計画の策定と実施に当たっては，介護者とそのニーズはやや軽視され，患者の退院がその家族にどのような影響を及ぼすかを視野に収めることは，長い間に亘って至って稀である[(45)]。そうした状態は，介護者に無用の混乱を含む負担を強いるばかりか，要介護者の再入院を招き寄せえする。僅か1～2か月後の再入院はさして珍しい事態ではなく，しばしば調

査研究の対象として取り上げられてきた程である（表6-4）。2か月後の再入院は，見られるように僅かであるとは言え増加の傾向さえ辿る。再入院を余儀なくされた患者を自宅で看ていた介護者の抱える疲労や睡眠の中断は，再入院をすることなく自宅に暮らす要介護者を看る介護者に較べて明らかに深刻である[46]。この問題への適切な対応なしには，コミュニティケア，すなわち，コミュニティによるケアの存立条件を確保し得ないことになる。医療機関が介護者支援の独自の主体として論じられ政策的にも位置づけられ始めた背景の一つは，患者の退院に伴う介護者の負担の問題である。

（2） スコットランドの国民保健サービスによる独自の支援計画

行政や民間非営利団体はもとより医療機関による介護者支援を考えるとき，スコットランドには独自の特徴が認められる。スコットランド行政庁が，介護者支援計画を策定するに当たって社会的包摂を基調に据えることは確かであり，この限りにおいてイングランドやウェールズとの相違は存在しない。しかし，『スコットランド年少の介護者支援戦略』（計画期間2010～2015年）を通常の支援計画とは別に策定したのは，これまでのところイングランドやウェールズはもとより広く国際的に見ても唯一の実績である。自治体と国民保健サービス地域基金が共同で年少の介護者支援計画を策定する事例は，少なくない。これは，頁数にして100頁からなり，通常の支援計画の148頁に較べても見劣りはしない。年少の介護者について包括的な方針を盛り込んだ結果である。他方，政府の『介護者のための全国戦略』には，年少の介護者と題する章が独自に設けられ，そこで支援の目標や具体的な方策が示される限りである。これは，99年の最初の『全国戦略』はもとより，その後の改訂版でも同様であって[47]，『年少の介護者支援戦略』を独自の政策文書として策定することはない。また，スコットランド行政庁は，前述のように2002年法を独自に制定する。この法律は，介護者アセスメント請求権を介護者に知らせる義務を自治体に新たに課すと共に，『介護者情報戦略』を国民保健サービスの全ての地域基金が策定することも，併せて義務づける。このうち前者は，2年後の2004年法に継承されてスコット

ランド以外の地域にも適用され，また，後者は，前述のようにウェールズ行政庁によって学び取られる。

　さらに，スコットランド行政庁に独自なことは，介護者支援計画の実施検証委員会を組織し，その検討結果を毎年公表していることである。委員会は，スコットランド行政庁とスコットランド自治体協議会（CSLA），国民保健サービス地域基金，介護者団体など23の機関や団体の代表から構成され，このうち介護者関係の団体は全体の3分の1に近い7つを数える。イングランドやウェールズには確かめることの出来ない委員会であり，支援計画の実施状況を仔細に検討して成果と課題とを毎年公表する例は，スコットランド行政庁に独自である。独自と言えば，行政庁は，全ての介護者を対象にする無料の予防接種を2005年から開始したことであり，これも，イングランドやウェールズに未だ確かめることは出来ない。

　介護者の社会的な認知とサービスに関する1995年法が，スコットランドにも適用されたことは，言うまでもない。しかし，95年法に沿って制度化された介護者のアセスメント請求権は，スコットランド行政庁も率直に認めるように極めて少ない。3年後の98年には，『コミュニティケアの現代化——行動計画』が行政庁から公刊され，施設介護から地域介護への転換が繰り返し強調され，要介護者と共に介護者のニーズに対応する支援について提示される。しかし，介護者支援に優先的な地位が与えられるのは，漸く『スコットランド介護者戦略』（99年）である。この政策文書は，介護者支援に関する情報の改善を始め介護者に対するサービスの改善，介護者に関する新しい法制度の導入，介護者の休息や休暇に関する統一的な基準の策定，介護者が必要とする支援の受給状況の点検，これらを達成するに値する目標として定める。2002年法は，この政策文書に沿ってスコットランド議会で採択され，介護者を日常生活上の援助はもとより，医療におけるパートナーとして初めて公式に位置づける。

　21世紀の介護・公共経営局『スコットランドにおける無償の介護の将来——調査報告と勧告』（2006年）は，イギリス内外における調査研究の成果を丹念に調べ上げ，スコットランドにおける介護者の状態とニーズとをつぶさに検討し

た上で，介護者支援に関する22の勧告としてまとめ上げたものである。諸外国における介護者の状態と支援についても，北欧の2か国を含む5か国（フィンランド，デンマーク，オーストラリア，ドイツ，アメリカ）を網羅していることからも，周到な検討であることを窺わせる。実に包括的で丹念な検討を経た作業であることは，2つの報告書の頁数からも窺うことが出来る。調査研究報告書は，A4判275頁，勧告に簡単な説明を加えながら列挙した報告書は同じく44頁，併せて319頁である。勧告は，2つの原則，すなわち，介護者を中心に位置するパートナーとして広く認知すること，介護者支援の政策枠組みを拡充すること，これらを拠り所にする。[48]

　スコットランド行政庁は，勧告を歓迎するとして全ての勧告に積極的な回答をA4判17頁の報告書に示し，年少の介護者をはじめ介護者の休息と休暇，介護者の健康と情報戦略及び介護者への介護技術訓練，これら4つを優先的に扱われるに値する課題として位置づける[49]。このうち介護者の健康と情報戦略は，ケリー報告と呼ばれる報告書『未来に対応する医療サービスの構築――スコットランド国民保健サービスにおけるサービス変化の基本枠組み』（2005年）の指摘を継承する[50]。これは，先の22の勧告を盛り込んだ報告書にも勧告16に関わって直接に言及されることに照らしても[51]，了解することが出来る。さらに，行政庁は，『国民保健サービス介護者情報戦略――最低要件と実施案内』（2006年）を公表し，介護者にはアセスメントの権利が伝えられ，患者の退院を含む全ての重要な階梯で関係する情報が患者と介護者に伝えられなければならない，と指摘する。これらの内容が，『スコットランド介護者支援戦略』改訂版（計画期間2010～2015年）と『スコットランド年少の介護者支援戦略』に継承されることは，言うまでもない。

　モファット事業（Moffat project）は，モファット慈善財団（Moffat Charitable Trust）の資金を得てスコットランドの国民保健サービスと介護者のためのプリンセス・ロイヤルトラストとが取り組んだ計画である。これが，介護者支援に関する政策文書の内容に沿う取組みの一角を形成することは言うまでもなく，特に介護者の健康を強く意識していることは，事業の主体に照らして明白であ

る。事業の目的は広範囲に及び，新規もしくは未だ確認されていない介護者の早い段階における確認をはじめ，病院内における介護者への情報提供を含む支援，退院計画策定過程への介護者の参画，要介護者の再入院の縮減，長期に亘る支援を視野に収めながら介護者支援センターや社会サービス部などへの介護者の紹介手順の確立とこれに沿う紹介，介護者ニーズに対応する団体や部局間の共同の推進，介護者アセスメントの権利の伝達とアセスメントの改善，介護者のニーズと権利に関する職員の意識の向上及び介護者問題に関する職員を対象にした啓発訓練の実施，これらである。9つを数える目的のうち最後の啓発訓練は，他の8つの目的を達成するための欠かすわけにいかない要件でもある。事業の対象は，4つの国民保健サービス地域基金の所轄する地域である（エアシャー・アラン，Ayrshire and Aran，ボーダーズ，Borders，グレーターグラスゴー・クライド，Greater Glasgow and Clyde，ロージアン，Lothian）。これらの地域に拠点を置くプリンセス・ロイヤルトラスト傘下の10か所の介護者支援センターが事業に参加をし，一般開業医を含む医療機関はもとより自治体，民間非営利団体と共同しながら事業を担う。事業の開始に合わせて新たに採用された職員は，医療機関に配属される。事業の実施期間は，2008年4月から2010年4月の25か月である。

　事業を通して確認しデータベースに記録された介護者の規模は，2,783人を数える。確かめられたのは，デボン州の健康診断と同じように相対的に介護負担の重い介護者である。これは，幾つかの計数から読み取ることが出来る。性別には女性に傾斜する（女性69.0%，男性27.7%，不明3.3%）。これは，域内の介護者全体に占める女性比率よりも高い。週当たり介護時間別には，介護者の3人中1人が週51時間以上を占める（33.9%）。1日7時間以上を日常生活上の援助に充てる介護者が，3人に1人を記録する事実である。これを含めて週21時間以上の介護者は，3人中2人に近い（60%，他に週20時間以下6.1%，不明33.9%）。

　介護役割の経験年数別には，5年以下の介護者が半数近くを占める（1年未満12.7%，1年以上5年以下34.6%）。6年以上の介護者は，5人中1人である

(6年以上10年未満10.5%，10年以上10.4%，不明31.8%)[53]。このうち前者を比較的短い期間の介護者，後者を長期に亘って介護責任を担うと理解をするならば，介護者の確認は，事業の目的にほぼ沿いながら進められたと評することが出来る。

　患者に寄り添う家族などの中から介護者を確認した時期は，患者の入院中が最も多い（82.1%，他に退院当日15.3%，入院当日2.6%）。介護者を確認した職員を専門資格別に示すならば，病院看護師が半数近くを占める（48.9%）。病院に勤務する職員による確認は，これを含めて5人中4人近くに上る（作業療法士16.8%，ソーシャルワーカー6.2%，他の病院職員4.6%，医師1.1%，理学療法士0.9%，他に事業開始時に雇われた労働者16.5%，地域保健もしくはソーシャルワーク従事職員3.4%，不明1.4%，その他0.2%）。確認が病院の多様な職種に携わる職員を通して進んだことは，介護者への支援が特定部局や職種の固有の業務としてではなく，医療機関全体に関わる課題として位置づけられ，取り組まれたことを例証する。

　アセスメントの権利は，介護者の3人中2人近くに伝えられる（64.8%）。この結果は，週20時間以上を日常生活上の援助に充てる介護者の比率とほぼ重なり合う（60.0%）。アセスメント請求権が，95年法の規定に沿って「相当な介護責任を恒常的に負う」など，一定の要件を充たす場合に限って認められることの結果であり，権利の周知が等閑視された帰結ではない。介護者は，多様なサービスを受ける。介護者支援センターへの紹介を受けた介護者は，5人中2人程に上り，センターへの登録を既に終えた介護者は，日常生活上の援助を手掛けると確かめられた介護者全体の3人中1人を記録する（43.0%，33.2%）。要介護者や介護者を対象にする現金給付の要件を調べながら受給の相談機会に臨んだ介護者は，10人中1人である（10.9%）。介護者の確認に始まる支援が，その後も継続的に行われていることを示唆する事例である。

　退院計画への参画は，事業の開始当初には介護者の3人中1人程に止まったのに対して，事業の進捗に併せて終盤には3人中2人近くまで上昇する（35.0%，60.0%）。事業の開始に際して掲げられた目的に照らすとき，なお隔

たりが認められるとは言え，参画の進捗は明らかな事実である。介護者は，医療機関内の職員はもとより介護者支援センターや自治体職員との相互の連携を感じ取り，これを高く評価する。(54)これも職員に対する啓発訓練が実を結び，介護者支援が職員の通常業務の一環として実際に手掛けられたことの例証の一つである。

　モファット事業は，『スコットランド介護者支援戦略』改訂版にも独自の項を設けて紹介される。行政庁は，事業における啓発訓練の成果に確信を得ながら，介護者のニーズと確認に関する教育内容を職業資格の認定基準に加える方向で，2013年までに結論を得ると明記する。(55)啓発訓練が医療機関に働く専門職員の職業能力の必須の要件として，しかも，統一的な基準に沿って実施するに値すると判断すればこその提起である。社会サービスの固有の業務領域と長らく考えられてきた介護者のニーズへの対応が，その枠を超えて医療分野の専門職にも広がり，しかも，医療分野に働く職員の専門資格の認定基準の一部として位置づけられることの意味は，実に大きい。社会サービスと医療機関との連携という年来の課題は，医療分野における人材養成基準の改訂を通してその障壁を，また一つ越えることになる。モファット計画は，計画期間と地域を特定してスコットランドで取り組まれたとは言え，そこから引き出された教訓は，医療機関の介護者支援を考えるとき優れて普遍的であり，地域を超えて学び取られるに値する内容を記録する。

注

(1) Department of Health, *The Operating framework for the NHS in England 2012/13*, DH, 2011, p. 13, DH, *The Operating framework for the NHS in England 2011/12*, DH, 2010, p. 35, DH, *The Operating framework for the NHS in England 2009/10*, DH, 2008, p. 15.
(2) 拙著『イギリスのコミュニティケアと介護者——介護者支援の国際的展開』前掲，136〜138頁。
(3) Ann Richardson, Judith Unell and Bererly Aston, *A New deal for carers, op. cit.*, p. 6.
(4) 拙稿「国民保健サービスの介護者憲章」『経済研究』16巻3号，2012年2月，79頁，82頁，88頁，90頁，92頁，95頁，99〜100頁。
(5) 同上，100頁。

(6) Ann Richardson and als, *op. cit.*, p. 7.
(7) NHS Bristol, *Bristol's local action plan-carers 2011-2012*, NHS Bristol, 2010, pp. 4-20, NHS Redbridge and London Borough of Redbridge, *Redbridge strategy for carers 2010-2013*, NHS Redbridge and al, 2010, pp. 11-13, Leicester City Council, Leicestershire County Council, NHS Leicester City Leicestershire County and Rutland, Rutland County Council, *Supporting the health and wellbeing of carers in Leicester, Leicestershire and Rutland, a strategy and delivery action plan 2012-2015*, Leicester City Council and als, 2011, p. 4.
(8) 拙著『イギリスのコミュニティケアと介護者——介護者支援の国際的展開』前掲, 231頁。
(9) NHS Lothian, *Carers information strategy 2008-2011, summary version*, NHS Lothian, 2008, pp. 5-14 and pp. 17-24.
(10) Welsh Government, *Carers strategies (Wales) measure 2010: guidance*, Welsh Government, 2011, pp. 4-5.
(11) *Ibid.*, p. 5.
(12) NHS Cymru Wales, Newport City, Torfaen County Borough and als, *Gwent partnership carers information and consultation strategy draft 2012-2015*, NHS Cymru Wales and als, 2012, p. 4, p. 12 and pp. 14-16.
(13) *Ibid.*, pp. 22-24 and pp. 27-29.
(14) Somerset Partnership NHS, *Valuing carers, a carers' charter*, Somerset Partnership NHS, 2009, p. 5, NHS Northamptonshire Healthcare, *Carers charter*, NHS Northamptonshire Healthcare, 2010, p. 2, NHS East Lancashire, *Carers charter*, NHS East Lancashire, 2011, p. 9.
(15) Francesca Colmbo and als, *Help wanted? providing and paying long-term care*, OECD, 2011, p. 131.
(16) Julian Twigg and Karl Atkin, *Carers perceived, op. cit.*, pp. 3-4, Chantal Simon, Satinder Kumar and Tony Kendrick, Who cares for the carers? the district nurse perspective, *Family Practice*, Vol. 19, No. 1, 2002, p. 29.
(17) Sir Roy Griffith, *Community care: agenda for action, op. cit.*, p. 9, pp. 15-16 and p. 25.
(18) The Secretaries of State for Health, Social Security, Wales and Scotland, *Caring for people, op. cit.*, foreward and pp. 34-35.
(19) Irene Cormac and Peter Tihanyi, Meeting the mental and physical healthcare needs of carers, *Advances in Psychiatric Treatment*, Vol. 12, 2006, p. 168.
(20) Ray Jones and als, *Project report, evaluation of the pilot GP training programme on carers*, Kingston University, 2010, p. 10 and p. 48.
(21) *Ibid.*, p. 16.
(22) *Ibid.*, pp. 25-26.
(23) Royal College of General Practitioners and The Princess Royal Trust for Carers, *Supporting carers: an action guide for general practitioners and their teams, op. cit.*, pp. 1-35, RCGP, *Carers & young carers: GP resource*, RCGP, pp. 1-2, British Medical

第**6**章　医療機関の介護者支援

Association, *Working with carers: guidelines for good practice*, BMA, revised edition, 2009, pp. 1-13, Manchester City Council, *Improving services for carers in our practice: a toolkit for GPs*, Manchester City Council, 2008, pp. 1-20.

(24) University College London Hospitals NHS Foundation Trust, *Carers policy and guidelines*, UCL Hospitals NHS Foundation Trust, 2007, pp. 1-15, Royal Devon and Exter NHS, *Carer's policy and guidelines*, Royal Devon and Exter NHS Foundation Trust, 2009, pp. 1-16, Royal United Hospital Bath NHS Trust, *Guidance on the inclusion of carers*, Royal United Hospital Bath NHS Trust, 2010, pp. 1-11, Croydon Health Services NHS Trust, *Visitors and carers guidelines*, Croydon Health Services NHS Trust, 2012, pp. 1-22, Devon Partnership NHS Trust, *Confidentiality and carers guidelines*, Devon Partnership NHS Trust, 2008, pp. 1-12.

(25) Norfolk NHS and Norfolk County Council, *Does you GP surgery know you are looking after someone?* Norfolk NHS and als, 2006, pp. 1-8, Ceredigion Local Health Board and Ceredigion County Council, *Registration of carers with their GP practice*, Ceredigion Local Health Board and al, 2008, pp. 1-5, The Princess Royal Trust for Carers, Carers' Support Centre, *Let your doctor know you are a carer*, PRTC Carers' Support Centre.

(26) Lydia Yee and Roger Blunden, *General practice and carers: scope for change?* King's Fund, 1995, p. 24, Chantal Simon and als, Who cares for the carers? the district nurse perspective, *Family Practice*, Vol. 19, No. 1, 2002, p. 34.

(27) Hirary Arksey and als, *op. cit.*, p. 17.

(28) Nan Greenwood and als, General practitioners and carers: a questionnaire survey of attitudes, awareness of issues, barriers and enablers to provision of services, *BMC Family Practice*, 11/100, 2010, p. 2.

(29) H. M. Government, *Caring about carers*, *op. cit.*, p. 83.

(30) H. M. Government, *Carers at the heart of 21st century families and communities, op. cit.*, p. 49, p. 68, p. 73, p. 81, p. 105 and p. 120, Scottish Government, *Caring togegher, op. cit.*, pp. 73-75, p. 81-82 and pp. 113-116, Scottish Government, *Getting it right for young carers, op. cit.*, pp. 64-70 and pp. 83-84.

(31) H. M. Government, *Caring about carers*, *op. cit.*, pp. 39-42, pp. 46-47, pp. 56-57 and p. 67.

(32) Sue Yeandle and Andrea Wigfield, *New approaches to supporting carers' health and wellbeing: evidence from the national carers' strategy demonstrator sites programme*, University of York, 2011, p. 51.

(33) *Ibid.*, pp. 82-86 and pp. 94-96.

(34) *Ibid.*, pp. 53-55.

(35) NHS Devon and Devon County Council, *Carers at the heart of 21st century families and communities in Devon, a ten year partnership strategy for carers, statutory independent and third sector organisations in Devon, 2009-2019*, NHS Devon and Devon County Council, 2009, p. 8 and p. 20.

(36) Helen Donnellan, *GP carers' project, final evaluation report*, Plymouth University, 2009, p. 8.
(37) NHS Devon and Devon County Council, *Health and wellbeing checks for carers programme, 2009-2011, final programme report*, NHS Devon and Devon County Council, 2011, pp. 22-25 and p. 31.
(38) Helen Donnellan, Ruth Endacott and Kate Grimes, *Carers' health & well-being checks-service evaluations study, final report*, Plymouth University, 2011, p. 22.
(39) Helen Donnellan, Ruth Endacott and Kate Grimes, *Carers' health & well-being checks-service evaluation study, interim report, for project implementation and sustainability team*, Plymouth University, 2010, p. 24.
(40) NHS Devon and Devon County Council, *op. cit.*, p. 44, Helen Donnellan, Ruth Endacott and Kate Grimes, *Carers' health & well-being checks-service evaluation study, final report, op. cit.*, p. 36 and pp. 44-45.
(41) NHS Devon and Devon County Council, *op. cit.*, p. 50, Helen Donnellan, Ruth Endacott and Kate Grimes, *Carers' health & well-being checks-service evaluation study, interim report, op. cit.*, p. 23.
(42) Helen Donnellan, Ruth Endacott and Kate Grimes, *Carers' health & well-being checks-service evaluation study, final report, op. cit.*, pp. 70-71.
(43) *Ibid.*, p. 76.
(44) H. M. Government, *Caring about carers, op. cit.*, p. 21.
(45) Janet Heaton, Hilary Arksey and Patricia Sloper, Carers' experiences of hospital discharge and continuing care in the community, *Health and Social Care in the Community*, Vol. 7, No. 2, 1999, p. 95 and p. 97.
(46) Idris Williams and Freda Fitton, Survey of carers of elderly patients discharged from hospital, *British Journal of General Practice*, March 1991, pp. 106-107.
(47) H. M. Government, *Caring about carers, op. cit.*, pp. 75-81, H. M. Government, *Carers at the heart of 21st century families and communities, op. cit.*, pp. 121-140.
(48) Care for the 21st Century and Office for Public Management, *The Future of unpaid care in Scotland, headline report and recommendations*, Scottish Executive, 2006, p. 17.
(49) Care for the 21st Century, *Scottish Executive response to Care 21 report: the future of unpaid care in Scotland*, Scottish Executive, 2006, pp. 2-4.
(50) NHS Scotland, *Building a health service fit for the future, a national framework for social change in the NHS in Scotland*, Scottish Executive, 2005, p. 6 and pp. 24-25.
(51) Care for the 21st Century and Office for Public Management, *op. cit.*, p. 30.
(52) Timothy B. Kelly and als, *Preventing crisis for carers, a Princess Royal Trust for Carers' programme funded by the Moffat Charitable Trust, final evaluation report*, Glasgow Caledonian University, 2011, p. 10.
(53) *Ibid.*, pp. 10-11.
(54) *Ibid.*, p. 33 and p. 43.
(55) Scottish Government, *Caring together, op. cit.*, pp. 54-55.

終　章
介護者の健康問題の国際的広がりと医療機関

1　豪米仏3か国における動向

(1)　オーストラリアの介護者と健康問題

　介護の社会化との表現は，介護保険の制度化を巡る議論の中で新たに形成され，今日も用いられることがある。しかし，この表現は世界広しと言えども日本に固有であり，これに相当する外国語の表現は存在しない。社会化を文字通りの意味に理解するならば，家族や友人あるいは隣人に長らく無償で担われていた介護労働が，ケアワーカーに全て担われると解されるからである。介護保障が社会保険や租税を通して制度化されたとしても，ケアワーカーの担うサービスは介護労働の一部に止まり，大部分は，依然として家族や友人あるいは隣人に担われ続けるからである。これは，オーストラリア政府やフランス，カナダ，アメリカの研究者の指摘，すなわち，地域に暮らす高齢者が受ける介護サービスのおよそ80％は，家族や友人あるいは隣人から構成される無償の介護者に担われるとの指摘，高齢者に対する日常生活上の援助の85〜90％は介護者に担われる，あるいは，同じくおよそ90％は家族介護者の担うところであるとの指摘[1]からも，窺うことが出来る。年間介護時間の96％は，無償の介護者の担うところであり，残りの4％が，自治体や事業者によって提供されるとのウェールズ行政庁の指摘も，認められる。

　外国の研究者などの業績を引き合いに出すまでもない。外山義『クリッパンの老人たち──スウェーデンの高齢者ケア』（ドメス出版, 1990年）は，将来計画委員会が行った高齢者ケア時間推計調査の結果を紹介しながら，無償の介護

が全体の4分の3近くを占め，フォーマルケアの比率が明らかに低いことに言及する（71.5%，28.5%，1979年）。しかし，外山氏による作業は，介護保険を巡る議論で完全に忘れ去られ，介護の社会化との表現が驚くほどに幅を利かせる。この表現は，介護保障における介護者の役割や日常生活上の援助に伴う健康はもとより家族生活と経済生活，あるいは広く社会生活に及ぼす影響を軽んずることにも通じかねない。この表現を信奉する人々が介護者のニーズについて論ずることはなかったことが，思い起こされる。介護者を直接の対象にする制度に関する議論を，介護者の社会化の表現を用い，これを信奉する研究者に期待することは出来ない。

　介護者の心と体の健康は，オーストラリアでも日常生活上の援助を手掛けていない人々に較べて総じて良くない状態にある[2]。精神的な重圧感や憂うつ感は，介護者で相対的に高く，他方，満足感は介護者で相対的に低い。これは，介護者の性別を一方に限った場合にも言い得ることであり，例えば女性介護者の健康状態は，この国の心理学分野の研究者が丹念に明らかにしたように，日常生活上の援助を手掛けていない女性に較べて良くない[3]。もとより全ての介護者の健康状態が一律に悪いわけではない。要介護者と同居し，もしくは週20時間を超えて介護責任を負うとき，介護者の健康状態の悪化は顕著である（表終-1）。イギリスの調査と類似の結果である。

　これは，性別には女性介護者の健康状態が男性介護者のそれに較べて相対的に良くないことにも連動する。女性介護者は，介護作業の形態別には身体介護を傾斜的に担うことに示されるように，その負担は相対的に重い。身体介護の一つとしての排泄の介助が，深夜の時間帯に行われることも要介護者の状態に照らして珍しくはなく，女性介護者は，人間の生理的なリズムに反する時間帯に起床して排泄の介助を迫られる。女性介護者の満足感が相対的に低く，他方，精神的な重圧感や憂うつ感を抱える女性介護者は，男性介護者に較べて多い[4]。介護負担を巡る性別格差の結果である。性別の格差は，個人の健康指標（PWI）にも写し出される。この指標は，通常の場合には女性で高く男性で低い（77.3~73.8%，76.0~72.6%）。しかし，介護者に絞ってみるならば逆転し，

終　章　介護者の健康問題の国際的広がりと医療機関

表終-1 主な介護者の要介護者との居住形態別週当たり介護時間別健康等への影響状況
（オーストラリア，2009年）[1]　　　　　　　　　　　　　　　　　　　　（単位：％）

	居住形態別		週当たり介護時間別			平　均
	同　居	別　居	週20時間未満	週20時間以上39時間以下	週40時間以上	
介護役割から心の健康悪化	36.7	33.0	25.2	41.8	47.2	36.1
介護役割に満足感なし	76.8	70.4	71.3	77.2	80.7	75.7
介護役割からエネルギーの低下	36.6	29.1	27.1	40.1	43.0	35.3
介護役割から時々落ち込む	33.5	32.0	27.2	35.0	40.4	33.3
介護役割からストレス関係疾病あり	12.7	10.6	8.9	14.8	15.5	12.3
介護役割から睡眠の中断	53.8	32.9	32.1	56.1	69.0	50.1
要介護者との関係の悪化			16.2	19.2	22.4	18.8
一人になる時間の不足など			19.5	28.4	29.7	24.3
家族関係の悪化			26.3	37.5	44.5	34.8
友人の喪失や関係の悪化			24.0	44.7	48.6	36.7

注：1）　空欄は不明である。
出典：ABS, *Caring in the community, Australia, 4436.0, op. cit.*, p. 35. p. 38 and p. 40より作成。

女性で低く男性で高い（57.8％，61.2％[5]）。女性介護者の負担が相対的に重く，言い換えれば要介護者と同居し，週20時間を超えて日常生活上の援助を手掛ける女性が，男性よりも多いことに伴う避けられない結果である。

　介護者が自ら心と体の健康問題を抱えることから，最近1か月以内に一般開業医を訪ねる比率も日常生活上の援助を手掛けていない人々に較べて相対的に高い（60.1％，48.2％[6]）。看護師やソーシャルワーカーからのサービス受給比率も，同じ傾向を示す（4.7％，1.1％，5.4％，1.3％）。介護者の健康状態に性別格差が認められることから，介護者が一般開業医などを訪ねサービスを受ける比率にも，同じように性別の格差が存在すると考えられる。事実はこれを裏づける。最近1か月以内に一般開業医などのサービスを受けた回数は，男性介護者で相対的に少なく女性介護者で多い（1回60.0％，28.4％，2回以上40.0％，71.6％[7]）。格差は，見られるように小さくはない。

（2）　介護者のニーズと医療機関

　オーストラリア医師会（AMA）は，介護者が日常生活上の援助を要する高

齢者や障碍者を看る上で極めて重要な役割を果たしていると公式に認めた上で，介護者が，日常生活上の援助に伴う直接の結果として心と体の健康問題を抱えると指摘する。介護者への医療分野からの支援は，長い間等閑視されてきたという経緯があり，介護者の健康問題への対応が求められるとも反省を込めながら指摘する。休息や休暇の機会の享受はもとより，介護技術訓練を優先するに値する課題として政府に求めるに止まらず，オーストラリア介護者協会（Carers Australia）とは，2000年から全国老齢介護同盟（NACA）のパートナーとして密接な連携を図り，要介護者や患者に対するケアに際して介護者と医師とが一段の連携を図ることが求められる，とも介護者の認知の表現を用いながら指摘する。全国的な職能集団としての自らの責任について強調する，と評することが出来る。一般開業医が，介護者の抱える健康問題の兆候を見極める上で願ってもない位置にあるとの指摘に着目するならば，英国医師会によるそれと内容に照らして見事に重なり合う。同様の認識は，オーストラリアの研究者の示すところでもある。しかし，医療機関による支援の出発点とも評することの可能な認識が，医師会によって表明されていることの意味は，格別に大きい。

　政府は，『介護者支援全国戦略』を2011年に初めて策定する。この政策文書は，介護者支援に当たって優先するに値する領域として介護者の認知と権利の保障をはじめ，情報の提供，経済的な安定と就業機会の保障，介護技術訓練と教育の機会への参加及び心と体の健康の維持並びに社会生活の享受，これら6つを示す。就業や教育への参加はもとより社会生活の享受を掲げていることから窺うことが出来るように，この文書は，日常生活上の援助の継続性の確保に止まらず，広く社会的包摂の理念を基調にする。介護者の健康が優先するに値する領域の一つとして位置づけられたことは，文書にも明記されるように政府の介護者調査の結果を正当に踏まえたものであり，社会的包摂の理念にも改めて言うまでもなく適う。介護者の健康の維持に向けては，一般開業医をはじめとする医療関係職員による支援が求められると指摘され，あわせて，介護者が日常生活上の援助から離れて休息や休暇の機会を享受できるようにしなければならないと明記する。

終　章　介護者の健康問題の国際的広がりと医療機関

　オーストラリアの『介護者支援全国戦略』の策定過程を振り返るならば，イギリスとの相違が浮かび上がる。第1に，イギリスの『介護者のための全国戦略』(99年)が，介護者の社会的な認知とサービスに関する95年法の4年後に策定されたのに対して，オーストラリアの政策文書は，介護者に関する連邦政府の最初の単独立法としての介護者の認知に関する2010年法（carers recognition act 2010）の翌年に策定され公表される。第2に，イギリスの『介護者のための全国戦略』が，殆んどの地方自治体に先駆けて策定されたのに対して，オーストラリア政府のそれは，8つの州もしくは準州の政策文書を後追いする形で策定される。州や準州による『介護者支援計画』は，早ければ2003年の策定であり（オーストラリア首都準州，Australian Capital Territory，クイーンズランド州，Queensland，ビクトリア州，Victoria），遅くとも2007年には策定される（ニューサウスウェールズ州，New South Wales）。第3に，イギリスの政策文書が政府の自発的な発議に沿って策定されたのに対して，オーストラリアのそれは，介護者の認知に関する2010年法と全く同じように，連邦議会下院家族・地域・住宅及び青年常設委員会（SCFCHY）の膨大な調査研究から引き出された勧告を受け，これに応える形で策定される。

　『介護者支援全国戦略』のオーストラリアに独自の策定過程は，政策文書の内容にも影響を与える。それは，介護者支援に当たって優先するに値するとして示した6つの領域全てに亘る。下院の常設委員会が提示した50項目の勧告のうち，健康に関する勧告について言えば，5項目を数える。政府は，この5つの勧告に全て基本的な賛意を表した上で，介護者の無料の健康診断を始め年間63日と定められている休息や休暇日数の条件つき延長，全国介護者カウンセリング事業の拡充及び一般開業医を含む医療関係職員への介護者問題啓発訓練などについて約束する。このうち無料の健康診断は，下院常設委員会の報告書にも言及されるように，イギリスの経験から学び取ったものである。

　介護者は，州政府も指摘するように，しばしば姿を現さない隠れた患者（hidden patients）である。自らの心と体の不調を感じ取ってはいても，要介護者の状態を優先し，あるいは，日常生活上の援助に追われるあまり受診の時間

319

さえも確保できないからである。結果として疾患の危険性は，介護者の願いに反して増す。介護者の健康ニーズは，時として危機的な局面に至るまで見過ごされることも意図せざる結果として招き寄せる。同時に，介護者は，要介護者に寄り添う場合であれ，あるいは自らの健康ニーズに対応してであれ，医療機関に通うことが少なくない。国民の90％近くは，オーストラリア医師会も紹介するように，少なくとも１年に１回は一般開業医の元に通うという調査結果もある。介護者の通院はこれを上まわる。

　この国には，イギリスと同様にケアラー・フレンドリー（carer friendly）という表現がある。これは，二重の意味で用いられる。その一つは，日本を含む他の国々と同じように仕事と介護の両立を迫られる労働者の保護であり，日本で用いられるファミリー・フレンドリーに擬えて言えば保育に止まらず，保育と介護の双方を含めて広く示した表現である。今一つは，医療機関による介護者支援の推進を念頭に置く。介護者と医療機関との接触が多いことに着目し，医療機関が介護者の確認に始まり定期的な健康診断，カウンセリング，介護技術訓練あるいは情報の提供を積極的に手掛けることを，ケアラー・フレンドリーな行為であると称賛や期待を込めながら呼ぶのである。診療所を含む医療機関は，介護者担当職員を配属すると共に介護者登録制度を新たに設け，患者情報の一部に介護者関係の項目を新設する。

　オーストラリア政府が作成し広く利用に供される『介護者情報便覧』には，医療機関による支援を念頭に置く内容が盛り込まれる。この『便覧』は，介護者の心と体の健康に関わって休息と休暇の取得をはじめ，健康管理と薬剤，健康な暮らし及び要介護者を看取った後の悲しみ，これら４つの項目が設けられ実際的で解り易い解説が施される。このうち健康管理と薬剤の項目では，一般開業医を含む医療機関の職員からの支援について要点を絞った実用的な説明が施される。介護者が自らの健康の大切さを心に留めると共に，日常生活上の援助を担い続ける上でも，医療機関が他の支援諸主体に代えがたい役割を担うと指摘される。介護者が，これらの情報を得て臆することなく自らの置かれた状態を伝えるならば，医療機関による支援はもとより，これを契機にする自治体

終　章　介護者の健康問題の国際的広がりと医療機関

や民間非営利団体による支援も進むことになる。

　オーストラリア医療監査局（MBA）は，『優れた処方——医師のための処方規則』（2010年）を作成し利用に供する。この文書には，患者はもとより介護者も幾度（いくたび）となく登場し，介護者が日常生活上の援助に果たす役割の尊重との指摘も盛り込まれる。[18] 介護者が先の『便覧』を通して，医療機関による支援とその得難い役割について知ることが出来るとすれば，『優れた処方』は，副題にも示されるように医師を念頭に置きながら作成され，患者はもとより介護者への医師の取るに値する対応の基準を示したものである。介護者支援が政府の政策の一環として明示され，オーストラリア医師会もこれに積極的な賛意を表すればこそ策定され広く利用に供される，いずれも有益で必要不可欠な文書である。

　練り上げられた退院計画の策定と実施は，患者の生活の質の向上はもとより介護者の負担を軽減し患者の再入院を防止する上でも重要である。しかし，文書化された入院政策や退院政策は，15床以上のベッドを持つ全ての医療機関を対象にした調査によれば半数を下まわる（49.5％，41.8％，1995年）。[19] 公式の文書が策定されていないことは，相当数の患者はもとより介護者が退院について規定に沿う情報を手にしないことを含めて，必要な説明さえ受けているわけではないことを意味する。

　その後，著者の知る限りでも退院計画やこの計画の策定に向けた指針は，1998年にクイーンズランド州，2003年にサウス・オーストラリア州（South Australia），2008年にはオーストラリア・ニュージーランド老年医学会（Australian and New Zealand Society of Geriatric Medicine）によって公表される。そこでは，退院計画の策定と実施を通して患者と介護者の満足感を高めなければならないのであって，患者と介護者の社会環境を計画過程で考慮するために，介護者支援に関するニーズ・アセスメントも実施するに値すると述べられるなど，計画過程への介護者の参画が明記される。[20] 退院計画の文書化と職員への周知が，効果を上げていることは確かな事実である。同時に，退院計画の策定と実施過程への介護者の参画は，最近の認知症高齢者の退院調査が物語るように全く行われていない事例も含めて，なお道半ばの状態である。[21] 介護者の参画が，要介護

321

者の自宅への支障のない帰宅とその後のサービス利用に連動するならば，日常生活上の援助に伴う無用の混乱を防止するだけに，オーストラリア・ニュージーランド老年医学会などの策定した指針に沿う退院計画の実施が，急がれる。これはこれで，介護者の心と体の健康の維持に効果を発揮し，巡りめぐって要介護者にも益する所も少なくない。

（3） アメリカの家族社会学と介護者の負担

　半世紀近くに亘るアメリカの介護者調査研究は，国際的にも良く知られるT. パーソンズ（Talcott Parsons）の家族論に対する批判的な検討から始まる。T. パーソンズ／R F. ベールズ著『家族——社会化と相互作用の過程』（1955年，56年，64年，68年，98年，邦訳1970～71年，81年，2001年）は，共著の冒頭に示されるようにアメリカ家族の社会学研究の成果である。独立した住居を構える核家族には，夫婦のいずれの養育家族の者も入り込んではおらず，核家族が，夫の職業所得を通して生計を維持すると論じ，アメリカ社会では，家族の連帯が広く親族ではなく家族に限定される構造的な孤立が存在すると指摘する。[22]

　拡大家族の崩壊を説くT. パーソンズの議論に対して開拓者的な業績を記録するのは，E. シャナス（Ethel Shanas）等である。すなわち，家族は高齢者を遺棄しないのであって，多くは経済的な援助はもとより日常生活上の援助を手掛ける。[23] 身体介護のような高齢者へのサービスや子どもによる親の介護（take care），あるいは，誰かによる介護を必要にするなどの表現を交えながら述べられる。イギリスのP. タウンゼントが，1950年代中葉の調査を踏まえて引き出し，その後におけるコミュニティケア政策の理論的な拠り所となった議論と，国を異にするとは言え内容に照らして重なり合う。1963年11月5～6日にドゥーク大学（Duke University）で開かれたシンポジュームを拠り所にまとめ上げられ，3年後の65年に公刊された共著に示される批判である。この批判は，その後における業績を振り返るとき例外的な存在ではない。むしろ最も先駆的な業績である。71年に公刊された文献サーベイに従えば，高齢者とその家族，とりわけその子どもとの継続的な関係が，少なくない業績を通して確かめら

終　章　介護者の健康問題の国際的広がりと医療機関

れる。60年代後半には，高齢者介護に伴う負担の大きさも問題になり，介護者の負担（caregiver burden）の表現も誕生し，その後，アメリカはもとより国境を超えて実に広く用いられる。

　介護者に関する調査研究は，続く70年代に入ると広がりを見せ，80年代初頭には，要介護高齢者を看る介護者に関する最初の全国調査が，実施される。全国ロングタームケア調査の一環として保健対人サービス省（DHHS）調査局が，手掛けたものである。拙著『欧米の介護保障と介護者支援――家族政策と社会的包摂，福祉国家類型論』（ミネルヴァ書房，2010年）にも既に示したように1982年の実施である。81年以前に数多くの介護者調査がアメリカ各地で手掛けられてきたとはいえ，いずれも規模が小さな地域調査の枠を出ず，多くの場合に調査の対象を主な介護者（primary caregiver）に絞り込み，補助的な介護者（secondary caregiver, non-primary caregiver）を視野の外に放逐したことから，介護者の規模の推計さえも不可能であったという課題を抱える。全国調査には，介護者の性別や年齢階層はもとより人種や民族，要介護者との居住関係，要介護度，日当たり介護時間，所得水準，婚姻状態，就業状態と就業への影響，健康状態などの項目が入れられる。

　介護者の健康状態には，イギリスやオーストラリアと同様の特徴を確かめることが出来る。介護者の心と体の健康は，日常生活上の援助を手掛けてはいない人々（non-caregivers）のそれと較べて芳しくない。例えば前者のストレスの水準は後者よりも高く，他方，同じく抗体は後者に較べて低い（23％，15％）。介護者の芳しくない健康の状態は，89年から95年にかけて公表された41本の論文を丹念に読み込んだ文献サーベイを通しても確認される。このサーベイによれば全ての論文が，日常生活上の援助に伴う健康状態の悪化について一つの例外もなく伝えているという。介護者が第二の患者（secondary patients），あるいは隠れた患者と呼ばれることもある。日常生活上の援助が介護者の健康に影響を及ぼして，知らず知らずのうちに自らも慢性疾患を抱えるからである。介護者の健康の悪化は，性別には女性，週当たり介護時間別には週21時間以上，要介護者との居住形態別には同居（co-residing caregivers），介護負担の程度別に

323

表終-2 介護者の週当たり介護時間別年間所得水準別健康状態（アメリカ，1998年）[1]

（単位：％）

	介護者			全人口
	主な介護者	補助的な介護者	計	
慢性疾患や障碍を抱える	38	25	32	25
要介護者と同居	38	25	29	
週当たり介護時間				
8時間以下	29	57	44	
9時間以上20時間以下	25	22	23	
21時間以上40時間以下	13	12	12	
41時間以上	46	9	20	
年間所得				
1万9,999ドル以下	33	28	29	25
2万以上3万4,999ドル以下	22	17	20	20
3万5,000以上7万4,999ドル以下	17	31	30	35
7万5,000ドル以上	11	14	12	20

注：1）空欄は不明である。
出典：Karen Donelan and als, Challenged to care: informal caregivers in a changing health system, *Health Tracking*, Vol. 21, No. 4, July/August 2002, pp. 225-226より作成。

は主な介護者に顕著である（表終-2）。主な介護者の健康状態は，表に示すように全人口に較べても良くないのであって，その所得水準も同様に低い。これらは，1982年の全国調査の結果をいずれも追認する。内容に照らして，イギリスやオーストラリア等の調査結果と重なり合う。

　もとより90年代初頭には，介護者の性別による健康格差は認められないとの調査結果も公表される。[31] しかし，この種の調査結果をその後に見ることは一切なく，広く確認されるのは，介護者の性別健康格差，すなわち，女性介護者の心と体の健康状態の相対的な悪化を伝える調査結果である。[32] 女性介護者が要介護者と同居し，主な介護者に占める比率も高く，他方，補助的な介護者に占める比率が相対的に低いことを改めて考えるならば，容易に了解することの出来る結果である。

　アメリカに独自の結果も忘れることなく指摘しなければならない。

　第1に，健康への影響は，介護者の多様な属性別に明らかにされる。介護者の健康は，世帯の所得水準と密接に関係する。年収3万ドルに満たない介護者

の3人中1人が，健康状態は良くないのに対して，年収10万ドル以上の介護者のうち同様の状態にあるのは，桁違いに少ない（34％，3％）[33]。健康状態が芳しくない介護者は，ラテンアメリカ系で多く，白人やアジア系アメリカ人で相対的に少ない（27％，15％，15％）。子どもを看る介護者のうち健康問題を抱える比率も，50歳以上の要介護者を看る場合に較べて高い（26％，16％）。同様に，日常生活上の援助を自ら選び取ったわけではないと感じている介護者のそれも，自発的な選択の結果であると考える場合に較べて高い（20％，15％）。情緒的あるいは精神的な問題を抱える要介護者の援助に当たる介護者が，日常生活上の援助の結果として自らの健康を害する比率は，他の介護者に較べて高い（28％，12％）。イギリスでは，既に述べてきたように介護者を多様な存在として把握する考え方が支配的である。アメリカでも，介護者の諸類型（types of family caregivers）に関する議論を確かめることが可能であり，その影響力は至って大きい。この限りにおいて両国の間に相違はない。しかし，アメリカではより多岐に亘る指標に沿いながら，この多様性を明らかにしている。

　第2に，日常生活上の援助は，死亡の独自の危険因子であるとの調査結果も示される[34]。99年に世界に先駆けて最初に示されたこの結果は，その後も幾度となく追認され[35]，これを否定する調査結果は，今日まで10年を超す歳月の流れの中にあっても依然として示されていない。

　第3に，介護者が健康を害するとき，心臓疾患や糖尿病及び関節炎など長期に及ぶ疾患を抱えやすく，インフルエンザ免疫力も弱いことが明らかにされる[36]。肥満や記憶障害の危険性が高いことも，併せて示される。

　最後に，医療サービスの利用を経済的な理由から不本意ながらも自制せざるを得ない介護者の，少なくはない存在である。例えば女性介護者の4人に1人は医療サービスの利用を自制しており，この比率は，日常生活上の援助を手掛けてはいない女性に較べて高い（25％，16％）[37]。これは，幾つかの要因の帰結である。介護者の所得水準は，既に述べたように総じて低く，日常生活上の援助を契機に離職を余儀なくされた場合には，雇用契約と共に手にしていた民間医療保険の受給資格を失うからである。個人で新たに加入するには，民間保険で

あるがゆえに法外なまでに高い保険料を支払わなければならないことから，事実上不可能である。加えて，民間医療保険はもとよりメディケアを含む公的保険は，精神疾患に関わる処方薬を抗うつ薬を含めて保険の適用対象にしていない。介護者の自己負担は自ずと高くなり，所得水準の低さや介護に伴う追加の出費と相まって不本意ながらも医療サービスの自制へと向かわざるを得ない。医療サービスの必要性の高い集団が，本人の希望に反してその利用から遠ざけられる姿が浮かび上がる。先進国の中では，至って珍しいこの国の医療保障制度の避けるわけにいかない結末の一つである。

（4） アメリカ看護協会と介護者アセスメント

　アメリカにおける介護者支援を振り返るとき，2000年に始まる全国介護者支援事業（NFCSP）はもとより，患者の保護と利用しやすいケアに関する2010年法（the patient protection and affordable act 2010）及び全国アルツハイマー事業に関する2011年法（the national Alzheimer's project act 2011）を拠り所にする全国アルツハイマー事業について，まず以って触れなければなるまい。

　このうち全国介護者支援事業は，要介護者の自宅における暮らしを念頭に介護者支援に要する資金を州政府に提供するものである。この事業が想定するサービスは，サービスに関する情報の提供をはじめ，サービス利用に際しての支援，カウンセリングや介護技術訓練あるいは介護者支援グループの促進，休息や休暇の機会の提供などである。これらを通して介護者は，日常生活上の援助に伴う不安やストレスを軽減することが可能となり，要介護者の地域における暮らしの継続も期待することが出来る。2010年法は，介護者と医療を介護における重要なパートナーとして新たに位置づけると共に，在宅サービスの拡充を通しても介護者の支援に当たることを示す。法律の名称に介護者の表現が示されていないとはいえ，法文には介護者の表現が46回，家族介護者のそれも11回，あわせて57回用いられるなど，2010年法は，介護者支援にとって重要な法律の一つである。また，翌年の2011年法とこれに沿う事業は，アルツハイマー全国計画の策定について定め，アルツハイマーを患う要介護者はもとより，彼

終　章　介護者の健康問題の国際的広がりと医療機関

女や彼を看る介護者の支援について示したものである。このうち介護者の支援に関わっては，介護者支援に関する知見の形成を含む医療関係職員への啓発訓練，介護者アセスメント，介護技術訓練などが盛り込まれる。(38)介護者のニーズを確かめ，その充足を通して心と体の健康の維持を図ることも，計画の戦略的な目標の一つとして明記される。

　介護者アセスメントは，その由来を辿るならば，精神疾患から認知能力の低下した要介護者を看る家族を対象にする1960年代の研究に始まる。しかし，老年学を専門にする研究者が，高齢者を看る介護者とその影響について検討を始めるのは，1980年代に入ってからである。カリフォルニア州の介護者支援センター（California Caregiver Resource Centres）が，介護者アセスメントを始めるのは，1988年からである。非常に早くからの例外的とも評することの出来る取組みである。このために，アセスメントについて老年学の分野で公刊された殆どの文献は，介護者ではなく要介護高齢者に焦点を当てた内容であり，高齢者のアセスメントに関する実用的なガイドブックとして広く利用された81年に公刊の共著(39)には，介護者アセスメントに関する記述はない。この著者たちが介護者アセスメントに関する章を設けて，既存のアセスメントに検討を加えながら独自の介護者アセスメントについて提起をするのは，2000年と2004年に公刊の共著(40)においてである。介護者アセスメントがイギリスで制度化された95年と較べても，その5年から9年後のことである。

　介護者のニーズ・アセスメントは，改めて言うまでもなくその実施自体が目的ではない。彼女や彼が日常生活上の援助において担う役割と影響を多面に亙って確かめ，介護者はもとより要介護者にも益する支援について探ることである。

　アメリカ看護協会（ANA）と同じく医師会（APA）は，それぞれ独自に介護者アセスメント表を作成する。(41)アメリカ心理学会（APA）も要介護者アセスメント表に加えて介護者アセスメント表を作成し公表する。アセスメントには，仕事と介護の両立の困難性や金銭的な困窮についての項目も一部に含まれるとはいえ，殆んどは，介護者の健康状態に関する内容である。これに対して介護

327

者同盟（Family Caregiver Alliance）は，健康はもとより日常生活上の援助に必要な情報の入手状況，週当たり介護時間の長さと介護技術の習得状況，サービスの利用を含む支援の受給状況，所得水準と支出の状況など，より包括的なアセスメントが求められるとして提言を公表する。[42]

　日常生活上の援助に伴う健康への影響を避けることを考えただけでも，10年以上の実績を刻む全国介護者支援事業や2010年法あるいは2011年法の趣旨を振り返るまでもなく，包括的なアセスメントが望まれる。週当たり介護時間の長さが，健康状態との因果関係を探る手掛かりとして項目の一つに加えられるならば，アセスメントの時点で幸いにして健康に特段の影響が認められないとしても，長い介護時間のゆえにいずれ健康への影響は避けられないであろうと予測し，これを回避するために必要な支援を文字通り予防的に行うことも可能となろう。健康への影響が，あまりに長い介護時間に由来すると判断されるならば，選び取られるべき支援の方法は，要介護者に対する直接のサービスの拡充であり，これを通した週当たり介護時間の縮減である。これも，アセスメントに介護時間の項目が盛り込まれて初めて可能になる選択である。介護者の健康を重要視すればこそ求められるアセスメント項目の再構成である。アメリカの介護者支援が，日常生活上の援助の継続性の視点から構想され，社会的な包摂の視点を欠くと言えども，介護者の健康なくして言うところの継続性の確保は至って危うい。

（5）　医療福祉諸団体によるガイドラインの策定

　退院計画の策定過程への介護者の参画は，要介護者の地域における安らかな暮らしの保障を考えただけでも必要なことである。しかし，これが保障されていない現状は，80年代初頭からしばしば指摘され改善が求められて来たところである。[43]介護者を含む家族は，医療保険を通して支払われる医療費の範囲について知らず，要介護者はもとより介護者に開かれた地域のサービスについて確たる情報を持ち合わせていないことも，少なくない。現状を正当に踏まえた指摘である。こうした状況の改善に向けて保健対人サービス省は，患者と介護者

終　章　介護者の健康問題の国際的広がりと医療機関

を対象にする『退院計画立案チェックリスト』（A4判6頁）を作成し広く利用に供する。連邦病院基金（United Hospital Fund）と全国介護同盟（NAC）も、『介護者病院退院計画案内』（A4判17頁）や『病院退院計画——介護者への援助』（A4判17頁）を共同で作成する。[44] 患者と介護者とが、これらのチェックリストや案内をできる限り早くに活用して、医師や看護師を含む医療機関の職員に必要な情報を届け、意見を交わすならば、退院計画もスムーズに策定され地域における要介護者はもとより、介護者のためのサービスの利用も円滑に進むと考えられる。介護技術訓練が、退院計画の一環として医療機関などで実施されるであろうことも言うまでもない。

　医療分野の職能諸団体が、介護者支援に向けたガイドラインを策定しサービスの拠り所にしていることは、称賛に値し何とも心強い。アメリカ医科大学（American College of Physicians）は、アメリカ病院長協会（American Medical Directors Association）をはじめとする10の医療関係団体の支持を得て、10項目からなる職業倫理基準を策定し公表する。[45] 2008年のことである。介護者は、日常生活上の援助を担うために情報の提供を含む支援を必要とするとの認識を出発点に据えながら、介護者の重要な役割を認知すると共に、困難や疲労の兆候を機敏に感じ取りながら、患者と介護者の生活の質の最大化に焦点を合わせたケア計画を策定しなければならない等の基準が示される。

　同じ年には、アメリカ看護協会と全国ソーシャルワーカー協会（National Association of Social Worker）の共催になる学術シンポジュームが、介護者への支援を主題に2日間の日程で開かれる（1月29〜30日、於ワシントン）。報告は17本を数え、『アメリカ看護雑誌』（AJN, 108巻9号, 2008年）と『ソーシャルワーク教育雑誌』（JSWE, 44巻3号, 2008年）にも揃って掲載される。シンポジュームでは、看護師とソーシャルワーカーが、介護者と職務を通してしばしば接することから介護者支援の最前線に身を置くと認めた上で、専門の職能集団として従来にはない新しい方法を駆使した介護者への対応が求められる、と提起される。[46] すなわち、日常生活上の援助をより良く担うことによって健康に及ぼす負の影響を縮減すると共に、要介護者と介護者の生活の質の引き上げに寄与す

ること，介護者のニーズ・アセスメントに関する職業能力の向上を通して無償の介護に要する情報や介護技術の形成の機会を提供すること，これらが求められると指摘する。

さらに，学術シンポジュームを共催した全国ソーシャルワーカー協会は，2年後の2010年に『高齢の要介護者を看る介護者』と題するソーシャルワーク職業基準を策定し公表する。(47)これは，介護者との協力に必要な知識や職業技能に関するソーシャルワーカーの理解を深める目的に沿って策定される。基準では，ソーシャルワーカーによる支援を通して介護者の心と体の健康の維持や改善が期待される，とも指摘される。

看護師やソーシャルワーカーが，その職務上の責任に照らして介護者支援の最前線に位置するとの指摘を知るにつけ，イギリスにおける一般開業医と介護者との接触の日常性に着目した議論との著しいまでの類似性に気づかされる。同じ内容が，海を隔てた国々の専門的な職能集団によって学び取られているのである。職能集団が，専門職能を誇りに優れて自発的に定めた基準であるだけに，その周知と具体化とが期待される。

アメリカでは，医療機関による介護者支援が調査研究の主題として取り上げられ始めて，30年余りの歳月が過ぎたであろうか。支援の効果が，数々の調査研究を通して医療分野でも判然と検証されるだけに，(48)医療機関による介護者支援の一段の進展が期待される。

(6) フランスにおける介護者調査の遅い出発と健康問題

フランスでもケアワーカーとの無用な混同を避けるために，介護者 (aidants) に加えて家族介護者や無償の介護者，あるいは周囲の介護者の表現 (aidants familiaux, aidants familiers, aidants naturels, aidants informels, aidants non professionnels, aidants familiaux non professionnels, aidants de l'entrourage) も用いられる。賃金の支払いを受ける介護者 (aidant salarié) は，国際比較研究の中で誕生した表現である。スウェーデンの制度，すなわち，週20時間以上に亘って無償の介護を手掛ける場合に市町村と労働契約を結んだと見なされ賃金が支

終　章　介護者の健康問題の国際的広がりと医療機関

払われる。これらの人々も介護者である。

　介護者に関する調査研究が，イギリスやアイルランド等と異なってあまり手掛けられてこなかったと指摘するのは，高齢者問題連絡情報調査研究（CLEIR-PA）の研究報告書（1993年）に「まえがき」を寄せた社会問題統合省（MASI）局長である。これは，介護者の特徴や状態が，フランスではあまり知られていないとの研究者の反省を込めた評価を継承しながら下される。これらの指摘を裏づけるように，フランスにおける介護者調査は，80年代中葉に始まる。調査研究のやや遅い出発が影響したのであろうか，介護者支援のフランス語表現（aide aux aidants）が政府の公式文書に初めて登場するのは，2000年代初頭まで待たなければならなかったとの指摘も認められる。しかし，この指摘に根拠はない。フランス語の表現は，P. ショプラン（Pierre Schopflin）報告としてあまりにも良く知られ，91年に提出された政府の統括計画委員会（CGP）の報告書『要介護と連帯──高齢者へのより良い援助』（第10期計画，計画期間1989〜92年）に既に確かめることが出来る。報告書の第2部第1章と第3章に介護者支援の項目が併せて2回設けられ，説明が施される。介護者支援の表現は，この2つの項目の中で4回用いられる。また，同じ年の国民議会の報告書にも確かめることが出来る。あるいは，政府の命を受けてなされた介護者に関する国際比較研究は，介護者支援の表現を報告書の中で27回に亘って用いる。93年の報告書においてである。その頻度に照らすならば，使用は，90年代初頭に既に定着していると評して良い。

　『高齢化政策』と題して就業はもとより所得，介護と医療及び情報提供の5つの領域に包括的な検討を加え，このうち介護について言えばコミュニティケアの政策方向を打ち出すラロック報告（rapport Laroque，1962年）以降の文書に遡って検討を加えるならば，明らかとなる事実である。

　政府による介護者調査は，99年に初めて実施され，2008年にも行われる。80年代中葉からの地域レベルの調査がそうであったように，全国規模の調査も当初から介護者の健康問題を視野に収める。健康問題の扱いを巡って両者に相違が認められるとすれば，政府の調査が，アングロサクソン発の介護者の負担

331

(burden des aidants）の表現を用いて，日常生活上の援助に伴う影響を多面的に分析することである。

　介護者の健康問題を巡っては，イギリスなどの国々と同様の特徴を確かめることが出来る。まず，介護者は，要介護者の状態を優先するあまり自らの健康状態をないがしろにする傾向にある。介護者の6人中1人程が，受診の必要性を感じ取りながらも通院を先送りするとの調査結果もある（16%）。日常生活上の援助に由来する健康への影響は，介護者の属性別には主な介護者（aidants principaux）をはじめ要介護者と同居の介護者，性別には女性の介護者（aidants féminins）に大きい。例えば女性介護者は，要介護度の高い人々を看る場合が多く，暫しの休息さえ享受出来ないことが少なくないからである。これもイギリスなどの国々と同様の結果である。また，介護者の相対的に高い死亡率については，主にアメリカの研究結果が好意的な評価に沿いながら早くから紹介されてきており，最近では，フランスに独自の調査を踏まえて介護者の死亡率は，フランス人口の平均を大きく上まわるとの結論が，社会問題保健省（MASH）の文書の中で紹介され，『アルツハイマー計画』（計画期間2008～2012年）でも言及される。言うまでもなく調査結果に肯定的な評価を与えての引用である。

　健康の社会職業階層別格差は，政府の『障碍と健康に関する調査』（2008年）を通して確かめることが出来る。健康状態は，これに従えば職業資格が低く，所得階層の低い，あるいは，労働者（ouvrier）や失業者で相対的に良くない。高等教育免状や大学入学資格の保有者，所得の相対的に高い階層，あるいは，幹部（cadre）や職員（employe）の健康状態が相対的に良いのに較べての特徴である。イギリスと類似の特徴である。しかし，介護者の社会職業階層と健康との関わりに関する調査結果は，未だ確かめることが出来ない。

　日常生活上の援助が介護者の健康に及ぼす影響は，自由時間や社会生活の制限と同様に大きい（表終-3）。バカンスの享受が介護者とその家族に関わって論じられるのは，フランスの社会慣習に照らして独自である。少なくない介護者が，自らの健康状態の維持はもとより介護技術訓練の実施，介護者と医療並びに介護職員との関係の改善，社会的な孤立化の防止などを求める現状に対し

終　章　介護者の健康問題の国際的広がりと医療機関

表終-3　介護者の介護負担別健康状態と日常生活への影響（フランス，2008年）[1]

(単位：%)

	負担なし (57%)	僅かな負担 (23%)	中程度の負担 (12%)	重い負担 (8%)	計 (100%)
身体的疲労	10	34	58	83	27
孤独感	7	27	55	83	24
睡眠の乱れ	8	21	32	64	18
背中の痛み	19	31	51	62	29
睡眠のための薬服用	17	17	26	29	19
動悸や頻拍	5	11	18	28	10
日中の外出困難	8	25	53	71	22
夜間の外出困難	3	13	28	37	11
スポーツ活動への影響	2	6	19	25	7

注：1）表中「負担なし」等の下の（　）内の計数は，介護者の構成を示す。
出典：Nöemie Soullier, Aider un proche âge à domicile: la charge ressentie, *Etudes et Résultats*, N. 799, Mars 2012, p. 5, et p. 8より作成。

て，日常生活上の援助に伴う多面的な影響を考えるならば，容易に共感を寄せることが出来よう（57%，54%，53%，51%）[57]。

（7）　家族政策の再構成と医学看護学教育

　スウェーデンと共に家族政策の長い伝統を誇るフランスで，老齢家族政策の表現を初めて用いながら，この老齢家族政策に介護者支援政策を組み入れ包括的な支援を展開するべきであるとの提言が，21世紀の初頭に行われる。これに従えば，介護者の健康の維持は，公的な政策の主題であると指摘した上で，介護者のニーズは，介護者の認知と情報の享受をはじめ介護者のニーズに対応するサービスの編成，介護者の負担の補償及び家族生活と職業生活双方の維持であり，これらのニーズの充足を念頭にあわせて26項目の提言が行われる[58]。フランス各地の実績を正当に踏まえることはもとより，スウェーデンやドイツ，あるいは，イギリスの経験も視野に収め批判的な検討を加えながらの提言である。介護者支援に関する数あるフランス国内の提言の中で，最も体系的なそれである。そのうちの幾つかを紹介するならば，介護者調査の実施，看護師の継続教育に既に含まれるように老年医学教育への介護者問題の編入，医療関係職員を

通した介護者への情報提供の改善，介護者に対する介護技術訓練，介護者向けのインターネットサイトの開設，無料の定期健康診断，要介護者援助計画の策定に際しての介護者の健康状態の考慮，介護者支援グループの運営に対する資金援助，デイケアやショートステイ施設の拡充，在宅サービス部門に働く職員の職業能力の向上，介護者の休息や休暇機会の拡充とその一環としての介護者小切手（chéquier aidants）の発行，住居の改修費用の助成，介護費用の税額控除の拡充，介護者への老齢年金保険の適用，家族介護休暇の創設，病児保育休暇に倣った家族救急有給休暇の創設，これらである。

　社会問題保健省の介護者に関する作業部会も，省による計画策定の基礎資料として17項目からなる提言を，先の提言の8年後にまとめ上げ公表する[59]。作業部会は，幾つかの諸外国とは異なって，未だフランスには存在しない介護者支援政策を発展させなければならないと反省を込めながら指摘した上で，介護者への情報提供の拡充をはじめ無料の定期健康診断の実施，医療関係職員を対象にする介護者問題啓発訓練の実施，カウンセリング・サービスの提供，休息や休暇機会の拡充，介護者を対象にする社会サービス関係の教育，介護者の権利について周知するインターネットサイトの開設，長期に及ぶ介護に対応する休暇制度の拡充，介護者の再就業に向けた支援，離職やパートタイム化に伴う経済的損失の補償などについて提起する。

　17項目の中には，無料の定期健康診断など8年前になされた提言に既に含まれる項目も依然として認められるとはいえ，これは，未だ実施されていないと言うわけではない。継続的な実施を示唆するものである。

　連帯保健家族省（MSSF）『アルツハイマーと類似疾患計画』に記載される介護者の表現は，99年に4回，2001年と2004年にいずれも9回であったものが，2008年には54回へと著しく増加し，他方，家族の表現は，同じ期間に際立って減少する（26回，8回，16回，7回）[60]。介護者の表現は，見られるように21世紀初頭，とりわけ2008年の文書において顕著な増加を記録する。同様の傾向は，政府や議会の報告書からも読み取ることが出来る。すなわち，介護者の表現は，社会保障担当大臣に88年に提出された報告書では0回，要介護高齢者に関する

終　章　介護者の健康問題の国際的広がりと医療機関

91年に提出の国民議会報告書では3回，高齢者の支援に関する91年のショプラン報告では10回，高齢者に関する経済社会評議会（CES）の2001年報告では25回，介護制度に及ぼす長寿化の影響と題する同じく経済社会評議会の2007年報告では24回を数える。[61]

　介護者支援は，政策文書における変化にも示されるように21世紀に入ると次々と制度化される。その最大の契機は，世代間の連帯と題して介護者を主題に開かれた政府主催の2006年の家族会議である。同じ2006年には，7年前の99年に制度化された終末期看取り休暇が，家族連帯休暇に変更される。翌2007年には，家族会議の提言に沿って家族援助休暇が創設され，併せて『介護者情報便覧』が政府の編集の元に公刊される（改訂版，2009年，第3版，2011年）。2008年には，アルツハイマー計画が改訂され，休息や休暇機会の拡充をはじめ介護者の無料の定期健康診断，介護技術訓練と再就業訓練の実施が盛り込まれる。2010年には，全国介護者の日が政府によって設定され実施される。最初の催しであり，以降毎年開催される。この日に独自の催しを開いた医療機関も各地に確かめることが出来る。介護者支援を盛り込んだ老齢家族政策は，こうして広がりを示す。

　病院と患者の健康に関する2009年7月21日法（loi portant réforme de hospital et relative patients, santé et aux territoires du 21 Juillet 2009）は，全国自立連帯基金（CNSA）が，介護者を対象にする介護技術訓練の実施費用を拠出することに初めて道を開く。2009年11月には，2日に亘る合計14時間の日程で介護者向けの訓練が，基金からの拠出を元に行われ，これは，翌年の2010年以降にも参加者の規模を広げながら継続的に実施される。[62] また，家族高等会議は，介護者の事故や病気の予防に向けた政策を拡充しなければならないとして，医師を含む医療関係職員への介護者関係情報の提供と医学看護学教育への介護者問題の挿入について提言を寄せる。[63] 介護者が遭遇するであろう諸々の困難について知見を得ることを通して，適切な処置を施すことを念頭に置いての提言である。2011年の提言である。これは，リヨン（Lyon）を県庁所在地にするローヌ県の議会（Conseil général du Rhône）の要望など，地方からの提言に応えたもので[64]

335

ある。評議会の数々の提言を振り返るならば明らかであるように，その殆どは実施に移されてきている。

　介護者支援の進展は，対人サービスの一環をなすことから，国境を超えて広く認められるように支援主体の知見とスキルの形成を欠かすわけにいかない。医療機関による介護者支援の判然とした進展を見届けるためには，医師を含む医療関係職員への啓発訓練が必須の条件である。要介護者の病状に関する医療専門職員からの説明は，介護者によって高く評価され，日常生活上の援助に関する助言も介護者によるまずまずの評価を受ける（72％，50％）。同時に，介護者自身の健康に注意を払う医療専門職員は少なく，殆どもしくは全く問題にしない職員が過半を超す，と介護者は感じ取っている（31％，67％）[65]。それだけに，提言の一日も早い具体化が求められる。

　介護者支援が，日常生活上の援助を手掛ける介護者の心の健康状態の改善に結びつくことは，フランスの少なくない調査を通して検証される[66]。イギリスやアメリカなど他の国々でも検証済みの効果である。

　類似の取組みは，アイルランドやニュージーランドにも確かめることが出来る。アイルランド保健省『全国介護者支援戦略──認知と支援及び裁量』（2012年）は，介護者の心と体の健康の維持並びに増進を達成するべき目標の一つに掲げた上で，医療及び対人社会サービス職員に対する啓発訓練と介護者への健康診断の定期的な実施について約束する。あるいは，ニュージーランドの社会発展省『介護者戦略と5か年行動計画』（2008年）は，介護者の心と体の健康の保護を5つの政策目標の一つに位置づける。全国保健委員会『介護者支援をどのように進めるべきか』（2010年）は，医療分野における介護者支援を改善しなければならないとして，医療関係職員を対象にする啓発訓練について提起する。一般開業医による介護者の効果的な確認を進めて介護者の健康ニーズに応えることはもとより，広く介護者支援の窓口を広げようと判断しての試みである[67]。

　両国におけるこうした取組みが，内容に照らしてイギリス等の他の国々の経験と重なり合うことは，言うまでもない。

2　イギリスの介護者支援政策と医療機関

（1）　世界保健機構と介護者政策の提示

　介護者の健康に関する調査研究は，新しい展開を示す。オーストラリア統計局の生活時間調査を利用した作業に従えば，日常生活上の援助を手掛けていない男性の一日平均睡眠時間は，1992年から2006年の間に5分の伸びを示すのに対して，男性介護者のそれは，同じ期間に32分の減少を記録する。[68]男性介護者の担う介護時間の延長に伴う結果である。生活時間の手法を用いた介護者研究は，イギリスや日本でも1980年代初頭以降に記録される。しかし，睡眠時間の時系列変化についての作業は，このオーストラリアの精神医学者による分析が最初である。睡眠時間の長さと時間帯が健康に与える影響を考えるならば，介護者の健康問題への関心の高まりが，新しい調査研究の扉を開き確かな実績を積み重ねていく契機をなしたのではないか，と考えられる。

　国際機関では世界保健機構が，経済協力開発機構と並んで早くから介護者支援に関心を示してきた。介護サービスは，世界保健機構によればイギリスやドイツをはじめとする少なくない国々において主に介護者に担われる。オランダでも介護サービスの4分の3，スウェーデンでも3分の2は，介護者の担うところであり，ケアワーカーが介護者に代わって過半を担うのは，唯一デンマーク一国に限られる。[69]機構は，介護者政策（carers' policy）の表現を初めて用いながら，この発展に努めている国としてフィンランドをはじめとする5か国（アイルランド，オランダ，スウェーデン，イギリス）とベルギーのフランダース地方，新しい政策を発展させつつある国としてフランスを含む3か国（ドイツ，イタリア）を挙げる。参考までに言えば，介護者政策の表現は，のちにフランスやノルウェーの研究者，あるいは経済協力開発機構の報告書を通して学び取られ，介護者支援政策（politique d'aide aux aidants, politique de soutien pour les aidants familiaux, policies to support family carers）や介護者政策（policies for family carers）として用いられる。[70]

世界保健機構は，日常生活上の援助が介護者の健康に及ぼす影響について検討を加えた上で，医師や看護師，精神療法士，あるいはソーシャルワーカーなどの専門家が職務を通して接触する人々の中には介護者がおり，これらの専門家に対する教育には，介護者に関するプログラムを含まなければならないと指摘する。介護者の確認を画期に始まる支援を念頭に置いた指摘に他ならない。日常生活上の援助が介護者にいかなる影響をもたらすかについて，これらの専門家に伝え，他の機関や団体への介護者の紹介も含めて支援が広がるようにすることが望まれる，とも指摘する。各国における介護者政策を振り返るとき，最も卓越した事例はイギリスに他ならないとして，『介護者のための全国戦略』(99年)の紹介に少なくない頁を割きながら，国民保健サービスによる介護者支援にも言及する。

(2) イギリスにおける介護者政策の国際的位置

世界規模の介護者団体は，未だ存在しない。国際レベルの団体として唯一その名を刻むのは，ヨーロッパ介護者連盟である。この団体は，介護を医療保健政策の問題として認め，介護者の心と体の健康の増進をヨーロッパ連合の政策に組み入れながら，健康の不平等の縮減に取り組まなければならない，と指摘する。[71] あわせて介護者に対する介護技術訓練を拡充すると共に，一般開業医や看護師あるいはソーシャルワーカーの教育訓練課程に介護者支援に関する内容を含まなければならない，とも指摘する。世界保健機構の提言と内容に照らして重なり合う。興味深いことは，ヨーロッパ介護者連盟が，このような提言，とりわけ日常生活上の援助が介護者の健康に与える影響についての結論を得るに際して拠り所にしたのは，それとして明記されるようにイギリスのヨーク大学 (University of York) 社会政策研究機構の業績である。

各国における介護者支援を振り返るとき，確かにイギリスの経験は，世界保健機構が指摘をするように卓越しているかもしれない。地域の医療機関が，介護者の健康問題を健康の不平等縮減政策の一環として明確に位置づけ取り組んでいる例を，著者はイギリスを除いて寡聞ながら知らない。国民保健サービス

終　章　介護者の健康問題の国際的広がりと医療機関

地域基金は，介護者支援政策を策定し，介護者の担う役割の認知を始めニーズ・アセスメントの実施，介護技術訓練，医療関係職員を対象にする教育訓練への介護者の参画とこれを通した啓発訓練の実施，休息や休暇機会の享受，健康診断，要介護者に対する信頼に足るサービスとこれを通した介護者の就業継続条件の整備を含む生活の質の改善，これらを優先的に実現するに相応しい課題である，と自らに課す[72]。

　地域基金は，これらの課題を日々のサービスを通して実現するために，地域における介護者の規模と性別構成及び週当たり介護時間別構成，介護者の健康問題の特徴などについてつぶさに把握する。独自の介護者調査を手掛けて介護者支援の効果についても自ら検証し，支援政策の改善に資する地域基金も認められる。とりわけ重要なことは，2001年に始まり10年後の2011年にも実施された『国勢調査』である。介護者に関する項目を世界に先駆けて『国勢調査』に挿入し，これを通して自治体レベルはもとより自治体の行政区域ごとの介護者の把握が可能になったのである。社会的剥奪の有無と程度は，自治体間はもとより同じ自治体の内部にあっても，行政単位ごとに異なる。介護者を含む広く住民の健康状態は，行政単位によって異なることも認められる。一般開業医による介護者の確認数が，地域に暮らす介護者総数のいかなる比率を占めるかの正確な把握は，『国勢調査』の結果を通して可能になる。国民保健サービス地域基金による介護者の把握は，『国勢調査』のイギリス独自の結果に支えられていると評しても過言ではない。

　改めて振り返るならば，国民保健サービス地域基金が介護者支援に向けて政策の策定に乗り出すのは，90年法の施行を前後する90年代初頭である。医療機関が介護者支援に得難い役割を担う位置にあるにもかかわらず，多くの介護者は，民間非営利団体はもとより自治体の社会サービス部や住宅部，あるいは，年少の介護者について言えば教育部の提供するサービスを受けるに止まり，医療機関は，長らく介護者支援とは疎遠なままであった。政策の策定は，このような反省から出発しながら，支援が介護者のニーズを出発点にするならば介護者の担う重要な役割を正しく認めると共に，介護者の年齢や性，社会階層や人

種にかかわらず,等しくサービスの利用を図る内容でなければならない。サービスは介護者の参画を得て介護者と共に計画され,支援の効果に関する検証には介護者の参画も保障され,これを通して支援の拡充が図られなければならない。介護者に支援が届かず,届いたとしても不充分な支援である限り,巡りめぐって介護者の心と体の健康を損なうことになりかねない。日常生活上の援助の継続性は,こうした状態に置かれる限りいかにも危うい。

介護者のニーズを出発点にするならば,サービスに関する情報の提供はもとより退院計画への介護者の参画,患者や要介護者に対する質の高い治療などのサービス提供,介護技術訓練の機会の提供,カウンセリング,これらを医療機関として手掛けなければなるまい。介護者は,一般開業医とその元に働く職員を介して確認される。介護者の登録制度や介護者支援グループの設立も,急がれる。90年代初頭における政策は,およそこのような内容を盛り込みながら策定され,地域の介護者団体の参画も得ながら介護者憲章の策定にもつながる。政策の内容を改めて振り返るならば,その後における政策の主な内容が既に盛り込まれていると評して良い。

医療機関による介護者支援が,政府と国民保健サービスの事業計画を含む政策文書に明記されていることはもとより,何よりも心強いのは,専門的な職能集団が文字通りの意味において自発的な支援に乗り出し,あるべき職務基準に介護者支援をはっきりと盛り込んでいることである。看護助産評議会(NMC)は,王立一般開業医組合をはじめ王立スコットランド開業医組合,あるいは英国医師会と同様に看護師や助産師の職務基準を策定し,これには,患者はもとより介護者の心と体の健康の維持及び向上が明記される。[73] 日常生活上の援助が介護者の健康に軽くはない影響を及ぼしていることを,介護者はもとより,彼女や彼の看る患者や要介護者の安寧にとっても芳しくないと判断しての記載である。オーストラリアやアメリカと全く同じように,専門的な職能集団としての優れて自主的な策定であるだけに,政府の文書に示される医療機関による支援も,その主体的な条件を整えやすくなる。医療が教育と同じように対人サービスであることを考えるならば,専門的な職能団体による基準の策定の意味は

終　章　介護者の健康問題の国際的広がりと医療機関

至って大きい。

（３）　介護者のサービス受給格差とイギリスの課題

　もとより医療機関による介護者支援が，何の問題もなしに文字通りの意味において順調に進展しているわけではない。各地の国民保健サービス地域基金は，それぞれ独自に介護者調査を実施し，支援の進展を検証している。ある地域基金の調査に従えば，一般開業医による支援や健康診断が有益であると評する介護者は，少なくない（49%，64%）。一方で，別の地域基金の調査によれば，最近6か月以内に一般開業医の元に通った介護者は多いにもかかわらず，診療所を介してサービスの利用につなげた介護者は，多いとは言い難い状況にある（84%，29%）。認知症の要介護者を看る介護者が，看護師に伝えた実に得難い情報は医療サービスに活かされず，結果として介護者が無力感を抱いているなどの専門看護師による調査結果も公表される。政府もこうした事情を把握しており，医療機関による介護者支援には，依然として受け入れがたい程の変動があると認め，法制度の改訂を含めて新たな対応を検討している。

　支援の代表的な方法の一つである休息や休暇の機会の取得が，介護者の健康状態の維持や向上につながっているとの結果が，国民保健サービスの調査を通して伝えられると同時に，こうした機会の取得が，要介護者と同居する介護者や週20時間以上の介護者に乏しく，世帯所得の水準別にも年間1万5,600ポンド未満の介護者に少ないことも明らかにされる（表終-4）。取得を巡る格差は，見られるように同居と別居，週20時間未満と週20時間以上，年間所得1万5,600ポンド未満と1万5,600ポンド以上，とりわけ3万3,800ポンド以上の介護者とにおいて，実に大きい。所得格差が，サービスの利用にも色濃く影を落とすのである。これらは，性別には，その一端が表にも示されるように女性による享受の機会の相対的な少なさとして現れる。家族の負担（family burden）の表現が，統合失調症の患者を看る家族への影響を探るために1966年に初めて開発され，その後，日常生活上の援助が介護者の心と体に及ぼす影響に関する調査研究に幅広く活用されてきたことを思い起こしながら，この家族の負担は，

341

表終 - 4　介護責任を負って以来2日以上の休日取得状況に関する就業状態別世帯所得水準別休日取得時期別等比較（2009/10年）[1]　　　　　　　　　　　　　　　（単位：％）

	取得の有無		取得の時期	
	取得あり	取得なし	1年未満以内	1年以上前
就業状態別				
フルタイム	69	31	83	17
パートタイム	73	27	78	22
老齢退職	43	57	79	21
家事専業	46	54	70	30
居住形態別				
同　居	41	59	66	34
別　居	82	18	89	11
週当たり介護時間別				
20時間未満	77	23	86	14
20時間以上	44	56	71	29
健康状態別				
良　い	65	35		
悪　い	44	56		
世帯所得水準別				
1万4,000ポンド未満	43	57		
1万4,000以上1万5,600ポンド未満	43	57		
1万5,600以上2万800ポンド未満	52	48		
2万800ポンド以上3万3,800ポンド未満	61	39		
3万3,800ポンド以上	75	24		
全ての介護者	58	42		
休日取得の全ての介護者			80	20

注：1）　空欄は不明である。
出典：NHS The Information Centre, *Survey of carers in households 2009/10, op. cit.*, p. 97 and p. 99 より作成。

少なくない調査が明らかにしてきたように性別では今日も女性に傾斜する，と言わなければならない。

　重要であると考えられるのは，週20時間以上はもとより週50時間を超えて日常生活上の援助を手掛ける介護者の目立った増加である。このうち週50時間を超えて日常生活上の援助を手掛ける介護者は，最近9年の間に10人中1人から5人中1人以上へと倍以上の伸びを示す（10％，2000/01年，22％，2009/10年）。また，調査の時期をやや異にするとは言え，週20時間以上，もしくは50時間以上の介護者は，最近10年の間に，それぞれ3人中1人近くから3人中1人以上，

終　章　介護者の健康問題の国際的広がりと医療機関

5人中1人から4人中1人近くへといずれも増加する（31.9%，2001年，36.8%，2011年，20.9%，2001年，23.5%，2011年）。先の調査結果と同様に，重い負担の介護者の目立った増加について伝えている。

　健康への影響は，広く共有される知見に従えば週20時間以上の介護者に顕著である。にもかかわらず，週20時間以上の介護者が何故に目立った増加を辿ったかといえば，その要因の一つは，サービス認定基準の引き上げである。サービスは，要介護者と介護者を対象にするアセスメントを経て認定基準に合致する場合にのみ給付され，基準に満たない場合には情報の提供だけに止まる。基準の引き上げが，サービス受給者による費用の一部負担とも相俟って要介護者のサービス受給状況を低下させ，結果として介護者の週当たり介護時間の長時間化の傾向を，介護者の意に反して引き寄せるのである。

　介護者の週当たり介護時間別構成を国際的な視野から改めて振り返るとき，週20時間以上を日常生活上の援助に充てる介護者の比率は，南欧諸国などに較べるならば低いとは言え，北欧諸国はもとよりオランダなどよりも高い（表終-5）。他方，週10時間未満の介護者は，北欧諸国はもとよりオランダやフランスなどの国々よりも明らかに少ない。

　一般開業医や看護師による介護者支援が，個々の介護者はもとより介護者団体によっても感謝の意を込めながら高く評価されているのは，確かな事実である。同時に，時間に追われると評しても良い程に多忙な環境に身を置く医療機関の職員の姿を垣間見，その情景を思い起こす度(たび)に，サービス認定基準の引き下げが求められるように考えられる。これこそ専門的な職能集団による自発的な介護者支援に文字通りの意味において応え，遅い出発であったとは言え，医療の分野における支援を多くの地域で確実に進める条件を整える効果をもたらすのではないか，と考えられる。最も卓越した介護者政策を採用すると世界保健機構からこの上なく称賛されたイギリスが，この賛辞を文字通りの意味において体現するために，避けて通るわけにいかない選択肢であるように考えるが，いかがであろうか。これこそ専門的な職能集団の見識や研鑽に応える道でもあり，巡りめぐって介護者の心と体の健康に益することになろう。

表終-5 経済協力開発機構加盟13か国の介護者の週当たり介護時間別構成（2007年前後）[1]　　　　　　　　　（単位：％）

	週10時間未満	週10時間以上20時間未満	週20時間以上
デンマーク	76.1	8.6	15.3
スウェーデン	71.5	15.4	13.2
オランダ	61.5	13.8	24.7
フランス	59.6	13.2	27.1
オーストラリア	55.1	17.5	27.3
イギリス	55.0	16.3	26.7
ベルギー	51.2	16.4	32.4
チェコ	48.0	14.2	37.8
イタリア	45.6	15.4	38.9
ポーランド	43.4	8.9	47.9
アメリカ	35.4	34.2	30.5
スペイン	31.7	16.1	52.2
韓国	20.4	17.6	62.0
OECD18か国平均[2]	52.1	15.9	33.4

注：1）四捨五入のため合計が100.0にならない箇所がある。
　　2）上記の13か国に他の5か国を加えた平均である。
出典：OECD, *Health at a glance 2011, OECD indicators*, OECD, 2011, p. 171, Francesca Colombo and als, *Help wanted? op. cit.*, p. 90より作成。

　健康の不平等に関する体系的な提起として、その後における調査研究はもとより政策形成の画期をなしたブラック・レポートの公表から、早くも30年以上の歳月が記録される。健康の不平等の縮減に向けた政策の一角に調査研究の成果に沿いながら介護者支援が位置づけられているだけに、新しい選択肢に沿ってサービス認定基準を改定するならば、介護者の心と体の健康に益することになろう。

　1985年以降に2回の『国勢調査』を含めて実施された世界にも例を見ない程の介護者調査が、繰り返し明らかにした週20時間以上、とりわけ週50時間を超す日常生活上の援助の健康への明らかに負の影響は、その後、ヨーロッパのレベルはもとより国際レベルの知見としても広く共有される。介護者支援は、このイギリス発の知見を葬り去るわけにいくまい。

終　章　介護者の健康問題の国際的広がりと医療機関

注

(1) Australian Government, *Caring for older Australians, op. cit.*, p. xxi, Virginie Gimbert and Clelia Godot, *Vivre ensemble plus longtemps*, La Documentation française, 2010, p. 233, Carol T. Baines, Patricia M. Evans and Sheila N. Neysmith, *Women's caring: feminist perspectives in social welfare, op. cit.*, p. 138, Sheryl Mitnick and als, Family caregivers, patients and physicians: ethical guidance to optimize relationships, *Journal of General Internal Medicine*, Vol. 25, No. 3, 2009, p. 255, Welsh Government, *Carers strategies (Wales) measure 2010, guidance issued to local health boards*, NHS trusts and local authorities, *op. cit.*, pp. 5-6.
　　「職業人によるサービスは補足的であって，介護者のそれにとって代わるわけではない」とのフランスにおける指摘も，本文に述べた議論に類似する。Claire Lawy and als, *Les Besoins et attentes des aidants familiaux de personnes handicapées vivant à domicile, étude realisée è la demande du Conseil générale du Rhône*, CREAI Rhône-Alpes, 2009, p. 17.

(2) Ben Edwards and als, *The Nature and impact of caring for family members with a disability in Australia*, Australian Institute of Family Studies, 2008, pp. 56-64.

(3) Christina Lee, Experiences of family caregiving among older Australian women, *Journal of Health Psychology*, Vol. 6, No. 4, 2001, p. 394 and p. 402, Christina Lee and Jenny Porteous, Experiences of family caregiving among middle-age Australian women, *Feminism & Psychology*, Vol. 12, No. 1, 2002, pp. 86-87 and p. 92.

(4) Australian Bureau of Statistics, *A Profile of carers in Australia, 4448.0, op. cit.*, p. 44.

(5) Robert A and als, *The Wellbeing of Australians-carer health and wellbeing*, Deakin University, 2007, pp. 6-7.

(6) Tiffany Gill and als, *The Health and wellbeing of adult family carers in South Australia, an epidemiological analysis 1994-2004*, Government of South Australia, Department of Health, 2006, p. 108.

(7) *Ibid.*, p. 109.

(8) AMA Vice President, Dr Mukesh Haikerwal, *Speech National launch of carers week 2004, 16 October 2004, Canberra*, Australian Medical Association, *AMA position statement on care of older people 1998-amended 2000 and 2011*, AMA, 2011, p. 1, AMA, *National disability long-term care and support scheme*, AMA, 2010, p. 11.

(9) Australian Government, *National carers strategy*, Australian Government, 2011, p. 3.

(10) *Ibid.*, pp. 32-33, Australian Government, *National carers strategy, action plan (2011-2014)*, Australian Government, 2011, pp. 28-30.

(11) The Parliament of the Commonwealth of Australia, *Who cares...? report in the inquiry into better support for carers*, The Parliament of the Commonwealth of Australia, 2009, p. 55.

(12) Australian Government, *Government response to the House of Representatives, Standing Committee on Family, Community, Housing and Youth report: who care...?*

op. cit., p. 6.
(13) Ibid., pp. 56-61.
(14) The Parliament of the Commonwealth of Australia, op. cit., p. 240.
(15) Government of South Australia, *Medical sector support for carers*, Government of South Australia, 2012, p. 1.
(16) Australian Medical Association, *Doctor and preventative care-2010*, AMA, 2010, p. 1.
(17) Department of Health and Ageing, *Carer information pack*, DHA, 2010, managing health care and medications.
(18) Medical Board of Australia, *Good medical practice: a code of conduct for doctors in Australia*, MBA, 2010, p. 6.
(19) M. J. Clark, M. A. Steinberget and N. G. Bischoff, Admission and discharge policies and the elderly: a survey of Queensland public hospitals, *Australian Journal on Ageing*, Vol. 16, No. 4, 1997, p. 152.
(20) Australian and New Zealand Society for Geriatric Medicine, *Position statement, No. 15, discharge planning*, Australian and New Zealand Society for Geriatric Medicine, 2008, p. 2, Queensland Health, *Guidelines for pre-admission processes, discharge planning, transitional care*, Queensland Health, 1998, p. 13.
(21) Michael Bauer and als, How family carers view hospital discharge planning for the older person with a dementia, *Dementia*, Vol. 10, No. 3, 2011, pp. 319-321.
(22) Talcott Parsons and Robert F. Bales, *Family, socialization and interaction process*, Routledge & Kegan Paul Ltd, 1964, pp. 8-9, pp. 307-308 and p. 340, T. パーソンズ・R. F. ベールズ／橋爪貞雄他訳『家族』黎明書房，1981年，上巻，24～26頁，下巻，172～173頁，220頁。
(23) Ethel Shanas and Gordon F. Streib, *Social structure and the family: generational relations*, Prentice-Hall, 1965, p. 55, pp. 69-73, pp. 91-92 and p. 99.
(24) Lillian E. Troll, The Family of later life: a decade review, *Journal of Marriage and the Family*, Vol. 33, No. 2, 1971, p. 277 and p. 282.
(25) Elaine M. Brody, The Ageing family, *The Gerontologist*, Vol. 6, No. 4, 1966, p. 204 介護者の負担は，その後家族負担（family burden）と表されることもある。Harriet P. Lefley, *Family caregiving in mental illness*, Sage Publications, 1996, p. 67.
(26) 拙著『欧米の介護保障と介護者支援――家族政策と社会的包摂，福祉国家類型論』前掲，309頁。
(27) Robyn Ston, Gail Lee and Judith Sangl, Caregivers of the frail elderly: a national profile, *The Gerontologist*, Vol. 27, No. 5, 1987, p. 616.
(28) James M. Scanlan, Is caregiving hazardous to one's physical health? a meta-analysis, *Psychological Bulletin*, Vol. 129, No. 6, 2003, p. 966.
(29) Richard Schulz and als, Psychiatric and physical morbidity, effects of dementia caregiving: prevalence, correlates, and causes, *The Gerontologist*, Vol. 35, No. 6, 1995, p. 787.
(30) Carol M. Musil and als, Issues in caregivers' stress and providers' support, *Research*

on aging, Vol. 25, No. 5, 2003, p. 506.
(31) Baila Miller and Lynda Cafasso, Gender differences in caregiving: fact or artifact? *The Gerontologist*, Vol. 32, No. 4, 1992, pp. 505-506.
(32) Jennifer L. Yee and Richard Schulz, Gender differences in psychiatric morbidity among family caregivers: a review and analysis, *The Gerontologist*, Vol. 40, No. 2, 2000, pp. 155-157, Karen Donelan and als, *The Wide circle of caregiving, key findings from a national survey: long-term care from caregiver's perspective*, The Henry J. Kaiser Family Foundation, 2002, p. 10, Martin Pinquart and Silvia Sorensen, Gender differences in caregiver stressors, social resources, and health: an updated meta-analysis, *Journal of Gerontology: Psychological Sciences*, Vol. 61B, No. 1, 2006, p. 36 and p. 38.
(33) National Alliance for Caregiving, *Caregiving in the U. S. 2009*, National Alliance for Caregiving, 2009, pp. 47-48.
(34) Richard Schulz and Scott R. Beach, Caregiving as risk factor for mortality, the caregiver health effects study, *Journal of American Medical Association*, Vol. 282, No. 23, 1999, p. 2215 and pp. 2218-2219.
(35) Family Caregiver Alliance, *Caregivers at risk: a public health concern*, Family Caregiver Alliance, 2007, p. 1.
(36) Rick C. Greene, *Caregiver stress*, Department of Health and Human Services, 2008, p. 2.
(37) Leslie Gray, *Caregiver depression: a growing mental health concern*, Family Caregiver Alliance, 2003, p. 3.
(38) U. S. Department of Health and Human Services, *National plan to address Alzheimer's disease*, U. S. DHHS, 2012, pp. 4-5 and pp. 23-25.
　なお，介護者と退役軍人の保健サービスに関する2010年法（the caregivers and veterans omnibus health services act of 2010）も介護者支援について定めているが，ここでは省略する。U. S. Department of Veterans Affairs, *Plan for implementation public law 111-163 "caregivers and veterans omnibus health services act of 2010" title 1, caregiver support section 101, assistance and support services for caregivers*, U. S. Department of Veterans Affairs, 2011, pp. 8-11.
(39) Rosalie A. Kane and Robert L. Kane, *Assessing the elderly, a practical guide to measurement*, Springer, 1981.
(40) Rosalie A. Kane and Robert L. Kane, *Assessing older persons: measures, meaning and practical applications*, Oxford University Press, 2000.
(41) Lisa L. Onega, Helping those who help others, the modified caregiver strain index, *American Journal of Nursing*, Vol. 108, No. 9, 2008, p. 66, American Medical Association, *Caregiver self-assessment questionnaire, how are you?* AMA, 2010, pp. 1-2.
(42) Lynn Friss Feinberg, *The State of the art: caregiver assessment in practice settings*, Family Caregiver Alliance, 2002, pp. 8-9, Family Caregiver Alliance, *Caregiver assessment: principles, guidelines and strategies for change*, Vol. I, Family Caregiver Alliance, 2006, p. 16.

(43) Margaret J. Bell, Helen E. Hansen and Cynthia R. Gross, Differences in family caregiver outcomes by their level of involvement in discharge planning, *Applied Nursing Research*, Vol. 13, No. 2, 2000, p. 77 and p. 81.

(44) Department of Health and Human Services, *Your discharge planning checklist: for patients and your caregivers preparing to leave a hospital, nursing home, or other care setting*, revised edition, DHHS, 2012, United Hospital Fund and NAC, *A Family caregiver's guide to hospital discharge planning*, United Hospital Fund and NAC, United Hospital Funds and NAC, *Hospital discharge planning: helping family caregivers through the process*, United Hospital Funds and NAC.

(45) Sheryl Mitnick and als, Family caregivers, patients and physicians: ethical guidance to optimize relations, *Journal of General Internal Medicine*, Vol. 25, No. 3, 2009, pp. 255-260.

(46) Kathieen Kelly, Ashiey Brooks-Danso and Susan C. Reinhard, Executive summary: professional partners supporting family caregivers, *American Journal of Nursing*, Vol. 108, No. 9, 2008, p. 6-12.

(47) National Association of Social Workers, *NASW standards for social work practice with family caregivers of older adults*, NASW, 2010, pp. 1-47.

(48) Margaret J. Bell, Helen E. Hansen and Cynthia R. Gross, *op. cit.*, pp. 80-81, Barbara A. Given and als, Family support in advanced cancer, *A Cancer Journal for Clinicians*, Vol. 15, No. 4, 2001, p. 214.

(49) Hannelore Jani-Le Bris, *Aide aux aidants, prise en charge familiale du grand âgé en France*, CLEIRPPA, 1993, p. 5.

(50) *Ibid.*, p. 28.

(51) Valette Myriam, *Livre blanc de l'aide aux aidants*, Université de Toulouse, 2004, p. 6.

(52) Commissariat Général du Plan, *Dépendance et solidarités mieux aider les personnes âgées, rapport de la commission présidée par Pierre Schopflin*, La Documentation française, 1991, pp. 91-92, Assemblée Nationale, *Rapport d'information déposé par la commission des affaires culturelles familiales et sociales sur les personnes âgées dépendantes, vivre ensemble*, Journal Officiels, 1991, pp. 40-41, Paulette Guinchard-Kunstler, *Vieillir en France, enjeux et besoins d'une nouvelle orientation de la politique en direction des personnes âgées en perte d'autonomie, rapport à Monsieur le premier ministre*, 1999, pp. 59-60.

(53) Haut Conseil de la Famille, *La Place des familles dans la prise encharge de la dépendence des personnes âgées*, HCF, 2011, p. 23.

(54) Nathalie Dutheil, Les Aides et les aidants des personnes âgées, *Etudes et Résultats*, No. 142, 2001, p. 7, Haute Autorité de Santé, *Maladie d'Alzheimer et maladies apparentées: suivi médical des aidants naturels, recommendations*, HAS, 2010, p. 13.

(55) Maurice Bonnet, *Pour une prise en charge collective, quell que soit leur âge, des personnes en situation de handicap*, Conseil Economique et Social, 2004, p. 44, Haute Autorité de Santé, *op. cit.*, p. 15.

⒃ Ministère des Affaires Social et de la Santé, *Plan pour l'amélioration de la qualité de vie des personnes atteintes de maladies chroniques, 2007-2011, rapport du groupe de travail n. 2, sur le rôle des aidants et des acteurs de santé*, MASS, 2010, pp. 8-9, Haute Autorité de Santé, *Maladie d' Alzheimer et maladies apparentées, suivi medical des aidants naturels*, HAS, 2010, p. 24.
⒄ Olvier Veber, *Société et vieillissement, rapport du group n. 1*, Ministère des Solidarité et de la Cohésion Social, 2011, p. 226.
⒅ Ecole Nationale d' Administration, *Les Politiques sociales et l'entourage des personnes âgées dépendantes*, ENA, 2002, pp. 16-29.
⒆ Ministère des Affaires Sociales et de la Santé, *Plan pour l'amélioration de la qualité de vie des personnes atteintes de maladies chroniques, 2007-2011, rapport du groupe de travail n. 2 sur le rôle des aidants et des acteurs de santé*, MASS, 2010, pp. 7-20.
⒇ Paulette Guinchard-Kunstler, *Vieillir en France, rapport à monsieur le Primier ministère*, La Documentation française, 1999, Ministère de l' Emploi et de la Solidarité, *Programme pour les personnes souffrant de la maladie d' Alzheimer et de maladies apparentees, plan 2001-2005*, La Documentation française, 2001, Ministère des Solidarités, de la Santé et de la Famille, *Plan maladie d' Alzheimer et maladies apparentées, 2004-2007*, La Documentation française, 2004, Ministère des Solidarités, de la Santé et de la Famille, *Plan Alzheimer et maladies apparentées, 2008-2012*, La Documentation française, 2008.
(61) Théo Braun-Michel Stourm, *Les Personnes âgées dépendantes, rapport au sécretaire d' Etat chargé de la sécurité sociale*, La Documentation française, 1988, Jean-Clause Boulard, *Rapport d' information par la commission des affaires culturelles, familiales et sociales sur les personnes âgées dépendantes*, Direction des Journaux Officiels, 1991, pp. 40-41, Patrice Legrand, *Dépendance et solidariti̇és mieux aider les personnes âgées, op. cit.*, pp. 91-92 and pp. 153-154, Conseil Economique et Social, *Les Personnes âgées dans la société*, Direction des Journaux Officiels, 2001, pp. 28-31, p. 59, p. 67, pp. 69-71 and p. 78, CES, *L'Impact de l'allongement de la durée de vie sur les systèmes d'aides et de soins*, Direction des Journaux Officiels, 2007, p. 10, pp. 21-23, p. 54, p. 57, pp. 61-62 et p. 65.

　朝日新聞の社説「認知症政策　入院より在宅めざせ」（2012年8月20日）は，厚生労働省認知症施策検討プロジェクトチーム『今後の認知症施策の方向性について』（2012年）を素材に見解を示したものである。厚生労働省の文書は「介護者への支援の視点も含めたサービスの提供を行う」として「介護者への支援」を「7つの視点」の一つとして重要視しながら「方向性」を定めるにもかかわらず，社説には「介護者」の表現さえ一度として登場しない。また，社説は，イギリスの認知症に関する政策文書を「モデルの一つ」として紹介するものの，そこでも介護者を視野に収めることはない。イギリスのこの文書は，「認知症の人とその介護者」（people with dementia and their carers）の表現を100頁の報告書のうち44頁，「介護者」もしくは「家族介護者」（carers, family carers）の表現を同じく29頁，合計73頁に記載することに示されるように，認知症の人々の地域における暮ら

しを構想するに際して，介護者支援を重視する。精神障碍者の地域における暮らしに始まる1950年代からの，コミュニティケアの短くはない歴史を継承し発展させてのその姿勢である。DH, Living well with dementia: a national dementia strategy, DH, 2009.

　素材として自ら選び取った文書を正確に読み込んだ上で自説を展開してほしいと願う。介護保障を巡る議論が，介護者や介護者のニーズを忘れ去ったままになされた事態を，再び招き寄せてはなるまい。

(62) Haut Conseil de la Famille, *La Place des familles dans la prise en charge de la dépendance des personnes âgées, op. cit.*, p. 46 et annexe, No. 8 formations aux aidants.
(63) *Ibid.*, p. 126.
(64) Conseil Général du Rhône et CREAI Rhône-Alpes, *Les Besoins et attentes des aidants familiaux de personnes handicapées vivant à domicile*, CREAI Rhône-Alpes, 2009, p. 41.
(65) Novartis, *Les Aidants familiaux en France, source: panel national des aidants familiaux BVA, principaux enseignements*, Novartis, 2010, p. 12.
(66) Annick Morel and Olvier Veber, *op. cit.*, pp. 229-230.
(67) Department of Health, *The National carers' strategy, recognized, supported, empowered*, DH, 2012, p. 10 and p. 21, Ministry of Social Development, *The New Zealand carers' strategy and five-year action plan 2008*, MSD, 2008, p. 14 and pp. 21-22, National Health Committee, *How should we care for the carers, now and into the future?* NHC, 2010, p. viii, p. ix and p. 19.
(68) Yu Sun Bin, Nathaniel S. Marshall and Nicholas S. Glozier, Secular changes in sleep duration among Australian adults, 1992-2006, *The Medical Journal of Australia*, Vol. 195, issue 11, 2011, p. 671.
(69) J. Brodsky, J. Habib and M. Hirscheld, *Key policy issues in long-term care*, WHO, 2003, pp. 30-31.
(70) Michel Naiditch, Comment pérenniser une resource en vie de raréfaction? enseignements d'une comparaison des politiques d'aide aux aidants des personnes âgées dépendants en Europe, *Questions d'Economie de la Santé*, No. 176, 2012, p. 1, Francesca Colombo and als, *Help wanted ? providing and paying for long-term care*, OECD, 2011, p. 121, Reidun Ingebretsen and John Eriksen, *Supportting family carers of older people in Europe, the national background report for Norway*, Lit verlage, 2007, p. 43.

　「介護者支援策」の表現を日本で初めて用いるのは，渋谷敦司氏である。これは，「家庭におけるケア担当者に対する援助を強調する政策」であり，「国家責任を解除するという機能をはたす」と評し，氏が「重視しているのは良質の施設ケアの拡充であり……」との政策的な立場を明らかにする。渋谷敦司「フェミニズムの視点からみたコミュニティケア政策の問題点」『茨城大学地域総合研究所年報』1993年，18頁，21頁，23頁，同「女性政策としての地域政策」，飯田哲也・遠藤晃編著『家族政策と地域政策』多賀出版，1990年所収，57頁。

　渋谷氏の議論は，「介護者支援策」を取り上げながら，この制度化を拒否する議論である。これに類似の議論が，かつてイギリスのごく一部に存在したことは否定できない。し

かし，氏が，イギリスのフェミニストに限っても，その議論を包括的に視野に収めていたとは考え難い。雇用機会均等委員会の提言などについて，笹谷氏と全く同じようにそもそもご存じない。加えて，「介護者支援策」が「国家責任を解除するという機能をはたす」とは，どういうことであろうか。説明は加えられていない。介護者政策の目的が，地域における無償の介護の維持から社会的包摂に変更され，それに伴って国民医療サービスを含む公的な責任は拡充される。そもそも日常生活上の援助を一切「良質の施設ケアの拡充」を以って見通すことは，可能なのであろうか。イギリスのフェミニストの一部もこの論点に関する限りいかなる見解も示しておらず，渋谷氏も，新たに議論を組み立てたわけではない。

(71) Eurocarers, *Proposal for a health for growth programme 2014-2020*, Eurocarers, 2012, p. 8.

(72) NHS Bradford District and als, *Carers: evidence of health inequalities affecting carers, last updated 17th January 2012*, NHS Bradford District and als, 2012, p. 1.

(73) Nursing & Midwifery Council, *What people should expect from a nurse or midwife*, NMC, 2008, p. 2 and p. 4.

(74) NHS Mid Essex, *Carers survey 2010, op. cit*, p. 4, NHS Brighton and Hove, Brighton & Hove City Council, *Brighton & Hove carers' survey 2009*, NHS Brighton and Hove, Brighton & Hove City Council, 2009, pp. 18-19.

(75) Maggi Douglas-Dunbar and Penny Gardiner, Support for carers of people with dementia during hospital admission, *Nursing Older People*, Vol. 19, No. 8, 2007, pp. 28-29.

(76) H. M. Government, *Caring for our future: reforming care and support, presented to Parliament by the Secretary of State for Health by commande of her majesty, Cm8378*, H. M. Government, 2012, p. 34.

(77) Jan Oyebode, Assessment of carers' psychological needs, *Advances in Psychiatric Treatment*, Vol. 9, 2003, p. 50, Adadil Jan Shah, Ovai S. Wadoo and Javed Latoo, Psychological distress in carers of people with mental disorders, *British Journal of Medical Practitioners*, Vol. 3, No. 3, September 2010, p. 3 and p. 5.

略語一覧

AARP（American Association of Retired Persons）　アメリカ高齢者協会
ABS（Australian Bureau of Statistics）　オーストラリア統計局
AJN（American Journal of Nursing）　『アメリカ看護雑誌』
AMA（American Medical Association）　アメリカ医師会
AMA（Australian Medical Association）　オーストラリア医師会
ANA（American Nurses Association）　アメリカ看護協会
APA（L' Allocation Personnalisée d' Autonomie）　個別自立手当
APA（American Psychological Association）　アメリカ心理学会
BBC（British Broadcasting Corporation）　英国放送協会
BMA（British Medical Association）　英国医師会
CES（Conseil Economique et Social）　経済社会評議会
CEPV（Commission d'Etude des Problèmes de la Vieillesse）　高齢化問題調査委員会
CGP（Commissariat Général du Plan）　統括計画委員会
CLEIRPA（Centre de Liaison, d' Etude, d' Information et de Recherche sur les Problèmes des Personnes Agées）　高齢者問題連絡情報調査研究センター
CNA（Carers National Association）　英国介護者協会
CNSA（Caisse Nationale de Solidarité pour l' Autonomie）　全国自立連帯基金
COFACE（Confederation of Family Organisations in the European Union）　ヨーロッパ家族団体連盟
COSLA（Convention of Scottish Local Authorities）　スコットランド自治体協議会
CSO（Central Statistics Office）　中央統計局
DH（Department of Health）　保健省
DHA（District Health Authority）　地域保健基金
DHHS（Department of Health and Human Services）　保健対人サービス省
DHSS（Department of Health and Social Security）　保健社会保障省
DHSS（Department of Health and Social Services）　保健社会サービス省
DWP（Department for Work and Pensions）　労働・年金省
ECJ（European Court of Justice）　ヨーロッパ司法裁判所
EHRC（Equality and Human Rights Commission）　平等・人権委員会
EOC（Equal Opportunities Commission）　雇用機会均等委員会
EU（European Union）　ヨーロッパ連合

FHSA（Family Health Services Authority）　家族保健サービス基金
GP（General Practitioner）　一般開業医
HA（Health Authority）　保健基金
HCF（Haut Conseil de la Famille）　家族高等会議
HCPF（Haut Conseil de la Population et de la Famille）　人口家族高等会議
ILO（International Labour Organization）　国際労働機関
JSWE（Journal of Social Work Education）　『ソーシャルワーク教育雑誌』
MASH（Ministère des Affaires Social et de la Hanté）　社会問題保健省
MASI（Ministère des Affairés Sociales et de l'Intégration）　社会問題統合省
MBA（Medical Board of Australia）　オーストラリア医療監査局
MHF（Mental Health Foundation）　精神衛生財団
MSSF（Ministère des Solidarités, de la Santé et de la Famille）　連帯保健家族省
MSW（Medical Social Worker）　医療ソーシャルワーカー
NAC（National Alliance for Caregiving）　全国介護同盟
NACA（National Aged Care Alliance）　全国老齢介護同盟
NCCED（National Council for Carers and their Elderly Dependants）　全国介護者とその要介護高齢者会議
NCSWD（National Council for the Single Woman and her Dependants）　全国未婚女性とその要介護者評議会
NFCSP（National Family Caregiver Support Program）　全国介護者支援事業
NHC（National Health Committee）　全国保健委員会
NHS（National Health Service）　国民保健サービス
NMC（Nursing & Midwifery Council）　看護助産評議会
NSPA（National Spinster' Pensions Association）　全国未婚年金連合
NYCC（National Young Carers Coalition）　全国年少の介護者連合
OECD（Organisation for Economic Co-operation and Development）　経済協力開発機構
ONS（Office for National Statistics）　全国統計局
OPCS（Office of Population Censuses and Surveys）　人口統計調査局
PCT（Primary Care Trust）　一次医療基金
PRTC（Princess Royal Trust for Carers）　介護者のためのプリンセス・ロイヤルトラスト
PSD（Prestation Spécifique Dépendence）　要介護特別手当
PWI（Personal Wellbeing Index）　個人の健康指標
QOL（Quality of Life）　生活の質
RCGP（Royal College of General Practitioners）　王立一般開業医組合

RCGPS（Royal College of General Practitioners Scotland）王立スコットランド一般開業医組合
SCFCHY（Standing Committee on Family, Community, Housing and Youth）家族，地域，住宅及び青年常設委員会
SIMD（Scottish Index of Multiple Deprivation）スコットランド多元的剝奪指標
SMIC（Salaire Minimum Interprofessionnel de Croissance）法定最低賃金
SPRU（Social Policy Research Unit）社会政策研究機構
SSC（Social Services Committee）社会サービス委員会
SSI（Social Services Inspectorate）社会サービス監察官
TUC（Trades Union Congress）イギリス労働組合会議
UN（United Nations）国際連合
WIMD（Welsh Index of Multiple Deprivation）ウェールズ多元的剝奪指標
WHO（World Health Organization）世界保健機構
WPC（Work and Pensions Committee）仕事・年金委員会
YCRG（Young Carers Research Group）年少の介護者に関する調査研究チーム

図 表 一 覧

表序-1 　経済協力開発機構加盟諸国における国別要介護者と介護者の関係
表序-2 　イギリスのフェミニストによる介護者研究開始時期に関する笹谷見解の変遷（1997～2012年）
表序-3 　英米国フェミニストの介護者研究の論点比較と日本人研究者の解釈
表序-4 　欧米等11か国フェミニストや政府機関と国際機関の介護者研究論点比較
表序-5 　要介護者と同居の介護者の社会職業階層別年齢階層別及び性別比率（1985年）
表1-1 　介護者の定義構成要件に関する諸見解（1965～2013年，その1）
表1-2 　介護者の定義構成要件に関する諸見解（1965～2013年，その2）
表1-3 　夫妻の1日当たり介護時間の長さ別分布と平均時間（1980年）
表1-4 　障碍児を持つ両親の雇用への影響に関する種類別性別比較
表1-5 　介護者の休息・休暇に関する属性別ニーズ比率（2002年）
表1-6 　社会サービス等の認知及び利用状況に関する人種民族別比較（1985～87年）
表2-1 　介護者の人口比と規模に関する政府諸機関の各種調査結果（1985～2011年）
表2-2 　介護者の介護期間別構成の推移（1985～2009/10年）
表2-3 　介護者と非介護者の居住形態別労働年齢階層別世帯単位の就業状況比較（スコットランド，1999～2004年）
表2-4 　介護責任の有無別要介護者との居住形態別労働力状態比較（1995年）
表2-5 　介護者の世帯所得源泉の週当たり介護時間別性別及び全個人との比較（2009/10年）
表2-6 　介護者の年齢階層別性別週当たり介護時間別社会職業階層関連指標（イングランド，2001年）
表2-7 　長期疾病や障碍のある16歳未満の子の親でもある介護者の社会職業階層関連指標（2001年）
表2-8 　介護者の職業資格保有に関する要介護者との居住形態別週当たり介護時間別状況（2009/10年）
表2-9 　スコットランド多元的剥奪指標を用いた介護者に関する剥奪状況性別比較（2008/10年）
表2-10 　オーストラリア他6か国等における介護者比率と規模及び性別構成（1993～2011年）
表2-11 　18歳以上の主な介護者の介護期間別週当たり介護時間別比較（オーストラリア，2009年）

表2-12　介護責任の有無別及び程度別就業形態と失業率等比較（オーストラリア，2003年，2009年）
表2-13　介護責任の有無別程度別教育期間及び資格水準比較（オーストラリア，2003年）
表2-14　介護責任の有無別介護者の年齢階層別所得階層比較（オーストラリア，2003年，2009年）
表2-15　介護者の居住形態別等教育期間証書等比較（アイルランド，2009年）
表2-16　介護者の性別社会職業階層別週当たり介護時間別分布（アイルランド，2006年）
表3-1　介護者への日常生活上の援助の多面的な影響（テームサイド州，1987/88年）
表3-2　35〜64歳層の10万人当たり死亡率の職業階層別性別推移（イングランド，ウェールズ，1976〜92年）
表3-3　健康状態に関する世帯所得階層別剥奪状態地域別状況（イングランド，2009年）
表3-4　介護者の要介護者との居住形態別週当たり介護時間別健康への影響状態（2000年，2009/10年）
表3-5　介護者の週当たり介護時間別健康状態の介護者以外との比較（ウェールズ，2003/04年，2008年）
表3-6　介護者の要介護者との居住形態別週当たり介護時間別長期疾患比率の介護者以外との比較（北アイルランド，1997年）
表3-7　介護者ニーズに関する一般開業医の認識度と要介護者通院時の病院職員の対応状況（1998年）
表3-8　健康状態の良くない年少者の年齢階層別介護責任の有無別週当たり介護時間別比較（イングランド，2001年）
表4-1　介護者支援の領域と方法に関する提言（1957〜2010年，その1）
表4-2　介護者支援の領域と方法に関する提言（1957〜2010年，その2）
表4-3　介護者手当受給介護者の就業状態別週当たり介護時間別同居別等比率（2009/10年）
表5-1　最近12か月以内の介護者自身もしくは要介護者の医療サービス利用状況（1997〜98年）
表5-2　一般開業医診療所の介護者支援方法別採用状況（1997〜98年）
表5-3　退院計画への介護者の方法別参画状況（1997〜98年）
表5-4　国民保健サービス職員の重要性に関する介護者の順位付け状況（1997〜98年）
表5-5　医療機関の介護者支援に関する政策提言一覧（1995〜2009年）
表6-1　介護者支援の領域と方法別支援主体の構成並びに医療機関の位置
表6-2　一般開業医など医療機関職員の介護者問題啓発訓練の効果（2009〜2010年）

表6-3　介護者の健康状態の自己確認チェックリストの領域比較
表6-4　要介護者退院時の介護者の諸経験（1998年，2001年）
表終-1　主な介護者の要介護者との居住形態別週当たり介護時間別健康等への影響状況（オーストラリア，2009年）
表終-2　介護者の週当たり介護時間別年間所得水準別健康状態（アメリカ，1998年）
表終-3　介護者の介護負担別健康状態と日常生活への影響（フランス，2008年）
表終-4　介護責任を負って以来2日以上の休日取得状況に関する就業状態別世帯所得水準別休日取得時期別等比較（2009/10年）
表終-5　経済協力開発機構加盟13か国の介護者の週当たり介護時間別構成（2007年前後）

日本語文献一覧

青木信雄編・監訳『デイケアの理念と実際――イギリスの経験に学ぶ』全国社会福祉協議会，1989年

阿藤誠編『先進諸国の人口問題――少子化と家族政策』東京大学出版会，1996年

伊藤周平「福祉国家とフェミニズム――女性，家族，福祉」『大原社会問題研究所雑誌』440号，1995年

大塩まゆみ『家族手当の研究――児童手当から家族政策を展望する』法律文化社，1996年

太田貞司編著『地域ケアと退院計画――地域生活を支える退院のあり方を探る』萌文社，2000年

岡村重夫・三浦文夫編『老人の福祉と社会保障』垣内出版，1972年

奥田伸子「『社会史』のためのオーラルヒストリーとその手法」『現代史研究』35号，1989年

北山沙和子「家庭内役割を担う子どもたちの現状と課題――ヤングケアラー実態調査から」（平成23年度学位論文），兵庫教育大学大学院，2012年

城戸喜子「福祉供給におけるインフォーマル部門の役割」隅谷三喜男・丸尾直美編著『福祉サービスと財政』中央法規出版，1987年所収

児島美都子『イギリスにおける中間ケア政策――病院から地域へ』学術出版会，2007年

笹谷春美「ケアをする人々の健康問題と社会的支援策」『社会政策』第4巻第2号，2012年10月

佐藤幹夫『ルポ・認知症ケア最前線』岩波書店，2011年

渋谷敦司「女性政策としての地域政策の展開」飯田哲也・遠藤晃編著『家族政策と地域政策』多賀出版，1990年所収

―――「フェミニズムの視点からみたコミュニティ・ケア政策の問題点」『茨城大学地域総合研究所年報』，1993年

少子・高齢化に関する国際研究委員会編『スウェーデンの家族政策と出生動向』エイジング総合研究センター，1997年

全国社会福祉協議会/老人福祉施設協議会編『老人のデイケア』全国社会福祉協議会，1986年

高島昌二『スウェーデンの家族・福祉・国家』ミネルヴァ書房，1997年

武川正吾「家族の介護力は元々存在しなかった」東北社会学会『社会学年報』29号，2000年

田端光美『イギリスの地域福祉の形成と展開』有斐閣，2003年
─────「イギリスにおける地域福祉と地域計画」福武直・一番ケ瀬康子『都市と農村の福祉』中央法規出版，1988年所収
所道彦「家族政策の国際比較──現状・課題・方法に関する一考察」『海外社会保障研究』127号，1999年
─────「日本の家族政策の特徴──国際比較の視点から」『社会福祉学習双書』編集委員会『社会福祉概論I』全国社会福祉協議会，2009年所収
外山義『クリッパンの老人たち　スウェーデンの高齢者ケア』ドメス出版，1990年
那須宗一『老人世代論──老人福祉と現状分析』芦書房，1962年
那須宗一・湯沢雍彦共編『老人扶養の研究』垣内出版，1970年
日本労働研究機構『デイケア利用者家族の実態と意識に関する調査研究報告書』日本労働研究機構，1990年
羽生正宗『レスパイトケア　介護者支援政策形成──家族介護者の負担感分析』日本評論社，2011年
前田信雄『病める老人を地域でみる──デイケア・訪問看護・ナーシングホーム』垣内出版，1979年
三富紀敬「イギリスの高齢者及び障がい者調査と介護者」静岡大学『経済研究』16巻3号，2012年2月
─────「国民保健サービスの介護者憲章」静岡大学『経済研究』16巻3号，2012年2月
本沢巳代子／ベルト・フォン・マイデル編『家族のための総合社会政策II──市民社会における家族政策』信山社，2009年
柳谷慶子『近世の女性相続と介護』吉川弘文館，2007年
─────「日本近世の高齢者介護と家族」比較家族史学会監修・山中永之佑他編『介護と家族』早稲田大学出版会，2001年所収
山口大学大学院経済学研究科『レスパイトケア──家族介護者支援の推進にあたって』実施報告』山口大学経済学部，2012年
横山美江・清水忠彦・早川和生・由良晶子「在宅要介護老人の介護者における健康状態と関連する介護環境要因」『日本公衆衛生雑誌』39巻10号，1992年10月
渡辺晴子「スウェーデンの高齢者介護における『家族介護支援』の動向」『社会問題研究』49（1），1999年
渡辺満『イギリス医療と社会サービスの研究』渓水社，2005年

外国語文献一覧

Aadil Jan Shah, Ovai S. Wadoo and Javed Latoo, Psychological distress in carers of people with mental disorders, *British Journal of Medical Practitioners*, Vol. 3, No. 3, September 2010.

Alain Blanc, *Les Aidants familiaux*, Presses Universitaires de Grenoble, 2010.

Alan Walker, *Community care, the family, the state and social policy*, Basil Blackwell Publisher, 1982.

Alex O'Neil, *Young carers: the Tameside research*, Tameside MBC, 1988.

Alies Struijs, *Informal care, the contribution of family carers and volunteers to long-term care*, Council for Public Health and Health Care, 2006.

Alva Myrdal, *Nation and family, the Swedish experiment in democratic family and population policy*, Kegan Paul, Trench Trubner & Co., Ltd, 1945.

Amy Horowitz, Sons and daughters as caregivers to older parents: differences in role performance and consequences, *The Gerontologist*, Vol. 25, No. 6, 1985.

Ann Richardson, Judith Unell and Beverly Aston, *A New deal for carers*, King's Fund, 1989.

Assemblée Nationale, *Rapport d' information déposé par la commission des affaires culturelles familiales et sociales sur les personnes âgées dépendantes, vivre ensemble*, Journal Officiels, 1991.

Audrey Hunt, *The Home help service in England and Wales*, HMSO, 1970.

―――, *A Survey of women's employment, a survey carried out on behalf of the Ministry of Labour by the Government social survey in 1965*, Vol. 1, report, HMSO, 1968.

Australian and New Zealand Society for Geriatric Medicine, *Position statement, No. 15, discharge planning*, Australian and New Zealand Society for Geriatric Medicine, 2008.

Australian Bureau of Statistics, *Disability, ageing and carers survey*, ABS, 1993.

―――, *Disability, ageing and carers: summary of findings*, ABS, 1999.

―――, *Disability, ageing and carers Australia: summary of findings*, ABS, 2010.

―――, *A Profile of carers in Australia*, ABS, 2009.

Australian Government, *Caring for older Australians, productivity commission draft report*, Australian Government, 2011.

―――, *Government response to the House of Representatives, Standing Committee on Family, Community, Housing and Youth report: who cares...? report on the inquiry into better support for carers*, Australia Government, 2009.

―――, *National carers strategy, action plan (2011-2014)*, Australian Government, 2011.

B. Seebohm Rowntree, *Old people, report of a survey committee on the problems of ageing and the care of old people under the chairmanship of B. Seebohm Rowntree*, The Nuffield Foundation, 1947.

Baila Miller and Lynda Cafasso, Gender differences in caregiving: fact or artifact ? *The Gerontologist*, Vol. 32, No. 4, 1992.

Barbara A. Given and als, Family support in advanced cancer, *A Cancer Journal for Clinicians*, Vol. 15, No. 4, 2001.

Barbara Keeley and Malcolm Clarke, *Carers speak out project, report on findings and recommendations*, PRTC, 2002.

―――, *Primary carers-identifying and providing support to carers in primary care*, PRTC, 2003.

Ben Edwards and als, *The Nature and impact of caring for family members with a disability in Australia*, Australian Institute of Family Studies, 2008.

Birmingham City Council, *Carers experience survey (carers of adults) November/December 2011*, Birmingham City Council, 2012.

Blake Stevenson, *Review and analysis of existing training and education for NHS and social care staff working with carers and young carers, NHS Education for Scotland, final report*, Blake Stevenson, 2012.

British Medical Association, *Working with carers: guidelines for good practice*, BMA, revised edition, 2009.

Care for the 21st Century, *Scottish Executive response to Care 21 report: the future of unpaid care in Scotland*, Scottish Executive, 2006.

Care for the 21st Century and Office for Public Management, *The Future of unpaid care in Scotland, headline report and recommendations*, Scottish Executive, 2006.

Carers Lewisham, *Carers Lewisham strategy 2011-2015*, Carers Lewisham, 2011.

Carers UK, *In Poor health, the impact of caring on health*, Carers UK, 2004.

Carol M. Musil and als, Issues in caregivers' stress and providers' support, *Research on aging*, Vol. 25, No. 5, 2003.

Carol T. Baines, Patricia M. Evans and Sheila M. Neysmith, *Women's caring, feminist perspectives on social welfare*, McCelland & Stewart Inc, 1991.

外国語文献一覧

Caroline Glendinning, *The Costs of informal care: looking inside of the household*, HMSO, 1992.
―――, *A Single door: social work with the families of disabled children*, Allen & Unwin, 1986.
―――, *Unshared care: parents and their disabled children*, Routledge & Kegan Paul, 1983.
Caroline Glendinning and als, *Care provision within the families and its socio-economic impact on care providers*, SPRU, The University of York, 2009.
Centre Statistics Office Ireland, *Census 2002, results*, CSO Ireland, 2003.
―――, *Census 2006, Volume II, Disability, carers and voluntary activities*, CSO Ireland, 2009.
―――, *Census 2011 results profile, our bill of health-health, disability and carers in Ireland*, CSO Ireland, 2012.
―――, *Quarterly national household survey, carers, Quarter 3 2009*, CSO Ireland, 2010.
Chantal Simon, Satinder Kumar and Tony Kendrick, Who cares for the carers? the district nurse perspective, *Family Practice*, Vol. 19, No. 1, 2002.
Cherrill Hicks, *Who cares, looking after at home*, Virago Press, 1988.
Chiara Saraceno, *Families, ageing and social policy, intergenerational solidarity in European welfare states*, Edward Elgar, 2008.
Chiara Saraceno, Jane Lewis and Arnluag Leira, *Families and family policies*, Vol. I and II, Edward Elgar Publishing, 2012.
Christina Lee, Experiences of family caregiving among older Australian women, *Journal of Health Psychology*, Vol. 6, No. 4, 2001.
Christina Lee and Jenny Porteous, Experiences of family caregiving among middle-age Australian women, *Feminism & Psychology*, Vol. 12, No. 1, 2002.
Christine Bon, *Le Concept international de respite care ou soin de répit: une idée à developper et promouvoir en France pour accompagner la vie indépendante à domicile de personnes en situation de handicap*, l' I. R. T. S. Paris Ile de France, 2003.
Christine Bradway and Karen B. Hirschman, Working with families of hospitalized older adults with dementia, caregivers are useful resources and should be part of the care team, *American Journal of Nursing*, Vol. 108, No. 10, 2008.
Clare Ungerson, *Policy is personal, sex, gender, and informal care*, Tavistock Publications, 1987.
Clark Tibbitts, *Handbook of social gerontology, societal aspects of aging*, The

University of Chicago Press, 1960.
CLIC du Pays de Redon, *Guide pour les accompagnants d'une personne atteinte par la maladie d'Alzheimer ou une maladie apparentée, quelles sont les aides pour les aidants familiaux sur le Pays de Redon?* CLIC du Pays de Redon.
Coalition Canadienne des Aidantes et Aidants Naturels, *Table ronde sur le rôle des homes dans l'aide aux proches*, CCAAN, 2003.
Commissariat Général du Plan, *Dépendance et solidarités mieux aider les personnes âgées, rapport de la commission présidée par Pierre Schopflin*, La Documentation française, 1991.
Commission of the EU, *Promoting solidarity between the generations*, COM (2007) 244 final, Commission of the EU, 2007.
Conseil Economique et Social, *L'Impact de l'allongement de la durée de vie sur les systèmes d'aides et de soins*, Direction des Journaux Officiels, 2007.
———, *Les Personnes âgées dans la société*, Direction des Journaux Officiels, 2001.
———, *La Politique familiale française*, Journal Officiel, 1991.
David Gordon, Mary Shaw, Daniel Dorling and George Davey Smith, *Inequalities in health, the evidence presented to the independent inquiry into inequalities in health chaired by Sir Donald Acheson*, The Policy Press, 1999.
David Wilkin, *Caring for the mentally handicapped child*, Croom Helm, 1979.
Department for Work and Pensions, *Family resources survey, 1998-99*, DWP, 2000.
———, *Family resources survey, 2005-06*, DWP, 2007.
———, *Family resources survey, United Kingdom, 2009-10*, DWP, 2011.
Department of Health, *Caring for our future: reforming care and support, presented to Parliament by the Secretary of State for Health by command of Her Majesty*, Cm8378, TSO, 2012.
———, *The Health of the nation, a strategy for health in England*, Cm1986, TSO, 1992, reprinted 1997.
———, *The National carers' strategy, recognized, supported, empowered*, DH, 2012.
———, *Young carers: making a start*, DH, 1996.
Department of Health and Social Security, *Care in action, a handbook of policies and priorities for the health and personal social services in England*, HMSO, 1981.
Department of Health and Social Services, Social work service development group, *Supporting the informal carers: information (initiatives, literature and contacts)*, DHSS, 1983.
Department of Health, Social Services and Public Safety, *Informal carers report, a report from the Health and social wellbeing survey 1997*, DHSSPS, 2001.

Diona Hills, *Carer support in the community, evaluation of the Department of Health initiative: demonstration districts for informal carers, 1986-1989*, DH, 1991.

Durham County Council, *The Carers Echo, newsletter for carers*, Durham County Council, Issue 46, October 2011.

Ecole Nationale d' Administration, *Les Politiques sociales et l' entourage des personnes âgées dépendantes*, ENA, 2002.

Elaine M. Brody, The Ageing family, *The Gerontologist*, Vol. 6, No. 4, 1966.

Elizabeth A. Watson and Jane Mears, *Women, work and care of the elderly*, Ashgate, 1999.

Elizabeth Roberts, *A Women's place, an oral history of working-class women, 1890-1940*, Basil Blackwell, 1984.

Emily K. Abel, *Who cares for the elderly? public policy and the experiences for adult daughters*, Temple University Press, 1991.

Equal Opportunities Commission, *Caring for elderly and handicapped: community care policies and women's lives*, EOC, 1982.

―――, *The Experience of caring for elderly and handicapped dependants*, EOC, 1980.

―――, *Who cares for the carers? opportunities for those caring for the elderly and handicapped, recommendations*, EOC, 1982.

The Equality Authority, *Implementing equality for carers*, The Equality Authority, 2005.

Ethel Shanas and Gordon F. Streib, *Social structure and the family: generational relations*, Prentice-Hall, 1965.

The European Foundation for the Improvement and Working Conditions, *European quality of life survey 2007, caring for ill, disabled or elderly in the home*, EFIWC, 2009.

European Women's Lobby, *Intergenerational solidarity, the way forward, proposals from the NGO Coalition for a 2012 European year for active ageing and intergenerational solidarity*, European Women's Lobby, 2008.

Eva Kahana, David E. Biegel and May L. Wykle, *Family caregiving across the lifespan*, Sage, 1994.

Fay D. Wright, *Left to care alone*, Gower, 1986.

Francesca Colombo and als, *Help wanted? providing and paying for long-term care*, OECD, 2011.

Franser Stewart and Euan Patterson, *Caring in Scotland: analysis of existing data sources on unpaid carers in Scotland*, Scottish Government Social Research,

2010.

Fréderic Lesemann and Claude Martin, *Home-based care, the elderly, the family and welfare state: an international comparaison*, University of Ottawa Press, 1993.

————, *Les Personnes âgées, dépendence, soins et solidarités familiales, comparaisons internationals*, La Documentation française, 1993.

Gill Davies and Juliet Campbell, *GP and primary health care carers project, opening the door of primary health care to Lewisham's carers*, Carers Lewisham, 1998.

Gill Walker and Bryan Healy, *Caring together and getting it right for young carers, the carers strategies for Scotland 2010-2015, workforce training and education plan, summary*, NHS Education for Scotland and Scottish Social Services Council, 2011.

Gillian Dally, *Ideologies of caring, rethinking community and collectivism*, first edition, Macmillan Press, 1988, second edition, 1996.

Gillian Parker, *Where next for research on carers?* Leicester University, 1994.

————, *With Due care and attention, a review of research on informal care*, Family Policy Studies Centre, 1985. new edition, 1990.

Gillian Parker and Dot Lawton, *Different types of care, different types of carers: evidence from the general household survey*, HMSO, 1994.

Gillian Pascall, *Social policy, a feminist analysis*, Tavistock Publications, 1986.

Government Equalities Office, *Equality act 2010: what do I need to know as a carer?* Government Equalities Office, 2010.

Hanneli Döhner and als, *Family care for older people in Germany, results from the European project Eurofamcare*, LIT, 2008.

Hannelore Jani-Le Bris, *Aide aux aidants, prise en charge familiale du grand âge en France*, CLEIRPPA, 1993.

————, *Family care of dependent older people in the European community*, European Foundation for the Improvement of Living and Working Conditions, 1993.

Haut Comité Consultatif de la Population et de la Famille, *Politique de la vieillesse, rapport de la commission d'étude des problèmes de la vieillesse*, La Documentation française, 1962.

Haut Conseil de la Famille, *La Place des familles dans la prise encharge de la dépendence des personnes âgées*, HCF, 2011.

Helen Donnellau, *GP carers' project, final evaluation report*, Plymouth University, 2009.

Helen Donnellau, Ruth Endacott and Kate Grimes, *Carers' health & well-being*

外国語文献一覧

checks-service evaluation study, final report, Plymouth University, 2011.
Helene Amieva and als, *Maladie d'Alzheimer-enjeux scientifiques, médicaux et sociétaux*, Les Editions Inserm, 2007.
―――, *Maladie d'Alzheimer, enjeux scientifiques, médicaux et sociétaux, synthèse et recommandations*, Les Editions Inserm, 2007.
Hélène Bocquete and Sandrine Andrieu, Le Burden, un indicateur spécifique pour les aidants familiaux, *Gérontologie et Société*, No. 89, Juin 1999.
Hilary Arksey, *Access to health care for carers: intervention evaluations, supplementary report for the national co-ordinating centre for NHS service delivery and organization R&D (NCCSDO)*, The University of York, 2003.
Hilary Arksey and als, *Access to health care for carers: barriers and interventions*, SPRU, The University of York, 2003.
Hilary Land, Who care for the family, *Journal of Social Policy*, Vol. 7, part 3, 1978.
H. M. Government, *Carers at the heart of 21st century families and communities "a caring system on your side, a life of your own"*, DH, 2008.
―――, *Caring about carers, a national strategy for carers*, DH, 1999.
―――, *Caring for our future: reforming care and support, presented to Parliament by the Secretary of State for Health by commande of Her Majesty, Cm8378*, H. M. Government, 2012.
―――, *Recognised, valued and supported: next steps for the carers strategy*, H. M. Government, 2010.
House of Commons, Social Services Committee, *Community care: carers*, HMSO, 1990.
House of Commons, Work and Pensions Committee, *Valuing and supporting carers, fourth report of session 2007-08, Vol. I, HC485-I*, TSO, 2008.
House of Representatives, Standing Committee on Family, Housing, Community and Youth, *Who cares...? report on the inquiry into better support for carers*, Commonwealth of Australia, 2009.
I. M. Rubinow, *The Care of the aged, proceeding of the Deutsch Foundation conference*, The University of Chicago Press, 1931
Idris Williams and Freda Fitton, Survey of carers of elderly patients discharged from hospital, *British Journal of General Practice*, March 1991.
Isobel Allen and Elizabeth Perkins, *The Future of family care for older people*, HMSO, 1995.
J. Brodsky, J. Habib and M. Hirscheld, *Key policy issues in longterm care*, WHO, 2003.
Jack Tizard and Jacqueline C. Grad, *The Mental handicapped and their families, a*

social security, Oxford University Press, 1961.
James M. Scanlan, Is caregiving hazardous to one's physical health ? a meta-analysis, *Psychological Bulletin*, Vol. 129, No. 6, 2003.
Jan Oyebode, Assessment of carers' psychological needs, *Advances in Psychiatric Treatment*, Vol. 9, 2003.
Jane Lewis and Barbara Meredith, *Daughters who care, daughters caring for mothers at home*, Routledge, 1988.
Janet Finch and Dulcie Groves, *A Labour of love: women, work and caring*, Routledge & Kegan Paul, 1983.
Janet Heaton, Hilary Arksey and Patricia Sloper, Carers' experiences of hospital discharge and continuing care in the community, *Health and Social Care in the Community*, Vol. 7, No. 2, 1999.
Janice K. Kiecolt-Glaser and Ronald Glaser, Chronic stress and mortality among older adults, *Journal of the American Medical Association*, Vol. 282, No. 23, 1999.
Jean-Clause Boulard, *Rapport d' information à la commission des affaires culturelles, familiales et sociales sur les personnes âgées dépendantes*, Direction des Journaux Officiels, 1991.
Jeannette Naish and Rosie Benaim, *Putting carers onto the agenda in General Practice: final report of the Hackney and Newham G. P. carers project: September 1992-January 1995*, University of London, 1996.
Jennifer L. Yee and Richard Schulz, Gender differences in psychiatric morbidity among family caregivers: a review and analysis, *The Gerontologist*, Vol. 40, No. 2, 2000.
Jenny Frank, Chris Tatum and Stan Tucker, *On Small shoulders, learning from the experiences of former young carers*, The Children's Society, 1999.
Jeremy Tunstall, *Old and alone, a sociological study of old people*, Routledge & Kegan Paul, 1966, J. タンストール／光信隆夫訳『老いと孤独――老年者の社会学的研究』垣内出版, 1978年
Joan Orme, *Gender and community care, social work and social care perspective*, Pargrave, 2001.
Joanne Maher and Hazel Green, *Carers 2000, results from the carers module of the GHS 2000*, TSO, 2002.
Johan Agate and Michael Meacher, *The Care of the old*, Fabian Society, 1969.
John Hill and als, *An Anatomy of economic inequality in the UK*, London School of Economics, 2010.

外国語文献一覧

Joy Ann MaCalman, *The Forgotten people, carers in the three minority ethnic communities in Southwark*, Kings Fund Centre, 1990.
Joyce Cavaye, *Hidden carers*, Dundin Academic Press, 2006.
Judith Harkins and Anna Dudleston, *Scottish household survey, analytical topic report*, Scottish Executive Social Research, 2007.
Julia Twigg, *Carers, research & practice*, HMSO, 1992.
―――, *Informal care in Europe, proceedings of a conference held in York*, The University of York, 1993.
Julia Twigg and Karl Atkin, *Carers perceived, policy and practice in informal care*, Open University Press, 1994.
Julia Twigg, Karl Atkin and Christina Perring, *Carers and services: a review of research*, HMSO, 1990.
Kann Wall and als, *Critical review on research on families and family policies in Europe, conference report*, Family Platform, 2010.
Karen Donelan and als, Challenged to care: informal caregivers in a changing health system, *Health Tracking*, Vol. 21, No. 4, July/August 2002.
Kari Woerness, *Caring as women's work in the welfare state*, in Harriet Holter, *Patriarchy in a welfare society*, Universitetsforlaget, 1984.
Karl Atkin and Janet Rollings, *Community care in a multi-racial Britain: a critical review of the literature*, HMSO, 1993.
Kathieen Kelly, Ashiey Brooks-Danso and Susan C. Reinhard, Executive summary: professional partners supporting family caregivers, *American Journal of Nursing*, Vol. 108, No. 9, 2008.
Kay Sheldon and Emma Harding, *Good practice guidelines to support the involvement of service users and carers in clinical psychology services*, The British Psychological Society, 2010.
Kerry Sproston and Jennifer Mindell, *Health survey for England 2004, Vol. 1, the health of minority ethnic groups, a survey carried out on behalf of the Information Centre*, NHS The Information Centre and National Statistics, 2006.
Lambeth Southwark & Lewisham Family Health Services Authority, *Comissioning services for carers, towards a strategy, phase 1, draft consultation paper*, Lambeth Southwark & Lewisham FHSA, 1995.
The Law Commission, *Adult social care*, TSO, 2011.
Lenard W. Kaye and als, Early intervention screening for family caregivers of old relatives in primary care practices, *Family & Community Health*, Vol. 26, No. 4, 2003.

Leon Taboh and Christinne Mauge, *Démographie et politique familiale en Europe*, La Documentation française, 1989.

Lesley Warner and Carole Card, *Seven and half minutes is not enough, a good practice guide for carers support workers and GP practices*, PRTC, 1999.

Lillian E. Troll, The Family of later life: a decade review, *Journal of Marriage and the Family*, Vol. 33, No. 2, 1971.

Lisa Buckner and Sue Yeandle, *Managing more than most: a statistical analysis of families with sick or disabled children*, University of Leeds, 2006.

Lisa L. Onega, Helping those who help others, the modified caregiver strain index, *American Journal of Nursing*, Vol. 108, No. 9, 2008.

London Economics, *The Economics of informal care, a report by London Economics to Carers National Association*, London Economics, 1998.

Luke Clements, *Carers and their rights, the law relating to carers*, fourth edition, Carers UK, 2011.

Lydia Yee and Roger Blunden, *General practice and carers: scope for change?* King's Fund, 1995.

M. J. Clark, M. A. Steinberg and N. G. Bischoff, Admission and discharge policies and the elderly: a survey of Queensland public hospitals, *Australian Journal on Ageing*, Vol. 16, No. 4, 1997.

Malcolm Clarke and Stuart Riley, *Best practice, better practices, a new deal for carers in primary care*, PRTC, 2006.

Manchester City Council, *Improving services for carers in your practice: a toolkit for GPs*, Manchester City Council, 2008.

Margaret J. Bell, Helen E. Hansen and Cynthia R. Gros, Differences in family caregiver outcomes by their level of involvement in discharge planning, *Applied Nursing Research*, Vol. 13, No. 2, 2000.

Maria Evandrou and David Winter, *Informal carers and the labour market in Britain*, London School of Economics, 1993.

Maria-Isabel Farfan-Portet and als, Caring, employment and health among adults of working age: evidence from Britain and Belgium, *European Journal of Public Health*, Vol. 20, No. 1, 2009.

Marilyn Howard, *Paying the price, carers poverty and social exclusion*, CPAG, 2001.

Martin Pinquart and Silvia Sorensen, Gender differences in caregiver stressors, social resources, and health: an updated meta-analysis, *Journal of Gerontology: Psychological Sciences*, Vol. 61B, No. 1, 2006.

Mary Daly and Katherine Rake, *Gender and the welfare state, care work and welfare in Europe and the USA*, Polity, 2003, メリー・デイリー・キャサリン・レイク／杉本貴代栄監訳『ジェンダーと福祉国家――欧米におけるケア・労働・福祉』ミネルヴァ書房, 2009年

Mary Webster, The Forgotton women, *Federation News*, May 1963, Vol. 10, No. 2.

Maurice Bonnet, *Pour une prise en charge collective, quell que soit leur âge, des personnes en situation de handicap*, Conseil Economique et Social, 2004.

Mayor of London, *The London health inequalities strategy*, Greater London Authority, 2010.

Medical Board of Australia, *Good medical practice: a code of conduct for doctors in Australia*, MBA, 2010.

Melanie Henwood, *Health's forgotten partners? how carers are supported through hospital discharge*, Carers UK, 2001

――――, *Ignored and invisible ? carers' experience of the NHS, report of a UK research survey commissioned by CNA*, CNA, 1998.

――――, *In Poor health, the impact of caring on health*, Carers UK, 2004.

Melanie Henwood and al, *Hospital discharge workbook, a manual on hospital discharge practice*, DH, 1994.

Michael Bauer and als, How family carers view hospital discharge planning for the older person with a dementia, *Dementia*, Vol. 10, No. 3, 2011.

Michael Bayley, *Mental handicap and community care, a study of mentally handicapped people in Sheffield*, Routledge & Kegan Paul, 1973.

Michael Hirst, *Health inequalities and informal care: end of project report*, SPRU, The University of York, 2004.

Michael Marmot, *Fair society, healthy lives, the Marmot review, strategic review of health inequalities in England post-2010*, The Marmot review, 2010.

Michael Noble and als, *Index of multiple deprivation for Wales, final report*, University of Oxford, Social Disadvantage Research Group, 2000.

Mildred Blaxter, *The Meaning of disability, a sociological study of impairment*, Heinemann, 1976, The Open University, 1980.

Ministère de la Santé et des Solidarités, *Les Solidarité entre générations, rapports remis au ministère en charge de la famille*, La Documentation française, 2006.

Ministry of Social Development, *Caring for New Zealand carers, your life, your work, your say, a consultation document for the development of a carers' strategy for New Zealand*, MSD, 2007.

――――, *The New Zealand carers' strategy and five-year action plan 2008*, MSD, 2008.

Muriel Nissel and Lucy Bonnerjea, *Family care of the handicapped elderly: who pay?* Policy Studies Institute, 1982.

Nan Greenwood and als, General practitioners and carers: a questionnaire survey of attitudes, awareness of issues, barriers and enablers to provision of services, *BMC Family Practice*, 11/100, 2010.

Nancy Kohner, *A Stronger voice, the achievements of the carers' movement 1963-93*, CNA, 1994.

Nancy R. Hooyman and Judith Gonyea, *Feminist perspectives on family care, policies for gender justice*, Sage Publications, 1995.

Nathalie Dutheil, Les Aides et les aidants des personnes âgées, *Etudes et Résultats*, No. 142, 2001.

The National Assembly for Wales, *Caring about carers, the carers' strategy in Wales, implementation plan-the first report*, The National Assembly for Wales, 2001.

National Association of Social Workers, *NASW standards for social work practice with family caregivers of older adults*, NASW, 2010.

The National Council of Social Services Incorporated, *Report of the conference on "the care of old people" held at Conway Hall, London on 29th and 30th November 1946, published for the National Old People's Welfare Committee by the NCSSI*, NCSSI, 1947.

National Health Committee, *How should we care for the carers, now and into the future?* NHC, 2010.

NHS Brighton and Hove, Brighton & Hove City Council, *Brighton & Hove carers' survey 2009*, NHS Brighton and Hove, Brighton & Hove City Council, 2009.

NHS Camden and LB of Camden Council, *Healthcare for carers, self-health check questions, answers and tips*, NHS Camden and LB of Camden Council, 2008.

NHS County Durham and Darlington, Durham County Council, *Caring for carers, carers registration and support assessment form*, NHS County Darham and Darlington, Durham County Council, 2011.

——, *Caring for carers, a guide for employers and carers wishing to work*, NHS County Durham and Darlington, Durham County Council, 2009.

——, *Caring for carers, a guide for professionals*, NHS County Durham and Darlington, Durham County Council, 2009.

——, *Caring for carers, a guide to caring for someone coming out of hospital*, NHS County Durham and Darlington, 2009.

——, *Caring for carers, a guide to meeting your needs*, NHS County Durham and Darlington, Durham County Council, 2009.

NHS County Durham and Durham County Council, *Adults, wellbeing and health and NHS County Durham, joint commissioning strategy for carers 2009-2013*, NHS County Durham and al, 2009.

NHS Devon Partnership Trust, *Confidentiality and carers guidelines, guidelines to clarify and support best practice*, NHS Devon Partnership Trust, 2008.

NHS The Information Centre, *Survey of carers in households 2009/10*, NHS The Information Centre, 2010.

―――, *Health survey for England 2011, health, social care and lifestyles*, NHS The Information Centre, 2012.

―――, *Personal social services survey of adult carers in England-2009-2010*, NHS The Information Centre, 2010.

NHS Leicester City Leicestershire County and Rutland, Leicester City Council and als, *Supporting the health and wellbeing of carers in Leicester, Leicestershire and Rutland, a draft strategy and delivery action plan 2012-2015, consultation 5th March 2012-13th April 2012*, NHS Leicester City Leicestershire County and Rutland, Leicester City Council and als, 2012.

NHS Lothian, *Carers information strategy 2008-2011, summary version*, NHS Lothian, 2008.

NHS Manchester Primary Care Trust and Manchester City Council, *Carers' self-referral form*, NHS Manchester PRT and Manchester City Council, 2008.

NHS Mid Essex, *Carers survey 2010*, NHS Mid Essex, 2011.

NHS North Yorkshire and York and York City Council, *Healthcare for carers, self-health check questions, answers and tips*, NHS North Yorkshire and York and City of York Council, 2008.

NHS Northumberland and Carers Northumberland, *National carers strategy demonstrator site, health checks for carers Northumberland, a report detailing the pilot experience and learning following the delivery of comprehensive health checks to carers, September 2009-April 2011*, NHS Northumberland and al, 2011.

NHS Redbridge and LB of Redbridge, *An Evaluation of the health and wellbeing checks for carers pilot in Redbridge*, NHS Redbridge and LB of Redbridge, 2011.

NHS Redbridge, LB of Redbridge and als, *Redbridge strategy for carers, 2012-2013, final draft, 26 March 2010*, NHS Redbridge, LB of Redbridge and als, 2010.

NHS Royal Devon and Exeter, *Carer's policy and guidelines*, NHS Royal Devon and Exeter, 2009.

NHS Royal United Hospital Bath, *Guidance on the inclusion of carers*, NHS Royal United Hospital Bath, 2010.

NHS Scotland, *Building a health service fit for the future, a national framework for social change in the NHS in Scotland*, Scottish Executive, 2005.

NHS Surrey, *Surrey carers health survey report 2011*, NHS Surrey, 2012.

NHS University College London Hospitals, *Carers policy and guidelines*, NHS UCL Hospitals, 2009.

Nöemie Soullier, Aider un proche âgé à domicile: la charge ressentie, *Etudes et Résultats*, N. 799, Mars 2012.

Nursing & Midwifery Council, *What people should expect from a nurse or midwife*, NMC, 2008.

Office for National Statistics, *Census 2001, national report for England and Wales*, TSO, 2004.

Office of Population Censuses and Surveys, *Informal carers, a study carried out on behalf of the DHSS as part of the 1985 General Household Survey*, HMSO, 1988.

Olwen Rowlands and Gillian Parker, *Informal carers, an independent study carried out by the ONS on behalf of the DH as part of the 1995 GHS*, TSO, 1998.

The Parliament of the Commonwealth of Australia, *Who cares...? report on the inquiry into better support for carers*, The Parliament of the Commonwealth of Australia, 2009.

Pat Thane, *Old age in English history, past experiences, present issues*, Oxford University Press, 2000.

Patrice Legrand, *Dépendance et solidaritiés, mieux aider les personnes âgées, rapport de la commission présidée par M. Pierre Schopflin*, La Documentation française, 1991.

Patrick Hennessy, *Caring for frail elderly people, new directions in care*, OECD, 1994.

―――, *Caring for frail elderly people, policies in evolution*, OECD, 1996.

Paulette Guinchard-Kunstler, *Vieillir en France, rapport à monsieur le Primier ministère*, La Documentation française, 1999.

Peter Townsend, Deprivation, *Journal of Social Policy*, 16 (1), 1987.

―――, *The Family life of old people, an inquiry in East London*, Routledge & Kegan Paul, 1957, P. タウンゼント／山室周平監訳『居宅老人の生活と親族網――戦後東ロンドンにおける実証的研究』垣内出版, 1974年, ピーター・タウンゼント／服部広子・一番ケ瀬康子共訳『老人の家族生活――社会問題として』家政教育社, 1974年。

外国語文献一覧

―――, *The International analysis of poverty*, Harvester Wheatsheat, 1993.

―――, *The Last refuge, a survey of residential institutions and homes for the aged in England and Wales*, Routledge & Kegan Paul, 1962.

Peter Townsend and Dorothy Wedderburn, *The Aged in the welfare state, the interim report of a survey of persons aged 65 and over in Britain, 1962 and 1963*, G. Bell & Sons Ltd, 1965.

Queensland Health, *Guidelines for pre-admission processes, discharge planning, transitional care*, Queensland Health, 1998.

Rachel Borthwick and als, Out of hospital: a scoping study of services for carers of people being discharged from hospital, *Health and Social Care in the Community*, Vol. 17, No. 4, 2009.

Rachel Craig and Vasant Hirani, *Health survey for England 2009, Vol. 1, health and lifestyles*, NHS The Information Centre, 2010.

Ray Jones and als, *Project report, evaluation of the pilot GP training programme on carers*, Kingston University St George's, University of London, 2010.

Reidun Ingebretsen and John Eriksen, *Supporting family carers of older people in Europe, the national background report for Norway*, Lit verlag, 2007.

Richard Schulz and als, Psychiatric and physical morbidity effects of dementia caregiving: prevalence, correlates, and causes, *The Gerontologist*, Vol. 35, No. 6, 1995.

Richard Schulz and Scott R. Beach, Caregiving as risk factor for mortality, the caregiver health effects study, *Journal of American Medical Association*, Vol. 282, No. 23, 1999.

Richard Webb and David Tossell, *Social issues for carers, towards positive practice*, second edition, Edward Arnold, 1999.

Robert A and als, *The Wellbeing of Australians-carer health and wellbeing*, Deakin University, 2007.

Robert M. Moroney, *The Family and the state, consideration for social policy*, Longman, 1976.

Robert M. Morony and als, *Caring & competent caregivers*, The University of Georgia Press, 1998.

Robyn Stone, Gail Lee Cafferata and Judith Sangl, Caregivers of the frail elderly: a national profile, The *Gerontologist*, Vol. 27, No. 5, 1987.

Rosalie A. Kane and Robert L. Kane, *Assessing older persons: measures, meaning and practical applications*, Oxford University Press, 2000.

Royal College of General Practitioners, *Carers & young carers: GP resource*, RCGP.

Royal College of General Practitioners and The Princess Royal Trust for Carers, *Supporting carers, an action guide for general practitioners and their teams*, RCGT and PRTC, 2008, second edition, 2010.

Sally Baldwin, *Families with disabled children*, Routledge & Kegan Paul, 1985.

Sam Ayer and Andy Alaszewski, *Community care and the mentally handicapped, services for mothers and their mentally handicapped children*, Croom Helm, 1984.

Sandra Hutton and Michael Hirst, *Caring relationships over time, end of project report*, SPRU, The University of York, 1998.

Sara Arber and Jay Ginn, The Meaning of informal care: gender and the contribution of elderly people, *Ageing and Society*, Vol. 10, 1990.

─────, Class and caring: a forgotten dimension, *Sociology*, Vol. 26, No. 4, November 1992.

Sara Arber and Nigel Gilbert, Men: the forgotten carers, *Sociology, the journal of the British Sociological Association*, Vol. 23, No. 1, February 1989.

Saul Becker and als, *Young carers and their families*, Blackwell Science, 1998.

Scottish Executive, *Care for the 21st century, the future of unpaid care in Scotland, headline report and recommendations*, Scottish Executive, 2006.

─────, *Scottish index of multiple deprivation 2004: summary technical report*, Scottish Executive, 2004.

Scottish Government, *Caring together, the carers strategy for Scotland, 2010-2015*, Scottish Government, 2010.

─────, *Getting it right for young carers, the young carers strategy for Scotland, 2010-2015*, Scottish Government, 2010.

─────, *The Scottish health survey: topic report: older people's health*, Scottish Government, 2011.

─────, *Scottish household survey, results from 2005/2006*, Scottish Government, 2007.

The Secretaries of State for Health, Social Security, Wales and Scotland, *Caring for people, community care in the next decade and beyond, presented to parliament by the Secretaries of State for Health, Social Security, Wales and Scotland by command of Her Majesty, Cm849*, HMSO, 1989.

Select Committee on Ageing, House of Representatives, *Exploding the myths: caregiving in America*, U. S. Department Printing Office, 1988.

Sharron Haffenden, *Getting it right for carers, setting up services for carers: a guide for practitioners*, DH, 1991.

Sheila B. Kammerman and Alfred J. Kahn, *Family change and family policies in Great Britain, Canada, New Zealand, and the United States*, Clarendon Press, 1997.
─────, *Family policy, government and families in fourteen countries*, Columbia University Press, 1978.
Sheryl Mitnick and als, Family caregivers, patients and physicians: ethical guidance to optimize relations, *Journal of General Internal Medicine*, Vol. 25, No. 3, 2009.
Sir Donald Acheson, *Independent inquiry into inequalities in health report*, TSO, 1998, third impression, 1999.
Sir Douglas Black, J. M. Morris, Cyril Smith and Peter Townsend, *Inequalities in health, the Black report*, Penguin Book, 1982.
Sir Roy Griffiths, *Community care: agenda for action, a report to the Secretary of State for Social Services by Sir Roy Griffiths*, HMSO, 1988.
Smyth M and Robus N, *The Financial circumstances of families with disabled children living in private households*, HMSO, 1989.
Social Disadvantage Research Centre, University of Oxford, *Scottish indices of deprivation 2003*, SDRC, University of Oxford, 2003.
Social Services Inspectorate, *The SSI guidance on young carers*, DH, 1995.
─────, *What next for carers? findings from an SSI project*, DH, 1995.
Somerset Partnership NHS, *Valuing carers, a carers' charter*, Somerset Partnership NHS, 2009.
South East London Health Authority, Lambeth Southwark and Lewisham Family Health Services Authority, *Commissioning services for carers, towards a strategy, draft discussion document*, South East London Health Authority and al, 1993.
Statistics for Wales, *Welsh health survey 2003/04: health of carers*, Statistics for Wales, 2006.
─────, *Welsh health survey 2008: health for carers*, Statistics for Wales, 2010.
Statistics New Zealand, *Disability and informal care in New Zealand in 2006, results from the New Zealand disability survey*, Statistics New Zealand, 2009.
Steve Jakoubovitch, Les Emploi du temps des médecins généralists, *Etudes et Résultats*, No. 797, Mars 2012.
Steven H. Zarit and als, *Caring systems, formal and informal helpers*, Lawrence Erlbaum Associates, 1993.
Sue Yeandle and Andrea Wigfield, *New approaches to supporting carers' health and wellbeing: evidence from the national carers' strategy demonstrator sites*

programme, University of York, 2011.
Susan Hillier Parks and Marc Pilisuk, Caregiver burden: gender and the psychological costs of caregiving, *American Journal of Orthopsychiat*, Vol. 61, No. 4, October 1991.
Talcott Parsons and Robert F. Bales, *Family, socialization and interaction process*, Routledge & Kegan Paul Ltd, 1964, T. パーソンズ・R. F. ベールズ／橋爪貞雄他訳『家族』上下, 黎明書房, 1981年,『核家族と子どもの社会化』上下, 黎明書房, 1970～71年,『家族——核家族と子どもの社会化』黎明書房, 2001年。
Tameside MBC, *Towards a strategy for carers, Tameside MBC's research on carers, final report*, Tameside MBC, Policy Research Unit, 1991.
Theo Braun-Michel Stourm, *Les Personnes âgées dépendantes, rapport au secrétaire d'Etat chargé de la sécurité sociale*, La Documentation française, 1988.
Tiffany Gill and als, *The Health and wellbeing of adult family carers in South Australia, an epidemiological analysis 1994-2004*, Government of South Australia, Department of Health, 2006.
Tim Cock, *The History of the carers' movement*, Carers UK, 2007.
Timothy B. Kelly and als, *Preventing crisis for carers, a Princess Royal Trust for Carers' programme funded by the Moffat Charitable Trust, final evaluation report*, Glasgow Caledonian University, 2011.
Tish Sommers and Laurie Shields, *Women take care, the cosequences of caregiving in today's society*, Triad Publishing, 1987.
United Nations, Commission on the Status of Women, *Older women and support systems: new challenges*, UN, 1998.
United Nations, Division for the Advancement of Women, *Caregiving and older persons-gender dimensions, expert group meeting, Malta, 30 November-2 December 1997*, UN, 1997.
University College London Hospital NHS Foundation Trust, *Carers policy and guidelines*, UCL Hospital NHS Foundation Trust, 2007.
Valerie Braithwaite, Caregiving burden, making the concept scientifically useful and policy relevant, *Research on Aging*, Vol. 14, No. 1, March 1992.
Valette Myriam, *Livre blanc de l'aide aux aidants*, Université de Toulouse, 2004.
Victoria Molyneaux and als, Reconsidering the term cares: a critique of the universal adoption of the term carer, *Ageing & Society*, Vol. 31, part 3, April 2011.
Viola M. Lechner and Margaret B. Heal, *Work and caring for the elderly international perspectives*, Brunner/Magel, 1999.
Virginia Berridge and Stuart Blume, *Poor health, social inequality before and after*

the Black report, Frank Class Publisher, 2003, second edition, 2005.
W. Beveridge, *Social insurance and allied services, report by Sir William Beveridge, presented to Parliament by command of His Majesty, November 1942*, Agathon Press, Inc, 1969, 山田雄三監訳『ベヴァリジ報告──社会保険および関連サービス』至誠堂, 1969年, 1975年
W. Dumon and als, *Family policy in EEC countries*, Commission of the EC, 1990.
Welsh Government, *Carers strategies (Wales) measure 2010, guidance issued to local health boards, NHS trusts and local authorities*, Welsh Government, 2011.
─────, *Refreshing the carers strategy for Wales, consultation document*, Welsh Government, 2012.
Welsh Office, *Development of a national carers strategy, report by Wales consultation group*, Welsh Office, 1998.
William G. Weissert and als, *Adult day care: findings from a national survey*, John Hopkins University Press, 1990.
Yu Sun Bin, Nathaniel S. Marshall and Nicholas S. Glozier, Secular changes in sleep duration among Australian adults, 1992-2006, *The Medical Journal of Australia*, Vol. 195, issue 11, 2011.

索　引

ア　行

アイルランド均等局　51-53
悪性腫瘍を患う要介護者を看る介護者　109
アスペルガー・自閉症者を看る介護者　94
アチソン，D.　167
アチソン・レポート　167-170, 175, 178
　——と介護者　167, 168
　——への政府の対応　169
あまりに重い日常生活上の援助を担う介護者　97, 98
アメリカ医師会の介護者アセスメント表　327, 328
アメリカ介護者同盟の介護者アセスメント表　328
アメリカ看護協会の介護者アセスメント表　327, 328
アメリカ心理学会の介護者アセスメント表　327, 328
アメリカの医療保障制度　326
アメリカの介護者アセスメント　327
アメリカの介護者支援の目的　328
アメリカの介護者調査研究　322
アメリカの介護者の健康状態　324-326
アメリカの女性史研究　82
アメリカのレスパイトの歴史　208
新たに確認された介護者　104
アルツハイマー全国計画　326
アンガーソン，C.　32, 33, 47, 48
医学看護学教育への介護者問題の挿入　335
イギリスにおける高齢者調査の歴史　83
イギリスの介護者アセスメント　327
イギリスの介護者運動史　153, 155
イギリスの介護者研究　58, 132
イギリスの介護者支援政策の国際的位置　339
イギリスの介護者支援の国際的位置　338
イギリスの介護者支援の国際的波及　319
イギリスの介護者政策に関する世界保健機構の評価　338, 343
イギリスの介護者調査　143
　——研究　105
　——研究史　56, 115, 116, 128, 129, 140, 156, 157
イギリスの高齢者調査の主題　84
イギリスの女性史研究　81, 82, 86
イギリスの老年史研究　82, 86
イギリス発の知見　344
イギリス福祉国家の構想　65
イギリス労働組合会議　26, 70
医師の介護者対応基準　321
医師養成課程の再編と介護者支援　338
遺族としての介護者　102
一次医療・介護者支援事業　259
　——の効果　261, 262
　——の目的　260, 261
一次医療と社会サービス部の連携　273
一時宿泊施設　156, 196
一般開業医・介護者事業　247, 248, 254
　——の課題　262
　——の教訓　256, 257
　——の効果　247
　——の資金　248
　——の提言　257
　——の展開　251
　——の目的　249
一般開業医から介護者支援団体への紹介　246
一般開業医と介護者　102, 158
一般開業医と介護者支援団体の連携　246, 258
一般開業医と介護者との接触　256

索　引

一般開業医と介護者との接触の日常性　330
一般開業医と社会サービス部の連携　246,
　　248, 249, 257
一般開業医に登録の介護者　103
一般開業医による介護者の確認　339
一般開業医による介護者の紹介　103
一般開業医の介護者支援　177, 178, 255, 256
一般開業医の介護者情報伝達状況　268, 269
一般開業医の介護者登録制度　263
一般開業医の介護者への対応　250-254
一般開業医の介護者理解　158, 159, 255
一般開業医の関心　159
一般開業医の時間上の制約　250
一般開業医の表現　280
一般開業医の役割　248
一般開業医への介護者登録　258, 295
一般開業医への介護者の苦情　266
未だ確認されていない介護者　308
医療関係職員の介護者問題理解　262
医療関係職員の啓発訓練　256, 287, 288, 291-
　　294, 309, 311, 319, 334
医療関係職員への啓発訓練　327, 336
医療関係職員向けガイドブック　294
医療関係職業倫理基準と介護者　329
医療機関当たりの介護者比率　234
医療機関と介護者支援　28
医療機関と介護者支援センターの連携　236
医療機関と自治体の連携　236, 237
医療機関と社会サービス部の連携　235, 245,
　　255, 258
医療機関に通う介護者　234
医療機関による介護者関係訓練　290, 291
医療機関による介護者支援　340
　　──の現状　249
　　──の歴史　246, 247
医療機関による介護者の確認　247, 254, 264
医療機関による介護者の確認と支援可能性
　　239
医療機関による介護者の紹介　247, 264
医療機関による介護責任の把握　28

医療機関の介護者支援　235, 236, 289-291,
　　311, 320, 336, 340, 343
　　──検証　289, 290
　　──指針　294, 295
　　──に関する政策提言　277, 278
　　──の課題　296, 341
　　──の提言　263
　　──の歴史　330
　　──領域　289, 290
医療機関の介護者調査　251
医療記録と介護者標識　263
ウェールズ多元的剥奪指標　136
ウエブスター, M.　70
ウオルカー, A.　51, 52
英国介護者協会と介護者の健康　160
英国介護者協会の介護者憲章　241, 284
英国介護者協会の政策提言　265
英国介護者協会の調査　264, 273, 274
英国介護者協会の調査と提言　160, 161
英国介護者協会の提言　155, 273, 277
英国介護者協会の歴史　110, 111
英語を第一言語にしない介護者　264
英語を話さない介護者　104
エヴァンドルー, M.　65-67
遠距離地に住む介護者　95
オーストラリア医師会の提言　317, 318
オーストラリアの介護者支援全国戦略策定過程
　　319
欧米の介護者調査　140
オーラルヒストリー　81, 82
重い介護責任を長期に担う介護者　98
重い負担の介護者の目立った増加　343
主な介護者　97, 299, 303, 323, 324, 332
　　──の教育期間　144, 145, 147
　　──の健康状態　324, 332
　　──の失業率　143, 144
　　──の週介護時間別介護期間　142
　　──の就業形態の変更　145
　　──の職業資格　144, 145
　　──の所得源泉　145

381

──の所得水準　*324*
　　──のパートタイム比率　*143, 144*
　　──のフルタイム比率　*143, 144*
　　──の労働力率　*144*
親でもある介護者　*95*
親でもある介護者の社会職業階層関連指標
　　134, 135

カ　行

海外に派遣され負傷して帰国した軍人の家族と
　して負傷兵を看る介護者　*109*
介護期間　*125*
介護期間と介護時間　*142*
介護期間の長期化　*142*
介護サービスの給付基準　*94*
介護サービスの主要な供給者　*20*
介護支援計画の諮問　*199, 201*
介護時間の性別格差　*92, 93*
介護時間の長時間化の傾向　*343*
介護者アセスメント請求権　*78*
介護者アセスメントの共同実施　*26*
介護者アセスメントの効果　*328*
介護者アセスメントの最初の提起　*237*
介護者アセスメントの目的　*327*
介護者運動の具体的要求　*38, 44*
介護者運動の担い手　*32*
介護者化と共に受給開始の例　*262*
介護者化の可能性　*58, 123*
介護者化の社会職業階層格差　*133-135*
介護者化の性別格差　*123*
介護者関係情報集　*244, 252, 253*
介護者掲示板　*278*
介護者研究の開始時期　*34*
介護者研究の対象　*34*
介護者研究の反省　*155*
介護者健康改善試行事業　*278*
介護者健康状態確認改善事業　*278*
介護者健康調査　*156*
介護者憲章　*25, 26, 162, 198, 240, 244, 288,
　289*

介護者憲章の最初の試み　*241*
介護者憲章の最初の採択　*284*
介護者憲章のモデル　*241*
介護者権利憲章　*240*
　　──の法制度化　*240*
介護者小切手　*334*
介護者支援計画　*162, 198, 244, 298, 319*
　　──の共同策定　*236*
　　──の検証と結果の公表　*307*
介護者支援効果の検証　*236, 340*
介護者支援策の表現　*350*
介護者支援政策　*337, 339*
介護者支援政策の形成過程　*304*
介護者支援政策の礎石　*237*
介護者支援全国戦略実施地域事業　*297*
　　──の目的　*298, 299*
介護者支援先進事例集　*276*
介護者支援専門員　*71*
介護者支援戦略の監査　*243*
介護者支援対象の範囲　*246*
介護者支援担当職員　*28, 71*
介護者支援と一次医療　*293*
介護者支援と一般開業医の独自の位置　*261,
　291, 292*
介護者支援と一般開業医の役割　*249*
介護者支援と医療機関の独自の位置　*233,
　234, 238, 258, 320*
介護者支援と看護師　*329, 330*
介護者支援と国際機関　*337*
介護者支援と国民保健サービスの独自の位置
　289
介護者支援と国民保健サービスの役割　*238*
介護者支援とソーシャルワーカー　*329, 330*
介護者支援に関する勧告　*307, 308*
　　──の扱い　*308*
介護者支援に関する職能団体のガイドライン
　329
介護者支援に関する職能団体の職務基準
　340
介護者支援に関する導入教育　*235*

索 引

介護者支援に関するフランスの提言　333,
　334
介護者支援の新しい担い手　40
介護者支援の位置づけ　244
介護者支援の形成史　153
介護者支援の検証　341
介護者支援の効果　26, 29, 158, 172, 194, 224,
　228, 295, 326, 336, 339
介護者支援の最初の契機　28
介護者支援の最初の窓口　258
介護者支援の最前線　329, 330
介護者支援の自治体間格差　195
介護者支援の視野　224
介護者支援の主体　233
介護者支援の出発点　103
介護者支援の政策提言　196
介護者支援の先進事例集　257
介護者支援の対象　107
介護者支援の伝統的な担い手　40
介護者支援の認定基準　195
介護者支援の背景　155
介護者支援のフランス語表現　331
介護者支援の方法　193, 194, 227, 334
　――と医療機関　291
　――と自治体の裁量　194, 196
　――と民間非営利団体の提言　197
　――の多様化　197
介護者支援の母国　229
介護者支援の窓口　336
介護者支援の目的　132, 133, 197, 202, 222,
　259, 260
介護者支援の領域　196, 197, 318
　――と方法　291
　――と方法に関する国際比較　198, 202
　――と方法に関する提言　199, 200
　――と方法の多岐化　228
　――と方法の広がり　198
　――と方法を巡る議論　218
介護者支援班　71
介護者支援を巡る議論の視界　228

介護者週間　70
介護者情報戦略　246, 306
　――の内容　288
　――の目的　287
介護者情報相談戦略の内容　289
介護者情報相談戦略の目的　288
介護者人口の流動性　102
介護者診療時間帯　275
介護者診療予約制度　251
介護者政策　337
　――の表現　337
　――の目的　351
介護者専門看護師　28
介護者専用の掲示板　295
介護者相談窓口　297
介護者担当職員　195, 235, 254, 256, 262, 263,
　268, 269, 275, 295, 296, 320
介護者調査　117, 119, 318, 323, 339, 341, 344
　――の意義　116
　――の国際展開　140
　――の実施時期　34, 35
　――の対象　35
　――の歴史　120
　――への批判　119
介護者手当受給介護者　215
介護者手当と既婚女性　93
介護者手当と公的年金の水準　213
介護者手当の給付対象　94, 102
介護者手当の受給要件　214, 215
介護者手当の受給要件と水準　212, 213
介護者手当の水準と最低賃金　212-214
介護者手当の導入　154
介護者手当の歴史　214
介護者でもある患者の登録制度　246
介護者と医師の連携　318
介護者と医療関係職員の接触　239
介護者と医療サービスとの関わり　158
介護者登録制度　292, 320
介護者登録の意義　295
介護者登録簿　259

383

介護者と介護助手との混同　276
介護者と国民保健サービス　161
　　──との接点　271
介護者としての社会的な地位　103
介護者と障碍児に関する2000年法　244
介護者と退役軍人の保健サービスに関する2010年法　347
介護者との面談　256
介護者と要介護者双方のニーズ　196
介護者と要介護者との関係　47, 52
介護者と要介護者の関係　224
介護者と両性の平等　7
介護者に関する最初の法律　73
介護者に関する小冊子　252
介護者に関する中心的な情報拠点　273
介護者に関する調査研究　323
介護者に関する標準的な定義　224
介護者に関する3つの単独立法　244
介護者に対する支援　4-6
介護者による医療サービスの自制　325, 326
介護者による医療サービスの利用改善　169
介護者による均等な機会の享受　197
介護者のアセスメント請求権　195, 215, 238, 239, 307
　　──の周知義務　306
介護者の抱く精神的な緊張　266
介護者の一般開業医への通院頻度　265, 268
介護者の医療サービス利用状況　265
介護者の飲酒状況　301
介護者の飲酒や喫煙　301
介護者の運動史　79-81, 83, 99, 153, 154
介護者の介護期間別構成　126
介護者の確認　39, 102, 103, 161, 234-236, 238-240, 250-256, 259-261, 264, 275-278, 287-290, 293-295, 299, 310, 320, 336, 338
　　──とケアラーの標識　253
　　──や情報の伝達　246
介護者の機会均等　217, 286
介護者の規模　119, 121, 122
介護者の規模推計　115, 116, 323

　　──作業　140
介護者の規模と比率　120, 123
介護者の規模と比率に関する国際比較　140, 141
介護者の窮状　147
介護者の休息や休暇取得の性別格差　341
介護者の休息や休暇ニーズ　96
介護者の休息や休暇の機会　25, 156, 160, 207, 242, 297, 307, 308, 334
介護者の休息や休暇の取得状況　341
介護者の供給源　107, 156
　　──の縮小　124
介護者の居住形態　133, 134
介護者の居住形態別休息や休暇の取得状況　342
介護者の居住形態別健康状態　317
介護者の均等な機会に関する2004年法　216, 244, 296
介護者の経済的窮状と支援　154
介護者の経済的な費用　155
介護者の形態別介護作業　235
介護者の健康　6, 7, 157
介護者の健康格差　59, 132, 171, 173, 175, 176
　　──の要因　176, 177
介護者の健康状態　173, 301, 316, 323, 324, 327
　　──分析　55, 56
介護者の健康状態別休息や休暇の取得状況　342
介護者の健康診断　39, 55, 161, 235, 238, 240, 247, 259, 278, 292, 297, 298, 319, 320, 334-336
　　──参加状況　299, 300
　　──の効果　302, 303
介護者の健康チェックリスト項目　301
介護者の健康チェックリストの特徴　300-302
介護者の健康的な生活スタイル　301, 302
介護者の健康と所得水準　324, 325

索引

介護者の健康ニーズ　171, 243, 320
介護者の健康に関する勧告　319
介護者の健康に直接関わる支援策　39
介護者の健康の維持　318
介護者の健康の不平等　172
介護者の健康問題　46, 49, 56, 79, 160, 161,
　　170, 171, 173, 177, 234, 235, 266, 267, 318,
　　332, 333, 337-339
　　——の扱い　48, 52
　　——の影響　177
　　——への関心　38, 39, 43, 49, 55, 158, 164
介護者の健康を含むニーズの体系的把握
　　162, 164
介護者の健康を巡るジェンダー格差　29
介護者の構成　32, 108, 315
介護者の心と体の健康　167, 285, 287, 288,
　　316, 320, 322, 323, 336, 340, 344
介護者の孤立化　176
介護者の婚姻状態別比率　126
介護者のサービス検証過程への参画　260
介護者のサービス選択　260
介護者の参画　236, 243, 340
介護者の自己負担　326
介護者の事故や病気の予防　335
介護者の自治体別規模　304
介護者の失業率　143, 144
介護者の死亡率　293, 294, 332
介護者の社会職業階層　139
　　——分析　100, 131-135
　　——分析の要因　132, 133
介護者の社会職業階層別週当たり介護時間
　　147, 148
介護者の社会職業階層別比率　59
介護者の社会職業格差　58, 147, 148
介護者の社会職業分類　133
介護者の社会的な認知とサービスに関する1995
　　年法　73, 78, 108, 195, 242, 244, 307, 319
介護者の社会的包摂　6, 7, 162, 197, 202, 204,
　　217, 243, 285, 286, 296, 302, 304, 306, 318
介護者の週当たり介護時間の国際比較　343,
　　344
介護者の週当たり介護時間別休息や休暇の取得
　　状況　342
介護者の週当たり介護時間別健康状態　317
介護者の週当たり介護時間別構成　147, 148
介護者の週当たり介護時間別所得源泉　129,
　　130
介護者の就業形態　99
介護者の就業状態別休息や休暇の取得状況
　　342
介護者の就業状態別構成　126-128
介護者の就業率　128
介護者の自由な裁量度　260
介護者の週平均賃金　144, 145
介護者の受診回数別分布　265
介護者の紹介　39, 250, 259, 261-263, 275,
　　276, 288, 289, 309
介護者の紹介手順の確立　309
介護者の承認とサービスに関する1995年法
　　215
介護者の情報源と情報入手時期　261, 262
介護者の情報満足状況　269
介護者の職業選択　143, 144
介護者の所得階層　135, 136, 145, 146
介護者の所得源泉　129, 145
介護者の所得水準　129, 130, 145, 148, 325
介護者の諸特徴　55
介護者の諸類型　325
介護者の人種別健康　325
介護者の人種・民族別構成　128, 129, 144
介護者のストレス　158
介護者の生活の質　57, 207, 296, 329
介護者の精神的な負荷　158
介護者の性別格差　125
介護者の性別健康格差　58, 316, 324, 332
介護者の性別構成　6, 82, 86, 91, 92, 124, 140,
　　156
　　——に関する国際比較　141
介護者の性別情報入手格差　268
介護者の性別通院比率　317

385

介護者の性別比率　59, 92
介護者の世帯所得別休息や休暇の取得状況
　　342
介護者の潜在的な供給源　107
介護者の早期の確認　288
介護者のためのプリンセス・ロイヤルトラスト
　　の調査　274
介護者のためのプリンセス・ロイヤルトラスト
　　の提言　277, 279
介護者の多様な存在　90, 109, 132, 284, 289
介護者の多様なニーズ　109
介護者の長期疾患　325
介護者の通院回数　319, 320
介護者の通院先送り　332
介護者の通院比率　317
介護者の定義　35, 65, 90, 103, 294
　　——構成要件　73-75
　　——に関する試み　73
　　——の標準化　78, 79
　　——を巡る議論　76, 78
介護者の伝統的な存在　32
介護者の同意　295
介護者の登録　39, 310
介護者の登録制度　340
介護者のニーズ　65, 158, 162, 194, 209, 223,
　　224, 228, 235, 238, 242-244, 249-252, 254-
　　256, 258, 262, 266, 278, 286, 293, 295, 301,
　　307, 311, 316, 327, 333, 339, 340, 350
　　——と健康　162
　　——と受診予約制度の設計　275
　　——と待合室の設計　275
　　——と待合室の配置　259
介護者の認知　292
　　——に関する2010年法　319
介護者の年間所得水準別健康状態　324
介護者の年齢　90
介護者の年齢階層　74, 75, 77, 100, 121
介護者の年齢階層別受診回数　265
介護者の年齢階層別比率　59, 126, 143
介護者のパートタイム比率　128, 143, 144

介護者のバカンス享受　203, 204, 332
介護者の発見　28, 103, 243, 286
介護者の非自発的離職　176
介護者の肥満や記憶障害　325
介護者の表現　6, 8, 27, 45, 69, 70, 326, 334
　　——の拒絶　222
　　——の誕生　224
　　——の廃棄　222, 223, 225
　　——の擁護　223, 225
介護者の比率　131, 133, 138-141, 248
介護者の非労働力化　66, 95
介護者の貧困化　6
介護者の負担　194, 331, 346
　　——の表現　323
　　——分析　115
介護者のフランス語表現　330, 334, 335
介護者のフルタイム比率　128, 143, 144
介護者の看る要介護者の人数　129
介護者の無料予防接種　307
介護者の無力感　341
介護者の役割に関する一般開業医の理解
　　260
介護者の離職　293
介護者の流動性　122
介護者の労働力化　65
介護者の労働力率　99, 144
介護者病院退院計画案内　329
介護者比率　58, 59, 119, 120
　　——の過少表示　121
介護者貧困憲章　213
介護者への多面的影響　162-164
介護者への老齢年金保険適用　334
介護者向けのインターネットサイト　334
介護者向けの退院関係情報集　272
介護者メーリングリスト　244
介護者問題教育　240, 257
介護者問題啓発訓練　25
　　——の効果　292-294
介護者問題啓発講座　278
介護者問題担当職員　278

索引

介護者問題に関する職員啓発訓練　287
介護者を巡る日本の議論　226, 228
介護終了後の介護者の情緒ニーズ　243
介護責任における父親の役割　91
介護責任の女性への傾斜　123
介護代替サービス　240
介護と介護者の歴史　79, 86, 89
介護による家族形成の遅延と喪失　88, 89
介護による非自発的離職　88
介護の経済的影響　95
介護の継続可能性　72, 216, 237, 326
介護の継続性の確保　199, 200
介護の健康への影響　171, 172
介護のジェンダー分析　55
介護の時間帯　316
介護の仕事への影響性別格差　93
介護の持続可能性の確保　29
介護の社会化　20, 21
　　――と介護者のニーズ　316
介護の伝統的な担い手　46, 47, 50, 52
介護の担い手　74, 75
介護の歴史の否定　86, 87
介護負担研究　57-59
介護負担の性別格差　266, 341
介護負担を巡る性別格差　316, 317
介護保険の制度化を巡る議論　227
介護保障における介護者の役割　316
介護離職と労働力化の可能性　107
外出さえもできない介護者　98
拡大家族の崩壊　322
確認された介護者　103, 261
隠れた患者　319, 323
家事手伝いの共同雇用　2
家事の夫婦による分担　2, 3
家政婦の雇い入れ　3
家族介護者　85, 89
　　――の表現　108, 109
家族関係や親族関係のある介護者　94
家族休暇の費用　2
家族支援サービスの対象　196

家族政策と介護者　4-6, 8, 10, 17
　　――支援　335
家族政策と家族団体　7
家族政策と社会政策　15
家族政策に関する古典的な名著　8
家族政策に関する日本の研究　8
家族政策の新しい方法　9
家族政策のカテゴリー　11-13
家族政策の原則　12, 13
家族政策の国際比較　8, 19
家族政策の国際比較研究　18
家族政策の再構成　5, 7, 10
家族政策の政策手段　17, 19, 22
家族政策の定義　6, 9-14, 16-19, 21, 22
家族政策の伝統的な目的　6
家族政策の範囲　5, 6, 9, 17, 19-21, 23
家族政策の表現　16
家族政策の母国　14, 15, 18, 23
家族政策の目的　11
家族政策の領域　1
家族政策や社会的排除の形成史　14
家族的責任を有する男女労働者の機会及び待遇
　　の均等に関する条約　12
家族による介護者の選抜　85
家族負担　346
学校からの排除　186
学校給食の無料化　2
かつての介護者　26, 107
家庭医の表現　280
カマーマン，S.B.　8, 9, 18, 19, 21
看護師による家庭訪問　2
看護師養成課程の再編と介護者支援　338
患者・介護者調査　297
患者ケアへの介護者の参画　294
患者情報の看護者への開示　259
患者の健康情報の介護者への紹介　278
患者の在院日数の短縮化と介護者　270
患者の受診記録と主な介護者　253
患者の退院と介護者　305, 306
患者の保護者でもある介護者　243

387

患者の保護と利用しやすいケアに関する2010年
　法　*326*
既婚女性介護者　*93*
既婚女性の就業権の保護　*2*
休暇キャンプの無料化　*2*
教育水準別の介護者比率　*131, 134, 135*
教育の無料化　*2*
教科書の無償化　*2*
兄弟姉妹の介護者　*94*
キングス・ファンド　*26, 70, 71, 105, 198, 242, 248, 284-286*
　――の介護者憲章　*284*
　――の提言　*55*
均等な機会の保障　*196*
グラハム，H.　*47*
グリフィス報告　*26, 72, 73, 237, 238, 291, 292*
車椅子で移動の要介護者を看る介護者　*95*
グレンディニング，C.　*51, 52*
グローブス，D.　*42*
ケアギヴァーの表現　*69*
ケアテイカーズの表現　*19*
ケアテイカーの表現　*69*
ケアのパートナーとしての介護者　*294*
ケアラーの表現　*44, 45, 70-73*
ケアラーの標識　*253*
ケアラー表現の政府による使用　*71, 72*
ケアラー表現の誕生　*69, 73, 79*
ケアラー表現の広がり　*71, 72*
ケアラー表現の法文化　*73*
ケアラー・フレンドリー　*320*
ケアリングの表現　*68, 69*
ケアリング表現の誕生　*68, 69, 79*
経済協力開発機構の介護者政策　*337*
ケリー，B.　*238*
ケリー報告　*308*
現役の介護者　*107*
健康格差　*164, 165*
健康格差研究　*132*
　――と介護者　*100*

健康格差縮減政策と介護者支援　*344*
健康格差の拡大　*166*
健康ニーズに関するアセスメント　*239*
健康の社会職業階層分析　*167*
健康の社会職業階層別格差　*332*
健康の所得階層別分析　*170*
健康の剥奪地域別分析　*170*
健康の不平等　*29, 55, 165-167, 170, 172, 175, 178, 285, 290, 298, 338, 344*
　――と介護者　*168*
　――と国民保健サービス調査　*170*
健康不平等　*59*
健康不平等地域に住む介護者　*100*
健康不平等と介護者支援　*169*
健康問題を抱える介護者の規模と比率　*172*
権利主体としての介護者　*216*
攻撃的行動を取る要介護者を看る介護者　*95*
高所得階層の介護者比率　*146*
交通困難を抱える介護者　*106*
高齢介護者の自宅受診　*266*
高齢化社会政策としての家族政策　*9*
高齢者介護と息子　*3*
高齢者調査と介護　*83, 84*
高齢者の施設ケア　*3*
高齢者の独り暮らしの問題　*84*
高齢者を看る介護者　*99, 288, 327*
高齢の介護者　*102, 266, 298*
国際連合女性の地位委員会　*50, 55*
国勢調査と介護者の把握　*339*
国民保健サービス（ウェールズ）に関する2006年法　*288*
国民保健サービス憲章と介護者　*238*
国民保健サービス職員の職務　*287*
国民保健サービス職員に関する介護者の順位付け　*272*
国民保健サービスと介護者支援　*160*
　――の目的　*275*
　――の歴史　*237*
国民保健サービスと介護者の役割　*234*
国民保健サービスとコミュニティケアに関する

1990年法　　71, 73, 248, 269
国民保健サービスと自治体連携促進　278
国民保健サービスと社会サービスの連携　26
国民保健サービスに関する2006年法　245
国民保健サービスによる介護者の認知　234
国民保健サービスの介護者憲章　26, 241, 243, 283-286
国民保健サービスの介護者支援　241, 283, 286, 287, 339
国民保健サービスの介護者支援計画　244
国民保健サービスの介護者支援の礎石　245
国民保健サービスの介護者支援の課題　273
国民保健サービスの介護者支援の効果　275, 276
国民保健サービスの介護者支援への貢献　273
国民保健サービスの介護者情報戦略　246
国民保健サービスの介護者情報伝達　267, 268
国民保健サービスの介護者調査　117, 242, 339
国民保健サービスの介護者に対する包括的な支援　245
国民保健サービスの再編成に関する1973年法　236
国民保健サービスの責務と介護者　245
国民保健サービスへの介護者の称賛　271
国民保健サービスへの介護者の注文　271
国連女性の地位委員会　51-53
子どもでもある介護者　94
子どもの死亡率　165
子どもを看る介護者　325
5年を超す介護期間　142
コミュニティケア（退院の遅延）に関する2003年法　25
コミュニティケアと保健に関する（スコットランド）2002年法　245, 287
コミュニティケアの基盤　235
コミュニティケアの主要な担い手　169
コミュニティケアの存立条件　305

コミュニティケアの歴史　350
コミュニティによるケア　108, 235, 305, 306
雇用関係を持つ介護者　99
雇用機会均等委員会　36, 42, 43, 47, 48, 68, 70, 77, 78, 91, 94, 97, 99, 107, 116, 158, 199, 213, 285, 351
雇用保障の対象　2
孤立した介護者　106
コンピューターによる介護者の確認　276

サ　行

サービス給付における均等処遇　36
サービス給付の性別格差　36, 37
サービス受給資格のある要介護者を看る介護者　98
サービス受給の性別格差　92
サービス認定基準の引き上げ　343
最初の介護者調査　117, 118, 124
在宅サービスに関する国際比較研究　20
最年少の介護者　101
産前産後費用の無料化　2
時間に追われる介護者　98
仕事と介護の両立の意義　99
仕事と家族に関する2006年法　296
仕事に就く介護者　298, 299
仕事を持たない介護者　99
仕事を持つ介護者　99
自治体の介護者憲章　241
失業中の介護者　99
児童手当の制度化　2
自発的な保護者化　3
死亡の危険因子としての介護責任　325
島に住む介護者　106
社会階層別の死亡率　165
社会家族政策　1, 2
社会サービスと医療機関との連携　311
社会サービスに属する介護者支援　291
社会サービス部職員の職業訓練と介護者　254
社会サービス部と国民保健サービスとの共同

245

社会職業階層別の死亡率　165, 168
社会的排除階層としての介護者　176
社会的排除と健康の視点　138
社会的排除と地域の視点　138
社会的剥奪状態にある介護者　100
社会的剥奪地域に住む介護者　100
社会的剥奪の地域事情　339
社会的剥奪の表現　100
社会の慣習通りの介護者　91, 92
若年認知症の要介護者を看る介護者　106
シャナス，E.　322
週20時間以上介護者の介護期間　125
週20時間以上介護者の介護期間別構成　142
週20時間以上介護者の健康　343
週20時間以上介護者の健康状態　173-176, 317
週20時間以上介護者の公的住宅入居比率　133, 134
週20時間以上介護者の職業資格　133-135
週20時間以上介護者の職業資格不保有比率　134, 135
週20時間以上介護者の所得源泉　129, 130
週20時間以上介護者の所得水準　130
週20時間以上介護者の増加　177, 342, 343
週20時間以上介護者のフルタイム比率　128
週20時間以上の介護者　97, 133, 135
週20時間以上の介護者に占める女性比率　125
週20時間以上の介護者比率　125
週21時間以上介護者の健康状態　323
週43時間以上の介護者　140
週50時間以上介護者の介護期間別構成　142
週50時間以上介護者の規模　172
週50時間以上介護者の健康状態　172-174
週50時間以上介護者の職業資格不保有比率　134
週50時間以上介護者の所得源泉　129, 130
週50時間以上介護者の増加　177, 342, 343
週50時間以上の介護者　141, 142

週50時間以上の介護者比率　125
就業年齢に属する介護者　99
住居所有形態別の死亡率　165
住居の介護環境　300, 301
終世の介護者　98
10年以上の介護期間の介護者比率　125, 126
10年を超す介護期間　142
終末期にある要介護者を看る介護者　109
終末期看取り休暇　335
受診時の代替サービス　199, 200
受診予約と介護者のニーズ　259
受診予約と待機期間　274
主婦の労働力化　66
障碍差別に関する1995年法　221
障碍児などのための一時保護に関する1986年法　208
障碍者自立運動からの批判と提言　220
障碍者自立運動からの批判の特徴　221
障碍者自立運動と自己決定　221
障碍者自立運動への批判　221, 222
障碍者のサービスと諮問及び代表性に関する1986年法　72, 216, 217
障碍者の施設介護　3
障碍児を看る介護者研究　91
生涯に亘って介護責任を負う介護者　98
少数民族に属する介護者　104, 105, 129, 132, 159, 284, 288, 293, 298, 299, 303, 304
少数民族に属する介護者調査　105
少数民族に属する介護者と英国介護者協会の反省　105
少数民族に属する介護者のサービス利用　104, 105
少数民族に属する介護者のニーズ　104, 258
上手にやりくりしている介護者　99
ショートステイ期間の延長　157
ショートステイとレスパイトの関係　208
ショートステイの効果　218
ショートステイの食事　160
ショートステイの定義　209, 210
諸外国の介護者研究の成果　90

索引

初期の介護者　*98*
職業訓練給付の制度化　*154*
職業資格別の介護者比率　*131*
職業資格を一切持たない介護者　*134, 135*
職業資格を持たない介護者　*133*
職業としての介護者　*108*
職務基準と介護者支援　*340*
女性介護者　*92, 299*
女性介護者の健康状態　*316, 332*
女性史研究の方法　*82*
女性就業調査と介護　*84*
女性の介護者比率　*129*
女性の年金支給開始年齢　*81*
女性の年齢階層別労働力率　*3*
女性の非労働力化　*81*
女性の労働力化　*7, 107*
所得税制度の再構成　*3*
所得の再分配　*2*
ショプラン，P.　*4, 331*
ショプラン報告　*4, 335*
新規の介護者　*122, 309*
親族関係にない介護者　*94*
身体障碍者を看る介護者　*94*
深夜の時間帯の身体介護　*316*
診療記録の介護者標識　*246*
診療所介護者グループ　*259, 278*
診療所職員の職業訓練と介護者　*257*
診療所による介護者の確認　*295*
睡眠確保のためのサービス　*156*
睡眠時間の時系列変化　*337*
睡眠時間の長さと時間帯　*337*
睡眠の中断　*317*
スウェーデンの家族政策　*1, 3, 15*
スコットランド介護者戦略の意義　*307*
スコットランド多元的剥奪指標　*136-138*
スコットランド多元的剥奪指標と介護者比率　*138, 139*
スコットランドの介護者支援計画　*306, 307*
スピンスターズ　*79-81, 83, 99, 115, 153*
――憲章　*80*

――憲章の背景　*80*
――の運動　*82*
――の健康状態　*80*
――の再就業　*80*
――の失業率　*80*
生活時間調査の手法　*158*
生活時間の手法を用いた介護者研究　*337*
生活の質　*115, 157*
精神疾患の要介護者を看る介護者　*264, 298*
精神疾患や同種の障碍を抱える要介護者を看る介護者　*106*
精神疾患を抱える要介護者を看る介護者　*264*
精神障碍児の介護の影響　*157*
精神障碍者とその家族に関する研究　*157*
成人の介護者　*101, 178, 179, 186, 284*
精神保健サービス利用者を看る介護者　*106*
性別分業の表現　*3*
性別役割分業の視角　*115*
セイン，P.　*82, 83*
世界保健機関の介護者政策　*337*
世代間の連帯　*4-7, 17, 335*
世帯所得階層別の健康状態　*170*
摂食障碍者を見る介護者　*95*
1985年介護者調査の影響　*92, 124*
全国アルツハイマー事業に関する2011年法　*326*
全国介護者カウンセリング事業　*319*
全国介護者支援事業　*326, 328*
全国職業基準　*28*
全国ロングタームケア調査　*323*
潜在的な介護者　*107*
潜在的な年少の介護者　*101*
相当の介護　*96, 124, 125, 195*
ソーシャルワーク職業基準と介護者　*330*

タ行

退院過程の問題分析　*158*
退院計画策定過程への介護者の参画　*25, 39, 161, 199, 200, 235, 237, 239, 242, 269-272,*

391

285, 309, 321, 322, 328, 340
退院計画と介護者支援　23, 24
退院計画と介護者の満足感　321
退院の遅延とコミュニティケアに関する2003年法　245
対人サービスの要件　228
第二の患者　323
代表的な社会政策教科書　16
タウンゼント，P.　67-69, 85, 86, 91, 107, 113, 136, 137, 139, 156, 157, 196, 197, 199, 205, 322
多種の責任を負う介護者　97
多様な介護者　298
短期の介護者　98
男女の雇用平等　5
男女平等の視点　10
男性介護者　92
男性介護者の介護時間の延長　337
男性介護者の睡眠時間の推移　337
男性の介護者比率　92
地域計画策定過程への介護者参画　278
地域に暮らす要介護高齢者　85
知覚障碍者を看る介護者　94, 298
知覚喪失者を看る介護者　94
父親の健康の悪化　157
知的障碍者を看る介護者　99, 288
チャイルド・ケアラー　101
中間階層に属する介護者　100
中間ケア政策　27, 28
中間ケアの効果　28
中高校生でもある介護者　101
長期疾患患者を看る介護者　95
長期疾患を患う介護者　98
長期の介護者　98
長期の疾病患者を看る介護者　298
直接支払い方式　221
賃金の支払いを受ける介護者　330
ツウィグ，J.　46, 47, 49, 51-53, 68, 69, 78, 105, 132, 199, 268
通訳のサービス　104

デイケアと介護者　230
デイケアとレスパイトケアの関係　207
デイケアやショートステイの歴史　206
ディケンズ，C.　178, 179
ティザード，J.　157, 199
デイサービスの効果　218
低所得階層の介護者比率　146, 147
低所得階層や社会的剥奪状態の介護者　139
低所得の介護者　100
デュモン，W.　6
典型的と評することの可能な介護者　91
典型的な介護者　109
伝統的に存在する介護者　91, 92
ドイツの介護者支援　227
同居介護者の介護期間　125
同居介護者の教育期間　147
同居介護者の健康状態　173-176, 317, 323, 332
同居介護者の失業率　127, 128
同居介護者の社会職業階層　132
同居介護者の週当たり介護時間　142
同居介護者の職業資格不保有比率　134, 135
同居介護者の所得水準　130
同居介護者の性別格差　126
同居介護者のパートタイム比率　143
同居介護者の不就業率　126, 127, 130, 143
同居介護者のフルタイム比率　128, 143
同居の介護者　90, 95, 96, 142, 299, 332
同性のヘルパーの派遣　104
登録済みの介護者　103
特別教育ニーズを持つ子どもを看る介護者　95
都市に住む介護者　106

　　　　　　　　ナ　行

那須宗一　88
何人かの要介護者を看る介護者　97
20年以上の介護期間の介護者比率　125, 126
二重のクライアント　194
日常生活上の援助に追われる介護者　97

索 引

日本における家族政策の課題　12
日本における社会政策研究　50
日本におけるショートステイの歴史　209,211
日本における年少の介護者　178
日本の介護者研究　74, 106
日本の介護者調査　87
日本の家族政策研究　16
日本の家族政策研究と家族政策　16
日本の近世史研究と介護者　87, 88
日本の退院計画と介護者の参画　24
入院可能性の高い要介護者を看る介護者　95
入院期間の短縮化と介護者　168
入院の遅延期間の縮減　25
ニュージーランドの介護者の規模　140
認知症政策と介護者支援　349, 350
認知症の要介護者を看る介護者　95, 106, 298, 341
認知症を患う高齢者　85
認知症を患う要介護者を看る介護者　251
寝たきりの高齢者　85, 156
年少者の介護者化　219
　——の可能性　183
　——の危険性　220
　——の要因　182, 183
年少の介護者　72, 101, 102, 106, 121, 122, 169, 178, 219, 243, 264, 284, 285, 287, 288, 293, 294, 298, 299, 303, 304, 306, 308, 339
　——家族の居住形態　183
　——家族の所得階層　183
　——研究の第一人者　219
　——祭典　219
　——支援計画　306
　——支援事業　179, 219
　——支援の予防的なモデル　219
　——調査　179
　——調査研究　179
　——と要介護者へのサービス　219, 220
　——に関するイギリスの調査研究　218
　——に関する調査研究チーム　179

　——の介護年数別構成　185
　——の規模　121, 122, 143
　——の規模推計　116, 183, 184
　——の教育水準　183
　——の健康診断　303, 304
　——の健康問題　186-188
　——の交友機会　186
　——の週介護時間別構成　185
　——の就学上の困難　185, 186
　——の性別構成　184
　——の多様な存在　101, 102, 186
　——の定義　179-182
　——の年齢階層別構成　184
　——の発見　37, 218
　——の保護　223
　——の歴史　178, 179
　——への多面的な影響　188
年齢階層別の長期疾病比率　123
農村居住介護者に関する調査　106
農村に住む介護者　106
農村部に居住する孤立した介護者　298

ハ　行

パーカー，G.　51-53, 92, 131, 200, 207
パーソンズ，T.　322
ハーディー，T.　179, 182
パートナーとしての介護者　234, 238, 285, 288, 326
バーバラ，B.　195
配偶者でもある介護者　94
配偶者を看る高齢の介護者　266
白人の介護者　104
剝奪状態地域別の健康状態　170
剝奪と社会的排除　137, 138
剝奪に関するP.タウンゼントの定義　136, 137
剝奪の原因　137
剝奪の定義　136, 137
働く女性憲章　284
母親の継続就業　3

393

母親の高血圧症状　157
母親を看る年少の介護者　303
ハワード, M.　132
P. タウンゼントの提言　156, 157
P. タウンゼントへの批判　196
比較的軽い日常生活上の援助を担う介護者　97
引きこもり高齢者　85
非自発的な離職　176
1人以上と分担する介護者　97, 108
一人親でもある介護者　95
1人で担う主な介護者　97
1人で担う介護者　97, 108
1人の要介護者を看る介護者比率　129
病院と患者の健康に関する2009年7月21日法　335
病院と社会サービス部との連携　161
病院と社会サービス部の連携の介護者への影響　270
病院による介護者の理解　274
ヒルズ, J.　177
非労働力階層に属する介護者　100
貧困階層としての介護者　176
貧困な社会経済環境の介護者　100
貧困の結果としての剥奪　137, 138
ファミリー・フレンドリー　320
フィンチ, J.　41, 42, 44, 47, 48
フェミニストによる介護者研究の広がり　49
フェミニストの介護者研究開始時期　41, 42, 46, 47, 50, 51
副次的な介護者　97
複数の要介護者を看る介護者　299
武士の永暇　88
不就業中の介護者　26
2人以上と分担する介護者　97, 108
2人以上を看る介護者比率　129
負担の重い介護者　97, 98, 299, 309
負担の重い年少の介護者　303, 304
仏国立行政学院　51-53
ブラクスター, M.　31, 69, 70

ブラック, D.　165
ブラック・レポート　165-170, 178, 344
　——の影響　166
　——への政府の対応　166, 169
フランスにおける介護者支援の制度化　335
フランスの介護者調査　331
　——研究　331
フランスの介護者の規模　141
フランスの家族政策　4, 5, 15, 333
フルタイムの介護者　96, 97
ブレイクの表現　210
米連邦議会下院　51-53
ベヴァリジ, W.　65, 154
　——の家族観　154
　——の家族像　66
　——の職業訓練給付提案　66
　——の福祉国家構想と介護者　66, 67
　——報告　36, 65, 67, 76, 81, 94, 154, 155
ベッカー, S.　96, 97, 184, 186, 219, 220
別居介護者の介護期間　142
別居介護者のフルタイム就業　143
別居の介護者　90, 95, 96, 127, 142, 299
包括的地域家族支援サービス　196
包括的な家族支援　156
包括的な家族政策　5
ホーム・ヘルプサービスの効果　193
ホーム・ヘルプと社会的性差　193
北欧の介護者支援　227
保健とソーシャルワークに関する2001年法　26
保健に関する1999年法　25
保護者でもある介護者　134, 287, 298
補助的な介護者　323, 324

　　　　　　マ　行

マーモット・レポート　168, 169, 178
　——と介護者　168, 169
末期患者を看る介護者　95
慢性疾患患者を診る看護者　95
見えない介護者　103, 106

索　引

未確認の介護者　*103, 104, 106*
未確認の年少の介護者　*103*
未婚女性の介護者化　*124*
未婚女性の休日保障試行事業　*157*
未婚女性の健康状態　*153*
未婚女性の失業率　*153*
未婚女性のための年金委員会　*80, 153*
未婚女性の老親介護　*82, 83*
未婚女性の労働力化　*66, 81, 154*
未婚の介護者　*91*
未婚の女性介護者　*91*
自ら障碍を抱えながらも要介護者を看る介護者　*98*
自ら精神障碍や知的障碍を抱える介護者　*98*
ミュルダール，A.　*1-3, 10, 13, 83*
ミュルダール，G.　*1, 2, 12, 13*
無償介護の支配的性格　*7, 20, 21, 315, 316, 345*
無償の介護者　*77, 315*
最も経済的に貧困な介護者　*100*
最も卓越した介護者政策　*343*
モファット事業と介護者権利の周知　*310*
モファット事業と介護者の確認　*309, 310*
モファット事業と退院計画への参画　*310, 311*
モファット事業の効果　*311*
モファット事業の対象地域　*309*
モファット事業の目的　*309*

ヤ　行

薬物酒類乱用者を看る介護者　*95*
家賃と住宅費用の補助　*2*
ヤング・ケアラー　*101*
友人でもある介護者　*94*
友人の喪失　*317*
要介護者化の要因　*47, 51*
要介護者疾患情報の介護者への提供　*278*
要介護者と介護者双方に対する支援　*222, 223*
要介護者と介護者による自己決定　*221*

要介護者と介護者の関係　*34, 35, 40, 50, 78*
要介護者との関係の悪化　*317*
要介護者に対するネグレクトや虐待　*224*
要介護者の構成　*50, 76*
要介護者の再入院の防止　*29*
要介護者の通院と介護者　*158*
要介護者のニーズ　*224, 228*
要介護者のネグレクトや虐待　*228*
要介護者の範囲　*3*
要介護者の保護者でもある介護者　*287*
要介護の理由　*74-77, 79*
幼稚園教育の無償化　*2*
ヨーロッパ介護者連盟　*286*
　　──の提言　*338*
ヨーロッパ家族介護者憲章　*7*
ヨーロッパ司法裁判所　*94*
　　──の判決　*36*
予防的な家族政策　*2, 3*
予防的な社会政策　*2, 3*

ラ　行

ライフスパン・レスパイトケアに関する2006年法　*208*
ラロック報告　*331*
ランド，H.　*44*
離婚をした介護者　*94*
利用者及び介護者調査　*238*
レスパイトからブレイクへ　*210, 211*
レスパイトケアの定義　*206, 208*
レスパイトの期間　*204, 205, 207, 208*
レスパイトの効果　*205, 207, 208*
レスパイトの定義　*204*
レスパイトのフランス語表現　*203*
レスパイトの目的　*204*
レスパイトの歴史　*205*
労働者階級に属する介護者　*100*
労働力の女性化　*10*
老年医学教育への介護者問題の編入　*333*
老年学と介護者アセスメント　*327*
老年学と要介護者アセスメント　*327*

395

老齢家族政策　*333, 335*
　——と介護者支援　*333*
ロウントリー，B S.　*58, 68, 69, 84, 179*
ロバーツ，E.　*81-83*

ワ 行

若い介護者　*265*
若い成人の介護者　*101*
忘れられた介護者　*92*

《著者紹介》

三富　紀敬（みとみ・きよし）
　1946年4月　新潟県長岡市生まれ
　1977年3月　立命館大学大学院経済学研究科博士課程単位修得
　1985年7月　第4回野村平爾賞受賞
　2001年5月　第7回社会政策学会賞（奨励賞）受賞
　現　　在　静岡大学名誉教授　経済学博士（立命館大学）博士（社会福祉学，大阪府立大学）博士（社会学，立命館大学）
　主な業績　『フランスの不安定労働改革』ミネルヴァ書房，1986年
　　　　　　『欧米女性のライフサイクルとパートタイム』ミネルヴァ書房，1992年
　　　　　　『イギリスの在宅介護者』ミネルヴァ書房，2000年
　　　　　　『欧米のケアワーカー――福祉国家の忘れられた人々』ミネルヴァ書房，2005年
　　　　　　『イギリスのコミュニティケアと介護者――介護者支援の国際的展開』ミネルヴァ書房，2008年
　　　　　　『欧米の介護保障と介護者支援――家族政策と社会的包摂，福祉国家類型論』ミネルヴァ書房，2010年

MINERVA社会福祉叢書㊵
介護者の健康と医療機関
――健康格差論の射程――

2013年8月5日　初版第1刷発行　　〈検印省略〉

定価はカバーに
表示しています

著　者　三　富　紀　敬
発行者　杉　田　啓　三
印刷者　藤　森　英　夫

発行所　株式会社　ミネルヴァ書房
607-8494 京都市山科区日ノ岡堤谷町1
電話代表（075）581-5191
振替口座　01020-0-8076

© 三富紀敬，2013　　　　　　　　亜細亜印刷・新生製本

ISBN978-4-623-06690-2
Printed in Japan

イギリスのコミュニティケアと介護者

MINERVA社会福祉叢書29

三富紀敬 著　Ａ５判　432頁　本体6,500円

●介護者支援の国際的展開　介護者のニーズと多様な支援政策調査と一次資料から，非営利団体・自治体・病院や企業による支援を読み解く。イギリスの介護者団体と地方自治体を対象とした調査や一次資料をもとに，支援の現状と課題を検討する。また，イギリスの介護者支援の歴史的な展開を検討するとともに国際レベルの議論を視野に収めながら，日本の介護政策に関する代表的な議論に批判的な検討を加える。

欧米の介護保障と介護者支援

MINERVA社会福祉叢書33

三富紀敬 著　Ａ５判　400頁　本体6,500円

●家族政策と社会的包摂，福祉国家類型論　介護者に関する研究は，介護者の負担への着目から始まった。その後，負担の軽減による介護者の健康維持と社会参加の促進を目的に，要介護者への支援とあわせて介護者を直接の対象にする支援について論じられるようになる。そこで本書では日本における介護者支援の制度化を進めるために，欧米の動向や日本の介護者調査の蓄積を踏まえながら，介護者支援の形成と効果について跡付け，今後の政策展開に欠かすことができないと考えられる内外の論点について独自に検討を加える。

ミネルヴァ書房

http://www.minervashobo.co.jp/